21 世纪全国高校通识课规划教材

地方高校大学生职业发展与就业指导(修订版)

主　编　龙　进　肖红伟
副主编　严蔷薇　曾宜平　刘新坤
参　编　徐晓东　涂以辉
　　　　杨　军　张远丰

北京大学出版社
PEKING UNIVERSITY PRESS

内 容 简 介

本书由地方高校几位长期从事大学生职业发展与就业指导咨询的专家学者编著而成，全书紧紧围绕“塑造大学生就业竞争力”这个核心，致力于帮助大学生迈上成功就业之路。全书涵盖三大方面内容：一是大学生职业生涯规划；二是大学生就业素质能力拓展训练；三是大学生求职技巧方法的具体指导。这些内容构成一个有机的整体，贯穿于地方高校大学生从进校到毕业的整个大学生活期间。

本书吸收了大学生职业发展与就业指导方面的理论研究成果，借鉴了职业生涯、成功学、心理学、美学、人才学等相关学科的原理方法，参考了国内外新的职业生涯规划与就业指导资料和文献，尤其是紧密联系地方高校大学生职业发展与就业指导的实践经验，具有实用性、针对性、新颖性和时代性等特点。本书既可作为地方高校大学生职业发展、大学生就业指导课的教材和教学参考资料，也可作为广大求职者和青年学生的有益读物。

图书在版编目(CIP)数据

地方高校大学生职业发展与就业指导(修订版)/龙进，肖红伟主编. —北京：北京大学出版社，2010.11

(21世纪全国高校通识课规划教材)

ISBN 978-7-301-17751-8

Ⅰ.①地… Ⅱ.①龙…②肖… Ⅲ.①大学生－职业选择－高等学校－教材 Ⅳ.①G647.38

中国版本图书馆CIP数据核字(2010)第197524号

书　　名：地方高校大学生职业发展与就业指导(修订版)
著作责任者：龙　进　肖红伟　主编
责 任 编 辑：吴坤娟
标 准 书 号：ISBN 978-7-301-17751-8/G·2977
出 版 发 行：北京大学出版社
地　　址：北京市海淀区成府路205号　100871
网　　址：http://www.pup.cn
电 子 信 箱：zyjy@pup.cn
电　　话：邮购部62752015　发行部62750672　编辑部62756923　出版部62754962
印 刷 者：河北滦县鑫华书刊印刷厂
经 销 者：新华书店
787毫米×1092毫米　16开本　16.25印张　352千字
2010年11月第1版　2011年12月第3次印刷
定　　价：30.00元

前　言

进入21世纪,我国高等教育正从“精英化”向“大众化”转变,大学毕业生就业政策从以前的“统包统分”转向“市场导向、政府调控、学校推荐、双向选择”。由于高校专业设置比较陈旧,人才培养模式改革相对滞后,人才市场机制不完善以及社会和毕业生就业预期偏高等原因,大学生就业面临着许多困难,受到社会各方的普遍关注。尤其是2008年全球金融风暴以来,大学生就业问题更是成为社会关注的热点和焦点问题。

新形势下如何帮助大学毕业生成功就业,是摆在高校教育管理工作者面前的一个重大课题,也是高校学习实践科学发展观的重要内容。2007年,为了贯彻党的十七大报告提出的“积极做好高校毕业生就业工作”的精神,落实国务院办公厅有关文件要求,教育部办公厅下发了《大学生职业发展与就业指导课程教学要求》文件(教高厅[2007]7号),为高校大学生职业发展与就业指导课程建设指明了方向。为此,许多高校开设了“大学生职业发展与就业指导”课程或专题讲座,并组织编写了职业发展与就业指导方面的教材,大学生职业发展与就业指导理论和实践都迈上了一个新的台阶。然而,我们感到,目前的大学生职业发展与就业指导课程或专题讲座大多针对即将毕业的大学生,围绕着大学生如何求职、如何具体面试、如何调整就业心态等方面来展开,而在大学生职业生涯规划和就业素质能力拓展训练方面涉及不多。尤其是新建(或新合并)的地方高等院校,由于正处于内部调整磨合期,加之人力、物力、财力等不足,大学生就业指导课程建设尤为薄弱。

大学生职业发展与就业指导课究竟应包括哪几大块教学内容呢?多年的教育实践告诉我们,仅仅限于求职技巧方法讲述,仅仅针对即将毕业的毕业生是远远不够的。如何进行职业生涯规划,如何拓展就业素质能力,如何提升就业竞争力,是当代大学生更为关心和更为重要的内容。因此,我们认为大学生就业指导课应紧紧围绕着三大方面内容展开:一是大学生职业生涯规划;二是大学生就业素质能力拓展训练;三是大学生就业具体指导和咨询。这三大块内容构成一个有机整体,贯穿于从进校到毕业的整个大学生活。针对大学生健康成长发展的规律,三大块教学内容应突出一个核心,这就是以培养大学生就业竞争力为核心,帮助大学生迈上成功的人生之路。

正是基于以上思考,我们几位长期从事地方高校大学生职业发展与就业指导、教育管理工作的同行,合编了这本《地方高校大学生职业发展与就业指导》,作为地方高校大学生职业发展和大学生就业指导课程教材或参考书使用。

全书结构由两大部分组成,共有16章。其中,上篇——大学生职业发展,有9章;下篇——大学生就业指导,有7章。本书编委会成员有:龙进、曾宜平、刘新坤、徐晓东、肖红伟、严蔷薇、涂以辉、杨军、张远丰等,由龙进教授、肖红伟副教授任主编,严蔷薇、曾宜平、刘新坤副教授任副主编,其他同志担任参编。具体编写分工如下:第1章由龙进编写;第2

章由肖红伟编写;第 3 章由严蔷薇编写;第 4 章由肖红伟编写;第 5 章由杨军编写;第 6 章由涂以辉、严蔷薇编写;第 7、8、9 章由严蔷薇编写;第 10、11、12 章由肖红伟编写;第 13 章由肖红伟、刘新坤编写;第 14 章由徐晓东、张远丰、严蔷薇编写;第 15、16 章由肖红伟、曾宜平编写;全书编写大纲的设计和修改统稿工作由龙进、肖红伟、严蔷薇完成。

本书内容力求实用性、新颖性、针对性和时代性的统一。在编写过程中,吸收了职业发展与就业指导方面的理论研究成果,借鉴了相关学科如职业生涯、成功学、心理学、美学、人才学等的原理方法,参考了国内外职业发展与就业指导资料和文献。在此,谨向原作者表示由衷的感谢。并向支持和帮助本书出版的所有同志表示诚挚的谢意。由于时间仓促和水平有限,不足乃至错漏之处难免,敬请各位专家同行及广大读者批评指正。

《地方高校大学生职业发展与就业指导》编委会

2010 年 10 月

目　录

上篇　大学生职业发展

下篇 大学生就业指导

上 篇

大学生职业发展

在迈向新世纪的过程中，一种最好的教育就是有利于人们具有创新性，使人们变得更善于思考，更有追求的理想和洞察力，成为更完善、更成功的人。

——哈佛大学前校长陆登庭

人们对付当今世界性问题和挑战的能力，归根到底取决于人们能够激发和调动的创造力的潜力。

——联合国教科文组织报告《学会生存》

第一章　大学生职业发展与规划导论

一个人若是看不到未来，就掌握不了现在。一个人若是掌握不了现在，就看不到未来。

——金树人

许多人宁愿花更多的时间来计划如何度过下个假期，尽管它最多不过占用我们一生1000来个小时，却不愿仔细考虑将占去我们一生8万个小时的职业生涯该如何度过。

——雷恩·吉尔森

大学是人生的关键阶段。进入大学，你终于可以静下心来，探索自己的理想和兴趣，思考一些更深层次的问题，比如人生的意义、生命的价值、职业发展、今后的目标等。先找对方法再做正确的事情，就会起到事半功倍的效果，而职业生涯规划正是我们要追寻的人生方法。

第一节　职业与生涯规划的基本内涵

一、职业

1. 职业的定义

职业是人们经常用到的词语之一，它与人们的生活息息相关。从词义学的角度分析，职业一词是由“职”与“业”二字构成。所谓“职”，具有“分内应做之事”之意，包含社会职责、天职、权利与义务的意思；所谓“业”，是指业务、事业。职业一词的原意就包含了个人与社会两个方面的内容，反映的是个人与社会的互动过程。

职业是人们利用专门的知识和技能从事相对稳定的、有合法收入的工作。人们通过职业参与社会分工，为社会创造物质财富和精神财富，获取合法报酬，作为物质生活来源，并满足物质和精神生活的需要。职业既是从业人员服务社会、实现人生价值的舞台，也是他们谋生的手段。职业这种特定劳动区别于其他社会活动的主要特点有：(1) 稳定性；(2) 合法性；(3) 有报酬。

职业是人类社会发展到一定阶段的产物。随着生产力的发展，人类征服自然的能力不断提高，社会分工也越来越细。由于社会分工的存在，人们从事不同的工作，扮演不同的社会角色。一定的社会分工或社会角色的持续实现，就形成了职业。各种职业主体的劳动方式、经济收入的不同，形成了不同的职业层次。在某种意义上说，职业层次是人们的生活方式、经济状况、文化水平、行为模式、思想情操的综合反映。不同职业层次的人所拥有的权利、承担的义务和责任是不同的，从而也就具有不同的社会地位与身份。

职业无论对于个人的生存还是社会的发展都有着十分重要的意义。职业对于个人的意义主要表现在三个方面：第一，职业是谋生的手段；第二，职业为发挥个人才华、实现自我价值提供了平台；第三，职业为个人获得社会地位提供了空间。对社会而言，职业具有实现社会控制、维持社会运转、为社会创造财富的功能。

2. 职业的要素

要了解职业就必须先把握职业要素，职业要素包括以下几个方面的内容。

(1) 职业名称：这是职业的符号特征，它一般由社会通用称谓来命名。

(2) 职业主体：从事一定社会分工活动的劳动者。职业主体必须具有承担该职业活动所需的资格和能力。

(3) 职业客体：职业活动的工作对象、内容、劳动方式和场所等。

(4) 职业报酬：通过职业活动所取得的各种薪酬。

(5) 职业技术：劳动者在从事职业活动中所运用的各种技术的总和。具体体现在人们从事职业活动时使用的工具、材料、工艺方法等的发展和应用上。

职业要素在描述职业特征的同时，还表明了职业的社会意义及对从业者的要求，是社会与个人、整体与个体的联结点。

3. 职业的特性

职业特性是职业活动区别于其他形式的劳动的本质属性。

(1) 社会性。职业是生产力发展的产物，每种职业都体现了社会分工的细化，体现了对社会生产和社会进步的积极作用。社会成员通过职业活动在不同的岗位为社会作贡献，并通过劳动成果的积累推动社会的持续发展和进步。职业的社会特性表明，不同的职业承担着不同的社会责任，从业人员应当了解自己所承担的职业角色，完成自己的使命。职业是反映人的社会角色的一个极为重要的方面。

(2) 经济性。职业活动是谋生的手段，以获得经济收入为主要目的。从业人员在完成职业活动的过程中，从社会、企业或其他用工单位获取相应的报酬，并以此维持家庭生活，这是保持社会稳定的基础。经济性是职业的重要特性，了解职业的经济性，有助于我们客观全面地考虑自己所要从事的职业。但是职业的经济性不是我们选择职业的唯一依据，有时候甚至仅仅是次要的依据。

(3) 技术性。职业自诞生之初就打上了技术的烙印，技术是职业得以存在的基本表现形式，任何一个职业都有它的技术要求。从某种意义上讲，职业的技术性标示了职业的专业性。不同职业专业化程度是不一样的，因此它们的技术要求也就不同，有时候差异还很大。但是，没有技术要求的职业是不存在的。技术要求比较高的行业，对从业者的学历、技术资格、甚至专业工作年限都有明确的要求。职业的技术性向每个求职者提出了两个基本问题：一是能否胜任某个职业，二是如何胜任某个职业。这两个问题是我们每个求职者在考虑职业选择时必须回答的问题，也是我们在专业学习中必须解决的问题。

(4) 稳定性。任何一种职业都会经历一个从酝酿到形成、从发展到完善再到消亡的变化过程。一般来说，构成职业生存的社会条件变化比较缓慢，职业的生命周期比较长，职业具有相当的稳定性。但是，职业的稳定性是相对的。随着社会经济、科学技术的发展，原有职业的不断消亡，新的职业不断产生。尤其是当代社会，科学技术日新月异，加速了职业变迁，使得职业活动越来越具有明显的时代特征。当前“冷门专业”和“热门专业”的产生与变迁，其实就是职业变化的反映。我们应当从职业生命周期的角度，冷静而理智地看待冷、热专业的产生与变迁。

(5) 群体性。职业的存在和从业人数具有密切的关系，只有从业人员达到一定数量的工作岗位才被称为职业。职业的群体性不是一个简单的数量概念，更为重要的是，我们要通过这个数量概念树立职业活动中相互协作的理念，并且妥善处理好由此产生的人际关系。

(6) 规范性。职业的规范性有两个含义，一是职业活动本身必须符合国家法律法规和社会伦理准则；二是从业者必须遵纪守法，在工作中严格按规范操作。

二、职业生涯规划

1. 职业生涯

何谓生涯？根据《辞海》的解释，生涯是指一生的极限，主要是指个人一生的道路或发展路径。早在《庄子·养生主》中就有"吾生也有涯，而知也无涯"之说。

关于职业生涯(Carreer)的概念在学术界一直还没有一个统一的认识，不同的学者有不同的看法。最早提出这一概念的沙特列(Shartle,1952)认为，职业生涯是指一个人在工作生活中所经历的职业或职位的总称。此后，许多学者对职业生涯这一概念提出了自己的看法。美国心理学家、职业问题专家舒伯(Donald Super)1957 年将职业生涯定义为"一个人终生经历的所有职位的整体历程"，到了 1976 年他又将"生活中各种事件的演进方向和历程"也纳入到这一概念之中，认为职业生涯应当包含人一生中的各种职业和非职业活动。这是一个目前大多数学者比较认同的观点。然而，既然是讲职业生涯，其核心还应该是职业问题，我们不妨将这一宽泛的概念做一个狭义的处理，重点考察与职业直接相关的内容。这样我们就可以认为，职业生涯就是一个人的终生职业经历，它不仅包括一个人的过去、现在和未来那些可以实际观察到的连续从事的职业发展过程，还包括个人对职业生涯发展的见解和期望。具体地说，职业生涯是以心理开发、生理开发、智力开发、技能开发、伦理开发等人的潜能开发为基础，以工作内容的确定和变化，工作业绩的评价，工资待遇、职称、职务的变动为标志，以满足需求为目标的工作经历和内心体验经历。

职业生涯可以分为外职业生涯和内职业生涯。外职业生涯是指一个人在一生中所从事的各种职业的总称，是客观的职业。外职业生涯一般可以理解为从事职业时工作单位、工作地点、工作内容、工作职务与职称、工作环境和工资待遇等因素的组合与变动。内职业生涯主要是指一个人一生中的价值观，为人处世态度与动机变化的过程，同时也包括个人从事职业时学识、能力、经验、身体健康等因素变化过程。外职业生涯通常由别人决定、给予、认可，也容易被别人否认；内职业生涯主要靠自己不断学习探索获得，内因是其形成的主导因素。内职业生涯是外职业生涯发展的基础和前提。

职业生涯是一个动态的发展过程，这不仅表现为职业生涯发展的阶段性变化，而且还表现为职业生涯发展的广度和深度的变化。人的一生需要扮演不同的角色，不同个体或同一个体在不同场所扮演角色的投入程度也是不同的。《论语》中记载的"吾十有五而志于学，三十而立，四十而不惑，五十而知天命，六十而耳顺，七十而从心所欲，不逾矩"，实际就是孔子对自己职业生涯的高度概括。

2. 职业生涯规划

职业生涯规划(Career Planning)也叫职业生涯设计，是指个人与组织相结合，在对职业生涯的主客观条件进行测定、分析、总结的基础上，对自己的兴趣、爱好、能力、特点进行综合分析与权衡，确定最佳的职业奋斗目标，并为实现目标做出合理有效的安排。

职业生涯规划分为个人职业生涯规划和组织职业生涯规划。个人职业生涯规划是个人对自己一生职业发展道路的设想和规划，它包括职业选择、职业角色、从业地区和单位以及如何实现自己的职业理想等内容。个人通过职业生涯规划，使自己有了明确的职业方向，并围绕着方向充分发挥自己的潜能，使自己走向成功。组织职业生涯规划是指在广大职员希望得到不断成长、发展的要求推动下，单位人力资源管理与开发部门制订有关职员个人发展需求与组织发展需要相结合的计划，使职员个人的发展与组织的发展统一起来。一般而言，职业生涯规划主要是指个人职业生涯规划。

根据定义，职业生涯规划首先要对个人特点，包括性格、兴趣、特长、智能和情商等进行分析，再对所在组织环境（包括组织发展战略、人力资源需求、晋升发展机会）和社会环境进行分析，然后根据分析结果制定一个人的事业奋斗目标，选择实现这一事业目标的职业，编制相应的工作、教育和培养的行动计划，并对每一步骤的时间、顺序和方向做出合理的安排。按照规划时间长短，职业生涯规划可以划分为短期规划、中期规划、长期规划和人生规划四种类型。

一般而言，时间跨度太短的规划意义不大，时间跨度太长的规划由于环境和个人自身变化的原因也难以把握，中长期规划既有利于根据实际情况设定可行目标，又便于根据现实的反馈进行修正或调整。因此，在实际操作中一般把个人职业生涯规划的重点放在2～10年内的中长期规划。

第二节　大学生职业生涯规划的重要意义

早在两千多年前，中国就有了职业生涯规划的思想萌芽。《大学》中有一段名言："古之欲明明德于天下者，先治其国；欲治其国者，先齐其家；欲齐其家者，先修其身；欲修其身者，先正其心；欲正其心者，先诚其意；欲诚其意者，先致其知；致知在格物。物格而后知致，知致而后意诚，意诚而后心正，心正而后身修，身修而后家齐，家齐而后国治，国治而后天下平。自天子以至庶人，一是皆以修身为本。"这恐怕可以算作是最早的职业生涯规划了。《大学》之后，"修、齐、治、平"便成了中国古代知识分子人生追求的目标，其影响之深远，世所罕见。

职业生涯伴随人的一生，成功的职业生涯是实现幸福完美人生的基础。大学是迈向幸福人生的新起点，是职业生涯发展的重要阶段，做好职业生涯规划对大学生来说，不仅对四年的大学生活具有特别重要的意义，而且对整个人生也会产生积极的影响。

一、大学生职业生涯规划是全面落实党的教育方针的需要

职业生涯规划教育是高等教育实现全面培养人的功能的重要途径之一。按照我国高等教育法的规定，高等教育要使受教育者成为德、智、体等方面全面发展的社会主义事业的建设者和接班人，其任务是培养具有创新精神和实践能力的高级专门人才。职业生涯规划可以帮助大学生根据社会需求和自身情况来调整自己的发展方向，把自身发展和社会需要结合起来，把自己先天的禀赋和后天习得性能力培养结合起来，更好地为社会主义建设服务，并在此过程中实现个人能力和社会贡献之间的良性互动。

二、大学生职业生涯规划是适应社会发展的需要

职业生涯规划过程是大学生认识社会的过程，是大学生适应社会的开始。职业生涯规划是社会发展的产物，是在职业高度细化、职场竞争日益激烈的形势下产生的。在计划经济时代，大学生是由国家包分配的，而且职业基本上"从一而终"，学生不需要考虑自己的职业问题，当然也没有必要进行职业生涯规划。现在是市场经济时代，大学毕业国家不再包分配，而是自主择业。特别是1999年大学扩招以来，我国大学毕业生人数逐年高速增长。2003年为212万，2004年为280万，2005年为338万，2006年为413万，2007年为495万，2008年为559万，2009年为611万，而2010年全国高校毕业生总量继续增加，规模达到630

万。大学生就业形势不容乐观，大学生就业难已成为一个不可忽视的社会问题。从历史上看，职业生涯辅导出现的直接目的就是为了帮助解决就业问题。19 世纪末和 20 世纪初，主要资本主义国家的生产和资本高度集中，垄断资本主义的形成使大批工人失业，阶级矛盾变得十分尖锐，为缓解工人和资本家的矛盾，解决失业工人的就业问题，职业生涯辅导也就应运而生。现在国内的形势和当时的资本主义国家完全不同，然而，大学生就业难的问题却是一个必须正视的现实问题。职业生涯规划可以帮助大学生在校期间对职业环境就有一个比较清醒的认识，引导他们结合自身的特点进行职业定位，树立职业理想和目标，为他们将来自信而有序地进入职场做好准备，这对减少择业带来的经济和精神压力同样具有积极意义。

三、大学生职业生涯规划是个人成长成才的需要

1. 职业生涯规划能够帮助大学生认识自我，发挥自己的潜能

认识自我是大学生制定职业生涯规划的基础。随着年龄的增加、知识的增长，大学生的自我认知和自我评价能力在不断增强。但他们的心理并不完全成熟，对事物的观察和思考不够深刻，容易理想化，自我认识和自我评价不够全面。例如，有的大学生只看到自身的长处，自以为是，趾高气扬；有的大学生则只看到自身的短处，心灰意冷，信心不足。通过职业生涯规划可以引导他们正确认识自己的个性特质，了解自己的特点和兴趣，评估自己的能力、优势和不足；可以引导他们对自己的综合优势与劣势进行对比分析，评估个人目标和现实之间的差距，帮助他们对自己的价值进行合理定位。大学生在进行职业生涯规划时，可以通过职业测评来确定自己的核心价值观念、个性特点、能力兴趣等影响职业选择和职业发展的重要内在因素，充分了解自己，弄清自己想干什么、能干什么、应该干什么，最大限度地发挥自己的潜能。

2. 职业生涯规划能够增强大学生竞争意识，提升就业竞争力

竞争意识是当代和未来社会人才必备的素质之一。当今社会处在变革的时代，到处充满着激烈的竞争，尤其是我国加入 WTO 后，职场的竞争变得更为突出。要想在激烈的竞争中脱颖而出，竞争意识的培养是必须的。不少大学毕业生到毕业时，面对那种激烈竞争场面，无所适从，甚至产生恐惧心理。产生这种现象的一个重要原因就是对社会认识不够，竞争意识不强，甚至是竞争意识缺乏，面对激烈的竞争就会心生恐惧。职业生涯规划可以帮助大学生找到认识社会、了解社会的途径，可以使学生全面地接触社会的各种职业，较早地确定自己的事业发展方向和职业道路，积极地培养自己的职业意识和竞争意识，锻炼自己的职业能力和竞争能力。

从长远来看，一个人在一个单位或某种岗位上干一辈子的可能性将越来越小，每个人都应做好在自己的一生中转换几次职业的准备。在岗位或职业的转换过程中，每个人都应该有一些自己最不能失去的竞争优势，或者说核心竞争能力，否则你就会迷失方向迷失自我。要做到这一点，职业生涯规划是必须的。

3. 职业生涯规划有助于大学生树立人生目标，成就事业

对目标的追求显然是人前进的强大动力。有人说，中国内地高三的学生是最辛苦的，而大一的学生是最轻松的。这话有一定的道理。在高三，大家为了迎接高考而奋力拼搏。初到大学，由于目的不明确，很多大学生感到无所事事，甚至出现集体“学习无意识”的现象，因而成了“轻松一族”。事实上，确有一些大学生对自己的人生目标不明确，对大学阶段的发展方向感到很迷茫，有的人经常上网聊天、打游戏或谈情说爱，糊里糊涂地度过大学四年的美好时光；有的人则把前途压在考研上，四年学习时光都花费在考研复习上，忽视了自己的

职业能力培养和综合素质的提高，使得他们有了研究生学历仍然就业困难。职业生涯规划就是要帮助大学生树立远大的人生目标，使他们明白在大学期间应该从哪些方面努力充实自己，从而激发学习动力，提升生命高度。

职业生涯规划的一个重要的作用就是评价工作的轻重缓急，这有助于合理地安排日常工作。没有职业生涯规划的人，很容易被日常事务所缠绕，甚至被日常琐碎的事务掩埋，无法实现人生目标。通过职业生涯规划，能够使大学生学会抓重点工作，学会经营自己，学会管理自己。一个人要想成就一番事业，就要学会在明确的目标之下抓住重点工作，在重点工作上下工夫。

4. 职业生涯规划有助于大学生经营生命，创造美好未来

在现代社会要有“经营”的理念。国家要经营，集体要经营，家庭要经营，个人更要经营。职业生涯本身就是一个动态的不断发展的变化过程，职业规划不是应变之策，而是经营未来。有效的职业规划，有利于明确人生未来的奋斗目标。没有职业生涯规划，常常会导致职业发展中的误区，比如：草率决定常后悔、随波逐流无所谓、拜金主义向钱看、刻板印象老观念、盲目听从误决策。

职业生涯规划，就是我们每一个人根据自己的实际工作能力和专业知识，大致设计好一个自己将要为之奋斗的目标，即自己以后要走的路。在前进的道路上，先给自己定下一个合适的高度，然后再通过自己一步一步的努力朝着那个方向前进，直至达到既定高度后再设新的高度，那个前方的高度就是我们的未来。

亚里士多德曾经说过：“人是一种寻找目标的动物，他生活的意义仅仅在于是否正在寻找和追求自己的目标。”完全没有规划的职业生涯是注定要失败的。生涯规划是个人透过自我、机会、限制、选择与对结果的了解，以确立与生活有关的目标，并且根据个人在工作、教育与发展方面具备的经验，规划具体步骤，达成职业生涯的目标。就个人而言，有了职业生涯规划，便有了努力、奋斗的目标，不再犹豫彷徨，不再迷失自我，不再消极颓废，使生命有了意义，生活有了重心，变被动为主动，化消极为积极，积极进取以求自我的成长与实现。

第三节　大学生活与职业生涯发展

一、大学是职业生涯发展的关键阶段

20世纪50年代后期，美国的金斯伯格(Ginsberg)和舒伯提出了职业生涯发展理论。1951年，金斯伯格出版《职业选择》一书，对青少年职业选择的过程与问题作了深入的研究，他认为职业在个人生活中是一个连续的、长期的发展过程，并把它分成幻想期、尝试期和现实期三个阶段。舒伯在金斯伯格的职业发展论的基础上，将人生职业生涯发展划分为成长阶段(出生至14岁)；探索阶段(15—24岁)；建立阶段(25—44岁)；维持阶段(45—65岁)和衰退阶段(65岁以上)五个阶段。

大学生的年龄一般都是17—23岁，正处在职业探索阶段。他们思想活跃，学习能力强，可塑性大，是心理发育与成熟的重要时期，也是知识积累和能力锻炼的重要时期。大学教育本身具有开放性大、专业性强的特点，大学生可以通过专业学习、社团活动、兼职打零工等机会，对自己的兴趣、能力及职业倾向进行探索，收集相关的信息，尝试自己对于职业的一些设想。社会上流传的许多有关“知识改变命运”的故事，故事的主人公大多数是通过大学学习改变了自己人生轨迹，从而走上了一条成功之路。大量的事实让我们看到一条走向幸福人

生的逻辑通道：大学和职业相连，职业和事业相连，事业成为幸福人生的基石。因此，我们认为，大学阶段是职业生涯发展的关键时期，规划好大学生活，对于个人职业生涯的发展具有十分重要的意义。

二、提高就业竞争力是大学生活的主要内容

按照科学发展观的观点，教育要以学生为本，要把落实广大学生的根本利益作为学校一切工作的出发点和落脚点。从长远来说，大学生最根本的利益就是通过上大学获得更好更多的发展机会，使自己有一个幸福美满的人生。为了这个根本目的，在大学期间努力提高就业竞争力就应该成为大学生活的主要内容。

所谓就业竞争力，是指人们在就业过程中表现出来的以能力为核心的经过教育培训整合而获得的持续竞争优势的个人素质、能力和特长的综合体现。大学生就业竞争力主要由基本素质、关键能力和专业特长三个方面组合而成。为了提高就业竞争力，大学时期必须在以下几个方面努力。

1. 培养高尚的人格

大学是培养高尚人格的地方，大学生要通过大学生活的陶冶，把自己培养成具有高尚思想道德修养的人。思想道德修养是一个人价值观、信念和行为的具体体现，它包括良好的道德品质、健康的思想情操、坚定的信念、远大的抱负、诚实守信的人生态度等。对学生本人而言，这些是他们成长成才的一个重要条件；从职业角度看，这些属于职业胜任的鉴别型特征，是用人单位选择人才时非常看重的要素。个人道德修养的形成是一个长期的过程，很难在短期内通过在职培训加以塑造和改变，因此，大学生从进校开始，就要注意自己的品德养成，使自己拥有正直、诚信、乐观、敬业、合作的品质，这是大学毕业生成功择业的最重要因素之一。

2. 构建合理的知识结构

知识的积累是大学生成才的基础，知识的多少往往被作为衡量水平高低的标准。然而，单纯的知识数量并不足以表明一个人真正的学识水平，大学生不仅要具有相当数量的知识，还必须要形成合理的知识结构。按照一般的理解，所谓合理的知识结构，就是既有比较完整的专业知识体系，又有辅助性的知识体系，并且能够根据客观需要进行流动转换，在内部进行调整、丰富与组合。简单地说，合理的知识结构等于精深的专门知识加上广博的知识面。李政道博士说："我是学物理的，不过我不专看物理书，还喜欢看杂七杂八的书。我认为，在年轻的时候，杂七杂八的书多看一些，头脑就能比较灵活。"知识经济时代对人才的知识综合性结构提出了更高的要求，要求人才的知识结构既能很好地适应社会需要，又能充分体现个人特色；既能满足专业要求，又有良好人文修养；既能发挥群体优势，又能展现个人专长。

构建合理的知识结构没有捷径可走，只能是刻苦学习和不断积累，采取适合自己的科学方法，付出艰辛的劳动，辛勤耕耘。在构建合理的知识结构时，力求在夯实基础的同时，了解学科专业发展的新动态，学习新知识，研究新理论，掌握新方法，努力形成一个横向成网、纵向成塔、各领域融会贯通的知识结构体系。这样的知识体系，将有利于大学生在职业生涯中根据职业和社会不断发展的具体要求，把已有知识科学地重组，合理地利用，最大限度地发挥它的整体效能。

3. 培养良好的学习能力和创新能力

在知识经济时代，经济过程及其结果的知识取向不断增强，知识含量不断提高。一方面知识因素以越来越高的程度，在越来越大的范围内参与经济活动并融入经济过程；另一方面

经济结果和经济产出中知识含量不断提高，具体表现为高技术产品的大量涌现和知识、文化产品的大范围流行和推广。随着科技的进步和知识的增长，经济过程中知识与技术的因素不断扩张，并且向经济、社会的方方面面渗透，使经济发展中知识与技术的作用越来越突出，经济的知识化和知识的经济化趋势日益明显。因此，在知识经济时代，人们知识的更新和知识结构的调整、丰富与组合变得越来越频繁，自主学习和终身学习的能力已成为就业竞争力的重要组成部分；能摆脱成见、构筑新意、在认识上产生新的突破的创新思维，在学习前人知识、技能的基础上，提出独特见解的创新能力必将成为事业开拓最锐利的武器。江泽民同志指出，“创新是一个民族进步的灵魂，是国家兴旺发达的不竭动力。”同样，拥有一批创新人才也是一个企业、一个单位保持可持续发展的源动力。因此，在大学期间有意识地培养自己的学习能力和创新能力是大学生提高自己就业竞争力的有效途径。

4. 努力提高实践能力

英国哲学家培根有句名言“知识就是力量”，这话无疑是对的。然而我们要提醒大家的是，知识的力量主要是通过实践来体现，因为我们对知识“精通的目的全在于应用”（毛泽东语）。波斯诗人萨迪也说过，有知识的人不实践，等于一只蜜蜂不酿蜜。俄国哲学家车尔尼雪夫斯基则把实践看成是个伟大的揭发者，它暴露一切欺人和自欺。正所谓“行家一出手就知有没有”。可见，实践能力历来就是一种被崇尚的能力。现在越来越多的用人单位要求大学生毕业生具有较强的实践能力，说明用人单位不仅要看应聘者手中的文凭，更看中应聘者“手上的功夫”。道理很简单：学历不等于职业能力，养蜂人养蜂的目的不是为了看蜂而是为了酿蜜。对用人单位而言，选择拥有丰富的实践经验的学生，能够缩短学生的培训周期，使其更快地适应未来所从事的岗位。实践教学是高校教学体系的重要组成部分，也是提高学生实践能力，进而提高就业竞争能力的重要途径。大学生在学习的过程中，针对自己将来的职业目标，重视实践教学环节的学习，积极参加社会实践活动，不断提高自己的动手能力，在掌握所学专业的基本技能和初步能力的同时，积极获取国家承认的学历证书及更多的职业资格证书，为自己的就业做好充分的准备。

此外，大学生在校期间还应有意识地培养自己与人沟通能力和交往的社交能力；灵活地运用各种方法，组织和协调各种力量有效地实现目标的组织管理能力；克服就业心理压力和工作压力，处理复杂人际关系的心理调适能力；注重团队利益，尊重他人，能与他人齐心协力共事的团队精神；较强的语言及文字表达能力等。当然，良好的身体将是面对一切困难和迎接一切竞争的基础，所以，在紧张学习工作的同时，还要注意锻炼身体，并且至少要掌握一项健身的技术。

案例欣赏

案例一：哈佛大学关于人生目标的调查

哈佛大学一个非常著名的关于“目标对人生影响”的跟踪调查。该项调查的对象是一群智力、学历、环境等条件都差不多的年轻人，调查结果发现：27%的人没有目标，60%的人目标模糊，10%的人有比较清晰的短期目标，3%的人有十分清晰的长期目标。

25年的跟踪调查发现，他们的生活状况十分有意思。那3%的人，2年来几乎都不曾更改过自己的人生目标，他们始终朝着同一个方向不懈地努力，25年后，他们几乎都成了社会各界顶尖成功人士,他们中不乏白手创业者、行业领袖、社会精英;那10%的人,大都生活在社会的中上层。他们的共同特点是,那些短期目标不断地被达到,生活质量稳步上升,他们成为各行各业不可缺少的专业人士,如医生、律师、工程师、高级主管等;那60%的人,几乎都生活在社会的中下层面,他们能安稳地生活与工作,但都没有什么特别的成绩;剩下的27%的人,他们几乎都生活在社会的最底层,他们的生活都过得很不如意,常常失业,靠社会救济,并且常常在抱怨他人、抱怨社会。

调查者因此得出结论:目标对人生有巨大的导向性作用。成功在于开始仅仅是一个选择。你选择什么样的目标,就会有什么样的成就,就会有什么样的人生。

(资料来源:http://www.china-b.com/zixun)

案例二:比尔·拉福的职业生涯设计

中学毕业之际,比尔·拉福就立志经商。他的父亲是洛克菲勒集团的一名高级职员,他发现儿子有商业天赋,机敏果断,敢于创新,但却很少经历过磨难,没有经验,知识储备也不足。于是,拉福父子进行了一次长谈,共同制订了计划,描绘出职业生涯的蓝图。拉福听从了父亲的劝告,升学时并没有直接去读贸易专业,而是选了工科中最基础、最普通的专业——机械制造。这着棋很绝妙,因为做商贸必须具备一定的专业知识,在贸易中,工业商品占据了绝对多数,如果不了解产品的性能、生产制造情况,很难保证贸易的收益。因此,具备一些工科的基本知识是经商的先决条件。况且,工科学习,不仅是知识技能的培养,它还能帮助你建立一套严谨求实的思维体系,训练你的推理分析能力,使你有一种脚踏实地的工作态度,这些素质对经商帮助极大。比尔·拉福就这样在麻省理工学院度过了四年。他没有拘泥于本专业,还广泛接触了其他课程。学习了许多化工、建筑、电子等方面的基本知识,这些知识在他后来的商业活动中发挥了不可忽略的作用。

大学毕业后,比尔·拉福没有立即一头扎进商海。按照原先的设计,他开始攻读经济学的硕士学位。商业毕竟不是工业,这是一种经济活动,有其本身的规律与特征。现代商业不再像古代阿拉伯人做起来那么简单,无论是程序上,还是规则、内容上都相当复杂,需要进行专门了解;在市场经济条件下,一切经济活动都通过商业活动来进行,不了解经济规律,不学习经济学的知识,很难在商业领域内立足。于是,比尔·拉福又考进芝加哥大学,开始了为期三年的经济学硕士课程。这期间,比尔·拉福掌握了经济学的基本知识,深入了解了经济规律,懂得了商业活动的社会地位作用,搞清了影响商业活动的众多因素。他还特意认真学习了有关的经济法律。现代商业活动中法律充当了至关重要的角色,没有法律保障,现代商业将陷入一片混乱。他更注重学习微观经济活动的管理知识,而不把主要精力用来研究理论经济学;那是职业经济学家的工作,他志不在此。因此,比尔·拉福对会计、财务管理也较为精通。这样,几年下来,他在知识上完全具备了经商的素质。

你也许会感到意外,比尔·拉福拿到硕士学位后居然没有立即投身商海,而是考了公务员,去政府部门工作。原来,他的父亲,这位老谋深算的商业活动家深知,经商必须有很强的交往能力,人际关系在商业活动中异常重要,要想在商业上获得成功,必须深知处世规则,充分了解人的心理特征;善于与人交往,能够给人以良好的印象,使人信任你,愿意与你合作。人是相当复杂的情感动物,有时候一言不慎就会断绝你的出路,使你失去很多机会,损失巨额利润;相反,如果能很好地利用这些关系,你就能比别人更多一些余地。别人办不到的你能办到,别人得不到的你能得到。这种开拓人际关系的能力是任何学校都学不到的,只有在社会上，在工作中才能得到锻炼，而训练交际能力、观察人际关系的最佳去处就是政府部门。要知道，官场险恶，政治阴暗，在复杂的政界生活，必须格外小心谨慎。有时候一不留神，就会中人暗箭，遭人算计。在这种环境里工作，每个人都会逐渐变得机敏、老练，处变不惊。比尔·拉福在政府部门一干就是五年。这五年中，他从稚嫩的热血青年成长为一名老成持重、不动声色的公务员。比尔在环境的压迫下树立起强烈的自我保护意识，胸中筑起了很深的城府。他在后来的商业生涯中，从未上当受骗，没有人能算计到他，这都归功于他在政府的五年锻炼。此外，他通过那五年的政府机关工作，结识了一大批各界人士，建立起一套关系网络，他非常善于利用这些网络。为他提供丰富的信息，提供许多便利条件。这对他后来的商业成功帮助极大。

五年的政府工作结束之后，比尔·拉福已完全具备了成功商人所需的各种条件。羽翼丰满了。于是，他辞职下海，去了父亲为他引荐的通用公司熟悉商业业务。又经过两年，他已熟练掌握了商情与商务技巧，业绩斐然。这时候，他不再耽搁时间，婉言谢绝了通用公司高薪挽留，跳出来开办拉福商贸公司，开始了梦寐以求的商人生涯，正式实施多年前的计划。功夫不负苦心人，比尔·拉福的准备工作太充分了，他几乎考虑到每个细节，学会了商人应学的一切。因此，他的生意进展异常顺利，拉福公司的成长速度出奇得快。20 年之后，拉福公司的资产从最初的 20 万美元发展为 2 亿美元，而比尔·拉福本人也成为一个奇迹，到处受人尊敬。

1994 年 10 月，比尔·拉福率团到中国进行商业考察，在北京长城饭店接受《中国青年报》记者采访时，谈起了他的经历。比尔·拉福认为他的成功应感谢他父亲的指导，他们共同制订了一个重要的生涯方案，这个生涯设计方案使他最终功成名就。

比尔·拉福的生涯设计路线图（大学工科学习——经济学研究生学习——到政府工作——到大企业工作——创办自己的企业）脉络清晰，步骤合理，充分考虑了自己的个人兴趣，个人素质，着重突出了职业技能的培养，这种生涯设计在他坚持不懈的努力下，终于变为现实。在钦佩比尔·拉福持之以恒的毅力时，相信你也会不禁为这一设计方案叫好。从他的成功之路中，你学到了什么？

（资料来源：青年文摘（红版），2007 年 01 期）

课外练习

1. 你希望大学毕业后从事什么职业，你选择的职业和你现在所学的专业有什么联系？

2. 进入大学后你有什么感想？下一步发展目标在哪？职业生涯规划对你重要吗？为实现你的人生职业理想你觉得大学生活应如何度过？

第二章　大学生与成功心态

如果我们有着快乐的思想，我们就会快乐。如果我们有着凄惨的思想，我们就会凄惨。如果我们有害怕的思想，我们就会害怕。如果我们有不健康的思想，我们就会生病。

——美国成功学家卡耐基

追求成功，渴望成功，这是人的普通心理现象，是人类社会发展的一个动力。那么如何来理解成功，未来人生、未来职业生涯如何去追求成功呢？这是每个追求成功、渴望成功的大学生首先要探讨的问题。

第一节　成功心态的内涵及特点

一、对成功的理解

成功是什么？如何理解成功？不同的人从不同的角度都会对成功做出解释：成功就是拥有美好事物，成功就是欣欣向荣，成功就是繁荣昌盛，成功就是物质财富，成功就是精神食粮，成功就是获得赞美，成功就是赢得尊敬，成功就是免于压迫，成功就是得到的，成功就是奉献，成功就是成就事业，成功就是不白活一生，成功就是创造美的生活，成功就是实现自我价值。

人生是丰富多彩的，成功的方式和结果也是多种多样的，有的人成为能工巧匠、技术专家；有的人成为学者教授、优秀教师；有的人成为法官、律师；有的人成为企业家等。俗话说得好，"三百六十行，行行出状元"，这说明在社会需求的各行各业都可以取得成功。人生是快乐而艰辛的，追求成功的道路也是甜酸苦辣都有，有的人奋斗 2 年就成功，有的人奋斗 10 年、20 年甚至 30 年才成功，有的人奋斗一辈子都有可能不成功，但他一辈子都在快乐地追求成功，他也许要的不是结果，而是追求成功的过程，享受这过程的甜酸苦辣。这就是人生哲理：成为什么并不重要，重要的是生命不断追求，不断超越，不断创造！海明威的小说《老人与海》描写的就是这样一个故事：一位老人一辈子都喜欢捕鱼，每次捕鱼都不一定有大的收获，甚至一连八十四天一条鱼都没捕上，但他始终执著追求，让生活的每一天都很充实，直到有一天好不容易捕到一条大鱼，兴奋得手舞足蹈，但在拖回来的路上，遇上好几条鲨鱼，捕获的大鱼被鲨鱼咬食，老人拼死搏斗，虽然击退了鲨鱼，但抵达港口时那条大鱼只剩下一付鱼骨头架……

人的一生追求成功是有一个过程的，由小成功到大成功，并乐此不疲全身心地、快乐地追求。就像攀登高山的运动员一样，征服了一座高山，又想去征服另一座高山。美国发明家、企业家爱迪生一生就发明创造 1300 项专利技术。我国著名篮球运动员姚明从国内到冲出亚洲到走进美国 NBA，这就是在一次次超越自我。运动场上的运动员不断证明自己、超越自己、战胜自己，商场上的企业不断走向辉煌。海尔的发展过程就是一个生动的成功典范，海尔总裁张瑞敏率领海尔集团由一个小企业发展到一个全球化集团，从单一品种到多种品种，从国内市场到海外市场，不断地冲向更强大、更辉煌。海尔的成功，海尔人的精神，海尔人的追求，是中国人的骄傲，也是人类的骄傲！

成功的动力来自哪里呢？来自于人的生命力。每个人的生命都是世界上独一无二的，有着独一无二的价值以及强大的生命力。这种生命力犹如雨后春笋一般冲破一切阻力向上迎着太阳；宛如长江黄河之水天上来，摧枯拉朽，奔流到海不复回。人的生理可能有缺陷，人的身体可能有病痛，但人的生命力能让人克服一切病痛、挫折、缺陷，就像电闪雷鸣，在黑暗中闪耀出生命力的能量，折射出人的生命的刚强而伟大，这就是生命的欢乐，创造的欢乐，追求的欢乐，人生的欢乐。正如张海迪榜样表现的那样，正如延安精神、井冈山精神、“抗洪精神”、“抗击非典”精神所展现的那样。当我们了解到伟大音乐家贝多芬一生经受的苦难，欣赏他创造的交响曲时，我们每个人都会为之震撼和激动，心灵得到洗礼，情感得到升华。长篇小说《约翰·克利斯朵夫》不就是音乐家生命的生动写照么？每一个人都有独一无二的生命，理应将自我生命的潜能价值发扬光大。每个人都能成功，而且一定能够成功，就怕你不想成功，不想要成功！古人云“人人皆可成尧舜”。黄河浪在其编著的《突破》一书中指出：“生命就是成功的种子，身躯就是成功的沃土，大脑就是成功的指挥部，眼睛就是成功的望远镜，耳朵就是成功的传速器，口舌就是成功的传播机，手臂就是成功的翅膀，腿足就是成功的千里马，知识就是成功的加油库，潜能就是成功的千斤顶，目标就是成功的方向盘。行动就是成功的航程表，人生就是成功的舞台，社会就是成功的疆场”。

当代大学生要对自我充满自信，要有强烈的成功意识，不仅是心里想成功，而且要化为潜意识：我一定要成功，我一定能成功！直到你大胆地大声地喊出来，并按照正确的法则去行动！心理学研究发现，强烈的成功信念，强烈的“一定要赢”的信念，可以激发人的潜能。在中国体操队集训的场地，到处张贴了宣传口号“不想当元帅的士兵，不是一个好士兵”，“向世界冠军冲击”，“为国争光，为中国人争气”，“爱拼才会赢”，这些都是对运动员们潜能的激励，这种强烈的信念化为平时的刻苦训练，凝聚起全部的生命潜能，在比赛中过关斩将，最终夺得世界冠军。“我一定要赢”，这是所有运动场上取得胜利的运动员的信念，拳王阿里每次比赛之前，总是不断地对自己说“我一定赢”，结果总能激发出他的全部潜能，创造出一次次的奇迹。大学生在应聘过程中，学习成绩并不是最主要的(当然也不能太差)，关键是自信心，强烈的信念，“你是最棒的！”当几个学校的十几位应聘者，面对主考官提问时，考的并不是你的学习成绩，而是你的反应能力和自信心，你的一种强烈的信念，俗话说得好，“两军相遇，勇者胜”讲的就是这个道理。有的同学之所以败下阵来，就是因为缺乏斗志、缺乏精神，缺乏自信、不敢大胆地回答问题，表现出胆怯、犹豫、紧张、语无伦次。

要想身体好，就需要经常锻炼，人的思维意识也要不断修炼，不断反省，积极的思维，带来积极的行动。所以我们平时要多想好的事情，说好的事情，传好的事情，做好的事情。一个人如果老担心身体有病，没病的身体说不准真会想出毛病。反之，有些身患绝症的人，以顽强的意志和坚强的信念，与病魔作斗争，结果活的时间比医生预言的要长得多。心理学实验也证明这一点，两只小羊面临危险时，让一只羊能看见一只狼(当然狼吃不着羊)，久而久之，这只羊就会在恐惧不安中日益消瘦重病不起；而另一只羊，虽然面临危险但不让它看见狼，结果它活得很健康。这说明，当生命感到快乐、有种积极向上的信念时，体内就会产生生命需要的细胞，反之，就会产生对生命不好的细胞而损害生命。因此，追求成功、渴望成功的每一个人，都要学会善于运用信念的力量，从积极的方面去思考、去行动。具备强烈的成功的信念，是你迈向成功的第一步。

二、成功心态的内涵特点

心态是指人们对待事物的心理态度，心态主要分为积极心态和消极心态两种类型。大学生的成功心态，就是指大学生在追求成功的过程中，对待事物的积极心理态度。

心态是一个人成败的关键，成功学大师拿破仑·希尔说："一个人能否成功，关键在于他的心态。成功人士与失败人士的差别在于：成功人士有积极心态，而失败人士则运用消极的心态面对人生。人生是好是坏，不由命运来决定，而是由你的心态来决定。"每个人身上都存在两种力量，一种是建设力，这是一种积极向上的人生态度，它让人精神振奋、好学、上进、幽默乐观、思想深邃、诚实守信、坚定信念、克服困难、敢于竞争、勇于胜利、追求真善美、充满自信、生活充实；另一种是破坏力，这里又分为内破坏力和外破坏力，内破坏力让人消极悲观、失望、缺乏自信、紧张、忧虑、焦虑、空虚、彷徨、自闭、自残、甚至自杀等，外破坏力让人冷漠、仇恨、虚伪、坠落、打、杀、抢、假、恶、丑。

积极的心态激发建设力，消极的心态与破坏力相联。也许你听过这样一个推销员的故事，两个推销员都打算到非洲去卖鞋，到达非洲后，一个推销员看到非洲人都不穿鞋，认为没有生意做就回去了。而另一个推销员却认为：假如非洲人都穿上鞋，那市场潜力多大啊，于是他决定留在非洲做鞋的生意，用不了几年就取得成功，生意做得很大。另有一个故事：三兄弟在一个建筑工地劳动，有人问之："你们在干什么?"老大说："在砌砖"，老二说："在建房子"，老三说："在创造美的生活！"若干年过去后，老大还在辛辛苦苦砌砖，老二成了一个建筑承包商，老三却成了一家房地产公司总经理。还有一个故事：苏东坡年轻时恃才自傲，有一次去庙里坐禅，事毕后他站起身看看身边的老和尚说："和尚，你知道你在我的眼中像什么吗？一堆牛粪"。老和尚双手合十说："阿弥陀佛，年轻人，你知道你在我眼中像什么吗？一尊金光闪闪的佛像"。苏东坡开心地大步流星回家了。他的妹妹苏小妹见到问哥哥什么事这么高兴。苏东坡答曰："今天我赢了一个和尚，我说他像牛粪，他说我是佛像。"苏小妹说："哥哥，你输惨了，和尚一心向佛，六根清净，他心中有佛。所以看人便是佛，而你心地肮脏，看人便是粪"。苏东坡惭愧地低下了头。以上这几个故事把心态的作用都描述得淋漓尽致。

成功心态具有如下几个特点。

1. 进取心态

自古以来，中华民族生生不息，靠的就是一种积极进取的精神，"天行健，君子以自强不息"，"修身齐家治国平天下"，"天下为公"，"路漫漫其修远兮，吾将上下而求索"，"三军夺帅也，匹夫不可以夺志"，"天下兴亡，匹夫有责"，"先天下之忧而忧，后天下之乐而乐"，"崇尚仁义，厚德载物"，"富贵不能淫，贫贱不能移，威武不能屈，""穷且益坚，不坠青云之志"，这都是中华民族精神的生动写照，还有当代惊天动地、气贯长虹的民族精神展现，比如"五四"精神、井冈山精神、长征精神、延安精神、抗美援朝精神、"抗洪"精神、抗击"非典"精神、载人航天精神……

2. 快乐心态

追求成功是一种快乐的事情，如果你把它看成是一种痛苦，那就不可能成功。微软集团公司总裁比尔·盖茨看准了他应该从事的事业后，就义无反顾，一生快乐地追求，他的公司不仅生产技术产品而且也生产快乐。具有快乐心态的人，就会用快乐的眼睛去看待周围的一切，用快乐的心态感悟大千世界，"每天的太阳都是新的"，"我见青山多妩媚，料青山见我应如是！"快乐生活每一天。开开心心赚钱，开开心心工作，开开心心娱乐，开开心心学习。

像肚弥勒佛那样“笑口常开笑天下可笑之人，大肚能容容天下难容之事”。

有了快乐心态，就会有积极的思维和想象，许多知识信息都可以激活，许多困难挫折都能够克服，原先不愿去做的事情你都会乐意做。年纪大的人会变得年轻，年轻的人会显得更漂亮更美！

人的一生必定经受很多挫折，不能总是把自己放在真理的位置上，指责别人的不是，那样永远也跳不出怨恨伤感的怪圈。多宽容，少计较，你首先微笑，生活也就会和你微笑了。

可能有人说，生活中有千般苦万般愁，哪能微笑得起来呀？此言差矣。英国作家萨克斯说：“生活是一面镜子，你对它笑，它就对你笑。你对它哭，它就对你哭。”有的人面对生活微笑不起来，并非是自己多么不幸，遇到了什么无法抗拒的天灾人祸，而是由于自己思想消沉，精神不振，不良情绪占了上风，总是无法从苦海里跳出来。殊不知，境由心造。在日常生活中，对于同一件事情，同一种遭遇，往往有人乐观，有人悲观，其根本原因就在于各人的心境不同。有了乐观的情绪，愉快的心情，即使真的遇到伤心的事，也能“制造快乐”，把沮丧的情绪转变为平静和安宁。

3. 分享心态

有了快乐，不仅自己体验，还会情不自禁地和他人分享，就像看了一场好电影，看了一本好书，你会积极向朋友推荐，向朋友谈论心理感受，从而让朋友也感到快乐。一个人快乐还不行，大家快乐才是真正的快乐，这就是快乐的原理。分享的过程也就是信息交流、人际沟通的过程。我们取得了成功，体验到成功的快乐，希望将此快乐与亲朋好友一起分享，希望大家都能加入追求成功的团队、追求快乐的团队，并不断地追求更大的成功、更大的快乐。成功让你感悟情感高峰体验，而这种强烈的体验又促使你追求更大的成功，去获得更多的快乐并与他人分享。

4. 空杯心态

所谓空杯的心态，实质上是一种谦虚的心态，一种宽容的心态，一种不断学习的心态。要让空杯心永远开放着，不断吸收，不断吐故纳新，不断去追求与创新。

人类社会已经进入信息化的知识经济时代，在这个快速变化的多元化社会，终身学习是一大发展趋势。任何组织，要想永葆核心竞争力，唯有进行修炼，成为学习型组织；任何个人，要想立于不败之地，唯有善于总结与学习，推陈与出新，成为一个终身学习型的人才。空杯的心态也反映了一种“无为而无不为”的哲学，老子云“万物生于有，有生于无。”一个人的思想虽然无形，却能决定一个人有形的东西——命运。有什么样的思想，就会有什么样的心态；有什么样的心态，就会有什么样行为，就会有什么样的习惯；有什么样的习惯，就会播种什么样的命运。在现实生活中，很多人陷于功利目的的泥潭，过多地追求感官物质上的东西，而忽视了生命的精神的充实，我们片面重视物质家园的建设，却忽视了精神家园的建设，导致物质与精神、劳动与享受、主观与客观、主体与客体、人与自然、人与社会的许多不和谐音符，令人产生消极的心理，甚至渐渐滋生一种破坏力。这是我们要高度重视的。

三、大学生成功心态的训练方法

1. 改变消极心态，树立新的奋斗目标

大学生中的消极心态有以下几种表现。

① 自卑心理：总认为自己比不过别人，常常为自己的不足而懊恼，感到“低人一等”。例如，有的人为自己的个子矮小而自卑，有的人为自己交际能力缺乏而自卑，有的人因为找工作不顺而自卑。

② 胆怯心理：爱面子，担心出错、出丑而不敢行动，害怕在公众场合表现自己。例如，有的同学在寝室活泼可爱，而要到讲台上发表演讲就胆怯；有的男生在熟悉的同学面前谈笑风生，而一旦在陌生环境与陌生人打交道则十分紧张，在异性面前更是紧张万分，躲躲闪闪，沟通困难；有的毕业生在面试中不敢正视主考官，表现不自然，回答问题不清晰，思维堵塞，头脑一片空白，匆忙败下阵来。

③ 缺乏自信：做什么事，说什么话，总觉得底气不足，信心不足，缺乏斗志拼劲，关键时候表现为紧张、思路不清、反应不灵敏。尤其是毕业生在正规的场合参加应聘、参加集体或单独面试时，虽然也能应付过去，但总给人底气不足、信心不足的印象，结果错失良机。而有的同学在关键时候，精神振奋，斗志昂扬，回答问题干脆利落，充满自信，就像解放军战士上战场前精神抖擞，结果当然是被优先录用。如果你站在用人单位角度来考虑，一个缺乏自信的人当然是不适宜富有挑战性工作的。

④ 常找借口：遇到困难挫折不是积极想办法解决，而是找借口放弃。做错了事不敢承认错误而是找借口掩饰、开脱责任。事情都没有做就想好退路，找到了台阶，“哎呀，这个太难了”，“哎呀，这个我做不来”，“失败又不是我的错”，“这次演讲我恐怕讲不好”，“这次活动可能会不成功”。担心这，担心那，能成功么？失败者常找借口，成功者总结教训。

⑤ 从众心理：缺乏自己的主见，随波逐流，人云亦云，总觉得跟随大家总不会错，盲目追赶流行的东西，而不加理性的思考。现实中往往流行快的，消失得也快！

⑥ 无所谓心理：做事情没有激情，无精打采，没有目标，不知自己要干什么，今后要干什么，“做一天和尚撞一天钟”，“三天打鱼两天晒网”，天天沉溺于网络游戏。

从以上种种消极心态可以看出，缺乏人生奋斗目标、害怕失败、逃避责任、逃避痛苦是导致消极心态的根本原因。因此，要改变这种消极心态，就要运用思维的理性的力量。首先要认真思考你的人生发展目标，什么是你想要的？你希望成为一个什么样的人？你准备用多少年来成就你的目标？并且用笔和纸写下来，睡觉前、起床后用心看一看你的人生发展目标，强化成功意识，你想要成功，你一定要成功！树立雄心壮志。其次，调整心态，改变思维方式，多想好的事情，想像你成功的快乐情景，想象未来美好生活，眼光向前看，而不是老向后看，多想好的，多做好的，多说好的，把那些消极的意识从大脑中清除，把你的心态调整好，就像 100 米赛跑运动员比赛前要热身一样。

2. 确立“我一定能”的信念

“我能，我一定能！”，这是我们训练思维意识的一句很重要的话。身体要锻炼，运动员要训练，艺术家要练功，人的思维意识也要经常修炼，这是通向成功之路的第一步。我们要学会运用信念的力量走向成功。相信自己，肯定自己，战胜自己，超越自己！这是中外许许多多成功之士的共同特征。当人的情绪低落时，当人遇到挫折失败时，当生命处于危险时，这种坚强的信念往往显得更重要！人的信念犹如一颗成功的“种子”，播种在心田里，你不断呵护它，滋润它，让它发芽、生根、开花、结果、收获。因为长征是“播种机”，所以才会有解放战争的胜利；因为科学家的“播种”，所以才会有“两弹”试验成功，才会有“神州五号”飞船升天；因为海尔集团总裁张瑞敏的“播种”，才会有海尔精神，才会有海尔神话的诞生……

我们都要学会“播种”，运用你的全部聪明才智，不管困难阻力有多大，人生目标就一定能实现。

“我一定能拿到奖学金。”

“我一定要拿一等奖学金。”

“我一定能找到工作。”

“我一定能找到令人羡慕的工作。”

“我一定能成为一个杰出的中学教师。”

“我一定能成为一个优秀的老板。”

“我一定能成为科学家。”

“我一定能成为创造发明家。”

“我一定能……”

3. 制订行动计划

远大目标确定后，要制订详细的行动计划，否则，目标就可能变成空想。如果你想成为一名杰出科学家或企业家或艺术家或技术专家等，你就要将这个远大目标理想详细地列出来，写在纸上，越清楚越好，列出实现目标的时间：比如要在35岁前实现目标。假如你现在是19岁，那么离35岁还有16年，这16年你要规划好自己行动的步骤以及实现目标要哪些条件。比如你要成为科学家，那么必须站在巨人的肩膀上才能更好地到达目标。而这些巨人们大多在著名大学、研究所，因此，你要设计自己头5年要用功学习，考入重点大学、攻读研究生，尽量靠近科学家；后5年要考入巨人们所在的大学，研究所读博士，接近科学家，然后再经过5～6年时间，站在巨人的肩膀上，勇于创新，成为科学家。你只有这样详细地规划你的人生发展目标，你的成功就不会是梦想，一定能变成现实。

行动计划制订后，要经常看，经常念，经常想，在心理暗暗发誓，你一定要实现它。大胆地说出来，你一定要实现它！亲爱的同学，拿出纸和笔，将你人生愿望一一写下来，制订行动计划，马上行动，不要害怕，不要不好意思，不要去找借口，成功才是至关重要的！

4. 强化愿望，立即投入行动

强化愿望的目的是为了更好地、信心百倍地投入行动，没有实施行动，没有比常人多几倍的付出，是不可能取得成功的。俗话说得好，“天上不会掉下馅饼”。只有付出再付出，行动再行动，你才能实现心中梦想。现实生活中有不少人并不乏理想，但却缺少详细的行动计划，缺少行动和实践，结果是不可能成功。看准了目标，就要义无反顾，大胆地实践，尽管在实践中会遇到许多困难挫折，只要你坚定信念，不断强化愿望，执着顽强，总结经验教训，最终会有人生的收获与享受。要想成功，就要立即投入行动，比他人多一些付出，少睡懒觉，少玩一些电脑游戏，多上图书馆，上实验室，锻炼身体，勤练本领（练钢笔字，练毛笔字，练英语口语，练表达能力，练组织能力，练社会实践能力等），发展兴趣爱好，培养素质和能力，从点滴做起，从身边事情做起，从自我做起。

5. 组建合作团队，快乐人生每一天

在一个缺乏上进心的环境里，人也容易变得懒惰和平庸，再加上人自身具有的惰性，一旦遇到挫折困难就容易变得消极悲观失望，既使有很大的决心，旁边周围的人也会对你产生不好的影响，拉你去拼命玩，奉劝你及时行乐，希望你和大家一样，不要去创新，不要去追求更大的人生目标。正因为这样，许多人容易败下阵来。开始时跃跃欲试，渴望成功，巴不得马上成功，而对追求成功是一个艰辛漫长的过程缺乏心理准备，这是许多人的通病，轻易就放弃对目标的追求，只有少数人，因为有远大目标，有强烈的信念并坚持做下去，从不放弃，最终获得成功。“一个人只须坚定，向着周围四看，这世界对于有为者并不默然”，复旦大学著名美学家蒋孔阳先生就是这样勉励我们的。我们要创造团队，发扬团队精神，在学校，你可以去影响别人，激励别人，和一些志同道合的同学组成一个追求成功的团队，在这个团队里，大家互相信任，互相激励，互相关心和帮助，追求成功，不言放弃。就像一群大雁高飞那样，总有一只领头雁带领群雁飞，一旦飞累了，又有另一只大雁飞到前头领路，始终保持整齐的队形，始终朝着一个目标飞去。我们组建的团队，就要有这样精神。大家有理想，有计划，有合作，有行动，在导师的帮助指引下，刻苦攻关，探究学习，勇于突破与创新，当有的队员累了的时候，消沉的时候，团队其他队员给予关爱，给予鼓励，给予帮助；当队员受到委屈时，大家给予安慰；当队员取得一点进步和成功时，大家为之高兴，为之祝贺和赞赏。这就是团队之家，团队之精神。通过团队的努力，又不断影响其他人实现目标，改变身边沉闷的气氛。成功往往就在一瞬间，帮助他人成功，你同时也获得了成功，大家都成功。创新团队，你能，一定能！

第二节　大学生成功习惯的养成

一个人要想成功，不仅要树立远大目标、强化信念，还要养成一个良好的习惯。你是习惯于消极心理，还是习惯于积极心理；你是习惯于平庸无奈，还是习惯于自由与创新；你是习惯于天天睡懒觉，看电视，玩电脑游戏，还是习惯于运动、思考、学习、质疑、创新，这些全在于你的心灵的选择，你心灵选择了什么，你就会有什么样的结果，你选择成功，你就会成功，你选择失败你就会失败。在历史上，项羽来到乌江，本可以有生路，重整旗鼓，东山再起，但他选择了眼前的失败，于是拔剑自刎，“无脸见江东父老兄弟”；刘备选择了诸葛亮，才有三顾茅庐，成就一番霸业；勾践选择了复仇，才有几十年的卧薪尝胆，忍辱负重，最后获得成功。

在日常生活中也一样，你心灵选择了向上的积极建设力，你就会形成良好的习惯，这就是成功者的习惯；若你选择了消极的破坏力，你就会形成另一种习惯，一种失败的习惯者。

失败者的习惯有哪些表现呢？第一，安于现状，不思进取，无精打采，缺乏活力；第二，不顾实际，贪图享乐，不会节约，不会控制，今朝有酒今朝醉，混一天算一天；第三，不爱学习，不爱劳动，爱虚荣，爱打扮，爱赌博；第四，做事拖拉推诿，做不好常找借口；第五，不讲诚信，爱撒谎，不做实事，爱吹牛，弄虚作假，招摇撞骗；第六，考虑问题做事情总是朝消极的方面去想，怕这怕那，不敢冒险，不敢创新。

成功者的习惯有哪些表现呢？第一，喜欢思考，而且喜欢从积极的好的方面去思考；第二，积极锻炼身体，风雨无阻；第三，快乐地做事，快乐地学习、工作、生活、娱乐；第四，心胸宽广，善于学习吸收对组织对自己有用的事物；第五，勇于实践，敢于行动，不怕冒险，追求“真、善、美”，追求成功。

成功是一种习惯，如果你习惯了积极的思维，习惯了积极的心态，习惯于为人处世的正确方式，那么成功就离你不远了，习惯成自然，水到渠成，到那时你不想成功都不可能。邓小平从小就养成了成功的习惯，勤于思考，坚持锻炼，善于学习，有积极心态，即使被三次打倒，他都能够站起来，拨开云雾，指明中国发展方向，成就一生的刚强和伟大！毛泽东、周恩来、刘少奇、彭德怀、陈毅、刘伯承、叶剑英等这一批共和国缔造者们都是那么刚强和伟大，他们成功的信念，成功的意识，成功的习惯，成功的心态，永远令我们感动，永远是我们学习的榜样。伟大的发明家爱迪生，虽然考试成绩不行，但他养成了成功的习惯：爱动脑筋，喜欢钻研，喜欢自学，不怕困难，不怕挫折，不怕失败，敢于实践，敢于冒险，一生快乐地追求发明创造，共获得1300多项发明专利，成就了一生的伟大。据说日本也有一位发明大王，从19岁就立志发明创造，一生致力于研究工业垃圾的处理与再利用，不须燃烧将废渣固化建成“耐火建筑板材”，发明独特的水泥，获得约100项专利，成为发明家和大实业家。甚至到了85岁的高龄，都在进行研究，快乐追求，这是多么的幸福和成功啊！大学生要想就业成功和创业成功，就应对自己目前的习惯情况做一个自我诊断，并向学校老师咨询，认真反省一下自己目前的习惯，有哪些是成功的习惯，哪些是不成功的习惯，有哪些优点，又有哪些不足，如何扬长避短，如何养成更大的成功习惯，针对自己的不足，制订目标计划和行动方案，马上行动，立即实施。有位师范专业的大学生小张，大一上学期，在学习了有关成功潜能开发原理和方法后，一个偶然的机会，听了一位成功学专家演讲，心灵受到激励，精神备受鼓舞，渴望成功的愿望愈来愈强烈，于是自己制定了人生发展目标，制定了大学四年的发展目标，制定了每个学期的目标，制定了每天的行动目标，他的每天行动目标是这样的：早上5点30分起床，10分钟内洗刷完毕，到外面学习一个小时英语，锻炼做操半小时，20分钟早餐，提前到达教室，预习功课，上午认真听课，做笔记，思考、提问，中午午餐后，休息半小时，再到教室，准备听课。若没有课，就到图书馆或教室自习，提出研究课题，主动和老师联系，请老师给予指导，并与班上同学分享读书学习心得。下午课外活动时积极参加文体活动、社团活动，增强素质和能力。晚饭后，在美丽的校园散步15分钟。然后到图书馆、阅览室看书学习，先用30分钟练习钢笔字，再开始学习，查找资料，研究问题。有好的学术讲座时去听，晚上10点前回寝室，和同学交流一天的感受心得，洗刷后休息，躺在床上检查一下今天的计划任务是否完成，看几遍自己制定的人生发展目标，鼓励自己：好样的，今天做得真棒，明天会更好！10点半睡觉。双休日安排另行计划，争取机会参加社会实践活动，勤工俭学，学以致用，增长见识。小张以积极的人生态度，快乐地学习生活每一天。大学四年坚持下来，取得了丰硕的成果：年年拿奖学金，被评为优秀班干部，光荣加入了中国共产党，获得大学生演讲比赛第三名，院（系）书法比赛一等奖；乐观快乐，与同学相处和谐，校外勤工助学赚了2000多元钱，既锻炼了实践才干，增长了见识，又减轻了家庭的经济负担，还体验到了通过劳动而收获的快乐心情。在毕业那年的招聘会上，有四家重点中学想要与他签约。在教书工作岗位辛勤耕耘三年后，他用同样的积极心态，获得全市优秀青年教师光荣称号。

这个生动的成功个案说明大学生要成功并不难，重要的是要有一个成功的心态，有成功的习惯养成。要养成这些成功习惯，刚开始的时候，你可能会有点不适应，会感到有点累，有点辛苦，但久而久之，就习惯了，就容易做到了，就感到很快乐了，成为你快乐生活中的实实在在的内容了，你就不知不觉成功了。所以说，成功就在一瞬间，成功就在你身边，成功也很简单，成功之路在你的心灵，在你的脚下！

第三节　大学生应掌握的五大成功法则

有位大学生问：我渴望成功，确立了人生奋斗目标，也制订了行动计划，下一步怎么办呢？这个问题提得好，我们不仅要知道为什么做，还要知道怎样去做，先找对方法再做正确的事情。在这里，我们一起分享几个成功法则。

一、借势借力，整合资源

在现实生活中，有时你会感到势单力薄，显得有些寂寞，有点累，其实不然，只要你向着周围四看，你会发现有许多的势和力你还没有发挥作用呢？"借势借力，整合资源"这一成功法则，就是说一个人要成功，必须学会运用身边周围的环境对你有利的方面，充分调动一切有利的因素，为你的成功服务。假如你在企业工作，那么，你的上司、你的同事、企业的环境和实力、客户群、企业所在的国籍、地名、城市等，都可以成为你的资源，你在开展业务时，应好好地发挥这些因素的作用。如果你在做市场营销工作，你要学会借势借力，碰到一个大客户要进行商务谈判，对方有很多人，你忙不过来，这时你要借你的同事或你的上司一起合作，认真进行商务谈判。如果要谈专深技术问题，而你又不太懂，这时你要借公司的技术部力量，请技术部派技术专家出席商务谈判。如果对方来了一个总经理，你觉得是关键时候就要请你的老板出面了。事实上，一个大的业务谈判，不是一个人能够独立完成的，需要借用公司的各方面力量。例如，杭州不少企业到外省去拓展市场，销售工程师在跑业务时，都会有意无意利用"杭州""西湖"这个地理位置优势；到国外去开拓市场，还要充分发挥"中国"、"北京"、"上海"、"2008 奥运会"等无形资源。所以说，学会借势借力，营销工作就不累。那么在高校，每位大学生要借势借力的地方可多了，你的同学、你的老师、你的导师和教授、你所在的院(系)实力、你所在的学校环境和形象、你学校的图书馆、大学生活动中心、运动场、学生会、团委、心理咨询中心、就业指导服务中心等，这都是你的无形资源。大学几年下来，你都感到用不完呢！参加工作以后还可以借势借力，借母校的势、母校的力！

成功的人都善于借势借力，有形的、无形的帮助都是缺一不可的。在革命战争时期，毛泽东领导的中国共产党提出的"统一战线"，就是取得胜利的一大法宝。周恩来巧妙借"乒乓球外交"推动中美建交，堪称为公关杰作。在今天，无论在经济领域、政治领域，还是在文化教育领域，都在想办法"借势借力，整合资源"，在借不到的情况下，还可以"造势造力"，"小中造大"，"无中造有"，成功运用现代公共关系原理和方法。

二、常怀感恩之心，学会赞美欣赏

学会赞赏欣赏他人，也是一种成功地做人做事的方法。生活中不少人老是指责别人，批判别人，唯独就是不把矛头指向自己，俗话讲"拿起筷子吃饭，放下筷子骂人"，就是这一类人。这些人容易妒忌别人，忌恨他人，别人一有成绩，他心里就不舒服，找借口抵毁之："那有什么了不起的"，"那点成绩算得了什么"。别人快乐高兴，他心里也不舒服，做作严肃状，"笑什么啊"！可想而知，有这种心态的人，肯定不会成功，忌妒别人成功的人自己不会成功。只有善于赞美成功，善于欣赏别人成功的人才会成功。"你做得对，很不错"，"你做的真棒，我为你高兴"，"你很了不起，我为你骄傲"，"你获得奖学金，恭喜你"，"你很优秀，要向你学习"。赞美别人，其实也是激励自己；欣赏别人，其实也是热爱自己。只有积极心态的人才会说出这样赞美别人的语句，"良言一句三冬暖，恶语伤人六月寒"。

一个人的成功不是个人奋斗的结果，你借势借力，也就是得到了他人的帮助，得益于环境支持，所以对于我们每个人来说，成功固然重要，但还要有感激之心。上海七宝中学是一所全国先进示范性寄宿制高级中学，学生在其中得到很多方面的帮助，优秀教师队伍中有博士、硕士 10 多人，高级教师占 50%以上，优美的校园人文环境，还有星期五下午听各界成功人士专题报告，学生们都"渴望星期五"。还有校外的大上海的各种人文资源共享，正因为这样，学校的一切都是为了学生的明天，都是为了帮助学生成功。因此，在七宝中学的校训中写道："自尊、自强、自信心，常怀感激之心"。大学生的成功除了个人努力外，还有大家的帮助、学校的帮助、家庭的帮助；走上工作岗位后，还有同事的帮助、上司的帮助、社会的帮助，对所有这一切，我们要怀有一颗感激之心。俗话说"滴水之恩，当涌泉相报"。我们只有取得成功，才能回报祖国、回报社会、回报家庭，回报一切曾经帮助过我们的人。常怀感激之心，这是成功人的一种心态。

三、靠近成功，你就容易成功

有人说，成功有没有什么"捷径"？如果你是从付出辛勤汗水角度来提这个问题，回答只有"No"，成功都离不开加倍努力。但如果你是从取得成功的时间长短提这个问题，那我们可以告诉你:“有一条捷径,想办法靠近成功人士!”你要想成为科学家吗?想法靠近科学家。你要想成为舞蹈家吗?拜舞蹈家为师。你想成为一名技术专家吗?到工厂拜技术专家为师。你想成为杰出的篮球运动员吗?先成为中国省队、国家队优秀队员,再想办法到美国NBA去学。你想成为老板吗?先到老板开办的公司去打工!这几乎是成功人士都要走过的一段路。这点非常重要,其实质也是借成功人士的力量,“严师出高徒”,“榜样的力量是无穷的”。当然靠近成功人士,不是一下就可以靠近的,事实上成功人士也不容易靠近,要一步一步地接近。就像姚明打篮球一样,先到学校打,再到省队打,再到国家队打,再到国外去打,到美国NBA去打。你没有一定的基础和水平,是不可能一下接近最高点的。就像科学巨匠爱因斯坦那样,虽然他没读什么名牌大学,中学学习成绩也不好,但他参加工作后,利用在大学图书馆工作的机会,学习了当时世界上物理、数学、化学最先进的科学理论成果,可以说接近了科学前沿阵地,再加上他独特的个人洞察力和创造力,发明了相对论。所以说,努力靠近成功人士,你就更容易成功;不断地靠近各个成功人士,你就会不断地成功!想方设法靠近成功人士,学习他的传记和发表的文章,听他的录音和演讲,想法离他近一点,与成功人士合作,和成功人士在一起,甚至为他打工,这是迈向成功的一条有效途径。只有靠近成功人士,你才能超越成功人士。才能有突破、有创新、有发明创造!先模仿,再赶上,然后再超越和创造,否定之否定,这是世界上千千万万人走过的一条成功道路。最终目的是实现超越和创造!一个企业要想不断地超越与创造,就必须加大力度收集本行业的情报信息,加大科研开发力度,在借鉴与学习世界上先进产品技术的基础上,推陈出新,不断推出新的产品,抢占市场,抢占客户的“大脑”,才会立于不败之地。如果固步自封,“几十年如一日”,你就是有好的技术和产品,最终也会被后来者居上,被赶超者打败。所以,一个成功企业的领军人物,要站在高处,站在世界全球的高度,来思考企业全球化竞争与发展问题。成功者最善于学习和吸收他人的长处,学习和借鉴先进文化和管理理念,在学习的基础上质疑,在模仿的基础上超越,在借鉴的基础上创新。美国莱特兄弟发明飞机,就是在学习和借鉴前人的失败教训的基础上模仿、超越与创新的,说不准还从500年前的科学家、达·芬奇的升天梦想受到启发呢。达·芬奇曾经用素描画出小鸟在空中飞翔的许多瞬间(这些瞬间画面据说只有用现代的先进照相机才能拍到),并努力进行飞人的试验,尽管在当时失败了,但对后来者的启示是深远的。

靠近成功,也就是靠近成功的环境,在一个好的环境中,一个人更容易成功,俗话说“近朱者赤,近墨者黑”,就是这个道理。古代有孟母为了孩子有个好环境,三迁其家,“择邻而居”。所以说,人能够创造环境,环境也能改变人,丰富人,提高人!文汇报2004年5月20日第11版报道了一名清华大学饮食中心厨师张立勇自学成才,参加托福考试获得630高分的事迹,就是一个生动的成功例子。张立勇是江西人,高中毕业后没考上大学,后到清华大学饮食中心工作。到了清华大学,耳闻目睹,他的视野开阔了,在这样一个成功的环境中,他也激起了学习的欲望。立志要自学英语,经过刻苦努力自学,终于在英语方面取得了好成绩。他说“学习有兴趣无须逼。如果有兴趣,而且能够从学习中感受到快乐,那么就会像刷牙一样形成习惯,根本不需要人家逼的”,“我很热爱我的职业,真的,厨师是个好职业”,“清华大学给予了我许多,饮食中心就好像我的家一样”,从张立勇的成功,我们得出什么启示呢?

靠近成功,你就容易成功;
兴趣爱好,造就你的成功;
快乐心态,有利你的成功;
培养好习惯,帮助你成功;

强烈信念，决定你成功；
常怀感激心，你会更加成功！
人人都可以成功！

四、简单的事情重复做、坚持做，不轻易放弃

当我们认准目标，选对方法，剩下来的事情就是重复去做并坚持下去。发明大王爱迪生发明电灯，找到最佳灯丝，据说试验了很多材料，这个试验工作在我们看来也许是很复杂的，但在爱迪生看来则非常简单，关键是坚持下去，不断地重复下去，直到找到为止。如果他试验了100种材料，失败了，放弃了，当然也就不会有电灯的发明。

居里夫妇为寻找放射性化学元素镭，在成百上千吨矿物中进行筛选，测量，实验，经过了很长时间都没有找到。一个雨后的晚上，当他们再次去检查那简陋的实验室时，看到实验桌上的东西在黑暗中发着微光，那就是他们要找的东西——镭，他们激动地说"我们成功了！"。在这里，不断地进行筛选，测量，实验，就是一个简单的事情重复去做的哲理，如果没有坚持，轻易放弃，也就发现不了化学元素镭。在今天，我们在寻找工作过程中，也有不少简单的事情，要重复去做，这家没应聘上，要跑另一家，要不断地自我介绍，自我推荐，不断地复制推荐材料，只要你不怕失败，总结经验教训，不轻易放弃，坚持下去，总会应聘成功。不少大学生应聘了几次，就灰心丧气，不敢再去应聘，只好在家待业，"守株待兔"。其实，没有失败，也就没有成功，失败的次数肯定更多，因为成功只有几次。在大学校园，"教室、图书馆、寝室"三点一线，优秀的学生都在简单的事情重复去做，坚持下去，就会变得优秀，就会容易成功。现实生活中一些人有目标、方法对，为什么没有最后成功呢？原因就在于他们没有坚持下去，失败了几次就轻易地给自己找理由，找"台阶"放弃了。其实，他们已经做了很多基础工作了，就要成功了，很遗憾放弃了，就像挖井的人，挖了十几天，没有看见出水，就放弃了，而后来的人只挖了一下就挖出了水。在科学史上，不是有些科学家已经发现了或接近了科学真理，但由于种种原因他没抓住机会，放弃了，结果后来的人发表了科学论文，当然后来这个人的名字也就载入了科学史册。

"简单的事情重复去做，不轻易放弃"看起来很朴实的一句话，却道出了人生成功的哲理，很值得我们去感悟。看起来简单，其实不简单，看似平凡，其实不平凡。

五、培养兴趣爱好，按职业发展方向挑你最喜欢的做

只要我们进一步了解许许多多的成功人士，你还会发现他们获得成功的一条法则，那就是挑自己最喜欢的去做。大凡成功者首先是热爱自己的事业，喜爱自己的工作，都有一种强烈的情感，就像着了魔一样。在中国古代，李时珍热爱医学事业，潜心钻研，承前启后，写成巨著《草本纲目》；李白斗酒写诗篇，笼天地于形内，挫万物于笔端；刘勰热爱文学理论，用诗一般语言写成《文心雕龙》，"喜柔条于芳春，悲落叶于劲秋"；民族英雄岳飞，热爱祖国大好河山，浩气长存，挥就《满江红》"八千里路云和月 ……"。在当今时代：那些成功人士如科学家、理论家、医学家、农学家、技术专家、烹饪大师、企业家、杰出教师律师、运动员等，有哪一位不热爱自己从事的事业，有哪一位不喜欢做自己的工作、不陶醉于自己的劳动创造呢？

不喜欢自己的工作，不喜欢自己的学习，不热爱事业的人，肯定不能成功。姚明不喜欢篮球，能成功么？乔丹不喜欢自己的事业，能成为"飞人"么？世界围棋第一人李昌镐，要是不喜欢围棋事业，能成为"石佛"么？刘德华要是不喜欢歌唱艺术，能有那么多歌迷和发烧友么。所

以说，兴趣爱好往往成就自己的一生成功。有的人热爱经商，成为企业家，像李嘉诚那样；有的人醉心于科学事业，成为大科学家，像陈景润那样；有的人热爱技术，成为技术专家，像青岛港桥吊专家许振超那样，他和他的团队已多次刷新世界集装箱装卸纪录。只要热爱事业，热爱自己的工作岗位，善于学习与钻研，精益求精，人人都可以成功，行行都可以出状元。

兴趣爱好是后天培养的，没有哪个天生就会。对宇宙奥秘的探寻，对真(合规律性)的执着追求和强烈的爱，造就了科学家的成功；对人类目的性的满足探寻，对善(合目的性)执着追求和强烈的爱，造就了伦理道德学家的成功；而对美(真与善的统一)的执着追求和浓厚的爱，造就大批艺术家、美学家的成功！这些成功者都是从小培养兴趣爱好，并将兴趣爱好与事业紧密联系在一起，挑自己最喜欢的去做！因为一个人的兴趣爱好有多种多样，你不可能都去发展，要突出一个兴趣中心，其他兴趣爱好为这个中心服务，并将这个兴趣与你的一生事业紧密结合起来，集中力量去做，快快乐乐去做，你一定会成功。大学生活可以培养自己的多方面兴趣爱好，关键是自己大胆地去学、去练、去模仿、去超越、去创新，开发自己的各方面潜能，在毕业的那一年，做出重要的选择，选择自己最喜欢的去做，大胆地成就你一生的快乐，一生的幸福！

兴趣是指一个人力求认识某种事物的倾向，爱好则是从事某种活动的倾向。兴趣是爱好的前提，爱好是兴趣的发展。二者都是从事某种活动的巨大动力。一个人对某种事物感兴趣，就会积极从事这方面的活动，而随着对这方面认识的了解又会加深人的兴趣，从而形成一个良性循环，成为他不断前进的动力。比如一个人对读书感兴趣，喜欢读文学作品，爱好文学写作，所以在大学就选择了汉语言文学专业，毕业后，从事文学教育和文学创作，成为市优秀教师。如果一个人不喜欢文学作品，你让他去读，就会无精打采，感到痛苦。同样，一个人对赚钱感兴趣，他就会特别喜欢看一些世界富豪的传记，学习经济方面的知识，选择与经济有关的专业，业余从事一些兼职活动，做小生意，为以后做大生意打好基础。如果他不喜欢数、理、化，而让他学数、理、化，简直是在折磨他，他自己感到虚度年华，感到痛苦。所以说，兴趣爱好非常重要，培养兴趣爱好更为重要，我们要注意培养自己的学习兴趣和爱好，把学习看成是自我生命发展不可缺少的一部分。

大学生进入高校后，要注意培养自己多方面的兴趣，文艺活动、体育活动、论坛、演讲、社团活动等社会实践活动都要积极参加，开始学时不要怕出丑、怕丢面子，既使出点"丑"，丢点"面子"，又何妨呢？在高校，你是学生，有什么怕的呢？参加工作以后怎么办呢？所以说，现在出点丑，为的是今后不出丑，为的是今后更快乐幸福！在培养广博的兴趣爱好的基础上，要重点发展一个爱好，并以此爱好为中心，一切环绕着这个中心来服务，来吸收和发展。只有这样，你才有轻重缓急，才会抓住重点、抓住主要矛盾。我国著名物理学家钱学森，在空气动力学、铁道机械工程、工程控制论、物理力学、系统工程学等方面都有精深的研究，同时他还爱好文学、绘画、小提琴、文艺，而且成绩显著，但在这广博的兴趣当中，空气动力学是他的中心兴趣，所以他最终能在飞机设计上有所创造发明。

案例欣赏

案例一：播种习惯

平安保险公司的一位业务员多次拜访一家公司的总经理，而最终能够签约的原因，仅仅是他在去总经理办公室的路上，随手捡起来地上的一张废纸并扔进了垃圾桶。总经理对他说："我透过窗户玻璃观察了一个上午，看看哪个员工会把废纸捡起来，没想到会是你。"而在这次与总经理见面之前，他还被"晾"了三个多小时，并且有多家同行在竞争这个大客户。

案例二：蚕蛹化蝶　立业之地

小吴秀气儒雅，活脱脱书堆里浸出来的样子。她是某大学五年制临床医学儿科专业的毕业生。小吴前四年的学习成绩一直名列前茅，从进入大五的那个暑假开始，小吴就开始寻找临床实习机会。在医院实习，一个萝卜一个坑，只能利用休息时间，怀揣自荐材料穿梭于省城的各家医院。在医院人事部门听到最多的话是："对不起，我们今年只招研究生。"但是小吴并没有气馁，而是不厌其烦地微笑着自我介绍，并想方设法留下自己的自荐书。之后，小吴又将目标定位到地、市的三类甲级或三类乙级的医院，仅参加的专业考试就有五场之多。除此之外，小吴也着实在人头攒动、挂满横幅的招聘会现场挤得满头大汗。最后她终于被省里最著名的一家儿童医院录用。当多日的艰辛和苦苦等待终于换来了自己就业协议书上那个珍贵的大红印章时，小吴的眼眶湿润了。当尘埃落定之际，她由衷地感慨道："我的求职之路是从踏进大学校门的那一刻算起的。"此时，她想得最多的还是四年多来的寒窗苦读：解剖室里那催人涕泪淋淋的福尔马林气味；清晨把自己从温暖的被窝里揪出来坚持早读的闹钟；书架上那一摞被她翻来覆去读得旧旧的"枕头书"；一站就是十多个小时令自己腰酸背痛的手术台。多少个日子周而复始地重复着教室、食堂、宿舍三点一线的简单生活，多少个双休日几乎都花在了图书馆里，不厌其烦地啃着"大部头"的专业书，多少个节假日里在教室伏案苦读，在不知不觉中错过了新年的钟声、国庆的礼花。最后终于苦尽甘来，有几分耕耘，就有几分收获。小吴的大学生活听起来有些苦行僧，但小吴认为："求学的过程就好比蝴蝶从'蛹'到'蝶'的蜕化，这过程是很艰辛和痛苦的，但是以此为基础的求职就是'化蝶'以后的一个完美展现过程。"

案例三：德才兼备　演绎成功

小伍是一位充满朝气的年轻人，他给人的印象是机敏和灵气但又不乏沉稳。他是某重点大学英语专业的毕业生，已被国家外交部正式录用。国家外交部选人的要求很高，每年只定点在全国几所高校的范围内招考；考核程序也比较复杂，必须先通过学校推荐、中文面试、政治审查和为期两天半的专业考试，包括英文笔试、英文听力测试、笔译、口译口试、中文综合知识与能力测试等，成绩合格并通过体检者，还得通过全国公务员统一考试后方可拿到外交部的录用通知。从学校推荐到正式签约，整个程序历时近三个月。拿小伍自己的话来说："我都快被考'焦'了，但是我真的非常幸运，这是我梦寐以求的。"小伍的学习成绩在班级中实属中等，但了解他的人对小伍的成功都认为是理所当然，认为他是当之无愧的，他具有公务员所要求的全面的素质，尤其突出的是他的政治素质。

小伍从小对政治感兴趣，关心时事，爱好广泛，在日常的本专业学习之余，对经济、管理、行政、法律等相关领域多有涉猎，外号"万事通"。小伍在大学期间虽然没有担任学生干部，但这也并不妨碍他对自己活动能力的有意识的培养，由于他的知识面广博，他多次代表班级、系里参加学院、学校的演讲、辩论赛，并屡建战功。正因为如此，他才被学院推荐到外交部求职。在面试前，小伍做了精心准备，包括服饰、自荐材料，还准备了精彩的演讲词。当考官问他为什么想进外交部时，他回答是因为自己对政治比较感兴趣，平时关心时事，同时他又非常自信地补充："你可以问我任何一个有关时事的问题。"考官愣了一下笑了，问了一个当时热门的话题，关于如何看待美国的大选问题，小伍借题又发挥一下，让主考官了解他的优势和实力。

已经与外交部签约的小伍并没有如释重负的感觉，反而觉得自己的压力更大了。面对压力，小伍并不逃避："压力恐怕是一辈子的事情。"作为未来的外交官，将来的一言一行都代表国家的形象，要想不辱使命，做一名优秀的外交家，需要终其一生的"路漫漫其修远兮，吾将上下而求索。"

课外练习

1. 对照本章内容评估自己，自己已经具备了哪些成功心理素质，如何发扬光大？自己还缺乏哪些成功心理素质，今后如何培养？

2. 试试看，你能否坚持每天做好一件事情，或练写一张毛笔字（钢笔字）；或坚持锻炼身体；或坚持写心得笔记；或做一件好事等？

3. 利用课余时间，做好精心准备，选择一个你认为比较成功的人士去采访他或她？

第三章　大学生与自我认知

聪明的人只要能认识自己，便什么也不会失去。

——尼　采

知道你是谁，比知道你要去哪里更重要。大多数的人就像落叶一样，在空中随风飘游、翻飞、荡漾，最后落到地上。一小部分的人像是天上的星星，在一定的途径上走，任何风都吹不到他们，在他们的内心中有自己的引导和方向。

——苏念秋译，1974，P75，黑塞 Hermann Hesse《流浪者之歌》

大学时期是人生发展中的一个新阶段，而且是一个关键的成长阶段。每个人都渴望自己获得成功，然而在很多时候我们并没有弄清楚成功对于自己来说到底意味着什么。我们容易受外在的、通行的价值标准的影响而迷失自我，因而我们常常困惑、痛苦以至不能成功。

心理学家认为，任何成功都离不开正确的自我认知，了解自我是成功的第一步。成功的人，都是依据健全的自我认知，为自己定出了成功的意义。他们认为只有自我认知，才能使"成功"这两个字产生意义。一个人必须从自己内心深处去寻找成功的意义，而非外求。所以，缺乏自我认知是成功的最大障碍，是职业发展的最大盲区。无论是哪一种人，起步的方向错了，或者所担任的角色不当，不适于自己的性格、能力和具体的条件，他们都无法成功。

伟大的励志与成功学大师戴尔·卡耐基指出：每一个人都应该努力根据自己的特长来设计自己，量力而行。根据自己的环境、条件、才能、素质、兴趣等来确定自己前进的方向。自我评估就是对自己的兴趣、特长、性格、学识、技能、智商、情商、德商、组织管理、协调、活动能力等做出全面而深刻的分析，找出自己的优势、劣势、优点、缺点，为选定生涯路线、目标、制订生涯计划提供依据。有效的职业生涯设计，是在充分认识自身条件与相关环境的基础上进行的。对自我及环境的了解越透彻，越能做好职业生涯设计。

第一节　认识自我的常用方法

认识自我说难也不难，人是生活在一定时间和空间的客观存在，具有生理属性、社会属性、心理属性。人的生理属性决定了我们的生命长度，社会属性决定了我们的生活空间和内容，心理属性决定了自我的生命内涵和质量。对自我的认识就是要觉知自我在不同时间、空间里的生存状态和质量，职业发展规划其实是一个以职业为目标的自我概念发展和实践的历程，是一个不断了解和开发自我的生理资源、社会资源和心理资源的过程，所以对自我的认识基本上可以从生理我、社会我、心理我三个维度来观照。

虽说人最难的就是认识自我，但认识自我其实是有法可寻的，无外乎是通过自我观察认识自我，通过他人评价认识自我，或者借助心理测量量表认识自我。

一、自我评估法

自我评估是指自己对自己的评价，常用的有两种方法：一是每日三省吾身；二是从自己从事职业面临的优势、劣势、机会、威胁等四个方面来评估自己，由于这几个词的第一个英文字母分别 S、W、O、T，因此这个方法就是通常所说的“SWOT 分析法”。

二、360 度评估法

360 度评估法又称多渠道评估法，是指通过自我评估、父母家人评估、同学朋友评估、老师领导评估以及其他社会关系评估等，搜集与自己有密切关系的、来自不同层面人员的评估信息，全方位地评估自己的方法。也就是通过别人的眼睛来认识自我的方法。通过评估反馈，可以获得来自多层面人员对自己的素质、能力等评估意见，比较全面、客观地了解有关自己的个人素质、优缺点等信息，为自己进行职业生涯规划及发展能力做参考。360 度评估法如图 3-1 所示。

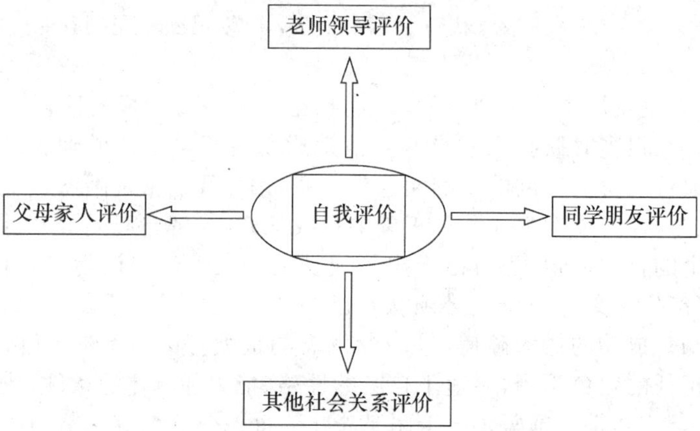

图 3-1　360 度评估法

如某同学通过对他人的访谈了解到自己的特点。在父母眼中：尊老爱幼，听话懂事，好胜心强，不虚荣，但是有时候缺乏自信。在老师眼中：学习认真努力，做事认真负责，勤勤恳恳，但有时做事不够果断。在家教学生家长眼中：朴素大方，谦和，能够与家长、学生很好地沟通。在同学眼中：心地善良，稳重，富有责任感，独立思考，乐于助人，做事有时拖拉。

三、橱窗分析法

橱窗分析法是借助直角坐标的不同象限来表示人的不同部分的分析方法，以别人知道或不知道为横坐标，以自己知道或不知道为纵坐标(如图 3-2 所示)。

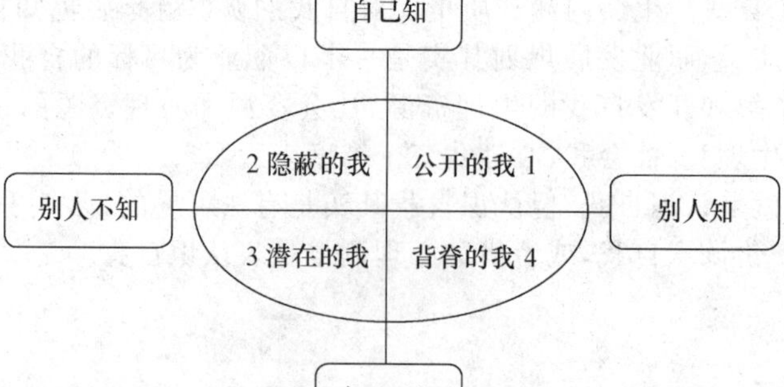

图 3-2　橱窗我分析法

橱窗 1："公开的我"(自己知道，别人也知道的部分，其特点是个人展现在外，无所隐藏，比如身高、学历、年龄、婚姻状况等)。

橱窗 2："隐蔽的我"(自己知道，别人不知道的部分，其特点是个人秘密不外显。比如自私、嫉妒等平常自己不愿袒露的缺点，以及心中的愿望、雄心、优点等不敢告诉别人的部分。可以采取撰写自传或日记的方式来了解自我，可以了解我们自身成长的大致经历和自我计划情况等)。

橱窗 3："潜在的我"(自己不知道，别人也不知道的部分，其特点是开发潜力巨大，但通常别人和自己都不容易发觉。我们可以通过人才测评来发现自己平时注意不到的潜力，也可以在学习和生活中，多做尝试来发现自己的潜力)。

橱窗 4："背脊的我"(自己不知道，别人知道的部分，其特点是自己看不到，别人看得清清楚楚。我们可以采取同自己的家人、朋友等交流的方式)，如前所述 360 度评估方法。

通过以上四个橱窗的透视，我们可以在一定程度上对自我的认识有一个很大提高。

四、用职业测评工具认识自我

心理学家研究分析出许多测试量表，这些心理量表常用来分析人的气质、性格、兴趣、能力、价值观等。比职气质类型量表、16PF，EPQ，霍兰德职业类型测试，九型人格类型测试，PDP 小游戏和个性特征 MBTI 测评，金树人《生涯兴趣量表》等来了解自己的个性类型，本章在后面着重介绍气质类型、霍兰德职业类型测试和九型人格类型测评，以便同学们在课余时间进行测试。

第二节　生理我与职业发展

"身体是革命的本钱"，人的生理机能和成熟为职业发展提供物质前提的同时，也可能显示出在某些职业领域的局限性。健康的体魄、健全而协调的四肢、敏锐的感知是职业所必需的，但每个人的生理机能是不同的，相对于某些职业要求可能存在一定的缺陷，而这种缺陷是客观存在的，不容易改变的，所以我们一定要知己之短，才能用己所长。

一、生理性问题与职业局限

生理性特征来自先天的遗传和后天形成，是相对稳定而不容易改变的客观自我，在职业生涯规划中必须尊重自我的这些客观特征，以便扬长避短，做出明智合理的选择，避免无谓的牺牲和浪费。表 3-1 列出了生理性问题与不适应的工作。

表 3-1　生理性问题与不适应的工作

序　号	生理性问题	程　度	不适应的工作
1	身体弱	体力小、肺活量小、体质差	需要一定体力的工作
2	扁平足	持续地觉得脚痛、血管肿胀	站立、步行的工作
3	贫血症	容易疲劳、容易目眩	重体力的工作、在有害物质产生的环境下工作
4	失眠症	严重失眠	紧张的、轮流制工作
5	肠胃病	消化功能弱、胃下垂	重体力工作、高温作业、交通工作
6	眩晕、羊癫疯	有晕眩习惯、羊癫疯症	建筑劳动、高空作业、交通工作

续表

序　号	生理性问题	程　度	不适应的工作
7	视力差	单眼视力 0.3 以下	精密作业、检查工作、驾驶工作
8	辩色能力差、色盲	特别是红绿色盲	交通工作
9	眼睛疲劳	眼睛容易疲劳	精密作业、检查工作
10	两眼视力不均	两眼视力差明显	交通驾驶工作
11	斜视	两眼无法注视同一目标	交通驾驶工作
12	听力差	隔 5 m 就听不清	在不安全环境下的协同作业及必须有听觉的作业
13	肥胖症	超过标准体重 30%【标准体重(kg)=(身高(cm)−100)×0.9】	高温作业、高空作业
14	手掌多汗	手汗过多	容易生锈的金属产品的作业
15	高血压、关节炎、神经痛、腰痛	有过病症	低温作业、搬运工作
16	肾脏病、肝病、酒精中毒	有过病症	在有害物质产生的环境下作业、高温作业、重体力劳动
17	气喘、变态、反应性体质	有过病症	有尘埃产生的作业、产生有害物质的作业
18	内脏位置异常	有过病症	搬运工作

二、认识生理我的途径

对生理自我的认识可以从日常生活中的自我体验和观察来认识，也可以从体能达标和定期体检来认识。一方面，可以把在体育运动中表现出来的速度、爆发力、柔韧性、弹跳力、灵活性、耐力等可量化体能指标与大学生体育健康标准进行比较来认识自己的体能；另一方面，从定期体检的各项生理机能指标中可以得知自己的发育状况和身体各器官系统的功能状态。

大学生在职业生涯规划与实践中既要充分考虑生理素质提供的物质前提，也要充分拓展生理我的可持续发展性，通过均衡的饮食、科学持续的锻炼、有规律的作息来完善生理自我，避免“年轻时拿身体换金钱，年老时拿金钱换身体”的状况发生。

第三节　社会我与职业发展

社会我是一个人对自己所充当的社会角色的自我觉知和行为反应，也就是知道“我是谁”的程度。社会角色是个体在社会关系位置上的行为模式，它规定一个人活动的特定范围和与其地位相适应的权利、义务与行为规范，也是社会对个体的行为期待。随着年龄的增长，一个人所充当的社会角色越丰富，社会我越丰满，也就是社会化程度越高。

结合对人生的认识和把握，我们可以把人的社会角色划分为个体角色、家庭角色、职业角色和社会角色，而职业角色作为现代人最重要的社会角色之一，既有赖于其他角色为他的成功扮演提供条件，同时又需要为其他角色的地位提升提供坚实的经济保障。

一、认识自我在生命全程中要担当的社会角色

虽说每个人的生涯具有独特性，但每个人的成长都要遵循人类社会生活的共同规律，在

生命全程视野里要走过共同的轨迹，人生的轨迹就是由一系列社会角色的准备、担当和转换构成的，在担当这些社会角色的过程中获得社会属性的自我认识，预见自我发展的生活广度和生活空间。美国生涯专家舒伯(Super)将这种融合生活广度、生活空间的生涯发展图形命名为生涯彩虹图(life-career rainbow)(如图 3-3 所示)。

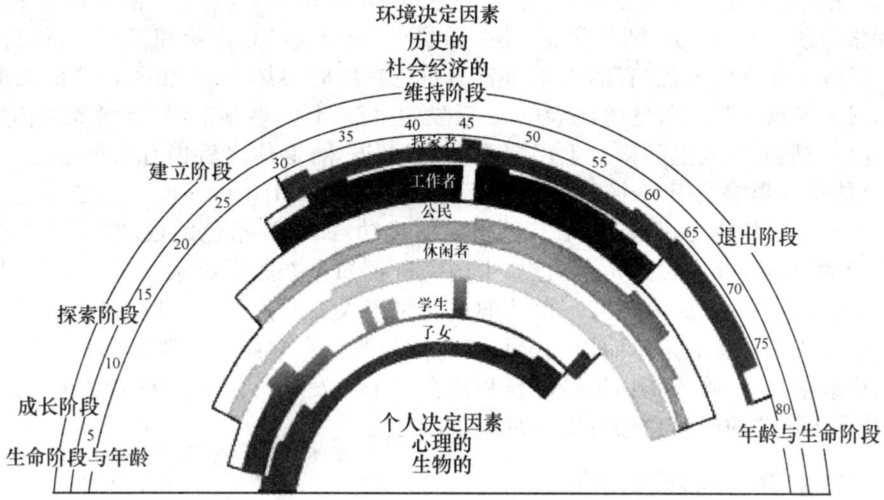

图 3-3 生涯彩虹图：生活空间的六种角色

1. 横贯一生的彩虹——认识自我在生涯各阶段的职业发展任务

在生涯彩虹图中，横向层面代表的是横跨一生的生活广度。彩虹的外层显示人生主要的发展阶段和大致估算的年龄：成长期(约相当于儿童期 0—14 岁)，探索期(约相当于青年期 15—24 岁)，建立期(约相当于成人前期 25—44 岁)，维持期(约相当于中年期 45—64 岁)以及衰退期(约相当于老年期 65 岁以后)。

表 3-2 舒伯的生涯发展阶段与职业发展任务

成长期 0—14 岁	探索期 15—24 岁	建立期 25—44 岁	维持期 45—64 岁	衰退期 65 岁以后
1. 幻想期(4—10 岁)需求支配一切；热衷于幻想游戏中的角色扮演 2. 兴趣期(11—12 岁)兴趣嗜好为其行为方向 3. 能力期(13—14 岁)能力的重要性逐渐增加，开始考虑工作需要的条件与训练 发展任务： 1. 发展自我图像 2. 发展对工作世界的正确态度和工作意义	在学校、休闲、打工的经验中进行自我探索、角色探索和职业探索 试探期(15—17 岁)考虑需要、兴趣、能力和机会 发展任务： 1. 实现职业偏好 2. 发展符合现实的自我概念 3. 学习开创更多的机会	确定适当的职业领域，逐步建立稳固的地位或升迁，不太会改变所从事的职业 发展任务： 1. 找到机会从事自己想要做的事 2. 学习和他人建立关系 3. 寻求专业的扎实与精进 4. 确保一个安全的职位 5. 在一个稳固的位置上安定发展	在职场上崭露头角，全力稳固现有的成就与地位，逐渐减少创意的表现。面对新进人员的挑战，全力应战 发展任务： 1. 接受自身条件的限制 2. 找出在工作上的新难题 3. 发展新技巧 4. 专注于本务 5. 维持在专业领域中既有的地位与成就	身心状态逐渐衰退，从原有工作上退隐。发展新的角色，寻求不同满足方式以弥补退休的失落 发展任务： 1. 发展非职业性质的角色 2. 学习适合于退休人士的运动 3. 做以前一直想做的事 4. 减少工作时数

2. 纵贯一生的彩虹——生活空间

在生涯彩虹图中,纵向层面代表的是纵贯上下的生活空间,是由一组职位和角色所组成。舒伯认为人在一生当中必须扮演九种主要的角色,依序是:子女、学生、休闲者、公民、工作者、夫妻、家长、父母、退休者。角色活跃于四种主要的人生舞台:家庭、社区、学校和工作场所。各个时期有一个或若干个"显著角色"(Role Salience),如成长阶段最显著的角色是儿童,探索阶段(15—20岁)则是学生,建立阶段(30岁左右)是家长和工作者;维持阶段(45岁左右)继续工作者的角色,有的人工作者的角色在此时突然中断,由于社会的发展或裁员的原因,或者又恢复学生角色(再学习),之后发生生涯调整,继续上岗,或者成为休闲者。各种角色先后或同时在人生的舞台上层现叠出,直至退休,退休之后仍有几种角色延续至终。不同角色的交互影响交织出个人独特的生涯类型(Career Patterns),角色之间是交互作用的,某一个角色上的成功,可能带动其他角色的成功,如学生角色的成功,带动工作者的角色,工作者的角色带动家长的角色,正如中国人所说的先立业后成家。某一角色的失败,可能导致其他角色的失败。为了某一角色的成功付出太大的代价,也可能导致其他角色的失败,如过度投入工作者的角色而影响家长角色的担当。彩虹图中的阴影部分表示角色的互相替换、盛衰消长,它除了受到年龄增长和社会对个人发展任务期待的影响外,往往跟个人在各个角色上所花的时间和感情投入的程度有关。

二、如何了解自己的社会角色

了解自己的社会属性,可以从自己所充当的社会角色与每个角色的社会要求开始。在现实生活中通过社会学习、人际交往和角色体验来认识自己的社会角色。

1. 社会学习

通过观察、学习身边的人和事,了解各种社会角色的意义和要求;欣赏和模仿自己心仪的角色行为,排除和否定不受欢迎的角色行为。

2. 人际交往

在人际交往中人们总是以各种角色与人们交往,然后根据角色要求不断调整自己的言行,并从他人的言行中吸收有益的成分,不断丰富自我。

3. 角色体验

通过社会实践或角色游戏扮演体会各种角色的特点和要求,更好理解自我和他人的感受。

通过现在可以试着做自我练习:取一张黑白色的,绘有许多同心半圆的纸张,然后选择出你在一生中会扮演的角色,选用不同颜色的彩笔与不同的角色对应。在同一人生阶段,确定出该阶段同时扮演的角色,涂上相应的颜色,该阶段最重要的角色线条最密,颜色最浓。绘制完成以后,将呈现出一副美丽的彩虹图案。每个阶段你最看重什么角色?你最愿意付出努力的方向是什么?你将为下一个阶段做什么准备和铺垫?当你将人生角色用这样具体的形式展现出来的时候,很多问题将迎刃而解。

第四节　心理我与职业发展

要为自己制定一份行之有效的职业生涯规划,所要进行的第一步,也是最关键的一步,就是了解自我。心理学家经过多年的研究与试验发现,个人职业生涯与人格类型之间存在着必然且重要的联系。因为能力、兴趣、价值观这几方面都是随时间和社会环境的变化而变化的，但是一个人的基本人格类型自接近成年以后就有着良好的稳定性。人们会被一种特定的人格类型所支配，人们在一生中都无法摆脱某一特定的行为方式与特点的影响和约束，而适合的工作就是那些能最大程度地发挥人格中的天赋优势和才能的工作。因此，根据人的天赋优势和才能进行职业选择和规划，才能使人的天赋才能得到充分的施展与发挥，人们才能在工作中获得深层的满足和由衷的快乐。

一、气质与职业

气质相当于我们日常生活中所说的脾气、秉性或性情，是人的心理活动的强度、速度、稳定性和灵活性等方面特征的总和。它渗透在一个人所有的言行举止、喜怒哀乐中。气质反映了一个人的重要心理特点，可以帮助我们进行自我认识，从而规划自己的职业生涯。在职业规划中，用到的气质分类方法有几种，它们都是将所有人的气质分为四类。第一种是源自古希腊哲学家希波克拉底的分类，将人划分为胆汁质、多血质、黏液质、抑郁质，这是最传统、最广为人知的分类方法。

1. 多血质(活泼型)

多血质的心理特征属于敏捷好动的类型。由于神经过程平衡且灵活性强，这种人更易于适应环境的变化，性情开朗、热情、喜闻乐道，善于交际。在群体中精神愉快，相处自然，常能机智地解脱困境。在工作和学习上肯动脑筋，常表现出机敏的工作能力和较高的办事效率。对外界事物有广泛的兴趣，充满自信，不安于循规蹈矩的工作，情绪多变，富于幻想，易于浮躁，时有轻诺寡信、见异思迁的表现，缺乏忍耐力和毅力。多血质气质类型的人适合从事与外界打交道、灵活多变、富有刺激性的工作，如外交、管理、记者、律师、驾驶员、运动员等。他们不太适合做过细的、单调的机械性工作。

2. 胆汁质(兴奋型)

胆汁质的心理特征属于兴奋而热烈的类型，表现为有理想、有抱负、有独立见解。他们精力旺盛，行动迅速，行为果敢，表里如一；在语言、面部表情和体态上都给人以热情直爽、善于交际的印象；不愿受人指挥而愿意指挥别人；一旦认准目标，就希望尽快实现，遇到困难也不屈不挠，有魄力，敢负责，但往往比较粗心，容易感情用事，自制力差，性情急躁，主观任性，有时刚愎自用。由于神经过程的不平衡，工作带有明显的周期性，能以较大的热情投身于事业，一旦筋疲力尽，情绪顿时转为沮丧而心灰意冷。胆汁质的人喜欢从事与人打交道、工作内容不断变化、环境不断转换并且热闹的职业，如导游、推销员、节目主持人、公共关系人员等。

3. 黏液质(安静型)

黏液质的心理特征属于缄默而安静的类型。由于神经过程平衡且灵活性低，反应较迟缓，无论环境如何变化，都能基本保持心理平衡。他们凡事力求稳妥，深思熟虑，一般不做无把握的事，具有很强的自我克制能力；外柔内刚，沉静多思，很少露出内心的真情实感；与人交往时，态度持重适度，不卑不亢，不爱抛头露面或做空泛的清谈；行动缓慢而沉着，有板有眼，严格恪守既定的生活秩序和工作制度，心境平和，沉默少语。因此，能够高质量地完成那些要求有坚忍不拔、埋头苦干的品质和长时间的集中注意力、有条不紊的工作；其不足之处是过于拘谨，不善于随机应变，常常墨守成规，故步自封。

总之，黏液质人的出色之处在于，他们大多数都能很好地利用协调性、积极性、社会性及情感稳定性冷静而出色地表现自己的才能，发挥卓越的能力。而且，无论地位高低，都能在自己的行业中占有重要位置。他们不仅能从事学术、教育、研究、技术、医生等内向职业，而且可以活跃在政治家、外交官、商人、律师等外向型职业领域。他们中,以其独特才能驰骋在作家、艺术家、广告宣传、新闻报道领域的也不少。在实际工作岗位上,黏液质的人多数精明强干,如出色的公务员、有才气的作家、头脑精明的银行家。

4. 抑郁质(抑郁型)

抑郁质的心理特征属于呆板而羞涩的类型,对事务敏感,精神上难以承受过大的精神紧张,常为微不足道的小事引起情绪波动。情绪体验的方式比较少,极少在外表上流露自己的情感,但内心体验却相当深刻。沉静含蓄、感情专一、喜欢独处、交往拘束、性格孤僻,在友爱的集体里,可能是一个很容易相处的人,对力所能及的工作认真完成,遇事三思而后行,求稳不求快,因而显得迟缓刻板。学习工作易疲倦,在困难面前怯懦、自卑、优柔寡断。遇事多疑,往往缺乏果断和信心。抑郁质的人在只需要刻苦奋斗而不需要人际交往的学术、教育、研究、医学等内在要求慎重、细致、周密思考的职业领域往往有较好发展,校对、打字、排版、检验员、化验员、登记员、保管员等工作也比较适合他们。

注意职业选择中,个人的气质要与职业相适宜,其原因有以下三个。首先,气质类型相对稳定,可塑性小。气质类型跟天赋一样,是由神经系统的活动特点决定的。而神经系统的基本定形是由遗传和3岁之前的环境影响塑造的,这个系统定形,决定了气质在我们的一生中的稳定性,其可重塑的余地很小。所以我们不能改变自己的气质来适应工作的要求,但要选择与气质吻合的职业。其次,气质在不同的职业中,能影响工作的效率。职业领域多种多样,不同类型的职业对人的要求也不同,不同类型的人适合不同类型的职业。例如,黏液质的适合从事耐心细致、相对稳定的职业;多血质的人则相反,他们适合从事环境多变,要求做出快速反应、交往繁多的职业,不适宜从事较为单调、需要持久耐心的工作。如果一个人的气质类型正好与职业要求吻合,他工作起来会得心应手,感到有趣、满意。一旦错位搭配,将会增加心理压力,产生烦恼,影响工作的效率。最后,气质影响人对职业环境的适应。能否自如地应付不同的职业环境,将检验一个人的适应能力。一般来说,胆汁质的人脾气暴躁,在不顺心的时候容易攻击他人;多血质的人机智灵敏,会运用巧妙的办法应付环境变化;黏液质的人能以克己忍耐来应付环境;抑郁质的人对自身和他人的情绪都敏感,在和平的人际环境中能很好发挥。

当然不宜过分夸大气质对职业的作用。事实上,在职业世界中,气质没有好坏之分。从心理学上说,气质使人的行为具有动力特征,而动力特征是中性的,不分好坏;气质不决定一个人智力发展的水平,气质类型不决定一个人职业成就的大小。关键是在职业规划中,选好与气质吻合的职业,使自己能用己所长,避己之短。因为气质对我们来说,没有选择的可能,重要的是了解自己,自觉地发挥长处。这在现实中有大量的事例。例如,数学家陈景润属抑郁质,文学家郭沫若属多血质,普希金属胆汁质,克雷洛夫属黏液质。

二、能力与职业

能力是指个人完成某种活动的本领。职业能力是一个人有效地完成特定职业活动所必需的各种能力特征总和。它既包括人在获得教育训练以前的能力倾向,又包括个人在社会生活中积累的职业经验和通过教育训练获得的学历与职业技能等。能力倾向具有潜在性、适应性、容纳性、可能性等,它具有遗传方面的特征,但同时也会含有经过训练或经历后发展的潜在可能性,能力倾向能预见个人今后职业发展的方向。

能力包括一般能力和特殊能力。

一般能力是与各种职业活动相关的基本能力,包括语言理解能力、判断推理能力、数量关系的把握能力、注意力、观察力、记忆力、想象力、思维能力、适应能力等。它不同于智力、知识和技能。

特殊能力和技能是完成各种特定职业活动所具备的能力，它们对某种特定职业活动有影响。如空间判断能力、形态知觉能力、计算能力、语言能力、书写能力、运动协调能力、动手操作能力(手指、手腕灵巧度)、创新能力、决策能力等，不同的职业要求人有不同的职业能力。

人的职业能力通常可分为一般言语能力、数理能力、空间判断能力、察觉细节能力、书写能力、运动协调能力、动手能力、社会交往能力、组织管理能力等 9 个方面。如教师、播音员、记者等职业要求有较强的言语能力；统计、测量、会计等职业要求有较强的技术能力；而画家、建筑师、医生等职业对形态知觉能力要求颇高；手指灵活能力较强的人则适于从事外科医生、乐师、雕刻家等职业。

每个人都要对自己的能力水平做一个正确的分析，了解自己究竟具有什么样的能力。如平时对工作认真细致，一丝不苟，但不善言辞和交际的人，若做教师、导游、公关、推销等工作就比较困难，但做财会、保管、统计、保安等工作就很适合。不能过高或过低估计自己的能力。

歌德说："在我平生的每一个发展阶段或时期，我的最高理想从来不超过我当时的力所能及。"

知己之强可以不错失时机；知己之弱可以避免不必要的失误。表 3-3 列出了能力局限和不适合的职业。

表 3-3　心理机能性障碍与不适合的工作和职业

序　号	心理机能性障碍	不适合的工作	不适合的职业
1	缺乏观察力，分析能力观察方法不正确，观察范围狭隘	需要仔细或广泛观察的工作	新闻记者、作家、考古学家、驾驶员、飞行员、医生、广播员、警察、艺术
2	缺乏钻研能力	经常遇到新情况、需动脑筋想办法的工作	研究人员、发明家、电影导演、报刊编辑、技师、图案设计、舞蹈家
3	缺乏把握重点的能力	在复杂工作中迅速把握本质的工作	医生、军人、外交官、行政官员、商人、机械修理工、摄影师
4	缺乏计算能力	以正确计算为基础的工作，与计算有关的工作	技师、物理学家、保险、统计员、证券师、制图员、收款员、商人
5	缺乏制图能力及美感	需要使用机械制图、复制图或创制图的工作	雕刻师、理发师、制陶工、图案设计师、工艺师、服装师、室内装修工
6	缺乏表达能力，言语不明确、有口吃	接待人的工作或重视言语的工作	店员、外交人员、收发员、教师、律师、广播员、翻译、相声演员
7	缺乏自我监控能力，性情易变或容易急躁	重信用、必须安心稳重的工作	商人、外交人员、银行职员、教师护士、保姆、画工、纺织工、木匠
8	缺乏毅力、容易疲倦	内容单调且必须长时间持续的工作	银行职员、打字员、驾驶员、售票员、守卫、装订工、印刷机械工
9	缺乏精细操作能力，不细心、忠实、正直	需特别细心、忠实、正直的工作	药剂师、摄影师、钟表匠、精密机械师、护士、保姆、飞机机械师

续表

序　号	心理机能性障碍	不适合的工作	不适合的职业
10	缺乏应急能力，不沉着果断，轻率、易惊慌	对偶发事故或危险的瞬间需及时做出决策和行动的工作	军人、警察、消防员、医生、经纪人、外交官、行政官员、飞行员、海员、驾驶员、铸造工、护士
11	缺乏社交能力，不讨人喜欢	接待时需了解别人心情的工作	外交官、饭店经理、商人、室内装修工、美容师、招待员、流行歌手
12	不讲卫生	做洁净物品、食品以及从事与别人身体健康有益的工作	厨师、面包师、美容师、食品公司销售员、家政工、钟表匠、实验员

在竞争日益激烈的职场，要求一个人根据社会变化的需要，具有“可迁移的技能”。一个人可迁移的领域有多大，他就业的范围就有多大。所谓“可迁移技能”，也称为综合能力，包括沟通技巧、组织能力、问题解决能力、决策能力、创新能力、团队精神、时间管理能力、情绪管理能力、领导能力等，之所以称之为“可迁移技能”，是因为这些技能可以随着职位的变换而迁移。例如，无论你过去从事销售的职位，还是现在从事的管理职位，两个职位都需要运用“可迁移技能”。所以，除了培养自己的专业能力外，绝不忽视“可迁移技能”的学习和培养。

三、性格与职业

性格是个人对现实的稳定态度和与之相适应的习惯化了的行为方式中表现出来的个性心理特征。从广义讲，性格是人的自然追求和精神欲求的追求体系，是行为方式、心理方式、情感方式的总和，集中反映了一个人的心理面貌。在求职中，性格是构成相识和吸引的重要因素，与职业选择的关系极为密切，既彼此制约，又相互促进。性格表现出的对集体、对他人和对自己的态度，也往往会影响职业的选择和成就。自私、孤傲、暴躁，不关心他人，无视社会行为规范，不遵守公共道德的人不可能受到社会的欢迎和用人单位的青睐，在未来的职业生活中也不可能有所作为。因此大学生通过了解自己和其他人的性格倾向，可以更好地理解自己的优点、缺点，更容易接受自己；更好地理解和接受他人；更深刻地理解为什么人与人之间在思维、行为、观念、表现等方面存在差异，有助于在工作、生活中更好地利用这种差异，接受其他观点的合理性，避免固执己见或者简单地判定某种做法的正确或错误；更好地根据目标职业的要求来完善和塑造自身性格。所以，更有必要学习和掌握以下职业人格理论。

1. 霍兰德性格类型——职业匹配理论

美国心理学家霍兰德是著名的职业指导专家，他认为，学生的性格类型、学习兴趣和将来的职业密切相关。他将人的性格分为 6 种：现实型、研究型、艺术型、社会型、企业型和常规型（在第三节中提供专门的测试量表和操作方法来让读者测试自己的职业性格类型）。这 6 种职业人格类型可以从“与人接触——与物接触”和“心智思考——事务处理”两个维度、用六角型图来表现（如图 3-4 所示）。从图 3-4 中可以看出趋近“与物接触”的人格类型是实际型（R）和研究型（I），趋近“与人接触”的人格类型有企业型和社会型；趋近于“事务处理”的人格类型有事务型、实际型、企业型；趋近于“心智思考”的人格类型有研究型、艺术型和社会型。

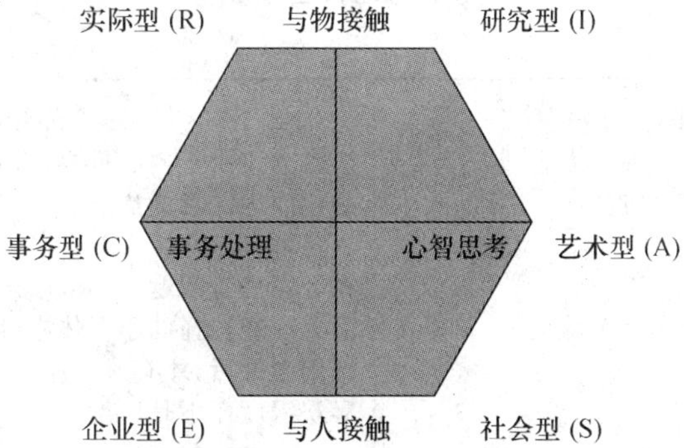

图 3-4　霍兰德性格类型六角型图

现实型的人：喜欢有规则的具体劳动和需要基本技术的工作，这类人擅长技能性职业、技术性职业，但往往缺乏社交能力。

研究型的人：喜欢智力的、抽象的、分析的、推理的、独立的定向任务，这类人擅长科学和技术方面的职业，但往往缺乏领导能力。

艺术型的人：喜欢通过艺术作品来表达自己的思考和情意，爱想象，感情丰富，不顺从，有创造力，习惯于自省，擅长于艺术、文学方面的工作，但往往缺乏办事员的能力。

社会型的人：喜欢社会交往，出入社交场合，关心社会问题，愿为团体活动工作，对教育活动感兴趣，往往缺乏机械能力，但擅长教育工作、社会福利工作。

企业型的人：性格外倾，爱冒险，喜欢担任领导角色，具有支配和使用语言的技能，但缺乏耐心和科研能力，擅长管理、销售等工作。

常规型的人：喜欢有系统、有条理的工作，具有安分守己、务实、友善和服从的特点，此类人适宜从事办公室职员、办事员、文件档案管理员、出纳员、会计、秘书等工作。

2. MBTI 性格类型理论

MBTI 性格类型系统有机地融合了目前国际上最权威、最普遍使用的 MBTI 性格类型系统和国际高智商协会的性格类型系统，并通过对中国人不断地测试、修改、完善，测试问题已完全实现了中国化，其可靠性在成功职业指导中心进行职业定位、职业生涯规划的使用过程中得到了充分的验证。近年来，全世界每年有 200 多万人次接受 MBTI 测试。据统计，世界前一百强公司中有 89%的公司引入 MBTI 作为员工和管理层自我发展、改善沟通、提升组织绩效的重要方法。职业人士利用它进行职业定位、职业生涯规划；老师学生利用它选择适合学习的专业、提高学习及授课效率；夫妻利用它融洽关系、增进感情。

MBTI 性格类型指标是美国心理学家凯恩琳·布里格斯和她的女儿布里格斯·迈尔斯提出来的，这个指标以荣格划分的 8 种类型为基础，并在此基础上加以拓展，形成 4 个维度：外倾(E)—内倾(I)；感觉(S)—直觉(N)；思维(T)—情感(F)；判断(J)—知觉(P)(如表 3-4 所示)。

表 3-4 MBTI 四维度表

第一个维度：内倾—外倾

内倾(E)	外倾(I)
喜欢与他人交往，在社交活动中精力充沛	注意力集中于内心世界，喜欢独自度过
喜欢成为注意的中心且易于接近	避免成为注意的焦点
行动，之后思考	思考，之后行动
喜欢以谈话的方式去思考	在心中思考问题
易于“读”和了解，随意地分享个人情况	愿意在经选择的小群体中分享个人情况
反应快，喜欢快节奏	仔细考虑后，才有所反应
重于广度而不是深度	喜欢深度而不是广度

第二个维度：感觉—直觉

感觉(S)	直觉(N)
相信能衡量有证据的事物，关注真实有形的东西	相信灵感和预感，更注重将来
擅长注意和记忆大量的事实	擅长解释事实或搜集零星的材料
重视现实性和常情	重视想象力和独创力
喜欢使用和琢磨已知的技能	喜欢学习新技能，但掌握之后很容易就厌倦了
留心具体的和特殊的；进行细节描述	留心普遍的和有象征性的；使用隐喻和类比
循序渐进地讲述有关情况	跳跃性地展现事实；
习惯享受现实，愿意让事物维持原状	期望着未来，倾向于鼓吹变化

第三个维度：思维—情感

思维(T)	情感(F)
不受个人感情影响地决定	在个人价值观的基础上作决定
退后一步思考，对问题进行非个人因素的分析	超前思考，考虑行为对他人的影响
重视符合逻辑、公正、公平的价值；一视同仁	重视同情与和睦，重视准则的例外性
很自然地看到缺点，倾向于批评	被认为感情过多，缺少逻辑性，软弱
认为圆通比坦率更重要	认为圆通和坦率同样重要
只有情感符合逻辑时，才认为可接受	认为任何情感都可取
被成就而激励	被欣赏而激励

第四个维度：判断—知觉

判断(J)	知觉(P)
具有判断的态度，喜欢作决定	喜欢以自然的方式生活，喜欢变化
寻求管理和控制生活	寻求理解生活而不是控制生活
作了决定后最为高兴	当各种选择都存在时，感到高兴
建立目标，准时地完成	随着新信息的获取，不断改变目标
愿意知道他们将面对的情况	喜欢适应新情况
着重结果(重点在于完成任务)	注重过程(重点在于如何完成工作)
把时间看作有限的资源，认真地对待最后期限	认为时间是可更新的资源，期限是有收缩的

在以上四个维度中，大多数人都会同时具有两种倾向，只是更偏向于其中的一种倾向。根据个人在四个维度上倾向性的不同，个人的性格可以分为 16 种类型，每个人都必然属于其中的一种。具体的 16 种性格类型及代表性职业如表 3-5 所示。

表 3-5　性格类型及代表性职业

内倾感觉思维判断 (ISTJ) 稽查员	内倾感觉情感判断 (ISFJ) 保护者	内倾直觉情感判断 (INFJ) 咨询师	内倾直觉思维判断 (INTJ) 治疗师/导师
内倾感觉思维知觉 (ISTP) 督导	内倾感觉情感知觉 (ISFP) 供给者/销售员	内倾直觉情感知觉 (INFP) 教师	内倾直觉思维知觉 (INTP) 倡导者/激发者
外倾感觉思维判断 (ESTJ) 操作者/演奏者	外倾感觉情感判断 (ESFJ) 作曲家/艺术家	外倾直觉情感判断 (ENFJ) 智多星/科学家	外倾直觉思维判断 (ENTJ) 建筑家/设计师
外倾感觉思维知觉 (ESTP) 发起者/创造者	外倾感觉情感知觉 (ESFP) 表演者/演示者	外倾直觉情感知觉 (ENFP) 统帅/调度者	外倾直觉思维知觉 (ENTP) 企业家/发明家

3. 九型人格与职业生涯规划

九型人格学(Enneagram)是一门属于人格心理学范畴的社会科学理论，这个理论已经有两千多年历史，近年来由美国加州斯坦福大学 HelenPalmer 发扬光大，今时今日已被全球大部分先进国家和商业机构如通用汽车、AT&T、hp 计算机、可口可乐、Nokia、美国中央情报局(CIA)等广泛应用，并已进入斯坦福、哈佛、牛津等国际知名学府的主流教程。

九型人格是从人的基本焦虑应对策略出发，进而从人的基本需要的角度对人格进行考察和诠释的人格类型理论。九型人格论把人格清晰简洁地分成 9 种类型，每种类型都有其鲜明的人格特征，分别是第一型：完美型(Reformer/Perfectionist)，第二型：全爱型、助人型(Helper)，第三型：成就型(Reformer/Perfectionist)，第四型：艺术型、自我型(Reformer/Perfectionist)，第五型：智慧型、思想型(Reformer/Perfectionist)，第六型：忠诚型(Reformer/Perfectionist)，第七型：活跃型、开朗型(Reformer/Perfectionist)，第八型：领袖型、能力型(Reformer/Perfectionist)，第九型：和平型、和谐型(Peacemaker)。九型人格理论从欲望特质、基本困思、主要特征、生活风格、人际关系、基本恐惧、基本欲望等方面描述人格特质。认为人是由基本欲望所控制，固然每个人都会同时追求许多东西，九型所讲的是基本欲望，反过来就是基本恐惧。这些恐惧驱赶着一个人，这个人一生就是要离开这种恐惧，并且以所追求的事物作为自我价值。九型人格的理论核心是发现自己，准确地说就是发现自己内在的动力，了解为什么我要追求这些？而为什么我会烦恼？这些烦恼的源泉就是什么？简单地说就是九型人格的理论是用来了解自己与别人的内心动力的。它与当今各种性格分类法的最大区别在于，九型性格揭示了人们内在最深层的价值观和注意力焦点，它不受表面的外在行为的变化所影响。

九型性格带给我们的最大价值是，当我们找准了自己的性格型号，清楚知道自己内心最深层的追求，将什么看成是最重要的，就找到了一个正确的起步点，从这点开始，才能知晓如何突破自己个性局限，如何发挥自己个性优势。

四、兴趣与职业

择业者的职业兴趣是一种对职业带有情绪色彩的认识倾向。在择业活动中可影响人们的职业定向和职业选择，开发人的能力，激发人们的探索和创造力，并增强人的职业适应性，是成功的起点。有关资料表明，如果一个人对某一工作有兴趣，就能发挥他全部才能的80%～90%，并且能较长时间保持高效率而不感到疲劳；而对工作缺乏兴趣的人，只能发挥其全部才能的20%～30%，也容易疲劳、厌倦。

人的兴趣可以是多方面的，可以是精神的、物质的、社会的，等等。一般来说，兴趣是在后天生活实践中形成的，但兴趣有相对的稳定性，它与一个人的个性有内在的联系。因此，学生在择业过程中应适当考虑自己的兴趣和爱好，不能为了暂时的眼前利益而选择不适合自己兴趣的职业，这样不仅不能充分施展自己的才能，而且会贻误终生。

但兴趣爱好在职业选择中，也并不总是起着正向的驱动作用，有时它也是一种耗散力，给毕业生带来职业选择的困惑，如有的同学对什么都感兴趣，但没有形成自我特色，在择业时就没有竞争优势；有的同学兴趣面太窄，以至于不能满足社会需要；还有的同学因种种客观因素，个人兴趣与所学专业不一致，也不可避免地造成职业选择的困难。所以，即将毕业的学生，要对自己的兴趣有客观的分析，同时还要树立正确的人生志向，调整自己的兴趣爱好，适应社会的需要，争取找到适合自己兴趣的职业，使自己的才智和心性得以最大程度的发挥。在培养兴趣时一要注意广度，兴趣要广泛；二要有中心兴趣，不能浮泛；三要有稳定的职业兴趣，不能“这山望着那山高”，朝更暮改。在具备了实现个人兴趣志向的可能时，就要好好地把握住其中心兴趣，并据此做出科学的选择。以下列出常见的10种兴趣类型中，人们可以从中发现自己的兴趣类型。

(1) 愿与事物打交道。喜欢同事物打交道，而不喜欢与人打交道，相应的职业诸如制图、勘测、工程技术、建筑、机器制造、出纳、会计等。

(2) 愿与人接触。这类人喜欢与人交往，对销售、采访、传递信息一类的活动感兴趣。相应的职业如记者、推销员、服务员、教师、行政管理人员、外交联络等。

(3) 愿做有规律的工作。这类人喜欢常规的、有规则的活动，习惯于在预先安排好的程序下工作。相应的职业如邮件分类、图书管理、档案管理、办公室工作、打字、统计等。

(4) 喜欢从事社会福利和助人工作。乐意帮助人，他们试图改善他人的状况，帮助他人排忧解难。相应的职业如律师、咨询人员、科技推广人员、医生、护士等。

(5) 愿做领导和组织工作。喜欢掌管一些事情，希望受到众人尊敬和获得声望，他们在企事业单位中起着重要作用。相应的职业是各类组织领导管理者，如行政人员、企业管理、学校领导和辅导员等。

(6) 喜欢研究人的行为。对人的行为举止和心理状态感兴趣，喜欢谈论人的问题。相应的职业大都是研究人、管理人的工作，如心理学、政治学、人类学、人事管理、思想政治教育等研究工作以及教育、行为管理工作。

(7) 喜欢从事科学技术事业。对分析的、推理的、测试的活动感兴趣，长于理论分析，喜欢独立地解决问题，也喜欢通过实验做出新发现。相应的职业如生物、化学、工程学、物理学、地质学等工作。

(8) 喜欢抽象的和创造性的工作。对需要想象力和创造力的工作感兴趣，大都喜欢独立的工作，对自己的学识和才能颇为自信。乐于解决抽象的问题，而且急于了解周围的世界。相应的职业大都是科学研究工作和实验室工作，如社会调查、经济分析、各类科学研究工作、化验、新产品开发等。

(9) 喜欢操作机器的技术工作。对运用一定技术操作各种机构、制造新产品或完成其他任务感兴趣。他们喜欢使用工具，特别是喜欢大型的、马力强的先进的机器，喜欢具体的东西。相应的职业如飞行员、驾驶员、机械制造、建筑、石油、煤炭开采等。

(10) 喜欢具体的工作。希望能很快看到自己的劳动成果，愿从事制作能看得见、摸得着产品的工作，并从完成的产品中得到满足。相应的职业如室内装饰、园林、美容、理发、手工制作、机械维修、厨师等。

兴趣是最好的老师，兴趣是职业成功和人生充实的重要因素。因此，大学生要重视兴趣的培养。在中学阶段学生为了高考没有时间去发展兴趣，进入大学阶段，大学生能更多地支配自己的时间，应重视培养各种兴趣，如对体育运动的兴趣、对艺术的兴趣、对文学的兴趣、对琴棋书画的兴趣、对演讲的兴趣、对管理的兴趣、对电脑的兴趣、对专业理论的兴趣、对创新的兴趣、对创业的兴趣等，只要有心去学，没有学不好的，“世上无难事，只要肯登攀”。

五、价值观与职业

1. 职业价值观定义

价值观是指一个人对周围的客观事物(包括人、事、物)的意义、重要性的总评价和总看法。这种对诸事物的看法和评价在心目中的主次、轻重的排列次序，就是价值观体系。价值观和价值观体系是决定人的行为的心理基础。

职业价值观也叫工作价值观，是价值观在所从事的职业上的体现，是人们对待职业的一种信念和态度，或者在职业生涯中表现出来的一种价值取向。职业价值观是个人对某项职业的价值判断和希望从事某项职业的态度倾向，即个人对某项职业的希望、愿望和向往。职业价值观表明了一个人通过工作所要追求的理想是什么，是为了财富，还是为了地位或其他因素。由于个人的身心条件、年龄阅历、教育状况、家庭和环境影响以及兴趣爱好的不同，人们对各种职业的主观评价也不同。不同的人由于价值观不同，因而对具体职业和岗位的选择也就不同。例如，有人喜欢同人打交道的职业，有人喜欢同物打交道的职业，有人喜欢充满挑战的职业，有人喜欢安全平稳的职业等。不同的人喜欢不同的职业，正是职业价值观的体现。因此，认真分析和了解个人的职业价值观，对正确开展职业生涯规划有重要的意义。

2. 职业价值观的种类

根据不同的划分标准，人们对职业价值观的种类划分也不同。美国心理学家洛特克在其所著《人类价值观的本质》一书中，提出 13 种价值观：成就感、审美追求、挑战、健康、收入与财富、独立性、爱、家庭与人际关系、道德感、欢乐、权利、安全感、自我成长和社会交往。我国学者阚雅玲将职业价值观分为如下 12 类。

(1) 收入与财富。工作能够明显有效地改变自己的财务状况，将薪酬作为选择工作的重要依据。工作的目的或动力主要来源于对收入和财富的追求，并以此改善生活质量，显示自己的身份和地位。

(2) 兴趣特长。以自己的兴趣和特长作为选择职业最重要的因素，能够扬长避短、趋利弊害、择我所爱、爱我所选，可以从工作中得到乐趣、得到成就感。在很多时候，会拒绝做自己不喜欢、不擅长的工作。

(3) 权力地位。有较高的权力欲望，希望能够影响或控制他人，使他人照着自己的意思去行动；认为有较高的权力地位会受到他人尊重，从中可以得到较强的成就感和满足感。

(4) 自由独立。在工作中能有弹性，不想受太多的约束，可以充分掌握自己的时间和行动，自由度高，不想与太多人发生工作关系，既不想治人也不想治于人。

(5) 自我成长。工作能够给予受培训和锻炼的机会，使自己的经验与阅历能够在一定的时间内得以丰富和提高。

(6) 自我实现。工作能够提供平台和机会，使自己的专业和能力得以全面运用和施展，实现自身价值。

(7) 人际关系。将工作单位的人际关系看得非常重要，渴望能够在一个和谐、友好甚至被关爱的环境工作。

(8) 身心健康。工作能够免于危险、过度劳累，免于焦虑、紧张和恐惧，使自己的身心健康不受影响。

(9) 环境舒适。工作环境舒适宜人。

(10) 工作稳定。工作相对稳定，不必担心经常出现裁员和辞退现象，免于经常奔波找工作。

(11) 社会需要。能够根据组织和社会的需要响应某一号召，为集体和社会做出贡献。

(12) 追求新意。希望工作的内容经常变换，使工作和生活显得丰富多彩，不单调枯燥。

3. 职业价值观分析

在我们为自己做职业生涯规划之前，一定要清楚和明确自己的价值观和职业价值观。价值观和职业价值观决定了哪些因素对你是重要的，哪些是不重要的；哪些是你优先考虑和选择的，哪些不是。

对自己的价值观，特别是职业价值观进行分析时，可以参照学者们所提出的价值观类型，看自己到底属于哪一种。其实，我们可以把不同职业价值观的内容加以归纳，根据他们所体现的主要方面，来确定自己的职业价值观中主要的因素是什么。张再生教授把这些因素总结为3类，并认为职业价值观的分析可以从以下3个方面展开。

(1) 发展因素，包括符合兴趣爱好、机会均等、公平竞争、工作有挑战性、能发挥自身才能、工作自主性大、能提供培训机会、晋升机会多、专业对口、发展空间大、出国机会多等，这些职业要素都与个人发展有关，因此称之为发展因素。

(2) 保健因素，包括工资高、福利好、保险全、职业稳定、工作环境舒适、交通便捷、生活方便等，这些职业要素与福利待遇和生活有关，因此称之为保健因素。

(3) 声望因素，包括单位知名度、单位规模和权力大、行政级别和社会地位高等，这些职业要素都与职业声望地位有关，因此称之为声望因素。

职业价值观是一个复杂的多维度的心理因素，对职业的选择和衡量有多种要素的参与，但各要素起的作用是不同的。从当前的实际来看，许多调查显示，大学生的职业价值观越来越重视发展因素，而对保健因素和声望因素的重视程度则因人而异，差别较大。

在职业价值分析和测定过程中，个人必须处理好职业价值观不同要素之间的关系，并根据不同时期、不同情况明确自己的职业核心需求，以便合理制定自己的职业生涯规划和相关策略。

4. 职业价值观与职业生涯规划

各种职业都有各自的特性。不同的人对职业的特性可能有不同的评价和取向，这就是所谓的职业价值观，也称择业观。价值观对人的一生有着重要的影响。作为人们对待职业的一种信念和态度，职业价值观往往决定了人们的职业期望，影响着人们对职业方向和职业目标的选择。

职业生涯规划中，我们常常需要做出这些选择：是要工作舒适轻松，还是要高标准的工资待遇，要成就一番事业，还是要安稳太平。当两者有矛盾冲突时，最终影响我们决策的是存在于内心的职业价值观。可见价值观对职业生涯的影响是高层的、深远的。

有一种理论将个人的价值观分为6大类型：理论的价值观、经济的价值观、审美价值观、宗教价值观、社会价值观和政治价值观。尽管有些人把获得权力(属于政治价值观)或帮助他人(属于社会价值观)放在首要位置，但也有人更关注为世界创造美(属于审美价值观)或做学问(理论的价值观)。可能每个人都有几种自己认为重要的价值观，并形成独特的组合。了解自己的职业价值观，也就明确了自己的职业生涯志向。举个极端的例子，一个非常务实且有极强政治欲望的人，不可能对一个低工资且无法发挥自己领导才能的工作感兴趣。又如，怀大爱心、作小事情的信念，使诺贝尔和平奖获得者德兰修女，创办了上个世纪世界上最大的慈善机构，帮助了无数的人。

不同的人有不同的价值观念，而不同的价值观念适合从事不同的职业或岗位。如果在制定职业生涯规划选择职业时，没有考虑自己的价值观念，选择了不适合自己的职业，也就很难在这个岗位上工作下去，当然也就谈不上事业发展的成功。

工作价值观通常都是与某种职业紧密相连的，并且工作价值观也可以作为在人和工作之间进行匹配的基础。举个例子来说吧，假如创造性对你来说是一项重要的工作价值，那么，建筑师、设计师、广告创意人员、工程师和表演艺术家们的工作就是以创造性为显著特征的；而独立、变化、旅行、被认可和有影响力则被认为是记者这一职业的工作价值；如果认为帮助他人有意义，就应该经营服务取向的生意；如果生性喜欢冒险，可以选择充满刺激的行业；如果认为安全在心目中是第一位的，则应尽量避免那些风险大的职业。当认为某项很重要的价值在一项职业里缺失的时候，就会出现职业错位的现象。

还有，我们不得不面对这样一个事实：知识经济时代要求从业者具备终身学习能力，从业者能力的提高必然带来择业机会的增多，而后者直接导致从业者在面对职业选择机会时困惑的加剧！职业困惑部分源于外在因素对价值观的影响，更有一部分是因为困惑者对自身需求的不了解。为此，发现自己的价值观，对于职业生涯规划就有重要意义。

第五节　职业测评量表分析

一、气质类型自我测评量表与分析

下面60道题，若如实回答可帮你确定自己的气质类型。在回答下列题目时，若与自己的情况“很符合”记2分，“较符合”记1分，“一般”记0分，“较不符合”记－1分，“很不符合”记－2分。

1. 做事力求稳妥，一般不做无把握的事。
2. 遇到可气的事就怒不可遏，想把心里话全说出来才痛快。
3. 宁可一个人干事，不愿很多人在一起。
4. 到一个新环境很快就能适应。
5. 厌恶那些强烈的刺激，如尖叫、噪音、危险镜头等。
6. 和人争吵时，总是先发制人，喜欢挑衅别人。
7. 喜欢安静的环境。

8. 善于和人交往。
9. 羡慕那种善于克制自己感情的人。
10. 生活有规律,很少违反作息制度。
11. 在多数情况下情绪是乐观的。
12. 碰到陌生人觉得很拘束。
13. 遇到令人气愤的事,能很好地自我克制。
14. 做事总是有旺盛的精力。
15. 遇到问题总是举棋不定、优柔寡断。
16. 在人群中从不觉得过分拘束。
17. 情绪高昂时,觉得干什么都有趣;情绪低落时,又觉得干什么都没有意思。
18. 当注意力集中于一事物时,别的事很难使我分心。
19. 理解问题总比别人快。
20. 碰到危险情景,常有一种极度恐惧感。
21. 对学习、工作怀有很高的热情。
22. 能够长时间做枯燥、单调的工作。
23. 符合兴趣的事情,干起来劲头十足,否则就不想干。
24. 一点小事就能引起情绪波动。
25. 讨厌做那种需要耐心、细致的工作。
26. 与人交往不卑不亢。
27. 喜欢参加热烈的活动。
28. 爱看感情细腻、描写人物内心活动的文艺作品。
29. 工作学习时间长了,常感到厌倦。
30. 不喜欢长时间谈论一个问题,愿意实际动手干。
31. 宁愿侃侃而谈,不愿窃窃私语。
32. 别人总是说我闷闷不乐。
33. 理解问题常比别人慢些。
34. 疲倦时只要短暂的休息就能精神抖擞,重新投入工作。
35. 心里有话宁愿自己想,不愿说出来。
36. 认准一个目标就希望尽快实现,不达目的,誓不罢休。
37. 学习、工作同样一段时间后,常比别人更疲倦。
38. 做事有些莽撞,常常不考虑后果。
39. 老师或他人讲授新知识、技术时,总希望讲得慢些,多重复几遍。
40. 能够很快地忘记那些不愉快的事情。
41. 做作业或完成一件工作总比别人花的时间长。
42. 喜欢运动量大的剧烈体育运动,或者参加各种文艺活动。
43. 不能很快地把注意力从一件事转移到另一件事上去。
44. 接受一个任务后,就希望把它迅速解决。
45. 认为墨守成规比冒风险要强些。
46. 能够同时注意几个事物。
47. 当我烦闷的时候,别人很难使我高兴起来。
48. 爱看情节起伏跌宕、激动人心的小说。

49. 对工作抱认真谨慎、始终一贯的态度。
50. 和周围人的关系总是相处不好。
51. 喜欢复习学习过的知识，重复做能熟练做的工作。
52. 希望做变化大、花样多的工作。
53. 小时候会背的诗歌，我似乎比别人记得清楚。
54. 别人说我“出语伤人”，可我并不觉得这样。
55. 在体育活动中，常因反应慢而落后。
56. 反应敏捷，头脑机智。
57. 喜欢有条理而不甚麻烦的工作。
58. 兴奋的事常使我失眠。
59. 老师讲新概念，常常听不懂，但是弄懂了以后很难忘记。
60. 假如工作枯燥无味，马上就会情绪低落。

将每题得分填入表 3-6 相应的“得分”栏内；分别计算四种气质类型的总得分。

表 3-6　气质类型测试自我记分表

胆汁质	2	6	9	14	17	21	27	31	36	38	42	48	50	54	58	总　分
多血质	4	8	11	16	19	23	25	29	34	40	44	46	52	56	60	总　分
粘液质	1	7	10	13	18	22	26	30	33	39	43	45	49	55	57	总　分
抑郁质	3	5	12	15	250	24	28	32	35	37	41	47	51	53	59	总　分

气质类型的确定：如果某一栏得分超过 20 分，其他三栏得分较低，则为典型的该气质；如果这一栏在 20—10 分之间，其他三栏得分较低，则为一般气质；如果有两栏的得分显著超过另两栏的得分，而且分数比较接近，则为两种混合型气质；如果一栏的得分低，其他三栏都不高，但很接近，则为三种气质的混合型。

二、霍兰德职业性向测试与分析

霍兰德是美国职业指导专家，他和助手在几十年间经过一百多次大规模的实验研究，形成了人格类型与职业类型的学说。学说把人的人格类型和职业类型都分 R、I、A、S、E、C6 种，认为某一人格类型会对相应的工作类型发生兴趣。本测验共有六个部分。每部分测试都没有时间限制，但应当尽力去做。

第一部分　你心目中的理想职业

对于未来的职业，你可能早有考虑，它可能很抽象、很朦胧，也可能很具体、很清晰。不论是哪种情况，现在请你将自己最想干的 3 种工作按顺序写下来。

1. ________________
2. ________________
3. ________________

第二部分　你所感兴趣的活动(职业兴趣)

对下面列举的一系列活动，请判断你的好恶，如果你喜欢某一种，就在题后打“√”，最后统计“√”的数量。

R：现实型活动

1. 装配修理电器或玩具
2. 修理自行车
3. 用木头做东西
4. 开汽车或摩托车
5. 用机器做东西
6. 参加木工技术学习班
7. 参加制图描图学习班
8. 驾驶卡车或拖拉机
9. 参加机械和电气学习班
10. 装配修理机器

统计“√”的数量：

A：学术型活动

1. 素描/制图或绘画
2. 参加话剧/戏曲
3. 设计家具/布置室内
4. 学习乐器/参加乐队
5. 欣赏音乐或戏剧
6. 看小说/读剧本
7. 从事摄影创作
8. 写诗或吟诗
9. 进艺术(美术/音乐)培训班
10. 练习书法

统计“√”的数量：

I：研究型活动

1. 读科技图书和杂志
2. 在实验室工作
3. 改良水果品种，培育新的水果
4. 调查了解土和金属等物质的成分
5. 研究自己选择的特殊问题
6. 解算术或数学游戏
7. 物理课
8. 化学课
9. 几何课
10. 生物课

统计“√”的数量：

S：社会型活动

1. 参加学校或单位组织的正式活动
2. 参加某个社会团体或俱乐部活动
3. 帮助别人解决困难
4. 照顾儿童
5. 出席晚会、联欢会、茶话会
6. 和大家一起出去郊游
7. 想获得心理方面的知识
8. 参加讲座会或辩论会
9. 观看或参加体育比赛和运动会
10. 结交新朋友

统计“√”的数量：

E：企业型(事业型)活动

1. 说服鼓动他人
2. 卖东西
3. 谈论政治
4. 制订计划、参加会议
5. 以自己的意志影响别人的行为
6. 在社会团体中担任职务
7. 检查与评价别人的工作
8. 结交名流
9. 指导有某种目标的团体
10. 参加政治活动

统计“√”的数量：

C：常规型(传统型)活动

1. 整理好桌面和房间
2. 抄写文件和信件
3. 为领导写报告或公务信函
4. 检查个人收支情况
5. 参加打字培训班
6. 参加算盘、文秘等实务培训
7. 参加商业会计培训班
8. 参加情报处理培训班
9. 整理信件、报告、记录等
10. 写商业贸易信

统计“√”的数量：

第三部分 你所擅长或胜任的活动(职业能力)

R：现实型能力

1. 能使用电锯、电钻等木工工具
2. 知道万用表的使用方法
3. 能够修理自行车或其他机械
4. 能够使用钻床、磨床或缝纫机
5. 能给家具和木制品刷漆
6. 能看建筑设计图
7. 能够修理简单的电气用品
8. 能修理家具
9. 能修收录机
10. 能简单地修理水管

统计“√”的数量：

A：艺术型能力

1. 能演奏乐器
2. 能参加二部或四部合唱
3. 独唱或独奏
4. 扮演剧中角色
5. 能创作简单的乐曲
6. 会跳舞
7. 能绘画、素描或书法
8. 能雕刻、剪彩纸或泥塑
9. 能设计板报、服装或家具
10. 写得一手好文章

统计“√”的数量：

I：调研型能力

1. 真空管或晶体管的作用
2. 能够列举三种蛋白质多的食品
3. 理解铀的裂变
4. 能用计算尺、计算机、对数表
5. 会使用显微镜
6. 能找到三个星座
7. 能独立进行调查研究
8. 能解释简单的化学
9. 理解人造卫星为什么不落地
10. 经常参加学术会议

统计“√”的数量：

S：社会型能力

1. 有向各种人说明解释的能力
2. 常参加社会福利活动
3. 能和大家一起友好相处地工作
4. 善于与年长者相处
5. 会邀请人、招待人
6. 能简单易懂地教育儿童
7. 能安排会议等活动顺序
8. 善于体察人心和帮助他人
9. 帮助护理病人和伤员
10. 安排社团组织和各种事务

统计“√”的数量：

E：企业型能力

1. 担任过学生干部并且干得不错
2. 工作上能指导和监督他人
3. 做事充满活力和热情
6. 曾作为俱乐部或社团的负责人
7. 向领导提出建议或反映意见
8. 有开创事业的能力

4. 有效地利用自身做法调动他人
5. 销售能力强
9. 知道怎样做能成为优秀领导者
10. 健谈善辩

统计"√"的数量：

C：常规型能力

1. 会熟练地打印中文
2. 会用外文打字机或复印机
3. 能快速记笔记和抄写文章
4. 善于整理保管文件和资料
5. 善于从事事务性的工作
6. 会用算盘
7. 能在短时间内分类和处理大量文件
8. 能使用计算机
9. 能收集数据
10. 善于为自己或集体做财务预算表

统计"√"的数量：

第四部分　你所喜欢的职业(职业兴趣)

下面列举了多种职业，请逐一认真地看，如果是你有兴趣的工作，就在题后打"√"，最后统计"√"的数量。

R：现实型职业

1. 飞机机械师
2. 野生动物专家
3. 汽车维修工
4. 木匠
5. 测量工程师
6. 无线电报务员
7. 园艺师
8. 长途公共汽车司机
9. 火车司机
10. 电工

统计"√"的数量：

S：社会型职业

1. 街道、工会或妇联干部
2. 小学、中学教师
3. 精神病医生
4. 婚姻介绍所工作人员
5. 体育教练
6. 福利机构负责人
7. 心理咨询员
8. 共青团干部
9. 导游
10. 国家机关工作人员

统计"√"的数量：

I：调研型职业

1. 气象学或天文学者
2. 生物学者
3. 医学实验室的技术人员
4. 人类学者
5. 动物学者
6. 化学者
7. 数学者
8. 科学杂志的编辑或作家
9. 地质学者
10. 物理学者

统计"√"的数量：

E：企业型职业

1. 厂长
2. 电视片编制人
3. 公司经理
4. 销售员
5. 不动产推销员
6. 广告部长
7. 体育活动主办者
8. 销售部长
9. 个体工商者
10. 企业管理咨询人员

统计“√”的数量：

A：艺术型职业

1. 乐队指挥
2. 演奏家
3. 作家
4. 摄影家
5. 记者
6. 画家、书法家
7. 歌唱家
8. 作曲家
9. 电影电视演员
10. 节目主持人

统计“√”的数量：

C：常规性职业

1. 会计师
2. 银行出纳员
3. 税收管理员
4. 计算机操作员
5. 簿记人员
6. 成本核算员
7. 文书档案管理员
8. 打字员
9. 法庭书记员
10. 人口普查登记员

统计“√”的数量：

第五部分　你的能力类型简评(职业能力)

下面两张表是你在6个职业能力方面的自我评定表。你可以与同龄者比较出自己在每一方面的能力，然后经斟酌后对自己的能力作一评价。请在表中适当的数字上画圈。数字越大，表示你的能力越强。注意：请勿全部画同样的数字，因为人的每项能力不可能完全一样。

R 型	I 型	A 型	S 型	E 型	C 型
机械操作能力	科学研究能力	艺术创作能力	解释表达能力	商业洽谈能力	事务执行能力
7	7	7	7	7	7
6	6	6	6	6	6
5	5	5	5	5	5
4	4	4	4	4	4
3	3	3	3	3	3
2	2	2	2	2	2
1	1	1	1	1	1

体力技能	数学技能	音乐技能	交际技能	领导技能	办公技能
7	7	7	7	7	7
6	6	6	6	6	6
5	5	5	5	5	5
4	4	4	4	4	4
3	3	3	3	3	3
2	2	2	2	2	2
1	1	1	1	1	1

第六部分　统计和确定你的职业倾向

请将上述几个部分的测验分数按前面已统计好的6种职业倾向(R型、I型、A型、S型、E型、C型)得分填入下表,并作纵向累加。

测　试	R　型	I　型	A　型	S　型	E　型	C　型
第一部分						
第二部分						
第三部分						
第四部分						
第五部分						
总分						

请将上表中的6种职业倾向总分按大小顺序从上至下排列:

__________型　　__________型　　__________型

__________型　　__________型　　__________型

你的职业倾向型得分:最高分__________　最低分__________

然后取得分前三位的类型组合在一起,就是你的的职业类型代码,如AIR型、IAR型等,如一位高中毕业准备考大学的当事人,他在心理测验所测得的霍兰德代码是SAE。根据某些《大学入学考试中心兴趣量表使用手册》科系的兴趣代码,他可以查到的相关科系包括(部分):SAE(男生)心理学系、教育学系、哲学系辅导与咨询学系、文学系、翻译学系。如果想进一步查询将来毕业后与这个代码相应的职业有哪些?可以在网上输入"霍兰德代码SAE职业群"关键词,搜索相应职业类型。

第七部分　你的职业价值观

这部分测试列出了人们在选择工作时通常会考虑的8条因素(见所附工作价值标准)。现在请你在其中选择最重要的两项因素,以及最不重要的两项因素,并将序号填入下面相应的空格上。

最重要:____

次重要:____

最不重要:______________________________________

附工作价值标准:

1. 工资高、福利好
2. 工作环境好(物质方面)舒服
3. 人际关系良好
4. 工作稳定有保障
5. 能提供较好的受教育机会
6. 有较高的社会地位
7. 工作不太紧张、外部压力小
8. 能充分发挥自已的能力特长

以上全部测试完毕,根据你的工作价值标准,衡量你在第六部分得分前三位的职业类型是否与你的工作价值标准相匹配。

现在,将你测试得分居第一位的职业类型找出,对照以下说明,判断一下自已适合的种类。

R：现实型(Realistic)

这种类型的人喜欢具体的、运动的、技术性的活动。倾向于以机器、物体为对象，以室外活动为特点的工作。适合这类人的职业有机械工人、现场技术人员、驾驶员等。这类人往往缺乏社交能力。

I：研究型(Investigative)

这种类型的人擅长归纳思考类的活动。这种类型的特征是抽象的、分析型的。这类人倾向于从事专业研究工作，适合的职业有研究者、医师等。这类人往往缺乏领导能力。

A：艺术型(Artistic)

这种类型的人和他人的接触是间接的，他们通过音乐、美术等创作表达自己，回避和他人相处产生的问题。适合的职业有作家、音乐家等。这类人往往缺乏办事员的能力。

S：社会型(Social)

这种类型的人喜欢社交活动，关心社会问题以及对教育活动感兴趣。他们主要的价值偏重于人道的、宗教的。适合的职业有教师、咨询人员等。这类人往往缺乏机械能力。

E：企业型(Enterprise)

这种类型的人在指挥他人、监督他人或销售物品的场合下，具有使用巧妙的语言艺术吸引人的能力。喜欢担任领导角色，爱冒险。适合的职业有企业策划、制片人、销售和经营方面的工作。这类人缺乏科研能力。

C：事务型(Conventional)

这种类型的人显示出对计算等活动的偏好，具有实际的、良好控制的、有条理的、友善的特点。适合的工作有事务管理方面的工作。例如，会计师、办事员、银行工作人员等。这类人往往缺乏创新的能力。

建议：上述的人格类型与职业关系也并非绝对的。霍兰德在实验中发现，尽管大多数人的人格类型可以主要地划分为某一类型，但个人又有着广泛的适应能力，其人格类型在某种程度上相近于另外两种人格类型，则也能适应另两种职业类型的工作。

三、九型人格测试题及类型描述

指导语：

① 下面有108个陈述。

② 在你认为符合你的陈述面前做个记号“√”，注意遮掩每个称述前面的数字。

③ 然后把同一大写数字后面的记号统计相加，比如数字”一”后面有3个记号，数字“二”面有8个记号，数字”三”后面有一个记号，数字”四”后面有5个记号，等等。

④ 拥有最多记号的数字很有可能就是你的类型号。

⑤ 需要说明的是，这只是一个供参考结论，更精确的判断还需要在深入了解和揣摩比较后获得。

测试题：

九 1. 我很容易迷惑。

一 2. 我不想成为一个喜欢批评的人，但很难做到。

五 3. 我喜欢研究宇宙的道理，哲理。

七 4. 我很注意自己是否年轻，因为那是找乐子的本钱。

八 5. 我喜欢独立自主，一切都靠自己。

二 6. 当我有困难时，我会试着不让人知道。

四 7. 被人误解对我而言是一件十分痛苦的事。
二 8. 施比受会给我更大的满足感。
六 9. 我常常设想最糟的结果而使自己陷入苦恼中。
六 10. 我常常试探或考验朋友、伴侣的忠诚。
八 11. 我看不起那些不像我一样坚强的人,有时我会用种种方式羞辱他们。
九 12. 身体上的舒适对我非常重要。
四 13. 我能触碰生活中的悲伤和不幸。
一 14. 别人不能完成他的分内事,会令我失望和愤怒。
九 15. 我时常拖延问题,不去解决。
七 16. 我喜欢戏剧性、多彩多姿的生活。
四 17. 我认为自己非常不完善。
七 18. 我对感官的需求特别强烈,喜欢美食、服装、身体的触觉刺激并纵情享乐。
五 19. 当别人请教我一些问题,我会巨细无遗地分析得很清楚。
三 20. 我习惯推销自己,从不觉得难为情。
七 21. 有时我会放纵和做出逾越的事。
二 22. 帮助不到别人会让我觉得痛苦。
五 23. 我不喜欢人家问我广泛、笼统的问题。
八 24. 在某方面我有放纵的倾向(例如食物,药物等)。
九 25. 我宁愿适应别人,包括我的伴侣,而不会反抗他们。
六 26. 我最不喜欢的一件事就是虚伪。
八 27. 我知错能改,但由于执著好强,周围的人还是感觉到压力。
七 28. 我常觉得很多事情都很好玩、很有趣,人生真是快乐。
六 29. 我有时很欣赏自己充满权威,有时又优柔寡断,依赖别人。
二 30. 我习惯付出多于接受。
六 31. 面对威胁时,我尽管变得焦虑,但依然能对抗迎面而来的危险。
五 32. 我通常是等别人来接近我,而不是我去就接近他们。
三 33. 我喜欢当主角,希望得到大家的注意。
九 34. 别人批评我,我也不会回应和辩解,因为我不想发生任何争执与冲突。
六 35. 我有时期待别人的指导,有时却忽略别人的忠告径直去做我想做的事。
九 36. 我经常忘记自己的需要。
六 37. 在重大危机中,我通常能克服我对自己的质疑与内心的焦虑。
三 38. 我是一个天生的推销员,说服别人对我来说是一件轻易的事。
九 39. 我不相信一个我一直都无法了解的人。
八 40. 我爱依惯例行事,不大喜欢改变。
九 41. 我很在乎家人,在家中表现得忠诚和包容。
五 42. 我被动而优柔寡断。
五 43. 我很有包容力,彬彬有礼,但跟人的感情互动不深。
八 44. 我沉默寡言,好象不会关心别人似的。
六 45. 当沉浸在工作或我擅长的领域时,别人会觉得我冷酷无情。
六 46. 我常常保持警觉。
五 47. 我不喜欢要对人尽义务的感觉。

五 48. 如果不能完美地表态，我宁愿不说。
七 49. 我的计划比我实际完成的还要多。
八 50. 我野心勃勃，喜欢挑战和登上高峰的经验。
五 51. 我倾向于独断专行并自己解决问题。
四 52. 我很多时候感到被遗弃。
四 53. 我常常表现得十分忧郁的样子，充满痛苦而且内向。
四 54. 初见陌生人时，我会表现得很冷漠、高傲。
一 55. 我的面部表情严肃而生硬。
四 56. 我很飘忽，常常不知自己下一刻想要什么。
一 57. 我常对自己挑剔，期望不断改善自己的缺点，以成为一个完美的人。
四 58. 我感受特别深刻，并怀疑那些总是很快乐的人。
三 59. 我做事有效率，也会找捷径，模仿力特强。
一 60. 我讲理，重实用。
四 61. 我有很强的创造天分和想象力，喜欢将事情重新整合。
九 62. 我不要求得到太多的注意力。
一 63. 我喜欢每件事都井然有序，但别人会认为我过分执著。
四 64. 我渴望拥有完美的心灵伴侣。
三 65. 我常夸耀自己，对自己的能力十分有信心。
八 66. 如果周遭的人行为太过分时，我准会让他难堪。
三 67. 我外向，精力充沛，喜欢不断追求成就，这使我的自我感觉十分良好。
六 68. 我是一位忠实的朋友和伙伴。
二 69. 我知道如何让别人喜欢我。
三 70. 我很少看到别人的功劳和好处。
二 71. 我很容易知道别人的功劳和好处。
三 72. 我嫉妒心强，喜欢跟别人比较。
一 73. 我对别人做的事总是不放心，批评一番后，自己会动手再做。
三 74. 别人会说我常常带着面具做人。
六 75. 有时我会激怒对方，引来莫名其妙的吵架，其实我是想试探对方爱不爱我。
八 76. 我会极力保护我所爱的人。
三 77. 我常常可以保持兴奋的情绪。
七 78. 我只喜欢与有趣的人交友，对一些闷蛋却懒得交往，即使他们看来很有深度。
二 79. 我常往外跑，四处帮助别人。
三 80. 有时我会讲求效率而牺牲完美和原则。
一 81. 我似乎不太懂得幽默，没有弹性。
二 82. 我待人热情而有耐性。
五 83. 在人群中我时常感到害羞和不安。
八 84. 我喜欢效率，讨厌拖泥带水。
二 85. 帮助别人得到快乐和成功是我重要的成就。
二 86. 付出时，别人若不欣然接纳，我便会有挫折感。
一 87. 我的肢体硬邦邦的，不习惯别人热情的付出。
五 88. 我对大部分的社交集会不太有兴趣，除非那是我熟识的和喜爱的人。

二 89. 很多时候我会有强烈的寂寞感。

二 90. 人们很乐意向我表白他们所遭遇的问题。

一 91. 我不但不会说甜言蜜语,而且别人会觉得我唠叨不停。

七 92. 我常担心自由被剥夺,因此不爱作承诺。

三 93. 我喜欢告诉别人我所做的事和所知的一切。

九 94. 我很容易认同别人为我所做的事和所知的一切。

一 95. 我要求光明正大,为此不惜与人发生冲突。

八 96. 我很有正义感,有时会支持不利的一方。

一 97. 我注重小节而效率不高。

九 98. 我容易感到沮丧和麻木更多于愤怒。

五 99. 我不喜欢那些侵略性或过度情绪化的人。

四 100. 我非常情绪化,一天的喜怒哀乐多变。

五 101. 我不想别人知道我的感受与想法,除非我告诉他们。

一 102. 我喜欢刺激和紧张的关系,而不是稳定和依赖的关系。

七 103. 我很少用心去听别人的心情,只喜欢说说俏皮话和笑话。

一 104. 我是循规蹈矩的人,秩序对我十分有意义。

四 105. 我很难找到一种我真正感到被爱的关系。

一 106. 假如我想要结束一段关系,我不是直接告诉对方,就是激怒他来让他离开我。

九 107. 我温和平静,不自夸,不爱与人竞争。

九 108. 我有时善良可爱,有时又粗野暴躁,很难捉摸。

测试统计:

类 型	一	二	三	四	五	六	七	八	九
“√”数目									

统计数目越多的类型,越是符合你人格的类型,从以下人格类型的描述来认识你的人格特质,以便思考你健全人格的方向。

九型人格特征:从欲望特质、基本困思、主要特征、生活风格、人际关系、基本恐惧、基本欲望等方面描述

第一型:完美型(Reformer/Perfectionist)

【欲望特质】:追求不断进步。

【基本困思】:我若不完美,就没有人会爱我。

【主要特征】:原则性、不易妥协、常说“应该”及“不应该”、黑白分明、对自己和别人要求甚高、追求完美、不断改进、感情世界薄弱;希望把每件事都做得尽善尽美,希望自己或是这个世界都更进步。时时刻刻反省自己是否犯错,也会纠正别人的错。

【主要特质】:忍耐、有毅力、守承诺、贯彻始终、爱家顾家、守法、有影响力的领袖、喜欢控制、光明磊落。

【生活风格】:爱劝勉教导,逃避表达忿怒,相信自己每天有干不完的事。

【人际关系】:

你是典型的完美主义者,显浅易明。正因为你事事追求完美,你很少讲出称赞的话,很多时只有批评,无论是对自己,或是对身边的人!又因为你对自己的超高标准,你给自己很大压力,会很难放松自己去尽情地玩、开心地笑!

【愤怒、不满】：

属于第一型的你，相信常有这种感觉，对吧？你们常有愤怒、不满的感觉，这些都是源自你们超高的生活要求。当遇到什么不顺意时，就很容易感到嬲怒、不满，觉得事情不应该这样发生……这种情绪不单是对自己，还有对周围的环境和人，也是一样，因为你对他们一样带有超高的要求。但要注意，作为你的朋友，要承受你的嬲怒情绪，的确不容易，也会造成压力，所以要多加注意啊！

【失望、沮丧】：

同样因为你们事事追求完美的态度，让你们在生活里常常感到碰钉子、不如意。一边是对外发泄愤怒情绪，一边是内心不断经历挫败，不断经历失望。这些情绪对你们并不健康，必须积极处理。最根本的方法不是让自己做得更出色，而是调节对每件事情的看法，轻松面对！

【基本恐惧】：怕自己做错，变坏，被腐败。

【基本欲望】：希望自己是对的，好的，贞洁的，有诚信的。

第二型：全爱型、助人型(Helper/Giver)

【欲望特质】：追求服待。

【基本困思】：我若不帮助人，就没有人会爱我。

【主要特征】：渴望别人的爱或良好关系，甘愿迁就他人，以人为本，要别人觉得需要自己，常忽略自己；很在意别人的感情和需要，十分热心，愿意付出爱给别人，看到别人满足地接受他们的爱，才会觉得自己活得有价值。

【主要特质】：温和友善、随和、绝不直接表达需要，婉转含蓄，好好先生/小姐，慷慨大方，乐善好施。

【生活风格】：爱报告事实，逃避被帮助，忙于助人，否认问题存在。

【人际关系】：

助人型(Helper)，顾名思义，你很喜欢帮人，而且主动，慷慨大方！虽然你对别人的需要很敏锐，但却在很多时候忽略了自己的需要。在你来说，满足别人的需要比满足自己的需要更重要，所以你很少向人提出请求。这样说来，你的自我并不强，很多时要以帮助别人去肯定自己。

【自豪、骄傲】：

第二型的你，是否觉得这个形容很不贴切？觉得很惊奇？其实，一向表现得助人为快乐之本的你，是通过热心帮助人去肯定自己，要朋友接纳欣赏自己。所以当有朋友找你们帮助，你自是开心不已，也会有自豪和骄傲之感，因为在这个过程中你得到肯定和满足。

【占有、控制】：

正因为帮人得到这么多的满足，你们很想继续这样的过下去，这个很正常！可是，当你们“投资”越多时间和心力，你越希望得到这个更多回报。很有可能，你们会很希望朋友很“attach”你，甚至是只“attach”你一个，事事对你说，跟你分享。这便反映在你内心的占有欲，若朋友不是这样对你，便会很失望，觉得他们背叛了你。甚至，你可能会对他们施加压力，以控制他们。这里当然不是说每个第二型都是这样子，但当我们状态不佳，心情不太好时，的确有机会出现以上倾向。多留意自己的情绪反应，有助于控制及改善！

【基本恐惧】：不被爱，不被需要。

【基本欲望】：感受爱的存在。

第三型：成就型(Achiever/Motivator)

【欲望特质】：追求成果。

【基本困思】：我若没有成就，就没有人会爱我。

【主要特征】：有强烈的好胜心，喜欢被认可，常与别人比较，以成就衡量自己的价值高低，看重形象，工作狂，惧怕表达内心感受；希望能够得到大家的肯定。是个野心家，不断地追求成效，希望与众不同，受到别人的注目、羡慕，成为众人的焦点。

【主要特质】：自信、活力充沛、风趣幽默、满有把握、处世圆滑、积极进取、美丽形象。

【生活风格】：爱诉说自己的成就，逃避失败，按着长远目标过活。

【人际关系】：

成就型(Achiever)的你精力充沛，总是活力过人，因为你有很强的争胜欲望！你喜欢接受挑战，会把你自己的价值与成就连成一线。成就型的你会全心全意去追求一个目标，因为你相信“天下没有不可能的事”。动力十足的你，最好做 leader 带领其他人啦！

【自恋、炫耀】：

第三型的人倾向把自己成是颇大、颇重要的，所以有一点点的自恋、自我膨胀。所以你们都会把自己最好的一面展现给友人看，甚至极端时，会在朋友面前撒谎，以求“保持”自己在朋友心目中的形象。很多时候，第三型真正的实力往往没有那么强，因为他们的表达会有一点点夸张。

【害怕亲密】：

第三型的你很害怕亲密关系，不是说你们会没有朋友，只是当关系加深的时候，你可能会因怕真面目被看见而避开、逃掉。所以，亲密/好朋友关系对第三型来说并不容易建立，因为他们害怕被人看见自己的真面目，也因此很难开放自己与人坦诚交往。第三型的你好胜心颇强，通常认为自己不能在朋友面前“认衰”，所以会表现得“很棒很棒”的，但世界上没有一个人是十全十美的完人啊！当能容许自己以真面目示人时，你的生活将很快乐！

【基本恐惧】：没有成就，一事无成。

【基本欲望】：感觉有价值，被接受。

第四型：艺术型，自我型(Artist/Individualist)

【欲望特质】：追求独特。

【基本困思】：我若不是独特的，就没有人会爱我。

【主要特征】：情绪化，追求浪漫，惧怕被人拒绝，觉得别人不明白自己，有强烈的占有欲，我行我素的生活风格：爱讲不开心的事，易忧郁、妒忌，生活追寻感觉好；很珍惜自己的爱和情感，所以想好好地滋养它们，并用最美、最特殊的方式来表达。他们想创造出独一无二、与众不同的形象和作品，所以不停地自我察觉、自我反省，以及自我探索。

【主要特质】：易受情绪影响，倾向追求不寻常、艺术性而富有意义的事物，多幻想，认为死亡、苦难、悲剧才是极具价值和真实的生命，对美感的敏锐可见于独特的衣着，对布置环境的品味显出他的独特性，极具创造力，过分情绪化，容易沮丧或消沉，常常觉得生命是一个悲剧，对人若即若离，怕亲密的关系令人发现自己不完美，因而会离他而去。

【生活风格】：爱讲不开心的事，易忧郁、妒忌，生活追求感觉好。

【人际关系】：

自我型(Individualist)，曾否有人跟你说，你有艺术家的脾气？这个自我型就正是艺术家的性格——多愁善感及想象力丰富，会常沉醉于自己的想象世界里。另一方面，由于你是感情主导的人，有些工作你不喜欢就不做，不会考虑责任的问题。

【嫉妒、比较】：

自我型的你们其实都有点“艺术家脾气”。自怜觉得自己与其他人不一样，喜欢沉醉于自己的想象世界……很多时候，第四型的表现会比较抽离，就是因为和身边的人相比，觉得自己不同，其他人不会明白，又觉得其他人都拥有很多你们没有的东西，所以在现实的社交圈子里很难得到满足。

【自我沉醉、自怜】：

由于从现实生活中得不到满足，自我型的人都会在幻想里建构自己的世界，制造一些 moody 的环境，好让自己的情绪得以发泄出来。不过，这样一来，自我型的人都显得比较情绪化，令其他人更不能明白你们，使你们更孤立起来。所以你们要小心，不要让自己过分脱节啊！

【基本恐惧】：没有独特的自我感受或存在意义。

【基本欲望】：寻找自我，在内在经验中找到自我认同。

第五型：智慧型，思想型（Thinker/Observer）

【欲望特质】：追求知识。

【基本困思】：我若没有知识，就没有人会爱我。

【主要特征】：冷眼看世界，抽离情感，喜欢思考分析认知很多，但缺乏行动，对物质生活要求不高，喜欢精神生活，不善表达内心感受；想藉由获取更多的知识，来了解环境，面对周遭的事物，他们想找出事情的脉络与原理，作为行动的准则。有了知识，他们才敢行动，也才会有安全感。

【主要特质】：温文儒雅、有学问、条理分明、表达含蓄、拙于词令、沉默内向、冷漠疏离、欠缺活力、反应缓慢

【生活风格】：爱观察、批评，把自己抽离，每天有看不完的书。

【人际关系】：

理智型（Thinker），你是个很冷静的人，总想跟身边的人和事保持一段距离，也不会让情绪冲动冲动。很多时候，你都会先做旁观者，后才会投入参与。另外，你也需要充分的私人空间和高度的私隐，否则你会觉得很焦虑，不安定！你也很有机会成为专家，例如电脑、漫画、时装，因为你对知识是非常热爱的！

【好辩、抽离】：

思想型的人常常观察身边的事，却很少参与，所以感情投入也很少。还有，他们好争辩，很执著，对知识的执著固然重要，但经验生活中所得的体会也非常可贵，希望你们取得平衡，得到最多！

【基本恐惧】：无能，无知。

【基本欲望】：能干，知识丰富。

第六型：忠诚型（Team Player/Loyalist）

【欲望特质】：追求忠心。

【基本困思】：我若不顺从，就没有人会爱我。

【主要特征】：做事小心谨慎，不轻易相信别人，多疑虑，喜欢群体生活，为别人做事尽心尽力，不喜欢受人注视，安于现状，不喜转换新环境；相信权威，跟随权威的引导行事，然而另一方面又容易反权威，性格充满矛盾。他们的团体意识很强，需要亲密感，需要被喜爱、被接纳并得到安全的保障。

【主要特质】：忠诚、警觉、谨慎、机智、务实、守规、纪律维持者。

【生活风格】：爱平和讨论，惧怕权威，相信传统可给予安全感，害怕成就、逃避问题。

【人际关系】：

忠诚型(Loyalist)，你会是一个很好的员工，因为你很忠心尽责。安全感对你都很重要，因为当遇到新的人和事，都会令你产生恐惧、不安的感觉。基于这种恐惧不安，凡事你都会作最坏打算，换句话说，你为人比较悲观，也较易去逃避了事。

【害怕、忧虑、犹豫】：

忠诚型的你们表现得忠诚，是因为你们害怕，对很多事情皆忧虑，很多时候都向坏处打算，所以做人很谨慎。同一原因，由于害怕做错决定，所以当面对抉择的时候，你们大多显得很犹疑，心大心细。适当的忧虑能保护我们，但若过份忧虑则会阻碍我们前行！

【基本恐惧】：得不到支援及指引，单凭自己的能力不能兼顾全部。

【基本欲望】：得到支援及安全感。

第七型：活跃型，开朗型(Enthusiast)

【欲望特质】：追求快乐。

【基本困思】：我若不带来欢乐，就没有人会爱我。

【主要特征】：乐观，要新鲜感，追上潮流，不喜承受压力，怕负面情绪；想过愉快的生活，想创新、自娱娱人，渴望过比较享受的生活，把人间的不美好化为乌有。他们喜欢投入体验快乐及情绪高昂的世界，所以他们总是不断地寻找快乐、经验快乐。

【主要特质】：快乐热心，不停活动，不停获取，怕严肃认真的事情，多才多艺，对玩乐的事非常熟悉，亦会花精力钻研，不惜任何代价只要快乐、搞怪、搞笑的方式对人对事。

【生活风格】：爱讲自己的经验，喜欢制造开心，人生有太多开心的事情等着他。

【人际关系】：

活跃型(Adventurer)的你，就是如此：乐观、精力充沛、迷人、好动、贪新鲜……“最紧要玩得开心”就是你的生活哲学！你们很需要生活有新鲜感，所以很不喜欢被束缚、被控制。你的活力是玩的活力。

【不耐烦、冲动、上瘾】

好玩、享乐主义活跃型，做事欠缺耐性，因为你们都很怕闷。不耐烦之余，也很容易冲动行事，因为第七型的人做事鲜有周详计划，很讲即兴，想做就去做！但你们必须要小心，就算遇上一种你十分喜欢的事情，也不要沉迷下去！始终要顾及自己的身体及其他事情啊！(因为第七型的人比其他型的人更容易有烟瘾、毒瘾、赌瘾、或者打机瘾等，一定要小心！)

【基本恐惧】：被剥削，被困于痛苦中。

【基本欲望】：追求快乐、满足。

第八型：领袖型，能力型(Leader)

【欲望特质】：追求权力。

【基本困思】：我若没有权力，就没有人会爱我。

【主要特征】：追求权力，讲求实力，不靠他人，有正义感，喜欢做大事；是绝对的行动派，一碰到问题便马上采取行动去解决。想要独立自主，一切靠自己，依照自己的能力做事，要建设前不惜先破坏，想带领大家走向公平、正义。

【主要特质】：具攻击性，自我中心，轻视懦弱，尊重强人，为受压迫者挺身而出，冲动，有什么不满意即场发作，主观，凭直觉。

【生活风格】：爱命令，说话大声、有威严，有报复心理，爱辩论，靠意志来掌管生活。

【人际关系】:

领袖型(Leader),很多领袖型的人都有以下特质:豪爽、不拘小节、自视甚高、遇强越强、关心正义、公平。你们清楚自己的目标,并努力前进。由于不愿被人控制,且具有一定的支配欲,所以你们很有潜质做领袖。由于你们都较好胜,有时候会对人有点攻击性,让人感到有压力。

【侵略、挑战、反叛】:

第八型的你通常身兼领袖身份,可以有权力全权安排,也可指挥他人。由于你们的动力较强,有时会给人侵略之感,而这个也是你本身的动力源头,你很有争胜及控制的欲望,但却要小心运用,不要用之伤害别人!此外,你专向难度及规范挑战,有"明知山有虎,偏向虎山行"的任性。所以很可能,妈妈叫你不要做的东西,你偏不听;老师要你学的,你偏扮傻……你会是这样子吗?要是真的话,会是于你有益吗?

【基本恐惧】:被认为软弱、被人伤害、控制、侵犯。

【基本欲望】:自己决定生命的方向,捍卫本身的利益,做强者。

第九型:和平型,和谐型(Peacemaker)

【欲望特质】:追求和平。

【基本困思】:我若不和善,就没有人会爱我。

【主要特征】:需花长时间作决定,难以拒绝他人,不懂宣泄愤怒;显得十分温和,不喜欢与人起冲突,不自夸、不爱出风头,个性淡薄。想要和人和谐相处,避开所有的冲突与紧张,希望事物能维持美好的现状。忽视会让自己不愉快的事物,并尽可能让自己保持平稳、平静。

【主要特质】:温和友善,忍耐,随和,怕竞争,无法集中注意力,有时像梦游,不到最后一分钟不会完工,非常倚赖别人的提醒,注意力集中在细节、次要的事,对大多数事物没有多大的兴趣,不喜欢被人支配,绝不直接表达不满,只是阳奉阴违。

【生活风格】:爱调和,做事缓慢,易懒惰、抑压,生活追寻舒服。

【人际关系】:

和平型(Peacemaker)在很多情况下都是和平使者,善解人意,随和。你们很容易了解别人,却不是太清楚自己想要什么,会显得优柔寡断。相对来说,你们的主见会比较少,宁愿配合其他人的安排,做一个很好的支持者,所以你是比较被动的。

【怕羞、怕事、懒惰】:

和平型的你与世无争,渴望人人能和平共处,很怕引起冲突,是不显眼的一个。由于从不试图突出自己,你们会比较怕羞、怕事,因为你喜爱平和安逸的生活,不喜爱辛劳,所以你也不会 PUSH 自己!若你想干一番大事,则要好好鞭策自己啦!

【基本恐惧】:转变与压力,失去平衡。

【基本欲望】:维系内在的平静及安稳。

案例欣赏

案例一:听李开复回忆大学时代

上大学前,我的梦想是做一个哈佛人。因为哈佛大学的光环,也因为我一直把学习法律当做我的目标,并把学习数学当做我的"后备",而哈佛的这两个专业都是全美最好的。

1979年的4月，一封拒信打破我的这个梦想。至于原因，我估计是因为我的SAT英语成绩太差了，只有550分。如果当时有新东方，也许我就成为哈佛人了。

最后，我进入了哥伦比亚大学，这是一所很好的学校，法律系和数学系也很有名。哥大给学生很大的发展空间，允许学生学习的课程范围很广。我在大一的时候，大部分时间都在学美术、历史、音乐、哲学等专业的课程，接触了很多东西，我觉得这是找到自己兴趣的机会。直到今天，我还记得哲学系的一个老教授说的话："知道什么是make a difference吗？想象有两个世界，一个世界中有你，一个世界中没有你，让两者的difference最大，这就是你一生的意义。"

回到我的哥大法律梦。当时，我主要学的是"政治科学(political science)"，属于一种"法学博士预科(pre-law)"的专业。但是，上了几门"政治科学"的课后，我发现自己对此毫无兴趣，每天都打不起精神来上课，十分苦恼。其中一门课实在太枯燥，我基本上每堂课都在睡觉，唯一的选择只是在教室里睡还是在宿舍里睡。睡到学期过半后，我的平均成绩勉强够得一个C，我赶在限期的前一天把这门课退掉，才避免了因为平均分不到3.0导致助学金被取消的灾难。

我向家人提起学习法律的苦闷时，他们都鼓励我转系。姐姐说："你不是高中时就把大二的数学读完了，还得了全州数学冠军吗，怎么不转数学系？"但是，这又让我碰到了我的第二个苦恼。进入大学后，学校就安排我加入了一个"数学天才班"，那里集中了哥大所有的数学尖子，一个班只有七个人。但很快，我就发现我的数学突然由"最好的"变成"最差的"了。这时，我才意识到，我虽然是"全州冠军"，但是我所在的州是被称为"乡下"的田纳西州，而当我遇到了这些来自加州或纽约州的真正的"数学天才"，我不但技不如人，连问问题时都胆怯了，生怕我的同学们看出我这个"全州冠军"的真正水平并不怎么样。这么一来，我就越来越落后，到今天我对这门课还是"半懂不懂"(这又是一个"沉默不是金"的证明)。

当我上完这门课后，我深深地体会到那些"数学天才"都是因为"数学之美"而为它痴迷，但我却并非如此。一方面，我羡慕他们找到了最爱；另一方面，我遗憾地发现，自己既不是一个数学天才，也不会为了它的"美"而痴迷，因为我不希望我一生的意义就是为了理解数学之美。

就这样，我与我向往的哈佛、选择的法律、自豪的数学一一挥别。

失去了哈佛、法律、数学，我的未来之路将往何方？幸好还有计算机。其实，我在高中时就对计算机有很浓厚的兴趣。高中时我很幸运，学校就有一台古董的IBM机器，当时是1977年，计算机还需要靠打卡片的方式使用(就是先在一张一张的卡片上打洞，然后再把这一叠打了洞的卡片输入电脑)。有一个周末，我写了一个程序，让它去解一个复杂的数学方程式，然后把结果打印出来。因为机器运行速度非常慢，写完程序后我就回家了。周一回到学校，我突然被老师叫去骂了一通说："你知不知道我们所有的纸都被你打印光了！"原来，这个数学方程式有无数的解，周五我走后程序一直在运行，也就一直源源不断地在打印结果。当时的打印纸都是每张连在一起的厚厚一叠，而这样一箱纸可能要花掉学校几十美金，结果被我一个程序全部打光了，老师当然很生气。

大一时，我很惊讶不用打卡片也可以使用计算机，而令我更惊讶的是这么好玩的东西也可以作为一个"专业"。于是我选修了一门计算机课程，得到了我进入大学后的第一个"A^+"。除了赢得老师、同学的赞扬，我还感觉到一种震撼：未来这种技术能够思考吗？能够让人类更有效率吗？计算机可能有一天会取代人脑吗？解决这样的问题才是一生的意义呀！

大一期末，我找到一份工作，是在计算机中心打工，他们会按时间付点钱给我作为酬劳，虽然不多，但也是一种鼓励。同学们有什么计算机方面问题都会来找我解决，而且当时“会计算机”在学校里是一件很时髦的事情，大家都觉得这个人太 COOL 了。甚至那时候我的 ID 都跟别人不一样：一般人的 ID 都是“院系名＋姓名”，比如学计算机的就是“cs. kaifulee”，学政治的就是“ps. kaifulee”，而我的“cu. kaifulee”，cu 代表哥伦比亚大学，哥伦比亚＋李开复，和校长一样，多牛啊！

当然，我也做了很多无聊的事情，比如做程序去猜别人的密码。那个时候，大家还不知道密码是可以被破译的，当我“黑掉”别人的帐户以后，就用他的名义发一些恶作剧的信。有一次，我用一位男同学的账号在 BBS 上发了一个“单身女郎征友”的启事，害他莫名其妙地收了一堆情书。这位同学现在也在北京工作，估计他到今天还不知情，下次见到他我一定要记得告诉他，那个启事是我发的。

当时，哥大法律系在全美排名第三，而计算机系只是新设的一个专业，如果我选择计算机这个基础不是很厚重的专业，前途看起来并不很明朗。如果选择法律系，我的前途大概可以预测到：做法官、律师、参选议员等。因为在我之前有很多范本，我可以照着规划。而选择计算机专业，我甚至连将来要做什么都想不出来，当时也没有软件工程师这种职业。但是，我想的更多的是“人生的意义”和“我的兴趣”(做一个不喜欢的工作多无聊、多沮丧啊!)，并没有让这些现实就业的问题影响我。于是大二时，我从“政治科学”转到“计算机科学”。当时，一个物理系的同学开玩笑说：“任何一个学科要加‘科学’做后缀，就肯定不是真的科学。看看你，从一个‘假科学’跳到另一个‘假科学’，跳来跳去还是成不了科学家。”

案例二：业余爱好 成全期望

小华是某普通本科院校的毕业生，大学期间主修的专业是焊接工艺设备，属于既不冷门也不热门的专业，毕业后在行业内找个工作是没有问题的。他本人对专业不是特别感兴趣，专业学习不好也不坏。在课余时间里，他更喜欢看一些有关新闻专业与行政管理方面的书籍。大学二年级起开始写新闻稿，从此一发不可收拾。加入了学校的校报编辑部，在外面的杂志社做兼职，他几乎将专业学习之外的所有热情都投注在这上面。短短两年时间在国家、省级、市级的 20 多家报刊杂志上发表新闻作品 300 余篇。毕业后当一名报社记者，哪怕是一家小报的记者，这成了小华的择业理想。

学校在年底举办了“双向选择”招聘会，班里有近 60％的同学都有了归宿。小华也接到几家业内单位的面试通知，但他决定放弃。小华权衡了一下自己的实力：学了四年的焊接，比起那些科班出身的新闻专业的毕业生，似乎并没有多少优势，感觉心中底气不足，但回顾自己在校报编辑部，在外面的杂志社做兼职的经历和怀里揣着的厚厚的一摞作品，小华开始了源于兴趣和追求的求职之路。

小华联系的第一家报社是他生涯所在地的一家商业报的报社，当时正好是学校放寒假，接待他的是报社的副总编，副总编看了他的求职材料便马上决定让小华实习一段时间再说。实习不久，小华就发了四篇新闻稿，其中有两篇还在读者中引起强烈的反响，社里的一名老编辑夸奖他是个“快枪手”。短短的十天时间给予他的是更多的自信。接下来从一份报纸上获悉，省级的科技报报社欲招聘两名新闻采编人员，小华前去报了名，当时参加应聘的有 60 多人，老总看过他的材料后与他谈了半个小时，没想到第二天报社通知小华可以去签约。也许是消息来得太快，小华一时拿不定主意。最后，小华决定北上京城去闯一闯，接下来的日子，小华的足迹遍布了京城的许多大报社，先后有《中国青年报》、《中国建设报》、《中国经济时报》、《北京科技报》、《科学时报》等报社都向他抛来了接受函。但是外地学生进京存在一个进京指标的问题，可以聘用，但无法解决正式编制和户口。小华并没有放弃，而是一边兼职，一边继续寻找机会。任劳任怨地干好每一件事，认认真真地写好每一篇稿子。功夫不负有心人，最后，《中国建设报》报社专门为小华申请了一个进京指标，小华终于成为《中国建设报》的一名记者。

课外练习

1. 360 度访谈。走访或电话采访你家庭、学校、社会生活中的四个了解你的人，请他们谈谈对你的评价，记录和整理好，写成 360 度评估报告。

2. 气质类型测试。根据本章所提供的气质类型量表，测量自己的气质类型。

3. 霍兰德职业类型测试。根据本章提供的霍兰德职业类型测试量表所提供的内容和步骤，测量并统计出相关数据，得出自己的霍兰德职业类型代码，找到自己匹配的职业群。

4. 生涯度假计划游戏。假设你有七天假期，旅行社的经理向你介绍这个旅游点："这是我们和当地合作开发的新路线，一共六个不同风情的岛屿，各有特色。

"第一个岛的代号是 A，岛上充满了小型的美术馆与音乐馆，当地的居民保留了传统的舞蹈、音乐与绘画。许多文艺界的朋友都喜欢来这里找寻灵感。"

"第二个岛的代号是 S，岛上发展出一套别具特色的教育方式，小区自成一个服务的网络，互相合作。岛上的居民个性温和，十分友善，且乐于助人

"第三个岛的代号是 E，岛民豪爽热情，善于岛际贸易，到处是高级宾馆、乡村俱乐部、高尔夫球场，熙熙攘攘，十分热闹。来往者以企业家、政治家、律师居多。"

"第四个岛的代号是 C，十分现代化，已有进步的都市型态，以完善的户政管理、地政管理、金融管理见长。岛民个性冷静保守，处事有条不紊。"

"第五个岛的代号是 R，岛上保留有热带的原始植物林，也有相当规模的动物园，植物园、水族馆。岛上的居民以手工见长，自己中种植菜蔬，修缮屋舍，打造器物，制造器械。"

"第六个岛的代号是 I，此岛与其他岛屿距离较远。由于地理位置的关系，容易夜观星象，也有助于思考。整座岛屿布满天文馆、科学博物馆以及与科学有关的图书馆。岛上的居民喜好沉思，很喜欢与来自各地的哲学家、科学家、心理学家交换心得。"

了解了六座岛屿的性质后，你觉得哪些岛上渡假最自在？扣除来回飞行共一天，你选择在三个岛上各停留几天？

我最想去的是：__________岛__________天

其次是：__________岛__________天

最后是：__________岛__________天

从以上游戏结果中可以发现自己的职业兴趣倾向。

第四章　大学生与职业行业认知

我们这个时代的麻烦就是将来不会是过去那个熟悉的模样。

——保尔·瓦雷里

一个人只须坚定，向着周围四看，这世界对于有为者并不默然。

——蒋孔阳

在当今时代，社会职业与各行业日新月异、飞速发展，社会分工也越来越细，大学生要想对自己的未来职业生涯进行科学设计，有必要先了解和分析我国社会职业、行业及其分工的发展趋势，以便审时度势，准确定位，科学决策，与时俱进。

第一节　职业分类

一、职业分类的一般方法

世界上究竟有多少种职业呢？据国际职业分类词典介绍，现代职业有三万多种，由于各国国情不同，职业划分的标准也不一样。职业分类大体有四种类型。

一是按脑力劳动和体力劳动的性质、层次进行分类。如美国的职业分类方法之一是把工作人员分为两大类：一类为白领工作人员；另一类为蓝领工作人员。

白领工作人员包括：① 专业性和技术性的工作，如会计、建筑师、计算机专家、工程师、林业员和自然资源保护员、律师和法官、图书管理员、生命与自然科学家、控制和系统研究员、分析员、外科医师和其他有关开业者、营养学家和理疗师、牧师、社会科学家、社会娱乐工作人员、职业与教育顾问、作家、艺术家和表演家、非专业的研究人员、所有其他专业和技术人员；② 农场以外的经理和行政管理人员；③ 销售人员；④ 办公室工作人员。

蓝领工作人员包括：① 手工艺及类似工人，如木匠、砖瓦匠和石匠、钢筋水泥精整工、建造保养油漆工、结构金属工艺工人等；② 非运输性的技工，如组装工、钻探工、精蜜机构加工员等；③ 运输装置机械工，如公共汽车司机、调度员等；④ 农场以外的工人，如饲养人员、建筑工人、工匠帮手、垃圾工、园艺工人、伐木工等；⑤ 服务性行业工人，如私人住宅服务人员、清扫服务工、食品服务人员、健康服务人员、私人服务人员、农场工人等。

二是依据各个职业的主要职责或者“从事的工作”进行分类。如加拿大《职业岗位分类词典》把分属于国民经济中主要行业的职业划分为 23 个主类，即：① 管理行政及有关职业；② 自然科学、工程和数学方面的职业；③ 社会科学及有关领域的职业；④ 宗教方面职业；⑤ 教学及有关职业；⑥ 医疗和保健方面职业；⑦ 艺术、文学、表演艺术及有关职业；⑧ 体育运动和娱乐方面的职业；⑨ 文书事务性工作及职业；⑩ 销售职业；⑪ 服务职业；⑫ 农业、园艺和畜牧职业；⑬ 渔业、捕捞及有关职业；⑭ 林业和采伐职业；⑮ 采矿和采石(包括油气田开采)职业；⑯ 加工职业；⑰ 机械加工及有关职业；⑱ 产品的制造、组装和修理职业；⑲ 土建行业的职业；⑳ 运输设备操作职业；㉑ 材料搬运及有关职业；㉒ 其他手工工艺和设备操作职业；㉓ 未归他类的职业。主类下分 81 个子类，489 个细类，包括 7200 多种职业。

三是依据职业活动的重点划分职业。这是著名的职业咨询专家罗欧提出的。罗欧根据职业活动的重点把职业划分为八种类型。

① 服务性职业,包括一些能照顾自己需要及别人福利的职业,主要指社会和福利职业,农政和保护性职业。

② 商业性职业,包括所有涉及人与人之间劝说买卖等直接关系的职业。

③ 组织性职业,包括与政府组织和私人企业有关的工作。

④ 技术性职业,包括与现代工业有关的工作。

⑤ 户外性职业,包括畜牧、耕种、农、林、渔、矿等方面的职业。

⑥ 科学性职业,包括所有探讨科学研究及非技术范围应用的职业。

⑦ 一般文化性职业,包括保存和传递一般文化遗产的职业。

⑧ 艺术和娱乐职业,包括美术、音乐、舞蹈和各种形式的大众娱乐。

罗欧根据工作的技能和职责的程度,又把每一种职业划分为 6 种水平:专业性、管理性、技术性、半专业、半技术性、非技术性。

四是按心理的个别差异进行职业分类,美国职业指导专家霍兰提出了人格——职业类匹配理论。他把人格划分为 6 种类型,对应 6 种人格类型,把职业也划分为 6 大类型。

① 现实型的人,喜欢有规划的具体劳动和需要基本技术的工作。现实型的职业包括:技能性职业,如管道工、电工、机械工、农民;技术性职业,如摄影师、飞机修理工、制图员和某些维修职业。

② 调查型的人,喜欢智力的、抽象的、分析的、推理的、独立的定向任务。调查型的职业包括:科学方面的职业,如数学、物理学、化学、生物等自然学科研究者;技术方面的职业,如图书馆技师、计算机程序编制者、电子学工作者。

③ 艺术型的人,喜欢通过艺术创作来达到自我表现,爱想象,感情丰富,不顺从,有创造性,能反省。艺术型的职业包括:艺术方面的职业,如雕刻家、艺术家和设计师,音乐方面的职业,如音乐教师、管弦乐队的指挥;文学方面的职业,如编辑、作家和评论家。

④ 社会型的人,喜欢社会交往,出入社交场合,关心社会问题,愿为宗教或社团工作,对教育活动感兴趣。社会型的职业包括:教育方面,如教师、教育行政人员;社会福利方面,如社会工作者、社会学家、咨询人员和专职护士。

⑤ 企业型的人,性格外向,爱冒险活动,喜欢担任领导角色,具有支配、劝说、使用语言技能的工作定向。企业型的职业包括:管理方面,如管理人员、管理产品及商业主任;销售方面,如不同的销售员、人寿保险员等。

⑥ 传统型的人,喜欢系统的有条理的工作任务,具有实际的、良好控制的、友善的、相当保守的特点。传统的职业,如办公室人员或办事人员、记事员、文件档案的整理员、出纳、会计、秘书、接待员、打字员、记账员等。

以上六种为基本职业类型,按照类型相近关系又分出 30 种交叉和 120 种混合交叉型职业。

二、我国职业分类概况

在我国根据职业的行业、专业等不同常作如下几种划分。

(1) 按行业划分,可分为一、二、三产业。第一产业指农业、林业、畜牧业、渔业等国民经济基础行业;第二产业指工作、建筑业、交通业等国民经济发展的主导行业;第三产业指商业、服务业等社会服务行业(参见表 4-1)。

表 4-1　按行业划分的职业

产　业	行　业	主要职业
第一产业	农业、林业、畜牧业、渔业、水利	农艺师、农业技术员、畜牧师、兽医、农业劳动者、农业机械操作人员、果农、牧民、水产养殖人员、水产捕捞人员、猎人、林业技术人员、林业劳动者、茶农、水利工程技术人员、水利工人等。
第二产业	采掘业、食品、饮料制造业、纺织业、缝纫业、家具制造业、印刷业、工艺美术制造业、化学工作、制药工作、机械工业、电子工业、建筑工程业、建筑材料工业、燃料动力工作等	各种厂长，各类工程师，采煤工程技术人员，石油开采技术人员，服装设计人员，家具设计人员，工艺美术设计人员，化工技术人员，制药技术人员，纺织技术人员，食品饮料制造技术人员，炼钢技术人员，电气自动化设计人员，城建规划设计人员，市政工程技术和管理人员，采掘工，石油钻井工，炼钢工，炉前工，机床工，钳工，油漆工，电工，装配工，电焊工，林模工，锻工，白铁工，管道工，描图工，挡车工，保全工，化验员，检验工，裁剪工，缝纫工，架子工，抹灰工，木工，窑工等。
第三产业	交通运输业、邮电通讯业、商业、饮食业、物资供销业、房地产管理业、公用事业、居民服务业、财政、金融和保险业、卫生、体育、文化和教育事业、科研、政府管理、公安、司法、军事等。	船长，列车长，调度，驾驶员，售票员，邮递员，售货员，采购员，保管员，供销员，商业经营管理人员，外贸工作人员，房管员，家电修理工，厨师，餐厅服务员，理发师，导游员，摄影师，旅馆服务员，科技、心理职业咨询工作者，信贷工作人员，税收专管人员，会计、统计、审计人员，保险公司工作人员，医师、护士，演员、导演，播音员，各种研究人员，各种情报人员，校长、教师，公务员，秘书，银行报务员，打字员，警察，律师，审判员，解放军指战员等。

(2) 按职业横向分类，可划分八大类

《中华人民共和国职业分类大典》将我国职业归为 8 大类，66 个中类，413 个小类，1838 个细类(职业)。8 大类分别是：

第一大类：国家机关、党群组织、企业、事业单位负责人，其中包括 5 个中类，16 个小类，25 个细类；

第二大类：专业技术人员，其中包括 14 个中类，115 个小类，379 个细类；

第三大类：办事人员和有关人员，其中包括 4 个中类，12 个小类，45 个细类；

第四大类：商业、服务业人员，其中包括 8 个中类，43 个小类，147 个细类；

第五大类：农、林、牧、渔、水利业生产人员，其中包括 6 个中类，30 个小类，121 个细类。

第六大类：生产、运输设备操作人员及有关人员，其中包括 27 个中类，195 个小类，1119 个细类；

第七大类：军人，其中包括 1 个中类，1 个小类，1 个细类；

第八大类：不便分类的其他从业人员，其中包括 1 个中类，1 个小类，1 个细类。

(3) 按经费来源分类，可分为事业单位和企业单位。经费来源主要靠国家财政、地方财政拨款的是事业单位。自主经营、自负盈亏、靠银行贷款为经费来源的是企业单位。

(4) 从工作特点上划分，可分为实务、社会服务、文教、科研、艺术及创造、计算及数学、自然界、户外、管理、一般服务性职业等十多种类型的职业。实务性职业主要指工作任务很实际的职业，包括使用机器、工具和其他种类设备的工种，也包括使用各种收发仪器的职业，如医疗卫生保健、民事调解、心理咨询、职业介绍等。文教性职业是指使用文学或其他媒介，把信息知识传授给别人的职业，如老师、记者和图书、档案工作人员等。科研性职业是指从事科学研究实验方面的职业，如技术人员、化验员、药剂师等。艺术及创造性职业，是指用语言、动作、音响、色彩等来创造艺术作品的职业，如摄影师、作家、画家、音乐家、舞蹈家等。计算及数学性职业是指钱财管理、资料数据统计、分类等，如银行职员、会计、统计员等。自然性职业是指户外料理牲畜、植物的职业，如农、林、牧、渔业等。户外性职业是指大部分工作时间在户外，且有一定艰苦性的职业，如交通警察、地质、勘测及野外作业人员等。一般服务性职业是指向别人提供所需各项服务的职业，如招待员、导游员等。管理性职业是凭说服力和影响力进行工作的职业，包括管理、指派他人做事，运用说服力和影响力达到工作目标，如国家公务员、厂长、经理、律师等。

同学们了解了国内外的有关职业的分类情况，可以针对自己的特点选择将来想从事的适合自己做的职业。

第二节　大学专业与职业发展

一、大学专业是职业发展的基础

可以肯定，未来职业的发展对职业工作人员的素养要求越来越高，特别是专业知识和技能方面的素养会越来越高，未来人才市场更加需要“一专多能”、“复合型”、“创业型”和“应用型”人才。因此，当代大学生学好一门乃多门专业知识和技能，全面提升自己的文化素养，这将是未来职业竞争取胜的法宝。当然，专业与职业的关系不是一对一的线性关系，而是“一对多、多对多”的相互促进、相互发展的关系。也就是说，学好一个专业并不是只能从事一个职业，有可能在多种行业从事多种职业工作。比如学数学专业的，将来可以当教师，可以当管理人员，也可以成为企业家。但仅学好一门专业却不一定能做好一个职业工作，需要不断进修学习和提高，甚至要掌握几门专业知识和技能才能胜任未来职业。比如，你的专业是数学，若要在领导岗位上做好管理工作，还需要再学习管理专业的知识和技能，需要文理渗透、能文能武，既懂管理又懂专业，方能胜任职业工作。因此作为一名当代大学生，面对自己将来要从事的职业，应充分利用在大学学习的机会，力争多学习和掌握几门专业的知识和技能，为未来成功就业创业打下坚实的基础。

二、未来新兴职业与对应专业扫描

从职业发展趋势来看，有些老职业会慢慢取消，比如以前通讯中的BB机专职接线员就没有了，将来单位的专职司机都有可能取消。随着时代的进步，也会产生不少新的职业，需要更多的专业知识和技能才能胜任。

1. 商务策划师

职业特征：应用科学的思维和方法，对以赢利为目的的社会经济组织的整体活动或某一方面活动进行系统、科学的创造构思、谋划和设计。

对应专业分析：这个职业对综合素质的要求比较高，对生产、管理、广告、营销、公关、新闻等都要有所了解，整体策划能力、运作能力、操盘能力都非常讲究，而且企业会比较注重商务策划师是否有成功案例。做这个行业，需要有大量的从业经验，往往得从营销、广告这些基层工作做起。如果是从商学院科班出身的话，将更具备一定的先天优势，市场营销、广告学、公共关系学、工商管理、工程管理等专业，都比较适合做这个职业。还有一些设有营销方向的理工科、管理类、新闻类专业，由于综合性较强，因此学习这些专业也比较适合从事这个职业。

2. 会展策划师

职业特征：会展项目的市场调研、进行项目立项、招商、招展、预算与运营管理等方案的策划，项目销售以及现场运营管理。

对应专业分析：这个行业对应的专业很明确，就是近年来一些高校设立的会展经济与管理、会展艺术与技术专业等。同时，这也是一个对综合素质要求很高的行业，所以，市场营销、工程管理，乃至衍生出的做布景的美术设计，做文案的中文、新闻，做广告、搞招商的广告学等专业，都能够凭着悟性和整合能力分一杯羹。

3. 数字视频(DV)策划制作

职业特征：DV 节目策划、视频拍摄、视音频编辑合成、DV 剪辑、DV 影片输出与刻录等。

对应专业分析：DV 的有声有色决定了这是一个近于艺术行业的职业。DV 策划制作通常是由 DV 制作各个环节中的专业技术人员成长而来，摄影、多媒体技术、电教、录音艺术、舞美设计等专业。实际上，要完成一个好的 DV 作品，需要涉及影视制作各方面的知识，如影视编导知识和 DV 节目策划、DV 摄像技术和灯光技术知识等，还需要多学习美学知识，培养自己的审美力。不过，只要参与这行，做熟了，加之头脑灵活，就大可以运作一整套策划方案。

4. 景观设计师

职业特征：运用专业知识及技能，从事景观规划设计、园林绿化规划建设、室外空间环境创造和景观资源保护等方面的工作。

对应专业分析：其传统的对应专业是园林，而在近年来，景观设计在现代建筑、城市规划、道路交通中所占的地位越来越重，一些院校开始在园林专业增设风景园林景观设计方向，或是直接设置风景园林专业。城市规划、资源环境与城市规划管理、环境艺术对园林方面的内容亦有学习。名称相类的园艺专业，虽然学习内容大为不同，但由于花卉种植与园林景观关系密切，如果有心向这行发展，可以通过辅修达到目的。生态学、植物学与园林一样，属于近亲，可望通过辅修入行。

5. 模具设计师

职业特征：从事企业模具的数字化设计，包括型腔模与冷冲模，在传统模具设计的基础上，应用数字化设计工具，提高模具设计质量，缩短模具设计周期等方面的工作。

对应专业分析：这是一个集理工与技工于一体的热门专业。但是，在本科专业里面，有的院校在机械设计制造及其自动化专业开设模具设计方向，其直接对应的专业则是材料成型及控制工程，这个专业在一些学校会细分为焊接工艺与设备方向、铸造工艺与设备方向、金属压力加工方向，毕业生在工业生产第一线从事热加工领域方面的工作。对于追求产品外形时尚优美的企业来说，工业设计专业是模具设计师培养的“摇篮”，他们一方面具备良好的机械专业知识，另一方面拥有灵敏的艺术触觉。

6. 建筑模型设计制作员

职业特征：能根据建筑设计图和比例要求，选用合适的模型制作材料，运用模型设计制作技能，设计制作出能体现建筑师设计思想的各种直观建筑模型。

对应专业分析：房展会上，夺人眼球的是那些美丽精致的楼盘模型。这些生动、形象的建筑模型，让购房者很直观地感受到图纸上的户型设计、小区规划，在现实中到底是什么样等。制作这些建筑模型、把建筑设计师的创意展示在一块沙盘上，需经过若干的工作流程：读懂建筑图，理解建筑师设计的思想及设计意图，模型材料的选用及加工，计算模型缩放比例，制定模型制作工艺流程，制作模型。由于这是一个偏向于劳动技能型的职业，它的入门门槛并不高，对专业出身甚至文化水平要求都不太高。目前国内院校没有与本职业相关的专业设置，但在建筑系都设有相关的劳动技能方面的课程，学习这些课程能够担任相关的技术人员。

7. 家具设计师

职业特征：根据室内空间的使用性质、所处环境和要求，结合制造工艺及美学原理，设计各类家具产品。

对应专业分析：现代社会的家具，无论从制作材料还是制作工作，或是样式设计上，都是日新月异。家具设计师可分为造型设计师、工艺设计师、结构设计师三大板块。

我国目前设家具设计专业的院校不多，以林业类大学为主，艺术类院校也有所涉及，且大多属于新开设专业。如北京林业大学设木材科学与工程(家具设计与制造方向)，东北林业大学、中南林学院设家具设计专业，林业类大学多偏重于工艺设计和结构设计。工业设计在造型设计方面异军突起，现代家具材料具有多样化的特点，因此，现代家具大量采用玻璃、金属、塑料这些工业产品，工业设计将其塑造成线条流畅优美、造型独特别致的样式，非常受人欢迎。艺术设计、环境艺术设计、包装与设计等专业也常设有室内与家具设计方向。

8. 动画绘制员

职业特征：运用动画专业的技巧和方法，独立进行动画方面的绘制工作。

对应专业分析：动画专业这几年就业情况比较好。一些美术专业的学生，在辅修了计算机技术之后，为了丰厚的回报，也投身到动画专业中来。不过，动画业本身在我国的发展仍处于“雷声大，雨点小”的局面，原创动画作品不多，动画绘制员更多地是为国外动画公司代工手绘，如果动画专业的学生能够加强原创意识培养，其施展天地将会大大拓展。

9. 客户服务管理师

职业特征：客户服务管理体系的策划、组建和实施监督；从事现场客户服务活动的设计、组织和实施管理；组织对本企业涉及客户服务的部门人员进行客户服务管理知识和技能培训。客户服务管理师就是对企业不同客户提供售前、售中、售后的服务与管理人员，包括客户代表、客户经理、客户服务主管等职位。

对应专业分析：目前需要客户服务人员的企业涉及制造业、金融业、咨询业、零售业、餐饮娱乐休闲业、医疗业等行业，对求职者的要求普遍是诚恳、热情，亲和力较强，善于表达和沟通，心理承受能力较强，有团队精神等，语言能力、计算机水平和数据统计分析更是企业要求高级客户服务人员必备的硬性技能。因而，心理学、应用心理学、统计学等专业的学生也适合从事这方面的工作。

10. 宠物健康护理员

职业特征：宠物饲养与疾病预防，对宠物进行日常健康护理与管理，对宠物进行科学美容，对伤病宠物进行现场救护、病期护理、术后护理及康复护理。

对应专业分析：这个职业应对的专业也很明了，那就是“动物医学”，俗称“兽医”专业，这个专业原本就设有小动物医学学习内容，近几年与时俱进，专门拓展出了宠物护理方向。在一些大型宠物美容护理院中，还会聘用一些护理学专业的毕业生，对宠物进行普通护理。

11. 信用管理师

职业特征：建立有效的企业信用管理体系；制定企业信用制度与信用政策；在交易前

期，对交易对象进行信用调查与评估，确定信用额度及放账期；在交易中期，对应收账款加强管理，并采取必要的措施转移风险，保障企业债权；在交易后期，对发生的逾期账款进行追收；运用信用管理专业技术及专业的数据库防范风险，并开拓市场。

对应专业分析：需要进行信用管理的企业其实非常多，而不仅仅是银行，许多工商企业都要做好客户信息收集、相关企业资信调查、消费者个人信用调查、客户资信档案管理、信用风险管理、合同管理、应收账款管理、客户群信用状况的监督与核查、信用政策和信用工具设计及运用、疏通融资渠道、向有关部门申报信用资料等业务活动。它直接对应的专业“信用管理”是一个开办刚刚两年的新专业。其实，信用管理是一个涉及面很广的行业，因其与财会紧密相连，故而会计学、财务管理都能够参与其中，而市场营销、企业管理、电子技术、商法等专业作为它的几大组成内容之一，也能够有所成就。

12. 网络编辑员

职业特征：利用相关专业知识及计算机和网络等现代信息技术，从事互联网站内容建设，主要工作内容是：采集素材，进行分类和加工；对稿件内容进行编辑加工、审核及监控；撰写稿件；运用信息发布系统或相关软件进行网页制作；组织网上调查及论坛管理；进行网站专题、栏目、频道的策划及实施。

对应专业分析：网络的飞速发展，使网络编辑员的专业教育步伐显得落后，它对应的专业在多数院校都是作为专业方向出现，如编辑出版学（网络传播方向）、计算机应用（网络传播方向）、新闻学（网络新闻方向），等等。而从网络编辑的从业要求来看，它对综合素质的要求也是比较高的，“编辑首先要是个杂家”这个道理人人都懂，这个“杂”字就是综合素质的体现了，而现代教育中对计算机技术的强调，也让更多对编辑有天赋的人更易于接近这一职业。

13. 房地产策划师

职业特征：近年来我国的房地产策划行业已取得长足的进展，并且已经形成了一个产业，其执业范围涵盖了房地产开发、项目咨询、产品设计、建设规划、广告策划、房产销售、物业管理等众多领域。

对应专业分析：房地产因其紧系民生，从而成为长盛不衰的行业，近年来进入一个高速发展期，能够全程操盘的房地产策划师非常吃香。这也是一个需要丰富经验的职业，在房地产各个环节上有所成就、有所拓展、胸怀大略的人才，方能脱颖而出。像房地产经营专业、建筑类专业、土木工程、城市规划、园林、物业管理，都是入行的门道。

14. 职业信息分析师

职业特征：为社会求职者择业、就业和用人单位择优招用人才提供咨询、指导及帮助。工作内容包括对涵盖就业失业、职业供求、工资价位和社会保险等在内的信息进行采集、整理、分析和预测等。相关业务范围除劳动保障系统外，还涉及人才市场、信息咨询、职业介绍机构、学校、企业等诸多部门。

对应专业分析：职业信息分析师首先要对劳动就业和人才市场领域足够熟悉，包括对劳动力市场、人才市场供需情况了解，对各种职业和岗位的工作职责、技能要求非常熟悉；其次，还需要具备一定的统计、数据采集和分析、整合等能力，能形成分析和预测报告，提供有价值的信息，从而引导市场。信息管理与信息系统专业是这一职业的首选对应专业，它利用计算机、网络等现代化办公手段进行信息的收集、传送、储存、加工和使用，并运用各种分析方法整理出相关信息辅助领导决策。人力资源管理专业在人才测试、选拔、培养、调配，以及调整人与人之间的关系上卓有成效，对个人职业分析有着很好的辅助作用。而如果这两个专业的学生能够相互辅修另一个专业，那就如虎添翼了。劳动与社会保障、公共事业管理、统计学、应用心理学如果能够辅修信息类专业，将来也有机会进入这一行业。

15. 玩具设计师

职业特征：从事玩具产品和玩具类儿童用具创意、设计、制作等工作，具体工作内容有：分析产品的外观和性能，进行打板、打样及工艺排料，手工制作产品样品或模型；产品进行系列化开发和自主研发，绘制创意草图，设计功能模块，绘制设计图，编制生产工艺流程；研究市场和产品流行趋势，制订产品整体设计方案，进行设计管理。

对应专业分析：天津科技大学是为这个新职业首开玩具设计专业（为专业方向）的大学，学习包括绒毛玩具、机动玩具、电子玩具三个方面的课程，2005 年第一批毕业生就业，被一抢而光。一些美术学院这两年也陆续开设了工艺玩具设计专业。而工业设计、美术学在外形设计上也能参与，智能玩具、光电玩具对电子技术、机电专业青睐有加，模具设计与制造或是材料成型及控制工程等专业都是机械玩具设计不可或缺的。

16. 公共营养师

职业特征：研究食物营养素与人体机能需要的复杂关系，涉及营养搭配、营养互补和营养平衡等，公共营养师不仅可以在社区发挥重要作用，还可以为企业员工、白领、高级管理人员、运动员、家庭提供教育、辅导等服务。

对应专业分析：营养专业设在各大医学类院校当中，如四川大学华西临床医学院医学技术系的营养专业就是比较有名的一个，但目前开设院校还不多。正在制定中的《国民营养条例》规定，100 人以上的食堂、餐饮单位，菜肴不再仅由厨师直接配制，而需在营养师的指导下共同完成；300 人以上的食堂、餐饮单位必须配备专门的营养管理师。面对这一广阔前景，许多院校在一些相关专业中加设了营养课程，如预防医学设“营养与食品卫生学”、妇幼卫生专业开设“妇幼营养学”，护理专业开设“临床营养学”等。

17. 理财规划师

职业特征：利用自己的专业理财知识为个人提供理财规划服务。目前国内还没有专门的理财规划组织，从事理财规划的专业人士散见于保险、银行、证券等金融行业，但“独立理财公司”的出现已是大势所趋。在欧美，个人理财服务市场已相当成熟。

对应专业分析：理财规划是综合性的金融服务，是针对客户整个人生而不是某个阶段的规划，包括个人每个阶段的资产，现金流量的预算和管理，个人风险管理和保险规划，投资目标的确立和实现，职业生涯规划，子女教育及教育规划、居住规划，退休计划，个人财务规划以及遗产规划等各个方面。从业者除应具有渊博的专业知识、娴熟的投资理财技能、丰富的理财经验外，还要熟悉股票、基金、债券、外汇等金融业务领域。所以，这是一个要求“全才＋专才”的职业。经济学、金融学、投资学、保险、证券、税收、财务管理、会计学、法律（民商法方向），这些专业人员加上丰富的社会经历，皆可能成为理财金手。

18. 企业文化师

职业特征：在企事业单位从事企业文化研究、建设、管理工作，其职责是制定和建立符合企业发展战略的企业文化体系，塑造、提炼和推广企业的愿景、共同价值观和使命。具体工作内容包括：指导人力资源部门搭建人力资源战略框架；通过 CIS 系统设计推广企业形象；推行企业文化体系建设。

对应专业分析：企业文化师需要对本企业的文化有宏观设计能力，能够为企业领导在文化建设上出谋划策，能够推行调研、文本建设、全员化推广、长效管理，每年还要对企业文化建设效果进行考核。所以，这也是一个需要丰富阅历的职业，进入“企业文化师”这“二道门”之前，常常需要走过行政经理、人事经理这段路，或是有着企业文化建设、宣传策划、培训、人力资源等工作经验的复合型人才。行政管理、人力资源管理、企业管理等管理类专业，新闻、出版、中文、哲学等宣传类专业，都是培养这类人才的专业。

第三节　了解行业和地区选择

一、了解行业

了解一个行业，要从以下几个方面去认知：(1) 行业的特征；(2) 行业现状及发展趋势；(3) 行业人才需求状况；(4) 行业的社会评价；(5) 行业代表人物；(6) 行业规范及标准；(7) 行业工作特点及行业薪酬待遇等。

行业已成为影响收入差距的重要因素，行业选择直接关系到个人收入的高低和未来的发展。很多人认为：专业决定了今后所从事的行业。一般的情况或许确实如此，但有时候，我们也发觉恰恰是自己的主观武断，使自己失去了很多机会。例如，如果想成为一名教师，人们可能会想到“学校”。但这并不是事实，因为除了学校以外，还有其他数不清的单位部门有可能会需要教师或培训师，如科研院所、公司的培训与教育部门、顾问咨询机构、市场调查机构等。只要在需求你所掌握技能的地方就有可能需要你这样的教师。因此在找工作的时候，不妨把自己的思维方式变一变，把视野放得广阔一些，到每一家有可能需要这种技能的用人单位去碰碰运气；把眼光放得远一些，把求职的目标对准那些你一开始觉得可能性不大的职位上。它们或许与你的专业只是搭界(这只是你的主观想法，事实可能并不是这样)，不妨也去碰碰运气……这样，直到找到满意的工作前，千万不要放弃任何自己感兴趣的机会——这就是找到理想工作的制胜法宝。

让我们再换一个思路。

你打算“跳槽”。不要不敢大声说出自己的真实想法，人才机制健全的社会首先应该是一个允许人才合理流动的社会。如今越来越多的人，包括用人单位人事部门领导的心里也非常清楚：靠处罚和制裁无法捆住人的手脚……“跳槽”使人的梦想和愿望得以实现，“跳槽”使得这个社会充满生机。

当想要变换一个新的职业时，你会怎么做？

重回学校，学习一个新的专业方向，当然可以实践跨入理想职业的梦想，但耗费时间和精力。事实上，通过职位本身的变化，你也能实现跨入理想行业的愿望！

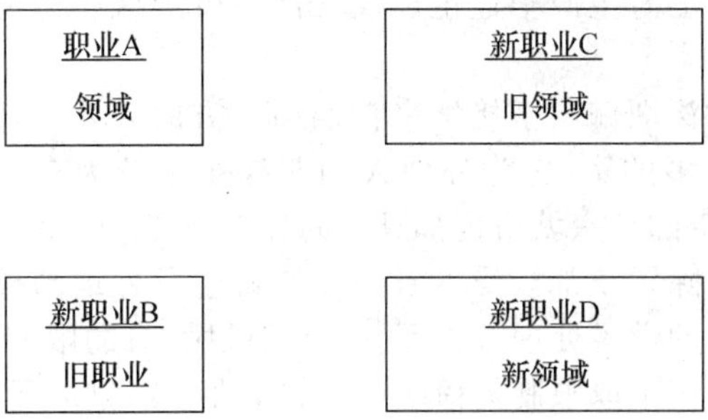

图 4-1　跨入新的领域的方法图示

也许你最终的想法是跨入一个新的领域，在一个新的职位上施展你的才能，只不过由于你所学的专业束缚了你的职业选择面。图4-1中从A到D的跨越通常是非常困难的，因为你丝毫没有D所需的从业经验和资历。那么不妨把计划订得长远一些，先实现由A到C或A到B的行业转变，而后再逐步积累D所需的经验和资历。

有了图4-1的帮助，相信你对就业的选择思路会开阔许多。不同行业，对人的素质有不同的要求，所以，对某一个感兴趣的行业，有必要经历一种由感性到理性的深入认识的过程。

二、了解地区选择

考虑了行业选择之后，接下来的问题便是就业地区选择的问题了。

我国经济发展的一个显著特点是地区经济发展不平衡，东部重于西部、沿海重于内地，大城市重于中小城市。统计分析表明，近年来大学生毕业的流向除了集中在院校所在省会城市以内，基本分布于京、深、粤、苏、沪、浙6个省市，边远少区生源毕业生返回率越来越低。有综合评价认为，西部省区是目前国内最好找工作的地方，而在青岛、海南就业难度相对较大，在深圳求职难度在全国居中。

从供给和需求两方面分析，深圳高新技术产业中，应用电子技术所占比重较大，吸引了大批全国理工科的大学毕业生和工程技术人员。这是深圳未来经济发展的增长点，必须依靠人才的不断输入来支撑。这一方面说明深圳经济的整体素质较高，另一方面也表明了深圳对外地人才的依赖性比较大。

地区综合分析表明各地都有优势和不足。到大城市就业虽然有优势，但由于大城市高校多毕业生多，加之外地毕业生的竞争，高层次人才云集，到大城市的就业竞争压力很大，个人提升发展空间有限，生活和工作成本很高，反而不如到中小城市就业，更能发挥自己的优势。到中西部地区或基层一线工作，生活条件不如发达地区，也不如城区，但中西部地区和基层一线人才需求大，竞争压力较小，你的优势更能发挥，更能得到多方面的实践锻炼，个人提升发展的空间较大。

作为首都，北京集中了政治、经济、文化等各方面的优势，近年来对高校毕业生的社会需求总量每年都保持在5万左右的职位需求。中央机关、国务院各部委、各国大使领馆云集，各类大型公司企业总部或驻京办事处都设在北京——这些得天独厚的资源为个人的发展创造了大量机会。作为北京地区高校的毕业生以及外地高校北京生源毕业生自然都将北京作为就业首选之地。

而从历史上看，上海在经济、文化方面的发展一直居于前列，近年来国家政策优惠更为上海的发展注入了生机与活力，城市蓬勃向上的生命力正是很多年轻人所向往的。上海地区高校毕业生、外地高校上海生源毕业生以及江浙一带地区生源的毕业生普遍把就业期望值指向上海。

与北京和上海相比，深圳偏向于接纳来自四面八方的人才。从语言上、生活习惯上、文化底蕴上，深圳都没有太多的窠，更为外地人创业提供了较为有利的条件。同样，大连、青岛、厦门、珠海及江浙一带的新兴城市也都具有同样的特点。

从政策上来讲，各地除了正常接受本省高校毕业生及外地高校本省生源毕业生回省就业外，对于其他跨省就业的学生处理方式不一，有的鼓励，有的限制。一般来讲，边远省区基本采取鼓励政策，内地省区采取限制。稀缺专业的毕业生鼓励的居多(西部省区目前对于农林科技类专业、冶金矿产、化工、制造类专业目前比较缺)，而长线专业的毕业生(如文、史、哲专业)限制的居多;经济发达、人才需求量大的地区采取鼓励措施的居多;到与当地经济发展息息相关的国有大中型企业、骨干支柱产业就业采取鼓励措施的居多，到一般企业、行业就业采取限制的居多;在经济快速发展时期采取鼓励措施的居多,在经济发展速度放慢的时期采取限制的居多;对重点大学毕业生(尤其是重点大学的优秀毕业生)采取鼓励措施的居多,对硕士、博士学位的获得者采取鼓励措施的居多,而对于中专以下学历的毕业生各地基本都采取压缩政策。

三、把握企业特点

选择的企业对你是否合适,你能否在新的岗位上有出色的表现,这首先取决于你对企业的性质是否了解。

(一) 企业的基本性质

企业是经济组织,更明确地说是赢利性的组织。追求经济利益是一切企业性质组织的永恒特质,失去这一特质,企业就失去了其存在的理由。

不同类型的企业对功利目的的追求有关不同的表现形式。在我国,国有企业对赢利目的的追求一般不像民营企业、外资企业那样强烈,这主要因为国有企业的投资者,所有者是国家。国有企业一般较为重视企业的社会功能或责任,对诸如就业问题的解决,是否与政府保持更高度一致性等全局问题更为关注。这种目的的多元性冲淡了国有企业的赢利意义。当前,国企改革真正要改善的正是所有者、经营者与市场三者的关系,通过改组、改制、上市等多种手段和方法强化国企的赢利性动机。

不同企业需要不同的人才,不同企业给予人才的回报方式也各不相同,一个人在不同企业中的追求和发展道路也就有所不同。因而,在分析和选择企业的时候,就不能不慎重地考虑企业的性质。

从概率上讲,具有经济型价值观的人应该会在企业中有较大的作为。这些人对物质利益有较强烈的欲望,喜欢精明地计算投入与产出,追求"做事必须有成效,投入必须有回报"。经济型价值观与企业的本质有着较高的一致性,从而具有经济型价值观的人在企业中也具有较大的舞台空间。当然,人的价值观是多种多样的,除了经济型价值观以外,你还可能是一个政治型价值观的人,是喜欢发明创造的科学型价值观的人,是一位乐善好施、重视集体的社会型价值观的人,或者是审美型或宗教型价值观的人。价值观的不同本无可厚非,但如果持有的不是经济型价值观,就很有可能在企业这种经济性、功利性要求占主要位置的组织中无法成为核心人物。当然,这并不是说你不能在企业工作;恰恰相反,你完全可以在企业的科研开发、公共关系、生产一线等部门的工作中成为优秀分子。

归根结蒂,分析企业、认知自我,是成功就业的关键一步。

(二) 企业的考察要素

1. 成立时间

成立时间在两年以内的新公司,经营风险较大。一般而言,经营五年以上的企业,可说较为稳健,不但富冲刺力,而且经营风险也较小。

2. 员工人数

员工人数代表公司的发展规模。一般习惯将一百人以下归类为小型企业,一百人至三百人为中型企业,三百人以上为大型企业;通常制造业员工人数较多,而服务业人数则较精简。

3. 负责人

负责人的背景也是认识企业的重要参考资料。例如,经营者是属于白手起家、企业第二代还是专业经理人,这可以间接了解公司的企业文化。

4. 资本额

公司成立时所投入的资本额，是企业经营筹码，通常资金越多表示公司经营将越稳健。

5. 营业额

营业额是企业全年销售商品数量与单位的总收入，但不包括非营业额的收入利息、租金等。

6. 关系企业

关系企业是企业的资源、人际关系。集团企业一般都具有相当多的大企业资源，对就业者来说其轮调、升迁机会较多。

7. 上市

上市是指通过证券交易所主导的集中交易市场买卖其股票的行为。一般公司至少要有1亿的资本额，才可上市股票，上市公司条件要求较严。

8. 人事规章制度

公司内部员工的招聘、升迁、绩效、岗位工资等方面的规章制度。另外教育训练制度、福利措施也属规章制度之列。

（三）企业文化

美国公司一般以工作为导向，追求效率制度标准化，相对也较为重视短期成果，如果员工不符合标准很容易被革职或调部门。日本公司的特色在于气氛较保守，多以团队绩效表现为主，官僚体系阶层明显，工作性质稳定；但升迁速度较慢，就像火车需要一站一站地停，工作一辈子还不见得升迁至经理的职位，一旦公司内部有高层主管的缺额，多从内部晋升，也可以说是对员工的一项福利。

港台公司，由于这些企业多是家族企业传承下来，管理方式容易因上一代的家族色彩所局限，虽然在制度上可能不如外资公司完备，但乱中求生的韧性哲学颇值得学习。如果年轻人未来有自已创业的念头，在港台公司或许可能比在一向讲究制度的公司受益更大；如果是个性一板一眼的人，可能受不了这种中小企业朝令夕改的管理规章。

至于国企，当然是要在循规蹈矩的基础上发挥自已的聪明才智。

我国的民营、私营中小企业，发展很快，中小企业决策快、效率高，特别是用人机制灵活。虽然稳定性较差，但给个人提供了较多的实践锻炼机会和提升发展空间，而且中小企业为大学毕业生提供了大量的就业机会，因此去中小企业就业是大多数大学毕业生明智的选择。

第一次找工作，究竟应找大公司还是小公司，其实，各有利弊：大公司一般较稳定，福利制度较健全，但是竞争相当激烈，条件要求高，工作比较机械；小公司较具弹性，学习成长机会较多，没有大企业的白热化竞争，工作富有挑战性和创新性，拥有较多的就业机会和个人成长学习的空间。

（四）企业的用人标准

任何企业在采用新人时都有共同的标准，也就是说，他们最希望录取者具备冲劲及实力，如果同时具备十八般武艺，优先录用机率增高，但是主考官对这些稀有人才多不敢寄予奢望，因此，退而求其次，将认真、合群、上进心、对企业忠诚等列为基本条件。以一般企业求才倾向来看，还可以将企业要求的标准归纳出以下几大项。

（1）专业才能：如果你的专业程度比其他人更深入更了解，就容易引起主管的注意。

（2）经历：曾经的工作经验所累积的个人人际关系或实力。

（3）成就：可以被肯定的有哪些成就，包括校内外社团的成果，或在学习期间得过奖项。

（4）语言能力：熟谙外国语言，听说读写无碍。

当然，不管有多么优秀，企业要求新进大学毕业生大多都要从一线做起，也许是对大学毕业生心态的一次考验和锻炼。

（五）企业生命周期与就业

选择企业要看企业性质制度，更要关注企业的生命周期问题。

企业是一个生命的有机体，总是要经历诞生、成长、成熟和衰退这一过程。即使是性质或制度完全一样的企业，由于其所处生命周期阶段的不同，对每一员工的成长影响也会有极大的不同。

处在诞生期的企业，会对员工提出极大的挑战，也会给员工提供极大的机会。在这一类型的企业就业，会有相当大的压力和风险，但高风险常常与高回报并存。由于一切都在初创期，一切都必须从头做起，在这样的企业工作，需要有较强的外联公关能力、处理多项事务的能力和广阔的知识面。过于讲究条例或程序的人就不太适合在处于诞生期的企业工作。

处于成长期的企业就好像是一架高速运转的战车，由不得员工有任何的偷懒，企业需要的是精力充沛、开拓能力强的人，假如你是这样的人，那便会随着企业的高速发展而获得快速成长。

在成熟的企业工作，个人的价值常常容易被淹没在循规蹈矩的工作流程中，个人的发展往往被限制在论资排辈的提升体制中。“稳定”是这类企业吸引人的一面，但“挑战”与“机遇”往往容易被淹没在岁月的尘埃中。

有时一不小心会可能进入一个处于衰退期的企业——那也不能完全怨自己，因为进行选择确实是件不容易的事情，正确的决策需要完整的信息做基础，而一旦信息不完整，甚至是虚假的时候，因选择错误带来的沮丧也就随之而来了，但没有关系，经受挫折本身也是一笔个人财富，吸取教训，重头再来。

有时候高高兴兴地进入了一个成长期的企业，却不幸被安排到了一个处于衰退期的部门，那该怎么办呢？其实，衰退本身也没什么可怕的，衰退期的另一种说法是蜕变期，或变革期和机会期，从某种意义上来看是又进入了新的诞生期。在这样的企业工作虽然有一种压抑感，一种危机感，但也能使人产生一种变革和创新创业的冲动，对你的素质要求会更接近诞生期的一些基本内容。当然，这可能是一个比单纯的创业更艰难的过程，如果一个人无法推陈出新，就会随着企业衰退而落后于整个时代。

第四节　职业认知的基本方法和内容

一、职业认知的基本方法

当自己选定几个自己喜欢的职业来进行认知时，如何来具体了解这些职业呢？我们可以采用以下几个方法来进行。

（1）观察分析。通过到职业现场观察，了解工作的性质、工作的内容、工作环境，并可以在现场与员工交流。

（2）从网络、报刊、图书、杂志等资料中去学习和掌握。

（3）向学校职业指导专家、就业指导老师咨询和了解职业情况。

（4）职业人物访谈。通过采访或调查已从事这个职业的员工（一般员工和中高级员工），去了解职业行情包括职业发展现状和趋势、职业素质和能力要求、职业人才需求、职业生活方式、职业薪水待遇等。而采访的方式有直接拜访、电话访谈等，调查的方式有直接调查和间接调查、本人调查和委托调查、问卷调查、信函调查、电话调查、计算机调查等。

(5) 通过自己在企事业单位实习或试用阶段的亲身体验来了解这个职业。

(6) 根据职业本身的特点来分析和判断。大多数职业之间都有依附关系，因此一种职业的兴衰必然会带动另外一种或几种职业的命运起伏。例如，软件开发人员的就业前景很好，那么软件培训师随之变得抢手。

二、职业探索的基本内容——职业十项

1. 职业描述

职业描述就是定义这个职业的内涵，各方对职业的定义，是对职业最精炼的概括和总结，是透彻理解职业和调研职业的基础。如果不是最新的职业，可以参照劳动社会保障部的有关文件和职业分类大典或联合国国际劳工组织的职业展望手册来了解。

2. 职业的核心工作内容

每个职业的核心就是工作职责，职责背后就是工作内容。说白了就是什么工作是这个职业必须要做的。了解它有利于了解完成工作内容背后所必需的工作能力，找到自己的现实水平与职业要求的差距。成熟的职业都有权威人事部门确定的核心工作内容，一些招聘广告中也有对工作内容的描述，请教行业协会和职业资深人士更能了解职业要求。

3. 职业的发展前景及其对社会和生活的影响、作用

国家的导向是职业发展前景的黄金动力，职业对大众生活的影响又是国家导向的依据和参考。所以，还需要查询相关行业动态、最新政策，访问资深人士或到公众中去调研人们对这一职业的认识。

4. 薪资待遇及潜在收入空间

职业根据社会分工的质和量来确定相应的报酬，在不同的行业、企业、岗位还有一些潜在的收入空间。对于一个合法的工作岗位，薪资待遇是考量选择与否的关键因素。每个职业都有不同层级的薪资待遇，这些层级差别实际就是潜在发展空间。

5. 岗位设置及不同行业、企业间的差别

一个职业是有一系列岗位划分的，如人事工作的岗位就分招聘、考核等很多具体岗位。不同行业、性质、规模的企业对岗位的划分和理解也有很大不同，同样的名字，干的活不一样。了解职业的岗位设置能加深对职业外延的理解，可以有针对性地与自己的特质做比较。

6. 入门岗位及其职业发展通路

入门岗位指针对应届毕业生的工作。职业的中低端岗位是面对大学生开放的，但还要了解这些岗位对应的日后职业发展通路是什么？最高端岗位是什么？

7. 职业标杆人物

职业标杆人物是指在这个领域做得最好的人，他是怎么做的，取得什么成绩，遇到什么困难，具备什么素质。每个职业都有一流的人物，研究他们的奋斗轨迹，可以找到职业领域的奋斗途径、可能遇到的困难，领会他们的思维策略和行为方式，融入到自己的职业修养中来。

8. 职业的典型一天

了解职业的典型一天，就是要知道这个工作的一天从早上到回家的时间都是怎么安排的。体验职业的典型一天，经历这个职业的核心工作内容会影响人们对这个职业选择，如果能够接受这个职业对生活的影响，人们就会选择这个职业。如果不想接受这个职业带来的生活影响，就不会去选择这个职业。

9. 职业通用素质要求及入门具体能力

职业通用素质要求及入门具体能力，指从事某职业的基本的要求。这在国家职业资格标准中都有描述。通过对这些通用素质要求和入门具体能力的了解，对比自己的能力，判断自己是否能胜任职业，还有哪些能力要加强和补充，并规划到大学生活里去。

10. 工作与思维方式及对个人的内在要求

工作方式和思维方式是成为职业高端人物的内在要求。在对职业的方方面面考量之后，最后一关就是对职业所要求的内在盘点，即对任职资格的内在素质要求，明确自己具备哪些？可能发展哪些？最不可能发展哪些？这样对自己的职业素质拓展就有了方向。

通过职业探索，对预选职业的基本信息（上述十项）列表做一个归纳和整理，以便有一个直观的比较，为职业决策提供可靠的依据。

案例欣赏

案例一：好高骛远

“我的首选是出国，其次是上海，再不行在杭州也可以。”在一家公司的面试现场，当被问到：“你打算在哪里开始你的职业生涯”时，学市场营销专业的小许这样回答。考官皱着眉头问：“我们打算在一些二线城市开拓市场，你有没有兴趣？”“说实话，我本来就是从小地方来的，如果还回到那里，有点无颜面对家乡父老。还是大城市更适合我吧。”

从哪里开始自己的职业生涯，并不意味着就此度过一生，关键还是看自己的心理素质和能力。如果顾及“面子”问题，不愿意到一些相对困难的一线和基层去就业，往往会被认为缺乏吃苦耐劳精神，这是目前很多用人单位的“大忌”。

案例二：点滴小事　呈现素养

某公司是一家颇有名气的公司，工作环境非常好，工薪待遇高，并很有发展前景，因此备受大学生们的青睐。

小汪是某高校今年的应届毕业生。他看到这家公司发出的招聘人才的信息后，想先到B公司了解一下基本情况，以便为面试能交上满意的答卷而做好充分的准备。面试的前两天，小汪一大早就起床了，吃完早点，他便兴致勃勃地坐上了开往该公司地段的公交车。下车后，他步行200米就到了该公司的大门口，这时，恰好有一辆轿车正欲驶出公司大门，只听见几声喇叭响后，公司大门还是没有打开。原来公司值班人员因特殊情况暂时外出了，于是小汪毫不犹豫地大步向前将公司的大门打开了，这时轿车顺利地驶出了大门。正当小汪关大门时，车中有人探出头来，望了望他……

面试那天，应聘者排着长长的队伍，每个应聘者心里都在想着如何闯过面试这一关。突然，队伍的旁边一水龙头坏了，溢出了一大片清澈的水，淌水使本来成直线的队伍变得弯弯曲曲。这时，小汪干脆取下自己的鞋带，将水龙头系住了。水龙头的水不再外流了……这又被站在一旁那位面孔熟悉的人看在眼里。这人不是他人，就是公司总经理。

面试中，总经理特别留意了小汪，小汪在强手如林的情况下顺利地过了面试关。小汪终于如愿以偿地被该公司录用为正式员工。

案例三：初入职场：女大学生凭两块钱进外企

在一次招聘会上，北京某外企人事经理说，他们本想招一个有丰富工作经验的资深会计人员，结果却破例招了一位刚毕业的女大学生，让他们改变主意的起因只是一个小小的细节：这个学生当场拿出了两块钱。

人事经理说，当时，女大学生因为没有工作经验，在面试一关即遭到了拒绝，但她并没有气馁，一再坚持。她对主考官说："请再给我一次机会，让我参加完笔试。"主考官拗不过她，就答应了她的请求。结果，她通过了笔试，由人事经理亲自复试。

人事经理对她颇有好感，因为她的笔试成绩最好，不过，女孩的话让经理有些失望。她说自己没工作过，唯一的经验是在学校掌管过学生会财务。找一个没有工作经验的人做财务会计不是他们的预期，经理决定收兵："今天就到这里，如有消息我会打电话通知你。"女孩从座位上站起来，向经理点点头，从口袋里掏出两块钱双手递给经理："不管是否录取，请都给我打个电话。"

经理从未见过这种情况，问："你怎么知道我不给没有录用的人打电话?""您刚才说有消息就打，那言下之意就是没录取就不打了。"

经理对这个女孩产生了浓厚的兴趣，问："如果你没被录取，我打电话，你想知道些什么呢?""请告诉我，在什么地方我不能达到你们的要求，在哪方面不够好，我好改进。""那两块钱……"女孩微笑道："给没有被录用的人打电话不属于公司的正常开支，所以由我付电话费，请您一定打。"经理也笑了，"请你把两块钱收回，我不会打电话了，我现在就通知你：你被录用了。"

记者问："仅凭两块钱就招了一个没有经验的人，是不是太感情用事了?"经理说："不是。这些面试细节反映了她作为财务人员具有良好的素质和人品，人品和素质有时比资历和经验更为重要。第一，她一开始便被拒绝，但却一再争取，说明她有坚毅的品格。财务是十分繁杂的工作，没有足够的耐心和毅力是不可能做好的。第二，她能坦言自己没有工作经验，显示了一种诚信，这对搞财务工作尤为重要。第三，即使不被录取，也希望能得到别人的评价，说明她有直面不足的勇气和敢于承担责任的上进心。员工不可能把每项工作都做得很完美，我们接受失误，却不能接受员工自满不前。第四，女孩自掏电话费，反映出她公私分明的良好品德，这更是财务工作不可或缺的。"

（资料来源：北京人才市场报）

课外练习

1. 根据你所学的专业，分析其所对应的未来职业要求。

2. 根据你将来要想从事的职业，分析职业所需求的专业知识和技能。你将如何具备这些专业知识和技能?

3. 对你将来想从事的职业，请选定一个采访对象去了解这个职业。

第五章　大学生与职业意识

世界是一个大舞台，每个人都扮演一个重要的角色。

——莎士比亚

大学生要在社会上取得成功，首先要对历史赋予的使命和社会给予的角色定位有一个清醒的认识，尤其是对职业意识的定位。所谓职业意识(Professional Awareness)是作为职业人所具有的意识，以前叫做主人翁精神，是人们对职业劳动的认识、评价、情感和态度等心理成分的综合反映，是支配和调控全部职业行为和职业活动的调节器。具体表现为：工作积极认真，有责任心，具有基本的职业道德。

职业意识是职业道德、职业操守、职业行为等职业要素的总和。职业意识是约定俗成、师承父传的；职业意识是用法律、法规、行业自律、规章制度、企业条文来体现的；职业意识有社会共性的，也有行业或企业相通的；它是每一个人工作岗位的最基本的、也是必须牢记和自我约束的。职业意识的形成不是突然的，而是经历了一个由幻想到现实、由模糊到清晰、由摇摆到稳定、由远至近的产生和发展过程。

树立良好的职业意识是"职业化"的要求。职业意识表现为职业敏感、职业直觉，甚至是职业本能的思维过程。所谓职业意识，是站在特定的职业角色的角度，为实现职业目的而应具有的特定思维模式。

要成为一名合格乃至成功的职业人，需要具备的职业意识有很多，主要有：角色意识、目的意识、问题意识、行动意识、变革意识、计划意识、短板意识、客户意识、成本意识、利润意识、市场意识、营销意识、经营意识、战略意识、效率意识、质量意识、责任意识、团队意识、创新意识、服务意识、完美意识、细节意识、舍弃意识、系统意识、健康意识、危机意识、人才意识，等等。

第一节　大学生职业角色意识的定位

我们一生中会承担许多的社会角色，在家里，是父母，是子女，是兄弟姊妹；在学校中，是同学，是师生；在社会上，是朋友，是熟人；在工作中，是上司，是同事，是下属，等等。角色意识是指个体对自己在社会生活中所扮演的角色的认知，以便使自己的行为符合社会对该角色的要求。社会生活的丰富性决定了社会关系的多样性，任何一个人进入社会的某一位置后，其言行举止都会受到社会对这一位置的规定或制约。大学生对自己角色的认知很大程度上影响着其相应的社会角色的扮演，社会角色包含两层意思：首先，任何一种角色都与一系列行为模式相关，一定的角色必有相应的权利义务，譬如医生既有承担诊治、解释说明等义务，又有独立判断病情、自主决定治疗方案及特殊干涉等权利；其次，角色是人们对处于一定社会位置的人的行为期待，例如只要提到教师，就会联想到这一职业角色的教书育人、乐于奉献等行为特征。

一、大学生应充分认识学生角色与职业角色的不同

钟涛是家中的独生子，从小到大都受到家人的宠爱，他的一切生活都是由家人安排的。

上班快两年了，还没有进入状态。在单位和在家里一样，做事总是慢悠悠的，别人交办的事，他就去做，而那些没人交办的事，即使属于他的本职工作分内之事，他也从来不知道主动去做，这应该是由于父母包办太多而而落下的陋习。在同事交往中，他受不了一点委屈，同事与他开个玩笑，他也会当真跟人着急。有一天，领导把他叫到办公室，一脸焦急地说："小钟啊，你上班时间也不短了，为什么做事总是磨磨蹭蹭，又爱冲动，你什么时候才能长大啊？"钟涛认为领导对他有偏见，一气之下，辞掉了工作。家人问他为何要辞职，他说："这家单位不好，同事都针对我，对我有偏见，我不愿意勉强自己，迎合他们，与其这样，我不如辞职。"辞职后的钟涛，在家人的督促下重新去找工作，但他仍然感到一片茫然，觉得这个社会太难让他接纳了！

像钟涛这样，从大学毕业，参加工作已近两年，还难以分清学生和职业身份的区别，角色难以转换，树立不起职业人的意识，造成人际关系紧张，工作难以进行下去，影响自身前程的大学生不在少数。

学生角色与职业角色的根本区别主要体现在以下四个方面。

(1) 社会责任的不同。学生角色的主要任务是学习，因此其社会责任是学好科学文化知识，掌握为社会和人民服务的技能，使自己在德、智、体方面得到全面发展。整个角色过程是一个使自己得到良好的教育、储备完满的知识、锻炼过硬的能力的过程。职业角色的社会责任，在于以特定的身份去履行自己的岗位职责，依靠自己的学识或技能去为社会和他人服务，它是通过对工作对象的履行情况来体现的，整个角色过程是以奉献自己的聪明才智、圆满完成工作任务为主要目标的过程，

(2) 社会规范的不同。学生角色与职业角色的不同不仅表现在规范的内容上，而且还体现在规范所产生的约束力上。社会对学生角色的规范内容，主要反映在国家制定的《大学生行为准则》和各学校制定的《学生手册》之中，明确告知学生该如何约束自己，该怎样进行自我发展等。因为学生是受教育者，在违反角色规范时，主要还是以教育帮助为主。步入社会，参加工作后，社会对职业角色的规范因职业的不同而不同，但肯定更为严格，如果违背了就必须承担相应的责任，甚至受到法律的惩罚。

(3) 社会权利的不同。学生角色的权利主要是依法接受教育，并获得来自家庭及社会的经济生活保障或资助。职业角色则是依法行使职权，开展工作，并在履行义务的同时取得报酬。

(4) 活动方式的不同。学生角色主要是在学校接受有目的、有计划、有组织的课堂及课外实践教育，即外界的给予和输入。而职业人员角色则是运用自己的学识和技能，向外界提供自己的劳动，即运用和输出，并被要求结合工作生活实际创造性地发挥水平。

大学生在家里因为父母的付出，可以"要"到宠爱与照顾；在学校里，因为老师的付出，可以"要"到知识与技能；因为社会的付出、国家的付出，可以在社会中"要"到社会的资助与培养。总的来说，从大学生到职业人的转变，其核心是从"要"到"给"的转变，从"索取"到"贡献"的转变。

二、大学生尽快完成角色的合理转变

中央电视台曾经做过一次有关大学生就业情况的网络调查，其中有一个问题："你们单位愿意接受实习生吗？"调查结果显示：52％的单位回答说不愿意，同时有一个充满抱怨的帖子："再也不用应届毕业大学生！"如今，有相当一部分用人单位和企业无一例外都开出具有"几年以上工作经验"的高门槛招聘条件，都是将应届毕业大学生拒之门外的无声之语。

当然，应届毕业生不受欢迎的原因很多，但是不能适应从学生角色向职业人角色的转换是其中最重要的原因之一。

不论是即将毕业参加工作的大学生，还是从一家企业转换到另一家企业的职业人，都存在着不同角色的转换过程。这个过程是要求人们按照新的单位组织或企业所要求的角色开展工作，同时能够把不同的角色区分开来，在不同的场所表现出适合角色要求的行为，尽快完成角色的合理转换，主要应做到以下几点。

第一，始终保持积极的心态。进入一个新的工作单位，尤其是对于初入职场的大学生来说，环境、人际关系、生活方式等都会发生很大的变化。从长远的角度来看，处理工作中出现的问题是要讲求公平公正的原则，但在某一具体事例中，难免会出现不公平现象，假如出现在你的身上，可能会觉得受到委屈，面对这样的情况，该怎么办？作为职业人，最明智的做法是调整自己的情绪，保持积极的心态，使自己能够全身心投入到工作中，尽快适应工作的要求和工作的环境，这也是解决问题的根本之道。

第二，时刻记住自己的社会角色。工作角色和生活角色是不同的，它们在目标、解决问题的方法和遵循的原则上都不尽相同。所以，应该明晰工作和生活的差异，准确地判断不同场所的角色表现和快速地进行角色转换，例如不要用同家庭中长辈的交往原则来处理工作中与前辈的交往关系。同时，按照工作角色要求自己，不给自己太多的借口，譬如我是新手，缺少经验，出现错误是难免的，因此应该得到大家的谅解。

第三，全力以赴地做好自己的本职工作。大多数大学生刚刚参加工作，单位组织或企业通常将一些简单而繁琐的非核心工作分派给新人，因此时常会听到大学生抱怨工作的简单枯燥。诚然，富有挑战性的工作能够激发人的工作热情和潜能。但是在单位组织或企业中，连一般的工作都做不好，单位组织或企业又怎敢将难度技术性高的工作交予你去做呢？何况简单工作做不好也会给单位组织或企业的发展带来危害。老子说的“合抱之木，生于毫末；九层之台，起于累土；千里之行，始于足下”及东汉薛勤反驳少年陈蕃的“一屋不扫，何以扫天下”的典故至今给予人们绵长的思考。

大学生完成角色的合理转变，意味着应该具备这样的一种意识：能够明晰自身的职业角色，用符合职业岗位角色的行为去做事，为更好地发展自己夯实基础，以便给自己更大的发展空间。正如一位资深职业人所说：“刚毕业的大学生就好像是草莓，漂亮耐看好吃，但就是碰不得，谁先能在现实的工作中磨练成椰子——果壳、果皮、果肉、果汁都有用，谁就会被企业所认同，也容易取得成功。”

其实，很多道理并不复杂，也不深奥。很多人都清楚，就是不愿意照着去做，仅仅明白道理而不按照道理的要求来规范自己并不是真正的知道，知行合一才是真正的懂得和掌握了道理的真谛。只学不做等于没学，只知不做也等于无知。

第二节　大学生须具备的四种职业意识

一、严以律己的责任意识

有这样一个真实的故事：武汉市鄱阳街的景明大楼建于 1917 年，是一所 6 层的楼房。在 1997 年也就是这座楼度过了漫漫 80 个年头的一天，突然收到当年的设计事务所从远隔重洋的英国寄来的一份函件，函件告知：景明大楼为本事务所 1917 年设计，设计年限为 80 年，现已到期，如再使用为超期服役，敬请业主注意。

一份英国报纸曾经刊登了一则招聘教师的广告：工作轻松，但须全心全意，尽职尽责。

不管是从远隔重洋的英国寄来的函件，还是英国报纸刊登的招聘广告，他们似乎在明示人们：怎样工作才能赢得世人的敬佩？社会需要人们如何来工作？其实，这就是要具备一种严以律己的责任意识。80 年过去了，还在执着地守着一份承诺，那就是——责任；事实上，不仅教师如此，所有的工作都应该全心全意、尽职尽责才能做好，这正是敬业精神的基础。

归根到底，严以律己的责任意识，就是在诠释一种敬业精神。敬业精神是支撑现代社会的精神支柱之一，它是人们对所选择职业的高度认同和接受，同时也是社会与个人责任感的具体化，因而是一种发自内心的持久的动力，而不是一时的激情与热情；它是一种职业素质，一种职业精神，更是一种做人做事的境界。

在实践实习阶段，有无敬业精神、敬业精神的饱满程度如何都将决定大学生做事的程度。如果具备这种精神，那么大学生就会竭尽全力将所承担的工作做到最好，而且它也将很准确地检验大学生所选择的实习实践工作是否是自己所喜欢的。因此，敬业精神在此阶段会影响大学生做工作的程度，并间接制约其职业选择。

在就业生存阶段，是否敬业或敬业程度的不同，会影响人们对所从事职业的努力与积累的程度。也就是说，到底有多么精通业务、精通到什么程度都取决于敬业的态度和行动。如果今天工作不努力，那么明天就要努力找工作。在这个阶段敬业程度在很大程度上决定人们的工作努力与否。

在事业发展阶段，有了敬业精神，人们就会深深地喜欢上自己所从事的职业，犹如孔子提倡的“知之者不如好知者，好之者不如乐之者。”敬业才会乐业，在乐业中才会更进一步地专心致志地从事自己所做的工作，也才能在所从事的领域内达到专业化的程度。所以说，敬业的程度往往决定人们能否在事业上取得更大的发展。

在创业立业阶段，敬业是创业的基础和前提，有了敬业精神，才能立创业之志，蓄创业之能，增创业之才。创业阶段是极其艰苦的，而敬业精神则会化苦为乐，化复杂为简单，化踌躇为果敢，所以在这个阶段，敬业精神会使我们产生无穷的毅力和决心，从而使最终的立业得以实现。

一位哲人曾说过：“如果有事情必须去做，便全身心投入去做吧！”无论做什么事情，务必全心全意，尽心尽责，因为它会决定一个人日后事业的成败。

全力以赴地工作，能消除工作的辛劳，一个人一旦领悟了这一秘诀，他就掌握了打开成功之门的钥匙了。能处处以严以律己的责任意识来对待工作，即使从事的是平常的职业，也能增添个人的魅力和荣耀。

◆ 想了解自己的责任心吗？来，做一做这个测试游戏吧。

对以下问题回答“是”或“否”。

1. “既然决定做一件事情，那么就要把它做好。”你相信这句话吗？
2. 与人相约，你从来不会迟到，即使自己生病时也不例外吗？
3. 没有警察时，你会遵守交通规则吗？
4. 你经常拖延交作业吗？
5. 你经常帮忙做家务吗？
6. 你会认真写好每一个字吗？
7. 每天出门前，你有照镜子的习惯吗？
8. 当你作业做到深夜还未完成时，你会继续努力直至完成吗？

9. 与人约会,你通常会提前一会儿出门,以保证自己能准时赴约吗?

10. 当你发现自己脚下有纸屑,你会拾起扔进垃圾桶吗?

11. 你会把零用钱储蓄起来吗?

12. 发现朋友违规,你会举报吗?

13. 当外出的你找不到垃圾桶时,会把垃圾带回家去吗?

14. 你会坚持运动以保持健康吗?

15. 你忌吃垃圾食物、脂肪过高和其他有害健康的食物吗?

16. 你永远将正事列为优先,完成后再做其他休闲活动吗?

17. 当你玩得正兴起时,妈妈请你帮忙去买酱油时,你会放弃玩耍吗?

18. 收到别人的信,你总会在一两天内就回信吗?

说明:回答“是”的就得1分,回答“否”不得分。

点评:

4分以下:你是个完全不负责任的人。你一次又一次地逃避责任,将会造成你将来的困境,手上的钱也老是不够用。

4—8分:你的责任感有所欠缺,这将会使得你难以得到大家的充分信任。

9—12分:大多数情况下你都很有责任感,只是偶尔会随性而为,没有考虑得很周到。

13—18分:你是个非常有责任感的人。你行事谨慎、懂礼貌、为人可靠,并且相当诚实。

二、遵纪守法的规范意识

有这样一则关于年轻人的故事。

一次,比尔·盖茨问一个职员某种新款商品的销售情况,那位职员告诉他说该商品设计得并不是太好,其中的某些品位相当差。正当这个年轻人一边手里拿着样品,一边对比尔·盖茨指出这种商品的缺陷时,一位从美国内陆来的客户走上前来问道:“你今天有没有质量上乘的新东西给我看呢?”这位年轻的推销员马上说:“是的,先生,我们刚刚搞出来一种适合您需要的产品。”他一边说,一边把刚刚批评过的样品递到了客户的手上。它对这种产品的赞赏听起来是非常地诚心诚意,所以,这位客户马上就决定要定一大批货。这时,一直站在旁边默默地听着他们交谈的比尔·盖茨开始插话,他告诫这位客户不要急于订货,再好好检查一下产品的质量和样式。然后,他告诉这个年轻人去找财务部门清算一下他的工资,从现在开始,他已经不再是公司的员工了。

孟子云:“不以规矩,不能成方圆。”每一个单位组织或企业都有其自身独特的生存法则和发展之道,有些是独具个性的意识理念,有些却是遵循了几百年亘古不变的定律,在社会的各行各业,每一个人都必须遵守一定的社会规范,具有遵纪守法的规范意识。很多商业巨头的创业史表明,他们视诚信高于一切,诚信成为世界各国和社会成员普遍遵循的行为准则。

无疑,比尔·盖茨的这一做法是非常明智的,因为不讲诚信的员工会为企业带来消极的影响,毁掉企业的信誉,而信誉是企业至为宝贵的无形资产,诚信是企业与员工遵纪守法规范意识的核心体现。

据调查,最受欢迎的品质是:真诚、诚实、理解、忠诚、真实、信得过、理智、可靠、有理想、体贴;而最不受欢迎的品质是:说谎、假装、邪恶、冷酷、不老实、虚假、讨厌、恶毒、信不过、不友善。可见,诚信是人的立身之本,是成就事业的基石。诚信就是尊重客观事实,襟怀坦荡,言行一致,表里如一。表现在学习上就是勤奋刻苦,扎实努力,考试诚实等;表现在人际交往上就是真诚待人，互相信赖，团结合作等；表现在工作中就是积极主动，踏实肯干，认真细致等；表现在对组织、集体的态度上就是奉公守法，遵守纪律，忠诚老实等。讲究诚信的人是最尊贵的人。

现代职场中，中国核心专业人才和管理人才已逐步形成年轻化的趋势。由于一些企业正处于成长发展阶段，看重的是应聘者和员工的经验和业绩，缺少对职业人的诚信考察，这种导向会影响应聘者和员工的诚信积累，增加企业发展的风险，从而造成诚信缺失的弊端。但当企业步入稳定发展阶段之后，诚信缺失就会成为企业的心头之痛，企业会千方百计消除诚信缺失造成的风险，首当其冲是消除职业人的欺骗、虚假意识，规避企业发展中的危险。这时，诚信积累和职业人在职场中建立起来的口碑，会成为其发展的助推器，为他赢得更多更好的机会，降低其准入门槛。当一个人达到一定的职业高度时，很大程度上是其诚信的品质在为他开疆拓土。

其实，在国外，诚信背景调查二三十年前就流行起来了，而在中国，除了一些著名企业和跨国公司早已非常重视诚信调查之外，愈来愈多的单位组织或企业已加强了对人才诚信的重视，相关部门纷纷为求职者建立了人才诚信档案，成为了求职者应聘的重要资本。一个缺乏遵纪守法规范意识的人，他的信用等级肯定不会很高。信用等级的降低意味着在职场上的路会越走越窄，终将为不诚信付出惨痛的代价。

职场中，因说了一句假话而痛失工作机会的情况并不鲜见。不管是有意还是无意，也许说了一百句真话，但往往就是一句不真实的话，就会断送自己的美好前程。

大学本科毕业生黄某品学兼优，从年前就开始为毕业后的出路四处奔波。一家企业的总经理约定了时间对他进行面试。面试那一天，黄某迟到5分钟，解释说公交车误点。面试的过程十分顺利，无论专业知识，还是质量管理方面的大胆设想，都赢得了总经理的首肯，黄某离开时颇有点踌躇满志。几天后，黄某却得到未被录用的通知。事后他了解到总经理对他做出了这样的评价："不守时，不诚实。"何谓不诚实？黄某心里自然明白。原来，面试那天他是骑自行车去的，怕迟到不好交代顺口撒了谎。他原以为自行车停在公司外无人察觉，没想到精明的总经理透过办公室的窗口看见了黄某骑车的身影，本来成功希望很大的求职最终还是以失败告终。真是"一招损，满盘皆输。"

所以，大学毕业生不要让自己的职场起跑输在诚信上。

三、精益求精的质量意识

韩国三星企业最近几年很快成长为国际一流企业，从负债170亿美元到成为全球最大的内存芯片制造商、显示器和彩电制造商以及第一大CDMA手机制造商，三星电子创造商业奇迹只用了5年时间。这与三星的二代掌门人李健熙的追求质量完美的管理理念是分不开的。

韩国三星产品曾经是属于被随便放置在卖场角落，堆满灰尘的商品，李健熙看到此种情景，非常震惊，引发出这样的追问："员工制造出不良的产品，也不会感到丢脸或者生气？""为什么不将产品制造到不会发生问题呢？""我们应该如何以最便宜、最快捷的方法做出最好的产品，才是关键的所在。"在洛杉矶的家电制品卖场中，看到日本的产品处于世界一流商品之列，李健熙在日本东京对手下的日本员工说了一番话："各位日本员工，听说你们做事都力求完美，为什么韩国三星的东京仓库里有那么多堆积如山的退货回来的洗衣机、彩电、微波炉呢？是不是你们有两条标准，为日本老板做事就非常完美，为三星就不这样做呢？"日本员工代表就站起来回答："其实不是这样的，韩国三星拼命打电话过来催，说快一点，快一点，尽量的快一点，催促我们多生产产品，去抢占市场份额，我们就顾不到品质了。所以今天仓库里面有这么多堆积如山的产品卖不掉，就是这个原因造成的。我们也想把那些洗衣机、电视机、微波炉做好一点，但生产速度太快，就来不及顾及质量了。”

李健熙终于明白了。他说：“过去的事都是我们造成的，那么就到今天为止，不要再追究了。各位员工，你们可不可以从明天开始，哪怕是只做一台洗衣机、一台电冰箱、一台微波炉，都应把它做好，哪怕是只做一台！”从此以后，韩国三星每做一台冰箱、一台洗衣机、一台微波炉，都努力把它做好，从当时盛行的“以数量为中心”的思想彻底向“以精益求精的质量为核心”的意识转变，李健熙的这种不要求市场份额、不要求速度、注重质量、追求完美的意识，正是推动韩国三星迅速崛起的根本原因。

曾任美国质量管理协会主席的哈林顿说过：“现在世界正在进行一场第三次世界大战，这场大战不是用枪炮的流血战争，而是一场商业战、贸易战，它的关键武器就是质量。”精益求精的质量意识不仅仅指所生产的产品和所提供的服务，而且指向每一个人对待工作和事物的态度。在生活中养成良好的日常行为习惯，营造健康的生活方式，提高生活质量；在工作和学习上，认真履行角色行为规范，敬业爱岗，一丝不苟，注重细节，奉献社会和他人，体现人生价值；在人际交往上，善良祥和，真诚坦率。这些在不同层面上都体现着践行者精益求精的质量意识。

1985年，现任海尔集团董事局主席兼首席执行官的张瑞敏带头把76台有质量缺陷的冰箱全部砸烂。如今，在海尔科技馆里的那把“闻名遐迩”的大铁锤，向人们不断诉说着质量与品牌的故事。这一锤砸出的不仅是质量意识，砸出的还是崭新的观念。从此，“有缺陷的产品就是废品”的意识树立起来了。从创品牌到多元化、国际化，海尔人现在已经获得了许许多多的荣誉，但在他们心里，最重要的、分量最重的是国家质量奖。海尔所实行的就是“零缺陷”质量管理，它意味着质量是每一个人的事，每一个人都必须认清每一项微小行动的重要性，它的目标就是要成为一个高质量的组织，做出高质量的工作，生产出高质量的产品，提供高质量的服务。

中国电子科技集团曾这样诠释质量与企业的关系：质量如水，企业如舟，水能载舟，亦能覆舟。倡导全体集团职业人强化“精益求精，没有最好只有更好”的精品意识，树立正确的质量荣辱观，确保产品质量和质量管理水平的稳定和提高，从而真正推进企业质量文化建设工作。

众多事实告诉我们，在人类社会里，我们不能只着眼于有形的物质的东西，更为重要的是无形的质量意识。人们只有注重增强自身的质量观念，秉承精益求精的理念，才能在职场竞争中求得生存和发展。

四、客户满意的服务意识

提起台湾首富王永庆，几乎无人不晓。他把台湾塑胶集团推进到世界化工业的前50名。而在创业初期，他做的还只是卖米的小本生意。

王永庆早年因家贫读不起书，只好去做买卖。16岁的王永庆从老家来到嘉义开一家米店。那时，小小的嘉义已有米店近30家，竞争非常激烈。当时仅有200元资金的王永庆，只能在一条偏僻的巷子里租一个很小的铺面。他的米店开办最晚，规模最小，更谈不上知名度了，没有任何优势。在新开张的那段日子里，生意冷冷清清，门可罗雀。刚开始，王永庆曾背着米挨家挨户去推销，一天下来，人不仅累得够呛，效果也不太好。谁会去买一个小商贩上门推销的米呢？可怎样才能打开销路呢？王永庆决定从每一粒米上打开突破口。那时候的台湾，农民还处在手工作业状态，由于稻谷收割与加工的技术落后，很多小石子之类的杂物很容易掺杂在米里。人们在做饭之前，都要淘好几次米，很不方便。但大家都已见怪不怪，习以为常。

王永庆却从这司空见惯中找到了切入点。他和两个弟弟一齐动手，一点一点地将夹杂在米里的秕糠、砂石之类的杂物捡出来，然后再卖。一时间，小镇上的主妇们都说，王永庆卖的米质量好，省去了淘米的麻烦。这样，一传十，十传百，米店的生意日渐红火起来。王永庆并没有就此满足。他还要在米上下大工夫。那时候，顾客都是上门买米，自己运送回家。这对年轻人来说不算什么，但对一些上了年纪的人，就是一个大大的不便了。而年轻人又无暇顾及家务，买米的顾客以老年人居多。王永庆注意到这一细节，于是主动送米上门。这一方便顾客的服务措施同样大受欢迎。当时还没有"送货上门"一说，增加这一服务项目等于是一项创举。

王永庆送米，并非送到顾客家门口了事，还要将米倒进米缸里。如果米缸里还有陈米，他就将旧米倒出来，把米缸擦干净，再把新米倒进去，然后将旧米放回上层，这样，陈米就不至于因存放过久而变质。王永庆这一精细的服务令顾客深受感动，赢得了很多的顾客。如果给新顾客送米，王永庆就细心记下这户人家米缸的容量，并且问明家里有多少人吃饭，几个大人、几个小孩，每人饭量如何，据此估计该户人家下次买米的大概时间，记在本子上。到时候，不等顾客上门，他就主动将相应数量的米送到客户家里。

王永庆精细、务实的服务，使嘉义人都知道在米市马路尽头的巷子里，有一个卖好米并送货上门的王永庆。有了知名度后，王永庆的生意更加红火起来。这样，经过一年多的资金积累和客户积累，王永庆便自己办了个碾米厂，在最繁华热闹的临街处租了一处比原来大好几倍的房子，临街做铺面，里间做碾米厂。就这样，王永庆从小小的米店生意开始了他后来问鼎台湾首富的事业。

由此我们更可以看出服务的价值。顾客从其他米店也可以买到米，但从王永庆的米店里买米，会感觉自己的所得是超于产品价值的，这超出的价值便是服务。令人感动的服务决不仅仅是微笑能涵盖的，它融入在每一个工作的细节里和职业人的行为和态度中。如果去衡量的话，衡量的标准便是：你是否在与客户的每一个环节上都细心地为客户的方便与客户的利益着想了？我们应该明白的是：在如今技术高度发展、产品趋同的形势中，一个企业如果想存活并发展，就一定要有超越产品的让客户愿意为之捧场的理由。只有乐于把方便给予他人，把利益给予他人，把温暖给予他人，把服务给予他人，才能塑造出企业与个人独特的魅力，赢得客户的心。

诚然，服务意识是指企业全体员工在一切与企业利益相关的人或企业的交往中所体现的为其提供热情、周到、主动的服务的欲望和意识，即自觉主动做好服务工作的一种观念和愿望。服务本身是一种工作，需要动手动脑去做，它发自服务人员的内心，它是服务人员的一种本能和习惯；它可以通过培养、教育训练获得。

服务意识有强烈与淡漠之分，有主动与被动之分。这是认识程度问题，认识深刻就会有强烈的服务意识；有了强烈展现个人才华、体现人生价值的观念，就会有强烈的服务意识；有了以公司为家、热爱集体、无私奉献的风格和精神，就会有强烈的服务意识。

人们生活在社会中，处于一个大的社会系统内，相互依存，相互服务。从"服务"的广义来说，人们每天用的电、吃的米不都是电厂工人、农民兄弟提供的服务吗？服务意识必须存在于每个人的思想意识中，只有提高对服务的认识，增强服务的观念，激发起自身在服务过程中的主观能动性，那么确立客户满意的服务意识才不会流于形式。

作为一名未来的职业人，你是否已明白，服务意识的确立与否，将是今后就业、创业成功的重要保证。

案例欣赏

案例一：做一个勇于承担责任的人

1920年，美国一个年仅11岁的男孩在踢足球时踢碎了邻居家的玻璃，人家索赔12.5美元，当时12.5美元已是一个了不起的数字，闯了祸的男孩向父亲承认错误后，父亲让他自己对过失负责。可他没钱，父亲说："钱我可以先借给你，但一年后还我。"从此，这个男孩就开始了艰苦的打工生活。半年后，他终于还清了向父亲借的钱。这个男孩就是后来成为美国总统的里根。

——犯了错后勇于承担后果，不逃避，也不推卸责任，这种有责任心的人就拥有了至高无尚的灵魂和坚不可摧的力量，在别人心中就如同一座高耸的山，不可逾越，不可挪移。渴望成功，那么，就先做一个勇于承担责任的人吧！

案例二：一定要找到你

一位去加拿大短期留学的中国留学生在回国半年后，突然收到一位加拿大税务官寄来的一张一式两联的退税支票。原来，这位学生在加拿大消费时都按规定缴纳了消费税，而加拿大规定收入在一定数额以下的缴税者将在次年获得退税。这不，加拿大税务官追了半个地球，退回了210加元(大约1200元人民币)。

——遵守职业纪律是从业人员的基本要求。每一个岗位都有相应的规章制度(职业纪律)，它代表着整体的意志和力量。每一个从业人员都应对这些原则、规定保持敬畏和尊重，一丝不苟地认真执行，来不得半点马虎、任性和随意。从这位加拿大税务官的身上我们看到了他执行制度的严谨。

案例三：海尔的星级服务

海尔的星级服务有一套规范化的标准：售前、售中提供详尽热情的咨询服务；在任何时候，均为顾客送货上门；根据用户指定的时间、空间，给予最方便的安装；上门调试，示范性指导使用，保证一试就会；售后跟踪，上门服务，出现问题24小时内答复，使用户绝无后顾之忧。

这些规范后来发展成为"五个一"：一张服务卡、一副鞋套、一块垫布、一块抹布、一件小礼物。这种"星级服务"细致到上门服务时，先套上一副鞋套，干活时先在地上铺上一块垫布，以免弄脏地面，服务完毕后，再用抹布把电器擦干净。

在实施"星级服务"中，海尔还推出了"一、二、三、四"模式。海尔"星级服务"的目标是：用户有多少要求，海尔的服务内容就有多少；市场有多大，海尔的服务范围就有多大。

海尔总裁张瑞敏认为：不建立完美的服务体系和服务手段，就无法让消费者满意，占领市场就会成为一个苍白的目标，企业也就无法良性经营和持续发展。

——美国通用公司总裁杰克·韦尔奇这样评价：海尔通过真诚的服务，不断满足用户对产品服务方面的一个又一个新的希望，使消费者在得到物质享受的同时，还得到精神上的满足。

课外练习

1. 三分钟演练：曾经做过的最负责任的一件事或怎样成为一位负责任的社会人(可以采取分组讨论、演讲或个体冥想回忆的形式)?

2. 撰写一篇《诚信快乐日记》,并互相分享成长的经历(可以以寝室为单位来开展)。

3. 当你同某人意见相左或者发生冲突的时候,尽量理解他的立场和顾虑,以认真的、坦诚的、互惠互利的方式来应对问题。

4. 制订一个行动方案,完成一件负责任的有质量的优质服务活动,事后记述下整个活动期间的心得体会。

第六章　大学生与职业理想和决策

毫无理想而又优柔寡断是一种可悲的心理。

——培　根

生活的理想,就是为了理想的生活。

——张闻天

职业理想是指人们在一定的世界观、人生观、价值观的指导下,对自己未来所从事的专业、工作部门、工作种类、发展目标所做出的想象和设计,以及对自己在事业上获取成就大小的向往和追求。树立正确的职业理想,对大学生正确处理择业问题和正确对待职业生涯,最大限度地施展自己的才华和实现自身人生价值具有十分重要的意义。职业定位是一个理性审视自我的过程,是在了解自我基础上确定自己职业的方向与目标,并制订相关计划,避免就业盲目性,从而走向职业成功的有效途径和方法。

第一节　职业理想概论

一、职业理想的内涵

1. 职业理想是社会意识的重要组成部分,具有鲜明的时代特点

职业理想是在一定社会生产水平条件下,人们对职业地位、职业声望评价意识的反映;是从业者在一定社会历史条件时期,在一定的世界观、人生观支配下,对自身所从事的不同职业和对自身所获得的回报的满足而产生的对职业需要的想法和设计。一定时代的社会职业受到该时代的社会生产力发展水平的制约。生产力水平越高,生产方式越先进,社会分工越精细,社会职业种类就越多;科学技术越发达,职业演化速度越快,从业者选择职业的机会就越多,职业理想就越容易实现。总之,不同时代从业者的职业理想总是与该时代生产力发展水平相适应的,具有来源于现实又高于现实的特点。高于现实的职业理想是个人发展和社会进步的源泉和动力。

2. 职业理想是对职业生涯的设计,具有发展性和个体差异性

在人生历程中,职业生涯占据了绝大部分时间。人们对未来的向往和追求,不是被动地进行职业活动,而是理性地、现实地、自觉地规划自己的物质生活和精神生活,将职业理想作为激励自身行动的一种信念,并通过职业选择和从事具体的职业得以实现。职业随着社会的不断进步而不断变化,同时也带动人们的职业理想相应发生变化。就个人而言,随着年龄的增长、社会阅历的丰富,职业理想也将发展和变化,并具有明显的个性特点:首先,政治水平、思想觉悟和道德涵养及人生价值取向决定着大学生的职业理想的方向;其次,自身现有的知识结构、动手能力及对社会事物的分析判断能力,影响着大学生职业理想的追求;再者,个人的性格、气质、情感、意志等非智力因素对大学生的职业适应性和对大学生职业理想的形成都具有较大的影响;最后,性别、身体等生理特质使大学生的职业理想存在着差异性。

3. 职业理想是对未来社会生活的美好向往，是实现人生价值的精神动力

职业理想是人们对未来社会生活的美好向往，它是反映人们对职业愿望和需求的有形化构想，是建立在客观现实发展可能性的基础上，用客观的必然趋势来展示未来的现实。职业理想是指导、激励人们通过劳动来实现人生价值的精神动力。职业理想与个人的生活理想、社会理想息息相关。生活理想通过职业理想的实现而实现，社会理想制约着人们的职业理想和生活理想。职业理想所向往、追求的是职业岗位及就业要求。职业理想是在社会理想的指导下，对社会理想的落实和具体化。

4. 当代大学生职业理想的一般特征

(1) 强调职业的经济效益。

随着社会的开放，市场经济的发展，经济因素在大学生职业选择中的影响越来越明显。以前在职业选择中可以抛开经济因素，是因为不同职业的经济收益几乎是一致的。另外，社会的封闭也使职业选择中的经济因素在社会传统文化背景下处于不显眼的位置。但是随着市场经济的发展、人的观念发生了很大变化，社会职业的经济结构也发生了变化，工资收入在不同职业、单位之间的差距被越拉越大。这就促使大学生在职业选择时，将职业的经济收益作为一个重要的考虑因素。许多大学毕业生将大公司、大企业作为择业首选，究其原因，经济方面的考虑是主要因素。尤其是沿海地区的一些三资企业和公司，一方面能满足毕业生创业发展愿望，另一方面又能给就职者带来可观的经济收益。

(2) 不在乎所有制的形式。

现在不少毕业生的就业观念已经开始转变，多种经济形式的企业已被大学生广泛接受，越来越多的毕业生在择业时不太在乎用人单位的所有制形式，甚至并不想非要为自己找个有干部编制的工作单位。他们认为：只要能够发挥自己的潜能，干出一番事业，获取应得的劳动报酬就已知足。

(3) 追求职业的稳定感。

大学生的这种择业意识反映在对具体单位的选择上，越来越多的毕业生愿意从事科研、专业技术、教师、公务员等工作。本科毕业生的就业情况调查发现，选择去科研、技术服务、文教、金融等脑力劳动部门的人数占的比例较高；期望去国家机关、党政团体工作的人数也不少，可见大学生对行业的选择主要集中于政府部门、生产部门和科教、金融等风险小，稳定性高的单位和部门。

二、职业理想的作用

1. 职业理想的导向作用

理想是前进的方向，是心中的目标。人生发展的目标是通过职业理想来确立，并最终通过职业理想来实现。俄国的托尔斯泰曾说过："理想是指路的明灯，没有理想就没有坚定的方向，就没有生活。"同学们在现阶段的学习生活中也已经深切地感受到，一旦学习目的不明确，学习的热情就会低落，学习的效果就不明显。因此，有了明确的、切合实际的职业理想，再经过努力奋斗，人生发展目标必然会实现。

2. 职业理想的调节作用

职业理想在现实生活中具有参照系的作用，它指导并调整着我们的职业活动。当一个人在工作中偏离了理想目标时，职业理想就会发挥纠偏作用，尤其是在实践中遇到困难和阻力时，如果没有职业理想的支撑，人就会心灰意冷、丧失斗志。此外，如果一个人只把自己的追求定位在找过"好工作"上，即便是将来有实现的可能，也不能算是崇高的职业理想，因为，

这样的理想一旦实现,他就会不思进取,甚至虚度年华。总之,一个人只有树立正确的职业理想,无论是在顺境或者是在逆境,都会奋发进取,勇往直前。

3. 职业理想的激励作用

职业理想源于现实又高于现实,它比现实更美好。为使美好的未来和宏伟的憧憬变成现实,人们会以坚忍不拔的毅力、顽强的拼搏精神和开拓创新的行动去为之努力奋斗。12岁时,周恩来就发出“为中华之崛起而读书”的誓言,表达了他从小立志振兴中华的伟大志向。同学们,你们现在是学生,你们有什么样的理想啊! 我想,我们应该向敬爱的周总理学习,从小立志,树立一个崇高的人生目标,然后,为实现这个目标坚持不懈,奋斗不止,为人民,为国家做出贡献,这样的人生才有意义。

三、大学生应努力实践崇高的职业理想

1. 职业理想是实践理想的前提和基础

21世纪的今天,科学技术突飞猛进,经济建设日新月异,以知识经济为特征的新时代为大学生开辟了施展才华的广阔天地。服务社会,造福人类,既是历史上一切品德高尚、功勋卓著的人们的人生目标,同样应该是当代大学生应树立的崇高职业理想。在人们在有限的职业生活中,最重要的是要为他人、为社会做出贡献。爱因斯坦在《我的世界》一文中说:“我每天上百次地提醒自己:我的精神生活和物质生活都带领着别人(包括生者和死者)的劳动,我必须尽力以同样的分量来报偿我所领偿了的和至今还在领受着的东西。我强烈地向往着朴素的生活,并时常为发觉自己占有了同胞过多劳动而难以忍受。”大学生都追求实现自己的人生价值,人生价值在于事业上的成就和对社会的贡献。当一个人用自己的劳动为社会造福时,总是从社会的评价中获得幸福;这种从社会评价中获得的幸福,又反过来鼓舞他为社会做出更大的贡献。

2. 职业实践是实现职业理想的必然途径

职业理想是否与客观现实相符,不能根据从业者的主观感觉如何来定,而是要通过实践的反复检验,根据人与职业的匹配程度来决定。根据适者生存法则人应当适应环境的需要,适应职业的需要,理想的职业应当是能让人发挥自身优势和充分显示个人才能的职业。但由于大学生缺乏职业实践体验,难免有情绪化的冲动,往往是理想成分比重大于现实成分,只有通过实践的检验,重新审视自己择业观是否正确,所选择的职业是否切合实际,从而巩固正确的,调适不切实际的,使自身追求的理想目标既符合自身特点和社会需要又能在长远的发展目标中有实现的可能。

3. 大学生要实现自身职业理想,必须实现人与职业的合理匹配

由于人的心理、生理特点不同,适应的职业范围也不同,职业本身的特点,对人的要求也存在着客观差别。从人与职业两方面来说,人选择了自己理想的职业,其自身特长和潜能得以充分地发挥,在同样的劳动时间内比其不理想的职业的劳动效率要高,社会贡献要多。职业与适应其特点的人匹配,能发挥出应有的社会功能,产生应有的社会效益。因此,大学生要实现自身职业理想,必须实现人与职业的合理匹配。

4. 大学生在职业选择过程中要处理好职业理想与择业现实的矛盾

职业理想应该建立在个人的专业知识与能力、兴趣和职业激情的基础上,只有三个圆重叠的部分,才可确立为自己的职业理想。然而大学生在职业选择过程中会发现择业现实与自己职业理想的反差非常大,我们把刚步入职场的头几年称作“职业探索期”,大学生应

该用这段时间积累经验，调整自我，寻找机会，为长远发展奠定基础。首先，要认真分析自己的职业理想定得是不是符合实际，自己的职业素质符不符合所选择职业的要求。其次，要懂得职业理想不等于理想职业。一般认为当个人的理想与职业岗位最佳结合时，即达到二者的有机统一时，这个职业才是你的理想职业。只要你的职业理想符合社会需要，而自己又确实具备必需的职业素质，并且愿意不断地付出努力，则实现自己的职业理想指日可待。再者，必须处理好理性择业与实现职业理想的关系。在就业形势严峻的现实面前，先就业，再择业，循序渐进，应该是大多数大学毕业生实现职业理想的一条可行之路。

第二节　职业理想的决策与实现

如果不进行详细的规划与实践，职业理想就会变成空想。有的人同时有几个职业理想，如果从主观与客观因素来分析，哪一个是最适合自己的职业理想呢？职业理想如何来具体规划和实现呢？在这里我们要学习掌握一些方法。

一、预选职业理想的相关性和可迁移性分析

有时人们有好几个职业理想，都想实现，但现实种种原因不可能让人们实现这么多的理想。所以在选择自己的职业理想时，要分析预选职业的相关性和可迁移性，提高职业规划的灵活性和社会应变性。在当今多变的社会状况下做有效的职业决策尤其重要。

人们可以选择三个自己喜欢的职业理想来进行比较。使用霍兰德职业自我探索量表（参见第三章第五节），取得三个排列分数最高的码，即“霍兰德职业代码”，依据代码可找到与之相应的职业理想。从图 6-1 来看三个代码越是相邻近，所选职业理想的心理相似性越高。

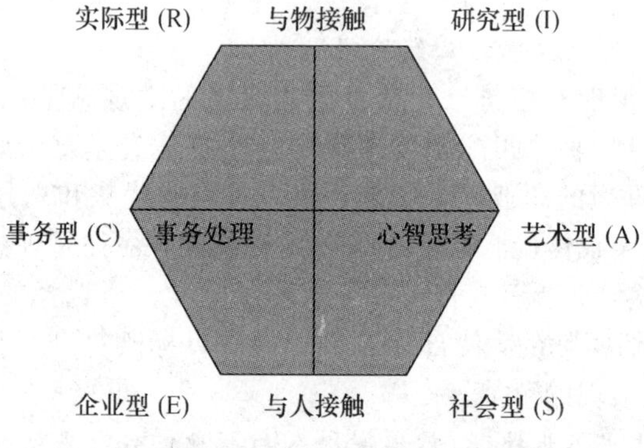

图 6-1　霍兰德职业人格六角型图

例如，某英语专业的大学生霍兰德职业自我探索结果为 ESC 型（如图 6-2 所示），适合在企业 E、社会 S、艺术 A 领域工作，ESC 三大职业领域在图 6-1 中相临近，以现在所学英语专业为中心，向企业、社会、事务三个方向拓展就是外贸翻译、公务员、英语教师三个预选职业理想，这三个职业理想相似高性、可移性强，是这个学生的较完美的工作区间。

再如，某传媒专业大学生的霍兰德职业自我探索结果为 ESA 型（如图 6-3 所示），适合在企业 E、社会 S、艺术 A 三个领域工作，三者在图 6-1 中也是相邻职业领域，相似性高，该生以传媒为中心向企业、社会、艺术三个领域拓展，分别是创办杂志、新闻记者、娱乐节目制作，这三个职业理想有一定相似性和可迁移性，是这个学生的完美的工作区间。

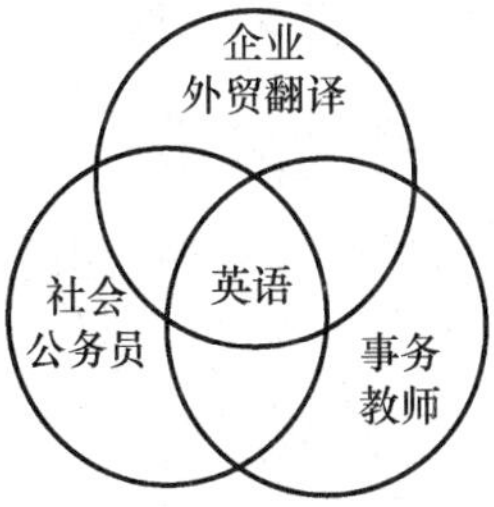

图 6-2 以英语专业为核心的 SEC 型

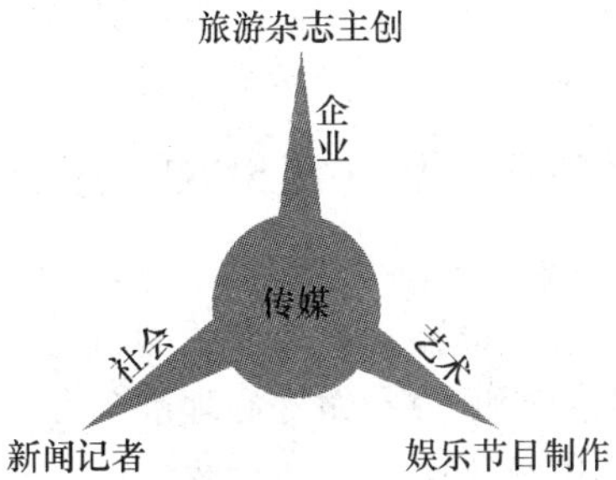

图 6-3 以传媒专业为核心的 ESA 型

二、对预选职业理想做平衡单分析

人不能同时踏进两条河流。虽然有了预选的几个职业理想，但是在现实中某个具体的时间里只能选择其中一个职业理想。因此必须权衡自己和他人的物质与精神利益，对预选职业理想做一个感性基础上的理性决策，可以使用平衡单来完成。

平衡单(balance sheet)的设计，可以帮助当事人具体分析每个方案实施后的利弊得失，排定优先等级，择一而行。从自我与重要他人物质和精神的得(＋)失(－)做权重赋值，选出最佳方案。表 6-1 是某英语专业的大学生对三个预选职业理想目标的平衡单分析。

表 6-1 某英语专业的大学生对三个预选目标的平衡单分析

原始分数(加权分数)相关因素 \ 选择策略		第一案		第二案		第三案	
		外贸翻译		中小学英语教师		公务员	
		＋	－	＋	－	＋	－
×(3) ×(4) ×(3) ×(3)	A. 个人物质方面得失 1. 就业前所需金钱 2. 就业机会之可能性 3. 工作收入 4. 生活稳定性	＋3(＋9) ＋4(＋16) ＋4(＋12)	－1(－3)	＋3(＋12) ＋3(＋9) ＋3(＋9)	－3(－9)	＋2(＋8) ＋3(＋9) ＋4(＋12)	－2(－6)
×(1)	B. 他人物质方面之得失 1. 家人协助负担金额		－3(－3)		－1(－1)		－1(－1)
×(3) ×(5) ×(3) ×(4)	C. 个人精神方面之得失 1. 自我实现的程度 2. 个人兴趣 3. 与男友相处的时间 4. 社会地位的提高	＋4(＋12) ＋4(＋20) ＋3(＋12)	－3(－9)	＋4(＋12) ＋2(＋10) ＋4(＋16)	－3(－9)	＋2(＋6) ＋3(＋9) ＋4(＋16)	－1(－5)
×(2) ×(2)	D. 他人精神之得失 1. 家人的态度 2. 男友的态度	＋4(＋8)	－2(－4)	＋4(＋8) ＋4(＋8)		＋3(＋6) ＋3(＋6)	
		＋89	－19	＋84	－19	＋72	－12
	得分	70		65		60	
	优先级	1		2		3	

由表 6-1 可以看出，虽然外贸翻译、中小学英语教师和公务员这三种预选职业的综合得分相差不是很大，但是最高分是外贸翻译，所以外贸翻译是该生首选的目标职业。

三、对职业理想进行 SWOT 分析

对职业理想进行 SWOT 分析，即一个组织或个人在进行职业机会评估时，充分分析组织或个人的优势和劣势、面临的机会和威胁的一种方法。通过分析需求，明确从事这一职业的现实条件和差距，做好心理准备和行动计划。

1. 优势(Strengths)分析

个人的优势就是所拥有的知识、能力、水平和发展潜力。可以从以下三个问题来盘点：(1) 我学到了什么？(2) 我最成功的事情是什么？对自己最满意的品质是什么？(3) 有哪些个性条件让我有自信从事目标职业？

2. 劣势(Weaknesses)分析

劣势是相对于目标职业要求来讲，是相对现有水平来讲，在今后可以继续和提升的素质、知识、能力、创造力、财力、行为习惯方面的不足。

3. 机会(Opportunities)分析

(1) 家庭环境分析：家庭经济状况、职业构成、家庭承传等所带来的职业机会和资源。

(2) 学校环境分析：学校的办学指导思想、校训、专业水准、校企合作、校友资源所带来的机会和资源。

(3) 社会环境分析：认识当前政治、经济、科技发展，国家就业政策、社会需求所带来的宏观环境因素。

(4) 目标地域分析：包括区域发展(如振兴老工业基地的东北地区、打开发的西部地区、崛起的中部地区、发达的沿海地区)、目标城市、生活习惯、气候水土、人文环境等带来的机会和资源。

(5) 目标行业环境分析：目标行业的现状、未来发展趋势；国家政策、科技发展对行业带来的机会。

(6) 目标企业环境分析：分析目标企业的性质是国有还是民营，中资还是外资，上市大公司还是小企业；企业信誉；产品市场占有率；企业历史和文化；福利待遇。

4. 挑战和威胁(Threats)分析

挑战和威胁分析即主要对所处环境和所选职业面临的挑战、竞争、危机等进行分析。例如，表 6-2 为某英语专业大学生对“外贸翻译”这一职业理想的 SWOT 分析示例。

表 6-2　某英语专业大学生对“外贸翻译”的 SWOT 分析

自身条件		环境条件	
S 优 势	1. 有明确的理想目标和坚定的信念 2. 扎实的专业知识和技能，获得一次一等奖学金、两次二等奖学金，获得“三好学生”称号，能看懂简单的法语文章 3. 良好的人际关系和工作能力，曾担任院学生会干部，获得了老师、同学的认可 4. 在多次社会实践中锻炼了各种能力，并积累了经验 5. 拥有良好的个人形象	O 机 会	1. 中国新兴的翻译市场仍比较混乱，大多数翻译质量无法保证，专业翻译人才匮乏 2. 随着国家的不断开放，外贸需要大量的商务翻译人才 3. 国家扶持大学生就业政策，可以抓住机遇，表现自己

续表

自身条件		环境条件	
W劣势	1. 没有考取 BEC(剑桥商务英语资格证)和全国翻译资格证 2. 学历还不够,需继续深造 3. 实践经验还不够	T挑战	1. 现在市场竞争越来越激烈,优秀翻译人才需高等学历、高级翻译资格证书和流畅的口语表达能力,条件要求高 2. 金融危机爆发,对出口外贸行业有一定冲击,就业形势严峻 3. 学校知名度不高,需不断地提升自己

四、对职业理想进行分析,确立职业生涯目标、路线和行动

经过对几个职业理想进行比较分析而确定的最佳职业理想如何来实现呢?在这里要学会进行目标分解,并制定出生涯发展路线及行动方案。

可使用的理论工具:舒波的生涯彩虹图、目标的 SMART 原则、目标管理理论。

(一)设定职业生涯目标

生涯目标的设定是职业生涯规划的核心。没有目标不行;目标太多不行;目标总变不行;方法不对不行;时间不够也不行。生涯目标从时间跨度上通常可分为近期目标、短期目标、中期目标、长期目标和人生目标。近期目标就是最近一年内月、周、日的目标;短期目标是最近 1～3 年目标,中期目标一般为 3～5 年,长期目标一般为 5～10 年,人生目标就是预期通过职业奋斗给自己和他人所带来的物质和精神的利益。从内容上可分成果目标、学历目标、职务目标、能力目标、经济目标。好的职业生涯目标需符合如下 SMART 原则。

(1) 具体的(Specific):能具体描述目标实现所达到的状态。

"我想掌握一门外语。"这样说一点也不具体。

"我想能用日语和商务伙伴自如沟通。"这样说则比较具体

(2) 可量化(Measurable):可以量化衡量,如什么时间达到几级水平,收入多少,等等。例如,"今后我要成为骨干,获得可观收入"不如"3～5 年我要进入企业中层,争取年薪 10 万"具体详细。

(3) 可能实现(Achievable):目标既要有挑战性又要有合理性。达到目标后自己会感觉特别有价值,在实现的时候会有成功的喜悦。

(4) 现实的(Realistic):符合自身条件和环境的实际情况。

(5) 有时间限制的(Time－limited):目标在规定的时间里完成,没有时间限定的目标是无效目标。

例如,"我最后做到就行了",这样定目标就完全没有时间限定。"我想用两年的时间做到能用英语看相关的资料",这才具有时间限定。

除了上述 SMART 原则,另外还要注意目标的整体平衡,而不是顾此失彼。"我为了当上处级干部,宁愿每天累得半死。"这样定目标就不是整体平衡。整体平衡是指自己的健康、家庭、工作能够得到均衡发展。所以,要参照舒波的生涯彩虹图来均衡各生涯阶段的目标,同时兼顾生涯中各种角色的协调。工作者的角色是其中的核心角色,但作为子女、学习者、父母、公民、休闲者的角色要求也要充分满足,否则如果只有工作角色目标,生命就显单薄,工作也会失去趣味和动力。就像吃碗面条,虽然主要是面可以充饥,但没有汤和佐料,面就显得干巴巴的。工作之外的角色生活就是有滋有味的汤料,让工作的面条吃起来既充饥又好吃。

(二) 职业目标的分解和路线设计

1. 职业生涯目标的分解

职业生涯目标的分解是根据观念、知识、能力、差距将远大目标分解为有时间规定的长、中、短期分目标,直至将目标分解为某确定日期可以采取的具体步骤,可以用剥洋葱法(如图 6-4 所示)。

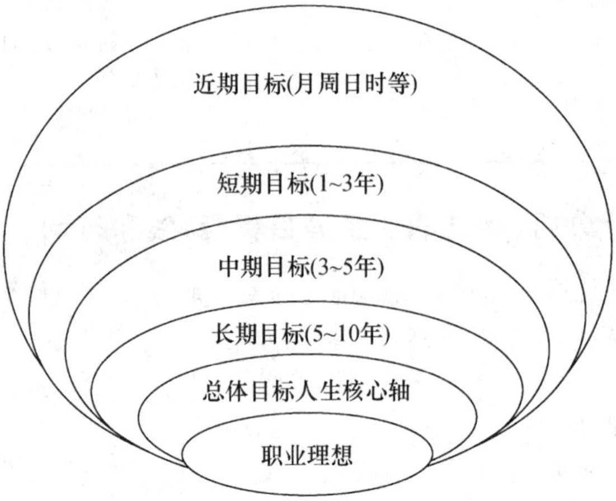

图 6-4 剥洋葱图

2. 确定职业生涯路线

在选择职业后,还须考虑向哪一路线发展,是走行政管理路线,还是走专业技术路线。发展路线不同,对其要求也就不同。因为,即使是同一职业,也有不同的岗位,有的人适合搞行政,可在管理方面大显身手,成为一名卓越的管理人才;有的人适合搞研究,可在某一领域有所突破,成为一名著名的专家学者;有的人适合搞经营,可在商海大战中屡建功勋,成为一名经营人才。如果一个人不具有管理才能,选择了行政管理路线,这个人就难以成就事业。由此可见,职业生涯路线的选择,也是职业生涯发展能否成功的重要步骤之一。图 6-5 为某英语专业大学生的职业路线。

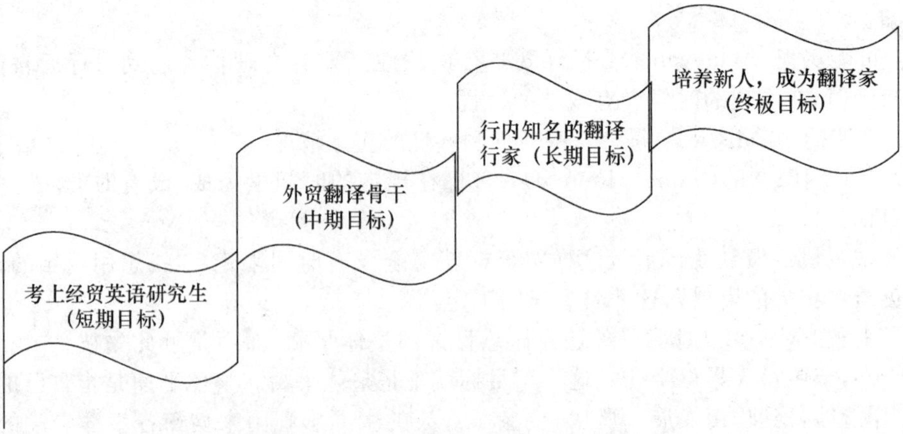

图 6-5 某英语专业大学生的职业发展路线

(三) 制订行动计划与实施策略

在确定了生涯目标后,行动便成了关键的环节。没有行动,就不能达到目标,也就谈不上事业的成功。行动就是落实目标的具体措施，主要包括工作、训练、教育等方面的措施。例如，为达到目标，在学习方面计划采取什么措施来提高学习效率；在能力素质方面，计划如何提高个人能力；在潜能开发方面，采取什么措施开发自己的潜能，等等，都要有具体的计划与明确的措施，并且这些计划要特别具体，以便于定时检查。大学生可以把大学期间的学习生涯行动计划做得详细实用一些，因为大学的环境资源条件和各阶段的任务是当前可预知、可把握的。

1. 职业生涯行动计划包括以下要素

(1) 计划的期限。一般是短期目标的实施计划，期限一般以年、季、月、天为单位。

(2) 完成的目标。根据目标的重要性和关键程度，优先排序。

(3) 完成目标的时间、地点、方法、步骤、行动计划、相关人物、经费、完成标准。

(4) 计划执行的检查、监督、总结。

2. 职业生涯行动计划实施策略

(1) 善于使用学习渠道，采取有效的学习方法。学习是缩小现有水平与职业要求之间的差距的基本途径，学习能力决定了职业发展能力。现代社会提供给大学生学习的途径多种多样，如学习职业标杆人物的思维方式和行动策略，向同行和前辈学习；利用信息平台、媒体学习；参加社团；参加有益的职业训练，掌握职业技能；参加行业会议和交流，了解行业的发展趋势和对人才的要求。

(2) 注意开发潜能，通过参加培训，自我反省，通过见习实习开发自我潜能。参加竞争机制和在指导他人过程中也可以发现和激发潜能。

(3) 建立正确的心态，坚持目标，灵活修正行动路线和计划。当环境发生种种没有预见的变化时，及时调整行动方案。

案例欣赏

避免盲目求职　大学生应早明确职业理想

新浪网对大学毕业生进行的一项调查显示：只有2.8%的学生表示对高考时填报的专业“非常了解”；只有12%的学生选择专业是出于对专业的兴趣，不少学生直到走上社会还是一片茫然，“我不知道想干啥”。大多数学生只是到“大四”时才考虑人才市场需求和就业。可见学生在升学和就业这样重大的人生选择问题上往往缺乏准备，存在很大的盲目性。这同时也说明，我们的高校教育应从学生入校开始，就应该帮助学生塑造良好的职业理想。

“我是去大公司当一个小技术员呢，还是去一家小企业做一名中层干部?”大连市某高校计算机系的大四学生小金，在“大连高新技术产业园区2005企业综合人才招聘大会”现场，面对着对他感兴趣的一大一小两家公司，陷入了两难境地。

招聘会开始，小金随着拥挤的人流，拿着自己的简历，寻找着自己合适的招聘公司。不一会儿，他就找到了一家名气很响的大公司。将简历递给了招聘人员，又将自己的特长一一介绍后，招聘方对他很满意，表示下午就可以签约。在一家本地的小公司招聘柜台前，小金递上了简历，招聘人员看过后，当即表示，他们公司正缺少小金这样的计算机人才，如果小金同意，他们下午立刻可以和小金签约，而且小金的职位将是公司技术方面的主管。这下，小金傻眼了，到底何去何从，他没了主意。

记者随机采访发现，到大公司还是到小企业？不仅对小金是个难题，对前来应聘的大部分大学生都是一个艰难的选择。一位学习信息管理的女学生告诉记者，原来她一心就想去大公司发展，但到了招聘会现场一看，抱着她这种想法的人太多了，很多大公司招聘柜台前的应聘队伍排起了长龙，而且不乏学历、能力比她高出许多的应聘者。眼看着梦想难以实现，她陷入了彷徨。

在我国高校中，对大学生进行"职业理想"、"职场定位"等就业辅导目前做得很不到位。一项对大学毕业生的调查显示，有63.8%的学生填报大学志愿时，没有考虑将来从事的职业，50%的学生的职业理想是在大学期间形成的，20%的大学生毕业时仍未形成比较明确的职业理想。

大连市某公司人力资源部负责人表示，大学生在校期间，应该有一个明确的"职业理想和职业定位"，不能临近毕业时"匆忙抱佛脚"，这样必然会导致不知何去何从、左右为难境况的出现。大学生毕业后的第一次选择应该是理性和审慎的，这样才能避免在职场上走弯路。每个人情况千差万别，要做到职场定位准确，毕业生必须考虑自己的特点和兴趣，择己所爱，选择自己喜欢的职业和岗位，这样才能在职业生涯中获得成就感、充实感和自我认同感。

课外练习

1. 请利用本章的方法谈谈应如何设定和实践自己的职业理想及其目标？

2. 当你有几个职业理想时，你如何选择一个你最喜欢又更能实现的职业理想，试利用平衡单原理进行分析。

第七章　大学生与职业生涯设计

“你不能预先把点点滴滴串在一起；唯有未来回顾时，你才会明白那些点点滴滴是如何串在一起的。所以你得相信，你现在所体会的东西，将来多少会连接在一块。”

——Steve Jobs(苹果计算机公司执行长)

“每一个人，每一株植物，每一只动物都有一个天生的使命——完成如其所示的自己。玫瑰不会用天堂鸟的形式完成自己，即使天堂鸟是七彩夺目的；大象不会用蜂鸟的形式完成自己，即使蜂鸟是轻盈灵巧的。”

——金树人

第一节　大学生职业生涯设计的原则和方法

一个人一生当中的生涯发展，宛如茫茫大海中破浪前进的航道，虽然“视而不见”，但有其方向可循。职业生涯规划是对人生航程的总体设计，虽然现代社会变化速率大，行业职业更新快，使得每个人的航程充满着莫测的暗流和多变的风浪，而在变化和更新中总会呈现有规律的洋流和季风，依据洋流和季风的规律，好的水手总能不断调整航道，驶向理想的目的地。所以职业生涯规划就是一个遵循社会发展和个体发展的规律，长期反复地将自我发展觉察和社会需求的觉察相融合，进行生涯决断又不断修正的过程。虽然每个人的生涯选择各不相同，但科学有效的职业生涯规划所遵循的准则是相似的，依据这些原则，总是能在结合自己的兴趣、能力、价值观与社会需求、职业要求中找到自己的“完美工作区间”(如图 7-1 所示)，找到最能照亮自己生命航程的那颗“星”!

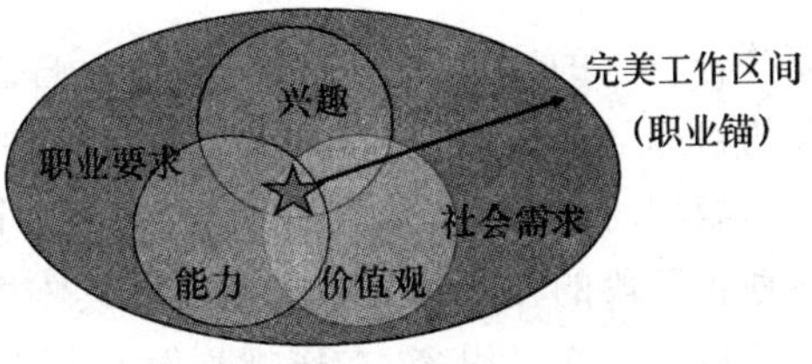

图 7-1　完美工作区间

一、选择职业目标的黄金法则

职业目标就是人们在人生航程里寻找的那颗导航星，遵循以下黄金法则，就能找到这颗导航星。

(1) 择己所爱。从事一项自己所喜欢的工作，工作本身就能带来一种满足感，职业生涯也会从此变得妙趣横生。兴趣是最好的老师，是成功之母。调查表明：兴趣与成功机率有着明显的正相关性。在设计自己的职业生涯时，务必注意：考虑自己的特点，珍惜自己的兴趣，择己所爱，选择自己所喜欢的职业。

(2) 择己所长。任何职业都要求从业者掌握一定的技能,具备一定的能力条件。而一个人一生中不能将所有技能都全部掌握,因此,必须在进行职业选择时择己所长,从而有利于发挥自己的优势。运用比较优势原理充分分析别人与自己,尽量选择冲突较少的优势行业。

(3) 择世所需。社会的需求不断演化着,旧的需求不断消失,新的需求不断产生,新的职业也不断产生。所以,设计自己的职业生涯时,一定要分析社会需求,择世所需;最重要的是,目光要长远,能够准确预测未来行业或者职业发展方向,再做出选择;要考虑不仅仅是有社会需求,并且这个需求要长久。

(4) 择己所利。职业是个人谋生的手段,其目的在于追求个人幸福。所以在择业时,首先考虑的是自己的预期收益——个人幸福最大化。明智的选择是在由收入、社会地位、成就感和工作付出等变量组成的函数中找出一个最大值,这就是选择职业生涯中的收益最大化原则。

二、职业生涯设计的操作性原则

大学生职业生涯规划是一生职业发展的整体设计,是一个复杂而细致的过程,是一个把梦想变成现实的过程。它不是书写美丽浪漫的抒情散文,也不是一般的小型活动设计,既要有梦想激情的体现,又要有可信可行的条件和行动,所以,除了在宏观的目标选择上要把握以上四大原则,还要在微观的具体操作上遵循以下原则,才能制定出科学有效的人生指南。

(1) 清晰性原则:目标、措施清晰、明确,实现目标的步骤直截了当。

(2) 挑战性原则:目标或措施具有挑战性,还是仅仅保持其原来的状况而已。

(3) 变动性原则:目标或措施有弹性或缓冲性,能依据环境的变化而作调整。

(4) 一致性原则:主要目标与分目标一致,目标与措施一致,个人目标与组织发展目标一致。

(5) 激励性原则:目标符合自己的性格、兴趣和特长,能对自己产生内在激励作用。

(6) 合作性原则:个人的目标与他人的目标具有合作性与协调性。

(7) 全程原则:拟订生涯规划时必须考虑到对生涯发展的整个历程,作全程的考虑。

(8) 具体原则:生涯规划各阶段的路线划分与安排必须具体可行。

(9) 实际原则:实现生涯目标的途径很多,在作规划时必须考虑到自己的特质、社会环境、组织环境以及其他相关的因素,选择切实可行的途径。

(10) 可评估原则:规划的设计应有明确的时间限制或标准,以便评估、检查,使自己随时掌握执行情况,并为规划的修正提供参考依据。

三、职业生涯设计的方法

职业生涯设计不是写一篇抒情的文章,也不是凭心血来潮写一份计划,更不是在老师的要求下填一份规划表格,而是基于自身职业发展的需要,运用科学的方法、严谨的程序,在分析、选择与决策的基础上,制定出的一份理性的、对个人成长具有指导作用的规划书。因此,制定职业生涯规划有很多方法,要根据自己的实际情况,积极地选择多种方法,对待一个问题应采用几种不同的方法，以使得出的结果相互印证，使结论更加准确。职业生涯规划的方法较多，常用的方法如表 7-1 所示。

表 7-1 职业生涯设计主要方法

阶 段	方 法
自我认知阶段	心理测量法、积极想象练习法、撰写回忆文章法、访谈法、分类卡法、测评法、画图法(如生命线)、幻想法、头脑风暴法、游戏法等
职业认知阶段	查阅典籍资料法、调查法、访谈法、讨论法、计算机辅助系统法、见习实习法、志愿服务法等
职业选择与决策阶段	对比排序法、筛选法、平衡单权重计分法、SWOT 分析法、综合归纳法等
规划书制定阶段	分解法、组合法、撰写分析文章法、列表填表法等

第二节 大学生职业生涯设计的流程和理论模型

根据舒波的职业生涯发展全程论，大学生正处于职业探索期，通过专业训练和自我试探、社会实践，依据现实的考虑，努力实现自我概念，将一般的选择转为特定的选择。所以，尝试着制定职业生涯规划是大学生进行职业探索、促进生涯成熟的必要功课。职业生涯规划是一个周而复始的连续过程，参考 2009 年教育部大学生就业指导中心举办的全国大学生首届职业生涯大赛的要求，一般来讲可以按照以下流程和理论模型(如图 7-2 所示)来开展职业生涯规划设计，包括自我认知——职业认知——职业决策——职业计划和实施路径——评估与调整五个环节和相应理论模型。

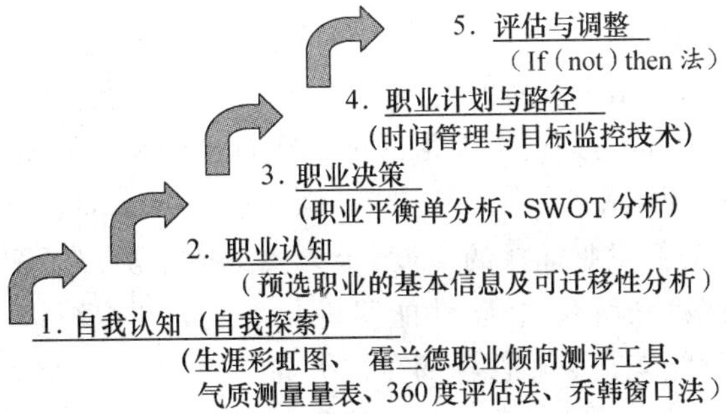

图 7-2 职业生涯设计流程和相关理论模型图

一、自我探索流程

本流程的任务是：使用合适的自我探索工具，充分探索自我职业发展的个人资源和社会资源，用职业测评工具找到与自己气质性格、兴趣、能力、价值观相匹配的完美工作区间——预选职业群。

本流程可选用的理论工具有：舒波生涯彩虹图、霍兰德职业倾向测评工具、气质量表、16PF，EPQ，MBTI 人格类型理论、九型人格类型理论、360 度评估、乔韩窗口法、生涯团体辅导方法等。可用的网络资源有：优赛在线、新职业网、中国大学生就业网等。

（一）要全面探索自我的个人资源

1. 成长历程和理想追求

有什么样的生活历程就有什么样的生活理想，就有什么样的奋斗目标和现实表现。最好能写一个生涯成长报告，生涯即故事，回忆成长中的各阶段的重要生活事件和人物，分析他们是怎样影响你的理想和价值观，怎样灌注着生命动力，催生出你的职业梦想。例如，在全国首届大学生职业生涯规划大赛中不少选手是这样阐述他(她)们的职业梦想的。

“我来自本来山清水秀的四川山村，但是由于人们过度地采矿，破坏了当地的水质和土壤，我们不得不搬出世代生养的土地，年迈的外婆也在搬迁不久就去世了，她是不甘离开故土而去的。那时我是十四岁的初中少年，于是我梦想着如何努力学习，长大把家乡被破坏的水土修复，还我青山绿水。随着知识的增长，我知道像我家乡这样被破坏的土地在全国还有很多很多，高考填志愿，我就急切地寻找与我的梦想相关的专业，最终选择了现在就读的四川农业大学土壤学专业，决意成为土壤修复工程师，致力于为地球做保健和治疗。”

“我来自云南少数民族聚居地，从小在美丽的苍山洱海生长，耳濡目染于多种多样的少数民族文化中，现就读于昆明理工学院，我的创业计划是在开设少数民族工艺品网上商店，将家乡丰富多彩的少数民族工艺品和特产与全国乃至全世界人民分享。”

理想的追求，集中反映了一个人的人生观和价值观，在大学生求职择业的过程中，这个问题必然会产生重要影响。你的生活目标是什么？这是个不容回避的问题。可以用叙事法，回溯到孩童时代，从人生初次萌生第一个想干什么的念头开始，回忆自己真心向往过想干的事，并一一地记录下来，写完后再想想有无遗漏，确实没有了，就进行认真的排序。

2. 道德品质

道德品质是应聘单位最看重的内在要素，直接影响一个人在社会和工作上的表现和成败。在择业之前，必须了解自己是勤奋的还是懒惰的，是认真负责的还是拖拉应付的，是廉洁奉公的还是自私贪心的。是否具备所选职业的道德要求，如何来克服不足，修炼好这些品质。可用360度评估法，访谈身边的重要他人来了解自己的道德品质和受欢迎的品质。

3. 知识结构和个人实践成果

个人的知识结构决定了职业选择的广度，个人实践成果决定了职业选择的可能性。陈列已学必修课程、选修课程和所获成绩，就能明析一个人的知识结构；陈列个人的各种社会实践经历和才艺成果，就能清楚职业选择的可能方向。

4. 职业兴趣

兴趣可以促进一个人的事业成功，也可以影响他在职业上的发展，分析自己的兴趣爱好是否与热衷的职业合拍；另外，由于职业道德的约束，有些职业会禁止或反对某些兴趣爱好，在择业之前要了解。使用第三章第四节的霍兰德职业性向测试可获知自己的职业兴趣类型。

5. 职业能力及适应性

能力和特长是求职择业和事业成功的一个重要条件，了解自己的能力特长，以便扬长避短。使用第三章第四节的霍兰德职业性向测试可获知自己的能力类型。

6. 个人特质

气质和性格体现了人的个体差异，构成了一个人个性的最重要的方面，表现出职业上的个人风格和行为方式。不同的社会职业对从业者的气质和性格也有不同要求。通过霍兰德职业类型测试，PDP小游戏和个性特征MBTI测评，可获得自己的性格类型和相匹配的职业类型。

7. 职业价值观

职业价值观指人生目标和人生态度在职业选择方面的具体表现，也就是一个人对职业的认识和态度以及他对职业目标的追求和向往。使用第三章第四节的霍兰德职业性向测试第七部分可将自己的职业价值观排序。在班级团体中可以通过"价值拍卖"、"魔术箱法"等团体互动活动来澄清职业价值观。

8. 生理机能

社会职业要求多种多样，有的对内在素质要求高，有的对求职者的性别、年龄、形象等生理特征有特定职业要求。参见第三章第一节中的表3-1，找到与生理特征不适应的工作领域，在职业生涯规划时注意回避。

(二) 正确认识自己的社会因素

在职业生涯规划过程中，如何认识自己，除了个人因素外，还要受到社会因素的影响，这些社会因素是求职择业中需要考虑的间接条件，主要包括以下几个方面。

1. 家庭因素

家庭是自我发育成长的重要环境。家庭成员对个人的职业选择会有潜移默化的重大影响，如父母的职业、道德观、价值观、职业观、对子女的期待和要求都会直接影响到下一代人的职业选择。家庭环境的影响(父母受教育的程度、职业及职业成就、经济状况)对一个人的成长和发展有明显的促进或阻碍作用。

2. 教育因素

教育经历中所读学校的历史、学风、教育理念和教育水平，特别是所在大学的培养人的方向和侧重点都会直接影响学生就业方向和能力。

3. 环境因素

一个人的职业生涯规划是要以社会环境所提供的条件和要求为依据的。要正确认识自己所处的政治、经济、文化、社会发展大环境的职业需求，又要认识地区之间、城市之间、行业之间的差异，并在差异中寻求符合自身发展需求的结合点。

将以上自我探索的内容整理和总结，写成自我认识小结和人职匹配结果，完成职业生涯规划的第一个流程。

二、职业探索流程

本流程的任务是：对第一个流程中预选的职业群做职业探索，搜集相关资料，涉及相关情景，获得预选职业的理性和感性认识，为职业决策提供可靠依据。

本流程使用的方法有：查阅典籍资料法、调查法、访谈法、讨论法、计算机辅助系统法、见习实习法、志愿服务法等。

(一) 职业探索的步骤

职业探索是对你喜欢或要从事的职业进行理论分析和实际调研的过程，目的是对目标职业有充分的了解，并在明确现实水平与职业要求之间的差距中制定求职策略，从而有效地规划大学生活。职业探索可以参考以下步骤进行。

(1) 确定职业探索的目标。根据所学专业和自我探索提供的信息,初步预选三个职业。

(2) 通过网络、专业书籍和行业杂志对预选职业完成“职业十项”的理论调研,形成初步的职业报告。

(3) 根据预选职业,进行职业人物访谈,并找到职业标杆人物。

(4) 访谈你的重要他人,请他们谈谈你从事预选职业的看法和建议。

(5) 到相关行业岗位见习和实习一周,体验职业生活。

(6) 将人物访谈的内容充实到职业报告中去,并在院系或班级中交流,提交给职业指导老师或专业老师,请求他们的建议和指导。

(二) 职业探索的内容——职业十项(参见第四章内容)

(1) 职业描述。

(2) 职业的核心工作内容。

(3) 职业的发展前景及其对社会和生活的影响、作用。

(4) 薪资待遇及潜在收入空间。

(5) 岗位设置及不同行业、企业间的差别。

(6) 入门岗位及其职业发展通路。

(7) 职业标杆人物。

(8) 职业的典型一天。

(9) 职业通用素质要求及入门具体能力。

(10) 工作与思维方式及对个人的内在要求。

通过职业探索,对预选职业的基本信息(上述十项)列表做一个归纳和整理,以便有一个直观的比较,为职业决策提供可靠依据。

三、职业决策(方向、目标的确定)

本流程的任务是:对预选职业做相关性或可迁移性分析,对预选职业做平衡单分析,得出最可能符合自身条件和社会需要的目标职业,并对目标职业做具体职业评估,从而明确现有条件与目标要求之间的差距,找到大学期间及今后努力发展的方向,为制定职业路径和行动方案提供依据。

本流程可采用的理论工具和方法有:霍兰德职业类型代码一致性理论、平衡单生涯决策技术、SWOT 分析法等(参见本书第六章)。

(1) 预选职业群的相关性和可迁移性分析。

(2) 对预选职业做平衡单分析。

(3) 对目标职业 SWOT 分析。

四、职业生涯目标、路线和行动

本流程的任务是:将第三个流程中确定的目标职业进行目标分解,并制订出生涯发展路线及行动方案。

可使用的理论工具有:舒波的生涯彩虹图、目标的 SMART 原则、目标管理理论。

(1) 设定职业生涯目标。

(2) 职业目标的分解和路线设计。

(3) 制订行动计划与实施策略。

五、职业生涯规划的评估监控和修正

本流程的任务是：理解生涯变化的客观存在，树立对生涯变化的“积极的不确定”态度，掌握生涯应对和自我调整能力。

本流程可使用的理论工具有：“ If(not)then”法；时间管理法。

“生涯之学，乃应变之学”，生涯发展的变化是客观存在的，对变化的应对过程中能不断修正世界观和思维方式，激发和磨练一个人的意志和潜能，提升学习和应对能力，丰富人生智慧。

(一) 职业生涯规划的评估和监控

职业生涯规划是一个动态的过程，必须根据实施结果的情况以及变化情况进行及时的评估与修正。职业评估主要从以下方面进行：

(1) 职业目标评估(是否需要重新选择职业?)。假如一直……那么我将……

(2) 职业路径评估(是否需要调整发展方向?)。当出现……的时候，我就……

(3) 措施策略评估(是否需要改变行动策略?)。如果……我就……

(4) 其他因素评估(身体、家庭、经济状况以及机遇、意外情况的及时评估)。

以下为某大学生对自己的职业生涯行动计划的评估和监督办法。

1. 每天把当日的工作清单贴在床头，临睡前做个评估，时刻提醒自己、督促自己。

2. 每月末给自己做个小结，针对目标实现的结果与实现目标的过程再给予评价和调整。

3. 每学期末把月小结整理出来，针对目标实现的结果与实现目标的过程再给予评价和调整。

4. 定期向指导老师寻求不同阶段的专业指导和人生规划，定期和同学交流，互相督促。每年向父母做一个完整的报告和未来的规划。

阶段性目标监督人有：执行者本人、父母、指导老师以及同学。

(二) 职业生涯规划的修正

在职业生涯规划的过程中，由于主、客观的原因，原有的目标和计划不能完全实施，这并不意味着职业规划没有意义，反而能促进一个人对职业生涯科学性有效性的反思，提高职业成熟水平。一般来讲，目标的修正应遵循以下原则。

(1) 除非条件完全不允许，一般不修改目标，而可以修正行动计划和方法。当修改目标成为习惯，你可能一事无成；成功的人可以无数次修改方法，但绝不轻易放弃目标；不成功的人总是改变目标，却从不改变方法。

(2) 如果修正计划还无法达成，就可以修正目标达成的时间。

(3) 如果以上修正还不能达成目标，你可以修正目标的量。

(4) 万不得已，可只好修正短期目标，但终极目标不要轻易修改。

以下为某大学生对自己的“外贸翻译”职业的的调整方案。

If 英语专业八级没有通过，then 努力准备好 BEC(剑桥商务英语资格证)和全国翻译三级口译考试。

If 本科毕业后，没有考上研究生，then 我将选择先实习就业，积累外贸翻译实践经验；工作了几年之后再继续考研，提升自身的理论水平。

If 没有机会出国留学，then 我将带着丰富的外贸经验，选择回家乡考商贸部门的公务员。

If 没有考上公务员，then 回家乡樟树自主创立外贸公司，让家乡企业四特酒厂、仁和药业、以及江西盐矿的特色产品名扬海内外。

大学生的职业生涯设计不是一蹴而就的事情，而是大学四年的循序渐进的长期探索完成的功课，各阶段的主要任务从表 7-2 中可见一斑，我们可参照此表来检测自己的功课做得怎么样。

表 7-2　大学生的生涯发展任务

大一：新生定向与适应
1. 新生的适应 熟读学生手册及学校学年事务日历。 了解校内各种资源。 参加新生教育和训练。 了解未来的主修科目，选修课程。 2. 终身学习的开始 了解学校社团。 发展新的个人社会支持系统（新同学、教职员、咨询老师、行政人员）。 了解所读专业的基本课程和职业走向。 3. 开始自我探索 接受心理测试，了解自己的心理健康状况和个性倾向。 开始思考必修选修科目与生涯发展之间的关系。 开始观察自己在休闲生活、课业学习及社交方面的兴趣、能力与价值。 4. 暑假 找一个感兴趣的工作。 慢慢决策自己的兴趣、能力与价值。
大二：自我评量与探索
1. 继续自我探索 考虑参加生涯规划团体心理辅导。 考虑选修职业生涯规划课程。 接受职业类型心理测试。 阅读有关职业生涯规划的书籍、网站。 2. 设定学习目标 思考在大学教育的学习目标、与未来的发展有什么关系？如何进行？ 将困惑与职业生涯辅导老师约谈。 尽最大的努力去取得好成绩。 3. 继续接触 继续接触院里的老师、行政人员、辅导员、职业导师。 扩大和紧密自己的社会支持系统（师长、同学、亲友）。 参与社团组织发展领导技术。 4. 暑假 找一个真正感兴趣的工作，建立良好的工作记录与名声。 参加训练和实践，扩大知识领域与技能。

续 表

大三：设定目标/接受现实
1. 继续生涯探索 多利用就业创业指导中心资源。 争取见习实习机会。 参加就业创业训练营。 2. 设定生涯目标 发展自己的生涯计划。 继续根据生涯目标选修相关课程。 考验自己在兴趣领域内所具备的条件。 检查课程的要求与职业的差距，全力以赴。 3. 持续人际探索 继续接触院里的老师、行政人员、辅导员、职业导师、行业相关人员。 积极拓展校内外人际网络。 4. 吸取就业新知 选修就业指导课程，参加就业创业能力团队活动，研究练习相关技能。 考虑是否考研究生、公务员、出国留学。 5. 暑假 继续找感兴趣又能做好的工作。 设定几个预选职业，开始准备应对不同应聘方向的履历。
大四：谋职/考研/考公务员/创业
1. 履行职业生涯决定 高分通过学科要求、修补缺陷课程。 参加校园人才招聘活动。 进行系列就业准备。 参加有关简历撰写、面谈技术、企业寻访活动。 学习职业取舍技巧。 学习如何管理和修正职业生涯规划。 2. 下学期及暑假 获得应聘就业路费、人脉、信息的支持，与就业指导老师、就业指导中心、人才交流中心保持联系。

案例欣赏

案例一：职业生涯规划助你成功

李明亮毕业于机械工程专业，今年 26 岁，3 年的职业生涯中他已换了 6 份工作，并且每份工作的时间都呈递减趋势。第一份工作做得最长，在一家日资企业做工程师，干了一年两个月；第二份工作是一家民营企业的技术员，做了七个月；而今年的九个月内，他走马灯似的换了 4 份工作，做过市场推广、计算机程序员、工厂电工，最后一份工作仅一个星期就辞掉了。现在又回到他已非常熟悉的人才市场，重复习以为常的动作：投简历、面试、再投简历、再面试……他感到非常苦恼和迷茫：不知道自己究竟适合什么职业？他感到，自己迫切需要做一个全面的职业规划，不然的话，只是虚度青春。于是，他拨通了职业顾问的电话。

分析：黄先生这一阶段年龄在 23～28 岁之间，属于起步阶段。因为欠缺工作经验，要面对就业、生活保障等挑战，因此通常会遭遇初入职场如何定位的困惑。

职业研究表明，在职业生涯的起步阶段，由于个人的可塑性强，职业转换成本低，如果在本阶段就对自己的职业有一个准确的定位和长远的规划，效果极佳，将非常有利于自己今后的成长与发展。

职业顾问与李明亮进行深入的交谈后，了解到，虽然他学的是机械工程专业，但他对技术工作一点兴趣都没有，当初报考该专业只是家人的安排；就业时，选择做工程师等技术型工作，也是因为不得不选择与专业相关的职业，希望能“骑牛找马”。但是几年下来，“马”没找到，自己还是骑着一头不喜欢的“牛”。

在对李明亮进行了全面的职业测评后，结果显示李明亮的确不喜欢从事具体的、重复的、习惯性的、程序要求很强的技术型及技能型工作，他的兴趣表现在乐于助人、喜欢从事与人交往的工作，而他的职业能力、个性、兴趣三者也较为匹配，适合选择人力资源、客户服务等与人沟通较多的工作。

另外测评还表明，李明亮对于自己从事的职业，最关心的是有无培训的机会、有无职位升迁机会以及工资、福利、待遇等问题。因此职业顾问还建议他，除了考虑职业能力、个性、兴趣匹配因素外，企业环境、个人职业目标、职场心态以及实现目标的路径等要素都要充分考虑。深入面谈后，他紧锁的眉头终于舒展开来。他说：“如果我早一点进行职业规划，就不会走这么多弯路。职业规划的确是事不宜迟，越早越好。”

案例二：目标决定境界

唐太宗贞观年间，长安城西的一家磨房里，有一匹马和一头驴子。他们是好朋友，马在外面拉东西，驴子在屋里推磨。贞观三年。这匹马被玄奘大师选中，出发经西域前往印度取经。17 年后，这匹马驮着佛经回到长安。它重新见到了驴子朋友。老马谈起这次旅途的经历：浩瀚无边的沙漠，高入云霄的山岭，热海的波澜、那些神话般的境界，使驴子听了大为惊异。驴子惊叹道：“你有多么丰富的见闻呀！那么遥远的道路，我连想也不敢想。”“其实，”老马说，“我们跨过的距离是大体相等的，当我向西域前进的时候，你一步也没停止。不同的是，我有一个遥远的目标，按照始终如一的方向前进，所以看到了一个广阔的世界。而你被蒙住了眼睛，一生只围着磨盘打转，所以永远也走不出这个狭隘的天地。”

课外练习

结合本章介绍的职业生涯设计的流程和模式，思考自己的职业生涯设计方案，并写出自己的职业生涯设计活动日程安排表。比如什么时候完成？

职业生涯规划具体活动		时间安排	活动途径
自我探索	1. 登录网站学习生涯规划理论 2. 360 度访谈		
职业探索	3. 职业人物访谈 4. 咨询就业指导老师		
职业决策	5. 平衡单分析 6. SWOT 分析		
写出职业生涯规划书	7. 描写职业生涯路线 8. 制订行动方案 （特别是大学生涯行动方案）		

第八章　大学生职业生涯规划书格式及范例

任何新生事物在开始时不过是一枝幼苗，一切新生事物之可贵，就因为在这新生的幼苗中，有无限的活力在成长，成长为巨人，成长为力量。

——周恩来

第一节　大学生职业生涯规划书的基本内容和要求

一、大学生职业生涯规划书的基本内容

职业生涯规划书是对职业生涯规划的书面化呈现，不仅能呈现大学生的宏观职业生涯规划，还能对具体的学习和工作起到指导及鞭策作用。大学生职业生涯规划书的基本内容主要有：

(1) 扉页：包括题目、目录、姓名及基本情况介绍、年限、起止日期等。

(2) 前言：包括对目的、目标的认识及意义等。

(3) 职业方向及总体目标。

(4) 社会环境分析结果：包括对政治环境、经济环境、法律环境、职业环境的分析。

(5) 组织分析结果：包括对行业、组织制度、组织文化、领导人、组织运行机制、发展领域等的分析。

(6) 自我分析：对家庭因素、学校因素、自身条件及性格、潜力等的测评结果。

(7) 角色及其建议：记录对自己职业生涯影响最大的一些人的建议。

(8) 目标定位以及目标的分解和组合：发展策略、发展路径。

(9) 职业标准和要求、各阶段成功的标准。

(10) 差距：即自身现实状况与要实现的目标之间的差距。

(11) 缩小差距的方法及实施计划和方案。

(12) 评估调整预测：评估的内容、评估的时间、规划调整的原则。

二、撰写职业生涯规划书的基本要求

1. 资料翔实，步骤齐全

收集资料有多种途经，可以通过访谈、从报刊图书中摘抄、上网下载等方式获取资料，要尽可能注明资料的出处，并多运用图表数据来说明问题，以提高资料来源的可信度和说服力。职业生涯设计的步骤主要分为四步：第一步，分析需求，分析条件及目标设定；第二步，分析阻碍和可行性研究；第三步，设计方案和提升(改变)计划；第四步，制订详细的实施计划和措施。

2. 论证有据，分析到位

要了解有关的测评理论及知识，认真审视并思考自己的测评报告并对照自我认识与测评结果的异同，分析与测评结果形成差距的原因，从而确定自我评估结果，达到“知己”；要理清自己所处的地理环境（包括居住的地方、喜欢的地方、亲朋的意见等），明确自己最大的兴趣是什么、最喜欢与之共事的人的类型、最重视的价值与目标、最喜欢的工作条件是什么，再通过目前环境评估（社会影响、家庭影响、学校因素、就业形势等）和当前社会环境分析（组织环境分析、技术的发展、经济的兴衰、政策法规的影响等）来确定自己的职业方向，做到说理有据，层层深入。

3. 言简意赅、结构紧凑，重点突出、逻辑严密

语言朴实简洁，用词精练准确，行文流畅，条理清楚，这是最基本的写作要求。撰写时还应密切注意整篇文章的结构和重心所在。职业生涯规划书一般包含对职业规划的认识、对自我的剖析、对所学专业的认识、对职业方向的探索、确定目标并制订计划这五个方面的内容。在对这些内容进行分析阐述时，必须紧紧围绕职业目标这条主线来展开，从而体现文章论述的逻辑性和连贯性。要将重点放在自我评估、环境和职业评估、目标实施上。职业生涯规划是对自己将来的规划，这个规划只有建立在对自我和职业的充分认识的基础上才能体现出它的科学性和可行性

4. 目标明确，合理适中

撰写职业生涯规划书应围绕论述的中心展开，职业生涯目标不能过于理想化，应“择己所爱”、“择己所长”、“择世所需”、“择己所利”。职业生涯规划书撰写是否成功，在很大程度上取决于有无正确适当、切实可行的目标。

5. 分解合理，组合科学，措施具体

目标分解、实现路径选择要有理论依据，而且备用路径之间要有内在联系性。目标组合要注意时间上的并进、连续，功能上的因果、互补作用，全方位的组合要涵盖职业生涯、家庭生活、个人事务等方面。

第二节　大学生职业生涯规划书基本格式和类型

一、大学生职业生涯规划书基本格式

1. 封面

署上作品名称、作者名和年月日，可以在封面插入图片和警示格言。

2. 扉页

个人资料：

真实姓名：×××

笔名：× ××

性别：×

年龄：× ×岁

籍贯：× ×省× ×市/县

身份证号码：× × × × × × × × × × × × × × × × ××
所在学校及学院：× ×大学× ×学院
班级及专业：××级× ×专业
学号：× × × × × × × × ××
联系地址：× × × × × × × × ××
邮编：× × × × ××
联系电话：× × × × × × × ××
E-mail：× × × × × ×　QQ × × × × ×
3. 目录
总论(引言)
第一章　认识自我
(1) 个人基本情况。
(2) 职业兴趣
(3) 职业能力及适应性
(4) 个人特质
(5) 职业价值观
(6) 胜任能力
自我分析小结
第二章　职业生涯条件分析
(1) 家庭环境分析
(2) 学校环境分析
(3) 社会环境分析
(4) 职业环境分析
职业生涯条件分析小结
第三章　职业目标的决策
(1) 预选职业目标间的决策平衡单分析
(2) 目标职业的 SWOT 分析
(3) 职业目标的分解与组合
第四章　职业生涯路线和行动方案
第五章　职业生涯规划的评估调整
(1) 评估的内容
(2) 评估的时间
(3) 规划调整的原则
结束语
附：参考书目
4. 正文
总论(引言)
第一章　认识自我

结合相关的人才测评报告，对自己进行全方位、多角度的分析。

(1) 个人基本情况。

(2) 职业兴趣——喜欢干什么。

在我的人才素质测评报告中，职业兴趣前三项是× ×型(×分)、× ×型(×分)和× ×型(×分)。我的具体情况是……

(3) 职业能力及适应性——能够干什么。

我的人才素质测评报告结果显示，× ×能力得分较高(×分)，× ×能力得分较低(×分)。我的具体情况是……

(4) 个人特质——适合干什么。

我的人才素质测评报告结果显示……我的具体情况是……

(5) 职业价值观——最看重什么。

我的人才素质测评报告结果显示前三项是× ×取向(×分)、× ×取向(×分)和× ×取向(×分)。我的具体情况是……

(6) 胜任能力——优劣势是什么。

自我分析小结：

第二章　职业生涯条件分析

参考人才素质测评报告建议，我对影响职业选择的相关外部环境进行了较为系统的分析。

(1) 家庭环境分析：如经济状况、家人期望、家族文化、家庭人员职业构成等以及对本人的影响。

(2) 学校环境分析：如学校特色、专业学习、实践经验等。

(3) 社会环境分析：如就业形势、就业政策、竞争对手等。

(4) 职业环境分析

① 行业分析(如××行业现状及发展趋势，人业匹配分析)

② 职业分析(如× ×职业的工作内容、工作要求、发展前景，人岗匹配分析)

③ 企业分析(如× ×单位类型、企业文化、发展前景、发展阶段、产品服务、员工素质、工作氛围等，人企匹配分析)

④ 地域分析(如× ×工作城市的发展前景、文化特点、气候水土、人际关系等，人城匹配分析)

职业生涯条件分析小结。

第三章　职业目标定位及其分解组合

(1) 预选职业目标之间的决策平衡单分析。

(2) 职业目标的确定。综合第一部分(自我分析)及第二部分(职业生涯条件分析)的主要内容得出本人职业定位的SWOT分析。

项　目	自身条件	环境条件
1	优势(S)	机会(O)
2	劣势(W)	挑战(T)
努力方向		

结论：职业目标——将来从事(× ×行业的) × ×职业。

职业发展策略——进入× ×类型的组织(到× ×地区发展)。

职业发展路径——走专家路线(管理路线等)。

(3) 职业目标的分解与组合。

把职业目标分成三个规划期，即近期规划、中期规划和远期规划，并对各个规划期及其要实现的目标进行分解。

职业生涯规划总表

计划名称	时间跨度	总目标	分目标	计划内容	策略和措施	备　注
短期计划(大学计划)	2006—20××年计划	如大学毕业要达到……	如大一要达到……大二要达到……或在××方面要达到……	如专业学习、职业技能培养、职业素质提升、职业实践计划等	如大一以适应大学生活为主，大二以专业学习和掌握职业技能为主……，或为了实现× ×目标我要……	大学生职业规划的重点
中期计划(毕业后五年的计划)	20××—20××年计划	如毕业后第五年时要达到……	如毕业后第一年要……第二年要……或在××方面要达到……	如职场适应、人脉积累(知脉、人脉、金脉)、岗位转换及升迁等	……	大学生职业规划的重点
长期计划(毕业后十年或以上计划)	20××—20××年计划	如退休时要达到……	如毕业十年要达到……二十年要达到……	如事业发展，工作、生活关系，健康，心灵成长，子女教育，慈善等	……	方向性规划

第四章　行动计划的实施

(1) 职业路径：××员——初级××——中级××——高级××。

(2) 各阶段行动计划。

① 短期目标的具体实施计划。

本人现正就读大学×年级，我的大学计划分为四个阶段。

② 中期目标的具体实施计划。

③ 长期目标的具体实施计划。

④ 人生总目标的具体实施计划。

第五章　职业生涯规划的评估监控和调整

职业生涯规划是一个动态的过程，必须根据实施结果的情况以及变化情况进行及时的评估与修正。

(1) 评估的内容。

① 职业目标评估。(是否需要重新选择职业?)假如……那么我将……

② 职业路径评估。(是否需要调整发展方向?)当出现……时候，我就……

③ 措施策略评估。(是否需要改变行动策略?)如果……我就……

④ 其他因素评估。(身体、家庭、经济状况以及机遇、意外的评估。)

(2) 评估的时间。

在一般情况下，我定期（半年或一年）评估规划；当出现特殊情况时，我会随时评估并进行相应的调整。

(3) 调整的原则。

结束语

二、职业生涯规划书的类型

1. 文本式

文本式职业生涯规划书没有固定的模板，具有创作的空间，但规划的依据是：一是要让自己信服，二是要有可执行性。一般情况下，文本式规划书要包括职业理想、自我认识、职业认识、职业目标、实施方案及遇到障碍的对策等内容。

大学生职业规划书范文(文本式)

一、×××大学毕业后的十年规划

(2005—2015 年，20～30 岁)

美好愿望：事业有成，家庭幸福

方　　向：企业高级管理人员

总体目标：完成硕士、博士的学习，进入××著名外资企业，成为高层管理者。

已进行情况：读完硕士，进入一家外资企业，想继续攻读博士学位。

二、社会环境规划和职业分析(十年规划)

1. 社会一般环境

中国政治稳定，经济持续发展。在全球经济一体化环境中的重要角色。经济发展有强劲的势头，加入 WTO 后，会有大批的外国企业进入中国市场，中国的企业也将走出国门。

2. 管理职业特殊社会环境

由于中国的管理科学发展较晚，管理知识大部分源于国外，中国的企业管理还有许多不完善的地方。中国急需管理人才，尤其是经过系统培训的高级管理人才。因此企业管理职业市场广阔。

要在中国发展企业，必须要适合中国的国情，这就要求管理的科学性与艺术性和环境动态适应相结合。因此，受中国市场吸引进入的大批外资企业都面临着本土化改造的任务。这就为准备去外企做管理工作的人员提供了很多机会。

三、行业环境分析和企业分析

1. 行业分析

本人所在××公司为跨国性会计事务所。属管理咨询类企业。由于中国加入 WTO，商务运作逐渐全球化，国内企业经营也逐步与国际惯例接轨，因此这类企业在近年来引进中国后得到迅猛的发展。

2. 企业分析

××公司是全球四大会计事务所，属股份制企业，企业领导层风格稳健，公司以“诚信、稳健、服务、创新”为核心价值观，十年来稳步在全球推广业务，目前在全球 10 余个国家、地区设有分支机构。公司 2000 年进入中国，同年在上海设立分支机构。经营中稳健拓展业务的同时重点推行公司运作理念。本人十分认同公司的企业文化和发展战略，但公司事务性工作太过繁忙，无暇进行个人自我培训，而且提升空间有限。但总体而言，作为第一份工作可以接触到行业顶尖企业的经营模式是十分幸运的，本人可能在此企业实现部分职业生涯目标。

四、个人分析与角色建议

1. 个人分析

(1) 自身现状

英语水平出众，能流利沟通；法律专业扎实，精通经贸知识；具有较强的人际沟通能力；思维敏捷，表达流畅；在大学期间长期担任学生干部，有较强的组织协调能力；有很强的学习愿望和能力。

(2) 测评结果(略)

2. 角色建议

父亲："要不断学习，能力要强"；"工作要努力，有发展，要在大城市，方便我们退休后搬来一起居住生活。"

母亲：工作要上进，婚姻不要误。

老师："聪明、有上进心、单纯、乖巧"，缺乏社会经验。

同学："有较强的工作能力"，"适合做白领"。

五、职业目标分解与组合

职业目标：著名外资企业高级管理人员。

1. 2005—2008 年

成果目标；通过实践学习，总结出适合当代中国国情的企业管理理论。

学历目标：硕士研究生毕业，取得硕士学位；取得律师从业资格、通过 GRE 和英语高级口译考试。

职务目标：外资企业商务助理。

能力目标：具备在经济领域从事具体法律工作的理论基础，通过实习具有一定的实践经验；接触了解涉外商务活动；英语应用能力具备权威资格认证；有一定的科研能力，发表 5 篇以上论文。

经济目标：在校期间兼职，年收入 1 万元；商务助理年薪 5 万。

2. 2005—2010 年

学历目标：通过注册会计师考试。

职务目标：外资企业部门经理。

能力目标：熟练处理本职务工作，工作业绩在同级同事中居于突出地位；熟悉外资企业运作机制及企业文化，能与公司上层进行无阻碍的沟通。

经济目标：年薪 10 万。

3. 2005—2010 年

学历目标：攻读并取得博士学位。

职务目标：著名外资企业高级管理人员，大学的外聘讲师。

能力目标：科研能力突出，在国外权威刊物发表论文；形成自己的管理理念，有很高的演讲水平，具备组织、领导一个团队的能力；与公司决策层有直接流畅的沟通；具备应付突发事件的心理素质和能力；有广泛的社交范围，在业界有一定的知名度。

经济目标：年薪 25 万。

六、成功标准

我的成功标准是个人事务、职业生涯、家庭生活的协调发展。

只要自己尽心尽力，能力也得到了发挥，每个阶段都有了切实的自我提高，即使目标没有实现(特别是收入目标)我也不会觉得失败，给自己太多的压力本身就是一件失败的事情。

为了家庭牺牲职业目标的实现，我认为是可以理解的。在28岁之前一定要有自己的家庭。

七、职业生涯规划实施方案

(一) SWOT分析找差距

1. 跨国企业先进的管理理念和丰富的管理经验。

2. 作为高级职业经理人所必备的技能、创新能力。

3. 快速适应能力欠缺。

4. 身体适应能力有差距。

5. 社交圈太窄。

(二) 缩小差距的方法

1. 教育培训方法

(1) 充分利用硕士研究生毕业前在校学习的时间，为自己补充所需的知识和技能。包括参与社会团体活动、广泛阅读相关书籍、选修、旁听相关课程、报考技能资格证书等。时间：2008年7月以前。

(2) 充分利用公司给员工提供的培训机会，争取更多的培训机会。时间：长期。

(3) 攻读管理学博士学位。时间：5年以内。

2. 讨论交流方法

(1) 在校期间多和老师、同学讨论交流，毕业后选择和其中某些人经常进行交流。

(2) 在工作中积极与直接上司沟通、加深了解；利用校友众多的优势，参加校友联谊活动，经常和他们接触、交流。

3. 实践锻炼方法

(1) 锻炼自己的注意力，在嘈杂的环境里也能思考问题，正常工作。在大而嘈杂的办公室里有意识地进行自我训练。

(2) 养成良好的锻炼、饮食、生活习惯。每天保证睡眠6～8小时，每周锻炼三次以上。

(3) 充分利用自身的工作条件扩大社交圈、重视同学交际圈、重视和每个人的交往，不论身份贵贱和亲疏程度。

本人对于职业规划的看法：

1. 职业规划肯定要有，但是我觉得职业规划不可能现在就定下来，需要不断修正，周围的环境随时在变，而且随着自己不断地成熟和接触不同的东西，自己也会变。我以前想当官，后来想当外企白领，现在想创业，所以我觉得这个很难就定下来，更何况是在校大学生，没有任何社会阅历，谈这个就似乎有点纸上谈兵。

2. 但是，虽然可能没有成型的职业规划，但是我觉得每个阶段的前进方向和短期目标要有，比如这段时间我要练好英语听力到什么水平，我要朝着什么方向努力，没有努力的方向和短期的目标，很容易虚度光阴。

3. 如果我是学生，我可能想听一些别人成功的案例，和为什么别人能取得成功，虽然每个人走的路不同，但是我想有些成功的共同点是相同的，作为一个学生，可以从中学到一辈子受益的美德和优点。

2. 表格式

表格式职业生涯规划书主要包括两部分，即表头和规划内容栏(见表8-1)。表头是规划人的基本信息，内容栏以呈现目标和实施要点为主，内容不是固定不变的，可以根据个人情况进行调整。

表 8-1　表格式职业生涯规划书

姓　名		性　别	
年　龄		学　历	
所学专业			
职业选择		流动意向	

人生目标及规划
长期目标(5～10 年)
岗位目标 职务(职称、技术等级)目标 收入目标 社会影响目标 重大成果目标 其他目标 人生观简要文字说明： 实现长期目标的战略要点：
中期目标(通常在 3～5 年以上)
岗位目标 学习(成绩)目标 能力目标 资格目标 就业目标等 实现中期目标的战略要点：
短期目标(1～3 年)
岗位目标 学习(成绩)目标 能力目标 资格目标等 短期内完成的主要任务及拟采取的措施 有利条件 主要障碍及其对策 可能出现的意外和应急措施： 年度目标及年度计划的细节通常另行安排，以保持生涯计划的相对稳定性和可保存性。 职业生涯规划人(签字)： 职业生涯规划日期：　　年　　月　　日

3. 档案式

档案式职业生涯规划是由多个表格组成，它可以把职业生涯规划的制定过程真实而详细地记录下来，是一种具有史料性质的生涯规划书，主要包括曾经的职业理想、高考选择分析、性格认识、兴趣探索、优势技能分析、价值观澄清、专业与职业关系分析、职业分析与职业体验、咨询与总结、生涯选择与职业决策、职业发展规划等内容。规划档案的任何一部分都可以根据内容而扩展，职业发展规划部分可以按学期制定。一份完整的职业生涯规划档案就是一个人成长的历程。

职业生涯规划文本内容丰富，篇幅大，通常在比赛和应聘的时候要把它改编成 PPT 演讲稿。

案例欣赏

2009 年全国大学生职业生涯规划大赛江西赛区前十强选手作品欣赏

我的花样年华

——某某大学某某某的职业生涯规划书

姓名：×××

学校：××学院

院系：外国语学院

班级：××××

联系方式：××××××

前　　言

沉睡了整个冬天的大地，随着春天的脚步，也开始有了小小的颤动，田野中绿色的生命渐渐地冲破层层压力，萌发出茁壮的嫩芽，在风中发出和谐的声响。她有一个梦想：长成参天大树！

我的人生，从我出生开始，今年是整整第二十二年了，有很多事情需要结束，有很多事情正在开始。四年的英语专业学习，使我的生命之树有了坚实的根基；课余，我学习电子琴、素描、朗诵及参加社团活动，让我快乐地成长。大学就要毕业了，面临新的角色转换，现在我需要的是一个职业的指点，只要有人握着我的手描绘一片叶子，我就可以画出繁花似锦！

目　　录

2. 我的职业兴趣
3. 我的知识结构与职业能力
4. 我的职业价值观
二、"样样需具备"——职业认知
1. 英语翻译行业现状
2. 英语翻译行业前景分析
3. 外贸人员需具备的素质
4. 备选职业中小学英语教师、公务员的行业认知
三、"考虑全方位"——职业决策
四、"一年又一年"——职业计划与路径
1. 职业生涯发展路径
2. 我的职业生涯发展彩虹图
3. 分阶段目标执行计划
五、"计划与变化"——评估与调整
1. 风险预测及应对
2. 自我及他人监控
3. 评估调整
"华丽地绽放"——结束语

一、自我认知

1. 我的个性特征

我使用优赛生涯在线的 PDP 小游戏和 360°测评，探索了自己的个性特征。根据 PDP 小游戏，我的个性兼具孔雀、考拉、变色龙之特征；善表达，有耐心，应变性强。

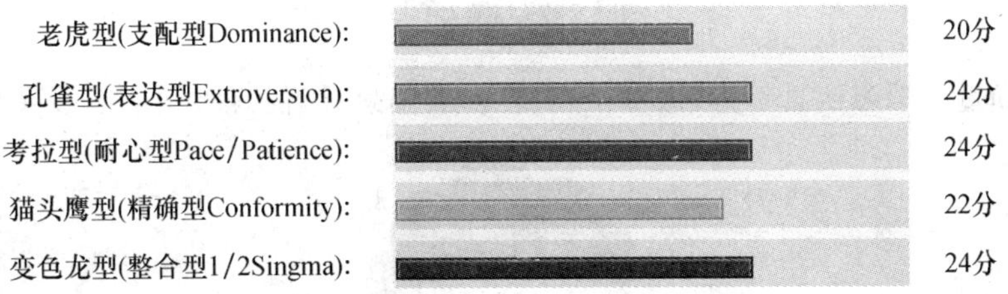

个性特点：很热心，够乐观；口才流畅，好交朋友，风度翩翩，诚恳热心，个性乐观，表现欲强。

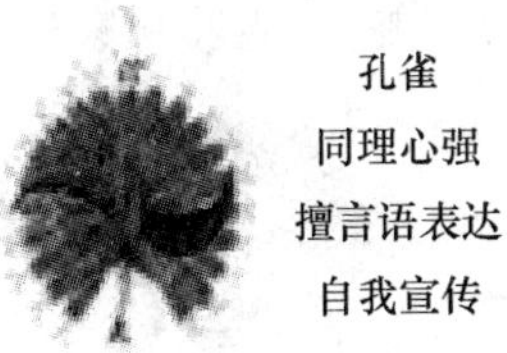

个性特点：很稳定，够敦厚，温和规律，不好冲突，行事稳健、强调平实，有过人的耐力，温和善良。

无尾熊
爱好和平
持之以恒
忍耐度佳

个性特点：善于在工作中调整自己的角色去适应环境，具有很好的沟通能力。

变色龙
协调性佳
配合度高
团体的润滑剂

我的 360 度评估

父母评价我：尊老爱幼，听话懂事，好胜心强，不虚荣，但是有时候缺乏自信。

老师评价我：学习认真努力，做事认真负责，勤勤恳恳，但有时做事不够果断。

家教学生家长评价我：朴素大方，谦和，能够与家长、学生很好地沟通。

同学评价我：心地善良，稳重，富有责任感，具有独立思考能力，乐于助人，做事有时拖拉。

我的个性特征小结：

根据PDP游戏测评和我的重要他人的评估，我知道我是谁了——一个热情随和、好学上进、善于表达沟通、行事稳健有条理的新时代的好青年。

2. 我的职业兴趣

兴趣是梦想开始的地方。通过霍兰德的职业兴趣测评方法，我发现我是属于ASI(艺术、社会、研究)型。

ASI：

艺术型(A)喜欢通过艺术进行自我表达；常常被认为是充满想象力的、内省的和独立的；重视艺术形式的美学和创新。

社会型(S)喜欢人际交往，具有很好的沟通技能；关注社会问题，倾向于服务团体；对教育活动等感兴趣。

研究型(I)喜欢以任务为导向；对数学和科学等感兴趣；常常被认为是独立的、善于分析的和有头脑的；可能话不多，并且常常将领导权转让给别人。

可能适合的职业：美术/戏剧/音乐老师、广播评论员、外语老师、文学老师、翻译、管弦乐指挥、合唱队指挥、歌手、演奏家、哲学家、作家、广告经理、时装模特。

我的职业兴趣小结：

喜欢通过艺术进行表达，喜欢与人交往、沟通，也喜欢分析与思考。

乐于与人沟通，使我有丰富的信息源；喜欢分析和思考，使我的思想得以饱满；追求唯美的表达，让我内外兼修。

3. 我的知识结构与职业能力

(1) 知识结构

主修了英语视听、口语、应用文写作、翻译、大学商务英语、英美文学、教育学、心理学、计算机基础(能熟练操作Word、Excel、PowerPoint)。

选修了商务英语口语，大众传媒学。

自修了古代汉语、美学、现代文学、社会学。

(2) 个人能力实践

(3) 霍兰德职业能力测评结果：SCE(社会、事务、企业)型

社会型(S)喜欢人际交往，具有很好的沟通技能；关注社会问题，倾向于服务团体；对教育活动等感能力。

事务型(C)常常被认为是实用的、顺从的、友善的和保守的；喜欢结构性和条理性强的工作，例如分类、处理数字和文字等。

企业型(E)喜欢领导决策；常常被认为是具有权威性的、有抱负的和具有说服力的；擅长言语技能。

可能适合的职业：客服专员、部长助理、市场营销经理、福利机构职员、组织部门协调人、环境卫生管理人员、戏院经理、餐馆经理、售票员、报关员。

4. 职业价值观

价值观是世界观的核心，是驱使人们行为的内部动力，一种内心尺度，是影响职业决策

的最核心因素。我的职业价值观测评结果如下：

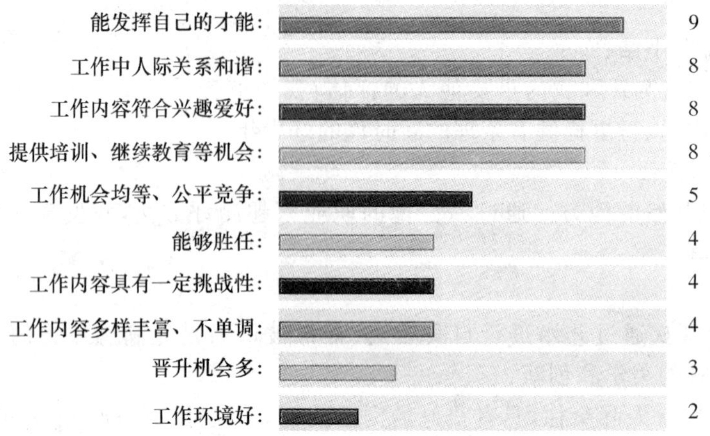

职业价值观小结：

由此可以看出，我特别看重的因素：工作是否能充分发挥自己的才能，工作中人际关系是否和谐，工作内容是否符合兴趣爱好，是否能提供培训、继续教育等机会，特别期待能在工作中不断提升自我、挑战自我、实现自我的价值。

自我认知小结：

针对以上我的个性特征、职业价值观、职业兴趣以及职业能力这四个方面的综合分析，参考新职业网专业职业测评报告的建议，可供我选择的匹配职业岗位如下：外语老师、翻译、市场营销经理、报关员、管理咨询顾问、特许经营业主。

以上职业，就我现有的知识结构、能力特征和我的兴趣愿望来讲，我比较适合与经济、翻译、外语打交道的职业，而成为外贸翻译是我一直所梦想的。

二、职业认知

（1）英语翻译行业现状

在全球经济一体化的时代，翻译已成为全世界最热门的产业之一。尤其随着我国加入WTO后国际国内市场交流与融合步伐的加快，翻译市场正以前所未有的速度迅猛发展。从规模上看预计中国翻译市场总额将达200亿元，同时，从事翻译服务的企事业单位和人员也在迅速增加，我国翻译协会提供的资料显示，经近十年的发展，目前在册的翻译公司有近3000家，仅在北京注册的就有400家。有50万人的翻译队伍活跃在我国翻译市场中。

然而，众多翻译学家们却表示：中国虽是“翻译大国”，却远称不上“翻译强国”，翻译的总体水平不高，鱼龙混杂，粗制滥造之作仍有很多。现有的翻译队伍远不能满足社会和市场的实际需求，人才匮乏成为主要掣肘。

（2）英语翻译行业前景分析

相关专员表示，北京2008年奥运会和上海世博会将为中国翻译业带来前所未有的机遇。在发达国家城市中，外语和本地语言的使用比例一般为1∶7。到2008年，北京的这一比例可能达到1∶10，远远高于现在的水平。

中国的翻译服务市场也在急速膨胀。目前，仅在北京，翻译注册公司就有400多家。

专家指出，与翻译服务业相对较发达的欧美国家相比，中国新兴的翻译市场仍比较混乱。问题主要表现在翻译质量无法保证，没有细化的专业分工，市场价格不规范等方面。

同时，翻译服务队伍不足仍然是困扰翻译产业的一大难题。中国译协的数据显示，中国现有在岗聘任的翻译专业人员约 6 万人，翻译从业人员保守估计达 50 万人，而有关抽样调查显示该数字可能达到 100 万人。

(3) 外贸翻译人员需具备的素质

那么怎样才能成为一名合格的外贸翻译人员呢？

A. 专家谈职业

我特别请教了我院的资深翻译学教授，他归纳了以下几点。

1. 外贸翻译人员必需了解、理解、拥护党和国家的各项方针政策，尤其是外贸政策。

2. 要有埋头苦干、认真严谨的工作作风以及跟踪形势、不断研究新问题、新事物的钻研精神。

3. 应做到不篡改原话原意；不喧宾夺主；维护本国、所在公司的利益。

4. 扎实的双语基础(英语与汉语)是翻译理解与否的关键。

5. 还需熟悉外贸业务，掌握大量的有关外贸的词汇，双方国家的文化背景知识。

6. 翻译，尤其是口译工作，是一种高度紧张的劳动，必须全神贯注，无论遇到什么情况，都要保持冷静。

B. 在职人士谈职业

我通过电话采访了学姐，她现在在厦门××纸制品有限公司担任外贸翻译员。

你能谈谈你对这个行业的认识吗？

外贸翻译员有一个优势，就是我们比单做外贸的多懂一点翻译；我们又比单做翻译的多懂一点外贸。但是，要想做好，我们就必需两者同时进行，这对于新手是有难度的。这个社会需要专业化，我指的是产品的专业，客户群的专业，市场的专业。这些都需要长时间的积累。大概是这样：8 年为一个轮回，5 年入行，3 年学徒。意思是你在一个行业，你做 3 年才能说你学完出师，5 年才能叫你已经入行。

你觉得作为一个新手而言，做外贸翻译最重要的是什么？

作为一个新人，需要永远对周围的事保持敏感，永远抱着向上一定要做出成绩的感觉。其实当你保持着这种心态的时候，当你做到第一个订单之时，这个社会就会奖励你一样东西：自信。做不出成绩不要紧，永远不要放弃你敬业的热忱，永不放弃你的自信心，成功之神自然会眷顾你。多交朋友，不要让自己一个人(静止着)去决定自己职业的走向。对每一个向你提供机会的人，社会大学里教育你的人，你都要学会感恩。做事要锋芒毕露，但做人要谦虚谨慎。翻译的时候，尤其是口译工作，无论遇到什么情况，都要保持冷静。碰到不太懂的地方或者较生疏的词，要专心致志地听，边听边想，揣摩理解其含义。其实，工作的过程也就是一个不断学习的过程。

您对像我这样的一些即将毕业的在校生有什么建议？

现在尤其是因为金融危机，很多大学生都很迷茫，其实自信太重要了，很多人迷茫就是因为缺乏这个。我是三个月的试用期，当我三个月没有订单的时候，我十分难受地去找老板，而我的老板却非常高兴地告诉我他找到了一个好职员。原来，他一直都在默默关注我，他觉得我为人诚恳、持之以恒。当然，对于英语专业的同学来说，要想做好外贸翻译，当然还是要储备好比较专业的外贸知识，考取相关的证书，多增加实践经历。在厦门这个地方，从来就不缺人。但是人才一直是稀缺之物。

这个社会看重 IQ(你的学历专业)占 20%，但剩下的 80%是 EQ，你的情商。你是否能适应环境，能够委屈求全，能够坚韧不拔，能够显出你想达到目的的信心。你是否能呆下去，是否能做出成绩，这和人有关，每一个职位的机会都是相同的。产品淘汰了会有新产品，客户流失了会有新客户，社会是进步的，给每人的机会也是均等的。所以不管做什么事，都要学会在自己身上找原因。有没有反思，有没有努力，有没有总结，有没有坚持下来。

(4) 备选职业中小学英语教师、公务员的行业认知

中小学英语教师：

目前，我国英语教育市场正处于激烈竞争阶段，教育部已经把英语列入学生们的考试科目，从小学、中学、大学，再到研究生，要想拿到文凭，英语就不能落后，所以作为教育的初等阶段，中小学英语教师是一份很重要的职业。

我针对一些做过英语教学兼职的在校大学生们，对这一职业做了一些问卷调查，大致有以下几种看法：

1. 教师是人类灵魂的工程师，培养出一批批优秀的学生，很有成就感；

2. 教师是太阳底下最光辉的职业，口碑好，工作比较稳定，假期多；

3. 现在都是独生子女，学生不听话、做错事，老师不能给予惩罚，有时候觉得很无奈；

4. 但是每年几乎教的都是差不多的内容，有些枯燥乏味，尤其是教小学，自身的水平不易得到较大的提高。

公务员：

中国国家公务员指在中华人民共和国政府中行使国家行政权利、执行国家公务的人员。公务员工资包括基本工资、津贴、补贴和奖金。当前，对于大学生们来说，大多数不准备考研的学生都把公务员作为自己的未来职业目标，所以可谓是“千军万马过独木桥”。

关于公务员，网友认为：

1. 作为政府工作人员，社会地位高；工作时间有规律；工作比较稳定；待遇福利好；工作比较轻松；能认识更多不同行业的人，可以扩大人际交往圈；

2. 但是升职的机率不大，提升自我的空间比较狭窄；

3. 很多人为了求得公务员这样一个稳定的工作，放弃了自己的兴趣爱好与专业，不仅给社会带来了极大的人才资源浪费，而且也进一步加剧了当今就业形势的压力。

三、职业决策

综合考虑自我认知和职业认知的结果，我基本选定了我的职业目标，为了进一步科学化、系统化，我对我的三个预选职业(外贸翻译、中小学英语教师和公务员)做了平衡单来综合分析：

平衡单

原始分数（加权分数）	选择策略 / 相关因素	第一方案		第二方案		第三方案	
		外贸翻译		中小学英语教师		公务员	
		+	−	+	−	+	−
	A. 个人物质方面得失						
×(3)	1. 就业前所需金钱	+3(+9)			−3(−9)		−2(−6)
×(4)	2. 就业机会之可能性	+4(+16)		+3(+12)		+2(+8)	
×(3)	3. 工作收入	+4(+12)		+3(+9)		+3(+9)	
×(3)	4. 生活稳定性		−1(−3)	+3(+9)		+4(+12)	
×(1)	B. 他人物质方面之得失 家人协助负担金额		−3(−3)		−1(−1)		−1(−1)
	C. 个人精神方面之得失						
×(3)	1. 自我实现的程度	+4(+12)		+4(+12)		+2(+6)	
×(5)	2. 个人兴趣	+4(+20)		+2(+10)			−1(−5)
×(3)	3. 与男友相处的时间		−3(−9)		−3(−9)	+3(+9)	
×(4)	4. 社会地位的提高	+3(+12)		+4(+16)		+4(+16)	
	D. 他人精神之得失						
×(2)	1. 家人的态度	+4(+8)		+4(+8)		+3(+6)	
×(2)	2. 男友的态度		−2(−4)	+4(+8)		+3(+6)	
		+89	−19	+84	−19	+72	−12
	得分	70		65		60	
	优先级	1		2		3	

由平衡单可以看出，虽然外贸翻译、中小学英语教师和公务员这三种预选职业的综合得分相差不是很大，但是最高分是外贸翻译，所以外贸翻译与我最匹配。

同时，我还应用了SWOT分析方法对我的目标职业进行了内外因素的分析：

自身因素	外部因素
S(优势) 1. 有明确的理想目标和坚定的信念 2. 扎实的专业知识和技能，获得一次一等奖学金、两次二等奖学金，获得“三好学生”称号，能看懂简单的法语文章 3. 良好的人际关系和工作能力，曾担任院学生会干部，获得了老师、同学的认可 4. 在多次实践中锻炼了自身的综合能力，并积累了一些经验 5. 拥有良好的个人形象	O(机会) 1. 中国新兴的翻译市场仍比较混乱，大多翻译质量无法保证，专业翻译人才匮乏 2. 随着国家的不断开放，发达的外贸需要大量的商务翻译人才 3. 国家扶持大学生就业政策，可以抓住机遇，表现自己

续 表

W(劣势)	T(威胁)
1. 没有考取 BEC(剑桥商务英语资格证)和全国翻译资格证 2. 学历还不够,需继续深造 3. 相关实践经验还不够	1. 现在市场竞争越来越激烈,优秀翻译人才需高等学历、高级翻译资格证书和流畅的口语表达能力,条件要求高 2. 金融危机爆发,对出口外贸行业有一定冲击,就业形势严峻 3. 学校知名度不高,需不断地提升自己

四、职业计划与路径

1. 我的职业生涯发展彩虹图

我的生命全程需要充当多种角色,现在就工作者的角色做以下规划:

工作者的角色			
阶　段	年龄段(岁)	职业表现	发展任务
继续学习阶段	22～26	研究生学习及兼职	继续充实职业知识和能力,探索适合自己的职业
探索阶段	27～31	熟悉工作环境和内容	实现职业偏好,发展一个符合现实的自我概念,学习开创更多的机会
建立阶段	32～36	勇于探索,开拓进取,及时充电,聚集力量。寻求专业的扎实与推进	找到更多的拓展机会从事自己想要做的事情,不断积累经验,成为行业骨干
维持阶段	37 以后	致力于行业上的稳固与安定	继续扎实推进,成为行业新手的指导者

2. 职业生涯发展路径

生活好比旅行,理想是旅行的路线,现实是旅行的轨迹,失去了路线,只好停止前进,失去了轨迹,也就失去的出发的勇气。为了更好地实现我成为外贸翻译家的理想,我为自己设计好了一步一步前行的路径:

短期目标——在学校里学好专业知识,在这基础上阅读外贸、翻译等书籍;做好考 BEC 和全国翻译资格考试的准备。

中期目标——在外贸公司实习并工作，积累外贸翻译实践经验，辅助公司做好出口贸易。

长期目标——准备考研，在丰富的实践经验上再不断丰富理论知识，理论与实践相结合。

终期目标——成为一名权威的外贸翻译理论家，出版相关书籍，把所拥有的经验教给职场中的外贸翻译者们，把多年总结的先进理念传承下去。

3．分阶段目标行动计划

短期目标(2009—2013年)。这段时间分为两个阶段：第一，剩下不到一年的本科阶段；在这期间，我将珍惜时间、好好利用，争取考取英语专业八级证书，涉猎外贸、英语翻译等专业书籍，准备研究生考试，准备职业规划大赛，完成论文的撰稿与答辩；第二，四年的研究生阶段；在这期间，我将进一步加强我的英语翻译水平，在理论上不断充实自己，积极发表研究型论文，课余时，适当涉足外贸翻译的实践，把学习到的知识运用到实践中来，理论与实践相结合；同时，不忘法语的进修，为自己未来职业的选择增加砝码，成为一名优秀的英语翻译研究生。

中期目标(2014—2018年)。研究生毕业后，带上丰富的理论经验，走向求职道路。涉入职场，积累经验是关键，所以我将选择在中、东部地区的外贸公司实习，从底层做起，从小做起，一步一步，踏踏实实，掌握公司业务，了解行业规则，熟知外贸工作程序。成为一名外贸翻译骨干。

长期目标(2019—2023年)。在工作了几年、积累了丰富的外贸以及翻译经验之后，我的各方面能力，包括专业素养、工作能力、人际交往能力等都得到了很大的提高。这时，我将选择出国留学，开阔视野，充实自己，提高自己，使知识结构进一步完善。成为一名行内知名的翻译家。

终期目标(2024—2028年)。我将选择回国,选择从事高一级的商务翻译工作,成为一名卓有建树的翻译家,并将自己在国外所学到的先进思想理念传播给其他翻译工作者。

五、评估与调整

“人生不能像做菜,把所有的料都准备好了才下锅”。Because life likes a box of chocolates, you never know what you're gonna get.(生活就像一盒巧克力,结果往往出人意料)所以,“生涯之学乃应变之学”,需根据实施过程中出现的种种情况,适时地进行调整,及时地评估修正。

1. 风险预测与应付

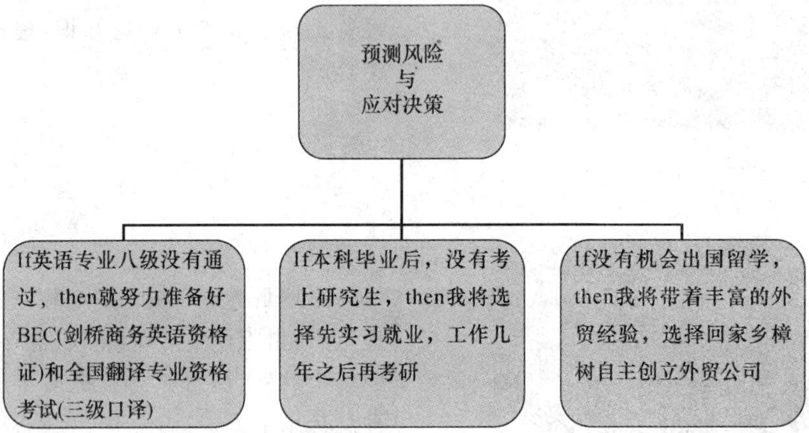

2. 评估调整

If 英语专业八级没有通过,then 就努力准备好 BEC(剑桥商务英语资格证)和全国翻译三级口译考试。

If 本科毕业后,没有考上研究生,then 我将选择先实习就业,积累外贸翻译实践经验;工作几年之后再继续考研,提升自身的理论水平。

If 研究生毕业后,没有找到满意的工作单位,then 作为家里的独生女,我将选择回家乡樟树自主创立外贸公司,把家乡企业四特酒厂、仁和药业以及江西盐矿的特色产品名扬海内外。

3. 自我及他人监控

阶段性目标监控方法(略)。

监督人:执行者本人、父母以及指导老师。

评估内容:

1. 每天把当日的工作清单贴在床头,临睡前做个评估,时刻提醒自己、督促自己。

2. 每月末给自己做个小结,针对目标实现的结果与实现目标的过程再给予评价和调整。

3. 每学期末把月小结整理出来,针对目标实现的结果与实现目标的过程再给予评价和调整。

4. 定期向指导老师寻求不同阶段的专业指导和人生规划，定期和同学交流，互相督促，每年向父母做一个完整的报告和未来的规划。

结束语

“上人生的旅途罢。前途很远，也很暗。然而不要怕。不怕的人的面前才有路。”我用心凝望不害怕，要让梦想都开花！

另外该同学将作品浓缩成3分钟演讲稿，并作了精彩演讲，得到专家好评。演讲稿欣赏如下：

尊敬的老师、同学：

大家好！我叫×××，来自××学院，主修英语专业。

清代诗人袁枚有诗云：“苔花如米小，也学牡丹开”。每个人的生命都是花朵，既然是花，就要绽放。四年的大学生活就要结束了，面临新的人生起点，我要向大家展示我的职业生涯规划——《我的花样年华》。

了解自己就是成功的开始。通过360度评估，在父母眼里，我是踏实稳重、做事有条理的乖女儿；在老师眼里，我是好学上进、思维敏捷的好学生；在朋友眼里，我是滔滔不绝、想法不断的疯丫头；在家教学生家长眼里，我是认真负责的好老师。我就是这样一个既沉稳多思又敢说敢做的80后女孩。

兴趣是梦想开始的地方，能力是梦想实现的桥梁，价值观是梦想实现的原动力。使用著名的霍兰德职业人格测评得知，我的兴趣在于：喜欢艺术表达，社会沟通，分析研究。能力上属于SCE型，能够在社会领域、事务领域和经济活动领域有所作为。

我向往着在既有创造性又有合作性的环境下工作。根据我现有的知识结构、能力特征和兴趣愿望，我比较适合从事与外语、翻译、经济相关的职业。为了更好地进行职业认知，我选择了三个职业进行比较：外贸翻译、外语教师、公务员，这三个职业都是以我的专业英语为核心，并向经济、事务、社会领域延伸；三个职业相关性大，容易迁移。三个职业我都喜欢、我都适合，怎么办呢？为了科学决策，我对这三个预选职业做了平衡单分析。权衡物质、精神得失，我的首选职业是——外贸翻译。

中国虽是“翻译大国”，却远不是“翻译强国”，翻译的总体水平不高，现有的翻译队伍远不能满足社会和市场的实际需求，专业翻译人才比较匮乏。随着经济全球化步伐的加快，中英双语服务的需求会不断增加，外贸专业翻译人才的需求更大。

“梦想如鸡蛋，如果不及时孵化，就会腐化”。运用SWOT分析，我知道：从事外贸翻译，我具有良好的英语书面和口头表达能力、人际沟通和组织能力；但是我缺乏丰富的外贸知识储备和情景翻译的经验。虽然行业前景好，但是门槛高、竞争压力大。

舒伯的生涯彩虹图诠释了人的一生是坎坷漫长而又多姿多彩的。多种多样的角色丰富着我们的生命，而工作者的角色是生命的核心。为了实现我的生命理想，我以5年为一个周期，把职业生涯分为四个阶段。

短期目标是：拓展和加强经济贸易英语翻译知识技能，成为优秀的经贸英语研究生。

中期目标是：熟悉行业的走向和模式，积累大量应时应景经验，成为外贸翻译骨干。

长期目标是：形成自己的翻译风格，成为业内行家。

我的终极目标是：著书立说，培养一代新人，成为卓有建树的翻译家。

职业的发展就像一棵树的成长。从种子到嫩芽，再到小树，最后长成参天大树，洒下绿荫，结出硕果，回报大地。正如美国前总统肯尼迪所说："Do not ask what your country can do for you, ask yourself what you can do for your country"（不要问你的国家能为你做什么，而是扪心自问，你能为你的国家做什么）。

"生涯之学乃应变之学"，风险预测和应对决策是必不可少的。通过这个方案，我可以不断地调整路径，完善自我，及时和定期监控自己、警醒自己、督促自己。

鲁迅先生曾说过，"上人生的旅途罢，前途很远，也很暗。然而不要怕。不怕的人面前才有路。"展望未来，我用心凝望不害怕，要让梦想都开花！

谢谢！

课外练习

1. 选择你认为合适的格式写一份职业生涯规划书，题目为：我是我的作品——××学院××班××职业生涯规划作品，并在此基础上浓缩成一份3分钟演讲稿，在班级职业生涯规划比赛中进行演讲。

2. 成功者的自画像

凭着过去的经验和直觉，请以好奇心和想象力憧憬，试着为自己未来选定一个理想的方向，用心展开对生命的探索，努力作一次理性而合适的生涯规划。

到目的地。所以，出航吧！

(1) 试着想象自己十年后是一个怎样的人，并尝试用文字简述出来。

(2) 分享对"成功"的看法。

"成功者自画像"十年后的我：

我是______________________________（姓名），

我是个______________________________的人；

我所从事的工作是______________________________；

我的专长是______________________________；

我的工作报酬是______________________________；

在别人眼中，我是个______________________________的人。

(3) 制作十年后你的社交名片。

第九章　大学生与职业生涯团体辅导

一个人……
要想了解自己，到团体中去了解；
要想改变自己，到团体中去改变；
要想实现自己，到团体中去实现。

——吴典武

第一节　职业生涯团体辅导的功能

职业生涯规划团体辅导以科学的职业生涯理论为指导，本着以学生为本的教育理念，以体现学生为主体的团体辅导课堂教学方式进行教学，以培养大学生科学的就业观念为教学目标：帮助学生切实提高社会适应性与职场能力，适应社会需求；帮助学生加深对自己的了解、对社会和职业的认知，明确自己的职业发展之路；帮助学生提高求职技巧，合理入职、上岗，尽快完成从"校园人"向"社会人"的转变。

一、职业发展指导与职业能力培养相结合

大学生职业生涯规划团体辅导课是素质教育的实践课程，本课将职业发展指导与职业能力培养融为一体，采用团体辅导的科学方式，以一系列的活动为载体，通过培训帮助学生获得职业发展的基本概念和理论，掌握就业技巧，使之能够根据自己的能力、兴趣、爱好等个人特质，制定职业生涯发展规划，选择适合自己的工作，运用就业技巧，指导自身就业，提高就业的有效性。

（一）制定生涯规划

生涯设计是目前人力资源管理的一个特色研究方向与重要内容，是指对自己一生的各个阶段所从事的工作、职务或职业发展道路所进行的设计和规划。大学生职业生涯规划是指学生为未来职业发展所做的策划和准备，包括确立阶段性或长期职业目标；确定自己的发展道路、方式方法；明确将要进行的调整和各项准备、具体步骤。团体辅导中引导学生为实现职业生涯目标而确立行动方向、行动时间、行动方案。具体分四步走。

(1) 评估自我。引导学生依据自我和他人的评价，借助职业兴趣测试、职业能力测试、性格气质测试，加上自我探索和多方面的分析，从而对自己的职业兴趣、职业类型、职业能力有正确的认知。

(2) 职业认知。在自我评估中发现自己的职业性向，并对相关职业进一步探索和论证，找到主观意愿和客观需求之间的结合点。为目标职业的确定提供充分的依据。

(3) 确定目标。引导学生从自身个性特征、所学专业性质、职业社会需求、家庭社会环境四方面因素综合考虑，确定自己职业发展的总体目标及短期、中期目标。

(4) 制定规划。引导学生根据总体目标所要求的素质和能力，分阶段规划自己的大学生活，制订出发展计划及实施措施。

(5) 反馈修订。引导学生在实施具体计划的过程中，针对社会环境及自身情况的变化，

及时调整奋斗目标及其实施措施。靠科学的选择和不懈的努力找到适合自己的发展道路。

（二）掌握职业技能

目前，经济全球化使得世界上每3个月就产生一个新的行业，这一不争的事实对大学生素质提出了更高的要求：不仅要有具体职业或职业群的技能，而且要有一般化的技能；不仅要对本专业熟悉，而且应具有可转换技能；不仅为某一具体职业做好准备，而且要准备好在一生中进行无数次的工作变换。这就要求大学生必须具有广泛的、弹性的、可迁移的职业能力。这种综合性的职业能力内涵丰富，它既包括认知能力、表达能力、沟通能力、团队合作能力等一般能力；也包括自我认识、自我控制、自我激励等心理调控能力；更包括诸如技术操作能力、技术管理能力、技术诊断能力等专业能力；还包括包含科学的创业态度、革新能力、创造机会能力等在内的创业能力。这种职业能力不仅是大学生从业必需的，更是大学生发展必不可少的。

现在有些大学生囿于传统教育思想的影响，重文化素质，轻心理素质；重考试成绩，轻人际沟通；重专业能力，轻一般能力；重智商提高，轻情商培养，社会能力十分缺乏。这种素质缺陷在求职时暴露无遗：或不谙面试礼仪，或表达语无伦次，或简历粗制滥造，或不会收集信息…… 针对学生职业方向不明，职业能力单一，职业素质欠缺的现状，职业生涯团体辅导课可以通过系列活动帮助学生磨练自己的职业个性，调整自己的职业心态，提高自己的职业能力。引导他们在企业案例讨论中，锻炼表达能力，培养创新精神，增强团队意识；在仿真模拟招聘面试中，制作简历、撰写求职信，学习求职礼仪，实践面试技巧，提高沟通能力；在价值竞拍游戏中认知自我、激励自我、管理自我。

二、了解社会与认清自我相结合

许多大学生由于课业繁重，忽视对社会职业状况、人才市场动态、个人择业目标以及自己适合做什么、能做什么等方面的正确认识和了解，面对市场，感到茫然。为了求职，有的学生无心搞毕业设计，四处出击；有的学生到处投简历、求职信，遍地开花；有的在选择职业上左右摇摆，反复签约；有的择业目标不明确，人云亦云。在职业生涯团体辅导课上，通过系列活动，帮助学生了解市场、了解专业、认识自我、合理定位。

（一）了解市场变化，转变就业观念

随着高校扩招，中国高等教育已经进入了大众化时代。大学生就业市场与几年前相比已经有了很大的变化：一是由卖方市场转向买方市场；二是由统包统分转为自主就业；三是由精英就业转为大众化就业；四是由供不应求转为供求平衡甚至供大于求。

针对我国市场的变化，职业生涯规划课需要引导学生正确处理职业生涯理性设计与就业盲目从众的矛盾，社会就业大众化趋势与大学生精英意识之间的矛盾，求职的高薪期望与就业岗位低报酬现实之间的矛盾，重新调整就业思路，降低择业时的高期望值（大城市、技术层、管理层，高薪），辩证地看待沿海和内地、城市和农村、机关和基层、外企和民营、事业与企业等用人单位，把目光锁定在能充分发挥自己才干的各种地域、各种所有制、各种层次的单位。

（二）了解职业需要，准确自我定位

在引导学生正确对待社会分工和职业差别的基础上，根据社会需要和自身条件准确定位，选择工作和职业。

首先，帮助学生了解职业的内涵和职业在人生中的重要意义，明确目前的专业学习与未来所从事职业的关系。引导学生全方位地获取职业需求的动态信息，详细地了解各种职业

的性质、任务、待遇以及从业人员应具备的条件、要求。其次，帮助学生研究职业内容并了解各种职业所需要的知识储备、能力结构和发展前景。最后，帮助学生在对自我的学习能力、职业兴趣、能力倾向和个性特征评估的基础上进行职业定位，从而使他们有的放矢地学习，充分挖掘自己的学习潜力，为今后职业理想的实现做好准备。

（三）了解社会需求，提高自身素质

随着社会的发展，人才的内涵也有了相应的变化——由能力、学历、经历、潜力、体力（含心理健康）这五个方面组成。知识经济时代要求大学生具有时刻准备迎接挑战的精神，终身学习不断超越的态度，放眼全球的国际化眼光，良好的团队协作精神与沟通能力。对大学生求职而言，文凭固然重要，但不是求职的唯一条件。知识最新化、能力综合化、身心素质并重化才是市场对人才的需求。大学生所学知识在实践中应用率不足30%，多数用人单位反映大学生的知识占有率和转化率偏低，要引导学生学会根据动态的社会需要及求职单位岗位能力的需求深化知识、转化知识、更新知识、重组知识、提升能力、重构能力，以适应工作的需要。

三、共性指导与个性辅导相结合

职业生涯规划辅导是运用心理学、社会学知识研究人与职业相匹配的一种综合性新型社会科学，是大学生在校学习生涯中不可缺少的环节。大学生职业生涯规划团体辅导将共性指导与个性辅导相结合，既从整体上帮助所有学生树立正确的就业观、择业观、价值观，明确职业生涯目标，掌握正确的择业方法、技巧，又针对不同个体的具体情况进行辅导，以期使每个学生切实提高职业发展能力。其具有全程化、个性化的显著特点。

（一）全程化

职业生涯规划辅导是大学生学习生涯的重要组成部分，是高等教育系统不可缺少的环节，应贯穿于学生在校学习的全过程，职业生涯规划团体辅导课不应是大学四年级就业时的临门一脚，而应是贯穿四年大学生活始终的长期投资。对一年级新生应侧重于认识所学的专业特点及未来职业特点，确定奋斗目标，规划个人职业生涯；对二年级的学生则应指导他们作自我分析，明确兴趣、能力、特长所在，完善确认的职业目标；对三年级学生应着重使其认清与专业相关的职业，培养、发展与职业目标相适应的各种能力，掌握相关技能；四年级学生应着手认清就业形势，收集就业信息，调试不良心理，掌握求职技巧。通过连续系统的职业生涯辅导，学生的职业能力必然会有长足的进步。

（二）个性化

职业生涯规划辅导不仅仅是简单的职业规划设计，老师需要根据学生的实际情况，指导和帮助学生正确认识自己所掌握的专业知识结构以及自身的性格和特长，对就业期望进行符合自身实际的科学定位，以减少其择业的盲目性和就业的随意性，提高其就业的成功率。

因此，职业生涯规划辅导是互动的过程，也是双向沟通的过程，仅仅靠课堂上的共性指导是远远不够的。我们将职业生涯团体辅导与心理咨询相结合，课内与课外相结合，在这一过程中双方共同参与，师生互动，促进辅导对象的自我了解、自我规划、自我管理、自我实现。参与团体辅导的每个成员，在通过系列团体活动及气质、能力、兴趣倾向的测评后，与指导老师共同分析、评价测评结果，深入交流，解决职业困惑和潜在问题，明确基本职业意向和最佳发展方向。

四、理论学习与实际操作相结合

大学生职业生涯规划课不是一门纯粹的知识理论课，而是一门知识理论与实践体验相结合的课，课堂上要设计大量的团体活动和职业评估，其活动设计的依据是职业生涯发展的科学理论，其中最基本的就是被称为“职业辅导之父”的帕森斯提出的“人职匹配”理论，这一理论强调个人特质与工作要求条件的相互匹配；最常用的是霍兰德的职业兴趣理论，这一理论强调工作特点要与自己的人格类型相匹配，做自己最有兴趣的工作是人生一大快事；最完整的理解职业生涯的是舒伯的“生涯即生活”的理论，这一理论强调生涯规划不是简单地找一份工作，因为工作只是一个人的多种角色中的一部分，因此选择一种职业是选择一种不同的生活，职业生涯规划其实是一个人的人生规划。在职业生涯规划课上，学生们通过系列团体活动、心理测评等方式学会理解人生的意义，学会规划人生，学会做出自己的选择。课堂上采用“生涯体验”的办法，请已毕业的校友介绍面试体会和工作心得；请研究生院的导师和同学谈复试感受；请与单位签约的同学交流应聘经验；请企业人力资源负责人组织现场模拟演练，让课堂具有较强的现场性、真实性、实战性，有效地提升学生职业发展能力。

第二节　自我探索的团体辅导方法

自我探索是职业生涯规划的首要环节，但自我探索不是一件很容易的事，团体活动可以创造很好的自我探索的情景，所以台湾心理辅导专家吴典武教授说：“一个人要想了解自己，到团体中去了解。”自我探索的团体辅导活动可以将个体放在团体的镜子前来展示，个体与个体之间的互动和观照可以促使个体对自我的察觉和对生涯的展望更自然而有趣，更生动而丰富。

一、生涯线上的故事

自我即历程，生涯即故事。职业生涯规划的过程是一个对自己的生命历程重新发现和展望的过程。我们可以借此“生命线上的故事”的团体活动，促进澄清“我是谁”、“我要做什么”的生涯课题，其主要活动步骤如下。

(1) 发给每位成员一张 B4 图画纸，在中间画上一条横线，左边代表“出生”，延伸到最右边的“现在”。

(2) 请成员根据冥想过程中印象最深刻的生命经验，按照时间的序列逐一标出。正向情绪经验标记在横线的上方形成高峰，负向情绪经验则标志在横线的下方形成低谷；而离横向远近的位置表示情绪的强度，离横线愈远表示印象愈深刻。

(3) 请成员针对每一个故事进行叙说，进入故事中每一个有意义的细节，包括个人当时的感觉、想法与行动，以及在这个事件中的学习、感动与领悟。

(4) 在叙说生命中的高峰低谷时，请成员特别留意其中的转折是发生了什么事。

(5) 请成员回顾所有的生命故事，为自己的生命故事命名，找出影响其生涯决定的生命主题，串起散落的生命故事。

(6) 继续在生涯线上描绘未来可能的发展，将生涯故事延续。

二、人生宝石价值拍卖

把自己人生中想得到的东西喻为“人生宝石”，并赋予一定的价值，但人生时间和精力有限，不可能得到所有想要追求的东西。通过团体拍卖，激发个体对“人生宝石”的取舍和权衡，澄清自己的价值观，了解自己的价值观对行动力的影响。

拍卖规则：你有5000元（道具钱），代表你一生拥有的时间和精力，用它可以随意叫卖下表中的东西。每样东西都有底价，每次出价以500元为单位，价高者得到东西，有出价5000元的，立即成交。

“人生宝石”底价表

项　目	底　价	项　目	底　价
1. 责任	500	10. 财富	1000
2. 友谊	500	11. 长寿	500
3. 健康	1000	12. 诚实	500
4. 美貌	500	13. 享受美食	500
5. 礼貌	500	14. 分辨是非能力	500
6. 旅游	1000	15. 名牌大学毕业	1000
7. 自由	500	16. 孝心	500
8. 欢乐	500	17. 专业技能证书	1000
9. 爱心	500	18. 地位威望	500

讨论：

1. 你是否后悔得到你所买的东西？为什么？
2. 在拍卖的过程中，你的心情如何？
3. 有没有同学什么都没有买？为什么不买？

(1) 假如现在已经是人生的尽头，请看看你手上拍卖所得的是什么东西？
(2) 它们对你来说是否仍有意义？
(3) 你是否后悔刚才为自己争取的太少？
(4) 你争取回来的东西是否是你最想得到的东西？
(5) 你是否甘愿为了拥有金钱、声望而放弃一切呢？
(6) 金钱是否一定会带来快乐呢？
(7) 有没有比金钱更值得追寻的东西呢？

三、职业家族树

职业家族树游戏就是以图画方式，刺激大学生评估家族对自己的职业生涯的影响，发现家族可以提供的职业资源，促进职业生涯的自我认知。

活动步骤如下：

(1) 填上个人职业目标。在一张白纸上先画上一棵大树的轮廓，要求学员在树梢处填上个人爱好的职业，可填数种。

(2) 填上家人的职业。大树的各枝干代表家族成员，将家族中个人的职业分别填入树的枝干上，标出称谓。由于各人职业可能有所变动，因此可同时填上目前的职业与先前从事过的主要职业，并将与辅导对象有密切关系的重要人物圈起来。

(3) 找出职业共同点。分析家族中各人的职业，将其职业的共同特点填于树根处。

(4) 分组或团体讨论。分组讨论“职业家族树”，可以从以下问题引向深入：

① 对家族中各个成员的职业有何感觉？如骄傲、羡慕、不屑

② 如何知道他们希望自己选择何种职业?

③ 在兴趣、能力、体能、外貌等方面,我与家族中谁最相似? 他们从事的职业与我的偏好有何关联?

④ 我的家庭最看重职业带来的哪方面利益? 休闲时间、生活条件、家庭气氛等,家族中哪些工作习惯与特质构成满意或不满意的因果关系。

(5) 活动小结:审视自己的"职业家族树",结合小组同学的意见,写出自己的感悟。

四、生涯岛的决定

本活动提供的情景能够促使学生对危机情景下的合作,也可以发现自己对各种职业或身份人群的价值价值取向。

一架小型飞机落在荒岛上,只有 6 人存活,这时逃生工具只有一个只能容纳一人的橡皮气球吊篮,没有水和食物。游戏方法由 6 人针对由谁乘坐气球先行离岛的问题,各自陈述理由。先复述前一人的理由再申述自己的理由。最后,由大家根据复述别人逃生理由的完整与陈述自身理由充分的人,自行决定可先行离岛的人。6 人分别是孕妇,怀胎八月;发明家,正在研究可再生能源汽车;医学家,研究艾滋病有突破性进展,宇宙员,即将远征火星,寻找适合人类居住的新星球;生态学家,负责热带雨林抢救工作组;第六人是流浪汉。

在陈述、争论中产生职业价值观的冲突,在讨论过程中领会各种职业在社会生活都具有价值,为有奉献、有创造的职业而奋斗。

第三节　职业生涯探索的团体辅导方法

我们可以通过通过生涯人物访谈、生涯幻游、未来名片制作、生涯线的绘制等辅导方法来帮助同学们进行职业探索,促进对职业的认知和个体生涯的合理规划。

一、职业生涯人物访谈

生涯人物访谈是通过与一定数量的职场人士(通常是自己感兴趣的职业从业者)会谈而获取关于一个行业、职业和单位"内部"信息的一种职业探索活动。通过访谈,了解该职业岗位的实际工作情况,获取相关职业领域的信息,进而判断自己是否真的对该工作感兴趣,实际上是一次间接、快速的职业体验。

生涯人物访谈是大学生职业选择和职业定向的一个自助平台,是在校期间职业生涯规划的一个环节,是一种获取职业信息的有效渠道,目的在于使学生了解和认识社会需求、职业需求、职业环境和基本状况,帮助求职者(尤其是在校大学生)检验和印证以前通过其他渠道获得的信息,并了解与未来工作有关的特殊问题或需要,如潜在的入职标准、核心素质要求、晋升路径和工作者的内心感受等(这些信息是通过大众传媒和一般出版物得不到的)。通过生涯人物访谈,还能正确认识自己的优势和不足,从而制订更加合理的大学学习、生活计划。

(一) 职业生涯人物访谈步骤

1. 认识和了解自己

加强对自己的了解和认识。可以借助一定的工具,如霍兰德职业倾向测试、职业能力测量表、职业价值观自测量表或测评软件分析自己的兴趣、性格、技能和工作价值观

注意:可以使用各种测评工具或软件,但不能迷信。

2. 寻找生涯人物

结合自己的兴趣、技能、工作价值观、教育背景和已掌握的职业知识列出未来可能从事的几个职业，然后在每个职业领域寻找3位以上的在职人士作为生涯人物。生涯人物可以是自己的亲人、老师和朋友，可以是他们推荐的其他人，也可以借助行业协会、大型同学录或某个具体组织的网页来寻找其他职场人士。

注意：生涯人物的职业应是自己向往的。每个职业领域的生涯人物应结构合理，既有初入职场的人士，也有工作了一定年限的中高层人士；正式访谈前，对生涯人物的信息掌握得越全面越好，姓名、职务和联系方式是必须的，对于可以在生涯人物的讲话、文章或者大众传媒和单位网页上可以获得的信息要尽可能的收集和熟悉。

3. 拟定访谈提纲

结合目标职业信息设计访谈问题，对生涯人物的访谈可以围绕以下要点进行：行业、单位名称、职业（职位）、工作的性质类型、主要内容、地点、时间、任职资格、所需技能、市场前景、行业相关信息、工作环境、工作强度、福利薪酬、工作感受、员工满意度等（具体内容可以参考附件一）。

4. 预约并实地采访

预约方式有电话、QQ、电子邮件和普通信件等，其中电话最好。预约时首先介绍自己，然后说明找到对方的途径、自己的采访目的、感兴趣的工作类型以及进行采访所需要的时间（通常30分钟左右），确认采访的日期、时间和地点。

注意：联系前的准备要充分，电话联系时还应备好纸和笔，以备临时电话采访；联系时一定要有礼貌，时间要短。

访谈方式可以是面谈、电话访谈、QQ访谈，最好是面谈。面谈前，采访者一般可以用已经从其他渠道了解的生涯人物的好消息轻松打开话题，之后就可以按设计好的问题开始访谈了。遇到生涯人物谈兴正浓时，采访者要乐于倾听，给生涯人物留出提供其他信息的机会。在访谈结束时，请生涯人物再给自己推荐其他相关的生涯人物，这样就可以以滚雪球的方式拓展自己的职业认知领域。

5. 访谈结果分析

在一个职业领域采访三个以上的生涯人物后，用职业信息加工的观点来分析，对照之前自己对该职业的认识进行比较，找出主观认识与现实之间的偏差，确定自己是否适合这一行业、职业和工作环境，是否具备所需能力、知识与品质，形成书面总结报告，进而详细制订大学期间的自我培养计划。如果访谈结果与自己之前的认识出现严重脱节，就有必要进入另一个职业领域开展新一轮生涯人物访谈。

（二）访谈注意事项

（1）访谈前要做好充分准备，一定要守时，不浪费他人时间。

（2）访谈中要注意着装和仪表，态度和蔼、大方；要文明礼貌、措辞得体。

（3）要时刻注意安全问题，增强安全意识，提高防范能力，确保万无一失。

（4）尊重被访谈者，注意保护他们的信息安全和个人隐私。应征求生涯人物的意见，视情况对谈话进行录音或书面记录，或不记录。

（5）认真对待，不走过场，通过访谈真正达到探索职业的目的，为个人的职业定向和职业选择做准备。

（6）访谈前为自己准备个“30秒的广告”，因为在访谈过程中生涯人物可能会问采访者的职业兴趣和求职意向。

(7) 结束后一天之内,要通过合适的方式表示感谢。

(三) 生涯人物访谈提纲(参考)

(1) 您是如何找到这份工作的?

(2) 就您的工作而言,您最喜欢什么? 最不喜欢什么?

(3) 你的职位是什么? 你的主要职责是什么?

(4) 从事此行业的人都做些什么?

(5) 工作地点一般在哪里?

(6) 在行业内,先从什么样的工作岗位做起,能学到最多的知识、最有益于发展?

(7) 工作场所性质有哪些特征?

(8) 在工作方面,您每天都做些什么?

(9) 您在做这份工作时,日常面临的问题是什么,什么最有挑战性?

(10) 个人的主要成就是什么? 最成功的是什么?

(11) 在这个职位上,如果想获得成功必须拥有并保持什么样的能力?

(12) 目前还缺乏的必须改进的能力有哪些? 怎么改善他们?

(13) 在你的组织中,能够把在同样一个岗位上成功和不成功区别开来的行为是什么?

(14) 您认为做好这份工作应该具备哪些知识、技能和经验?

(15) 目前,行业内要求从事这份工作的人应该具备什么样的教育和培训背景?

(16) 您认为什么样的个人品质、性格和能力对做好这份工作来讲是重要的?

(17) 这项工作需要的个人品质、性格和能力同别的工作的要求有什么不同吗?

(18) 学校中的哪些课程对这个行业比较有帮助?

(19) 行业内,单位对刚进入该领域工作的员工一般会提供哪些培训?

(20) 在您的工作领域里初级职位和略高级别职位的薪水一般是什么水平?

(21) 这个行业是否有季节性或地理位置的限制?

(22) 这个行业存在的困难及前景如何?

(23) 据您所知,有什么职业杂志、行业网站或其他渠道能帮助我深入了解这个领域?

(24) 您的熟人中有谁能够成为我下次采访的对象吗? 可以说是您介绍的吗?

二、生涯幻游技术的使用

长久以来,幻想技术用来治疗失眠、压力、忧郁和克服害羞,甚至用来控制体重、戒烟。1950年有学者将幻想技术运用在职业兴趣与职业选择上,可谓幻想技术在职业辅导应用之滥觞。生涯幻游是鼓励当事人进行对于未来三年或五年的愿景幻游,幻游中出现的场景或画面,通常能够投射出具体的内在需求,出现较为深刻的自我觉察或价值澄清,生涯愿景的图像能让当事人更有朝向目标的行动力。生涯幻游可以用在职业规划、要求加薪、澄清价值、目标设定、职业人际交往、中年改变、退休适应等具体问题上;可以用于团体辅导,也可以用于个别咨询。

幻想技术的实施分为五个阶段:引导、放松、幻游、归返、讨论。

跟随以下生涯幻游引导语可以完成这五个环节。

(1) 引导。我们来想象一下未来3年、5年、10年后的自己将变成怎样的一个人。那时的你在哪里做什么呢? 等一下我们要透过时空旅行的活动,带你们到我们的目的地,5年后的某一天,感觉一下那时的生活……。准备好了吗? 让我们一起进入未来生涯。

在轻柔的背景音乐声中,以清楚、温和的声音慢慢念出下列句子,并注意应停顿语气的地方，好让同学跟随进入幻想。

(2) 放松。好，现在请你尽可能放松。在你的位子躺下或调整你觉得最舒服的姿势，注意我的指导语，幻游过程中不要交谈或发出任何声音，按照我的指示，尽可能将注意的焦点集中在你心中想象的图像。

现在，闭上眼睛，尽可能放松自己，调整你的呼吸，呼气……吸气……呼气……吸气……

好，保持这样平稳的呼吸，接下来，放松身体每一部分肌肉，放松……放松……放松……

(3) 幻游。现在，想象你已经由时空旅行来到未来 5 年后的世界，在 5 年后的某一天……新的一天，你刚刚醒来。今天是什么日子？现在，几点钟了……你在哪儿……你听到什么……闻到什么……你还感觉到什么……有人与你在一起吗……是谁……

现在，你已起床了，下一步要做些什么……现在，你正在穿衣服，请注意，你穿些什么……穿好衣服，你要做些什么……你的心情如何……你想到些什么……

现在，你正要去某个地方，回头看时，你刚才离开的地方像什么，你出门了，你乘坐什么交通工具……有人和你在一起吗……谁呢……当你走时，请你也注意周遭的一切？

后来，你到目的地了。你在哪里……这地方像什么……你对这地方的感觉如何……你想到些什么……在这儿你要做些什么……旁边有人吗……有的话，与你是什么关系……你要在这逗留多久？

今天你还想去别的地方吗……在这一天当中，你还想做的是什么……

现在，你回家了，有人欢迎你吗……回家的感觉怎样……你如何与家人分享这一天所做的事……你准备去睡了。回想这一天，你感觉如何……你希望明天也是如此吗……你对这种生活感觉究竟如何……过一会儿，我将要求你回到现在，回到教室来。

(4) 归返。准备好了吗……好了，你回来了……睁开眼睛，看看周遭的一切，欢迎你旅游归来。现在将这一趟旅游的过程用你的方式描绘在纸上。

(5) 讨论。现在请你与你的同学分享你所描绘的图像所代表的含义。在生涯幻游活动当中，你能发现每个同学对自己未来的期待及生活方式都不太一样吗？虽然 5 年距离现在还有一段时间，但未来的生活是这一阶段的努力所形成的，思考未来，有助于自己去反省现在，并找到自己的生活目标。

在与别人分享时，你对于别人的生活有何看法？你喜欢自己的生活还是羡慕别人的生活？要如何实现自己理想的生活呢？你的理想与现实能配合吗？做完以上的活动之后，你的感觉如何？请你把它写下来。

三、未来名片的制作

名片是个人社会角色、职业角色、工作单位和性质的简介，制作未来名片就是对未来职业角色的认定，是帮助大学生职业决策的一个有趣的团体辅导方法，有利于职业角色的形成。步骤如下：

(1) 辅导老师事先准备彩色名片卡数张。

(2) 每位成员拿取两张名片卡，一张代表正面，一张代表反面。

(3) 请成员制作最能代表自己的未来名片，其中可包括未来的工作头衔、公司名称、地点、公司性质、未来想过的生活等(未来名片的时间可由成员自定，可以 5 年、10 年……)。

(4) 成员两两一组，彼此叙说未来名片的内容。

① 名片上的职称是什么？

② 这张名片中的什么工作内容吸引你？

③ 如果你真做到了，谁会真正为你感到高兴？

④ 你有哪些特质可以帮助你完成这个梦想？

（5）回到大团体中，分享若要向未来名片的目标努力，现在可以做的是什么？协助成员形成具体的行动计划。

四、“人生规划”工作坊示例

这是一个生涯规划工作坊方案，可以协助大学生了解自己，界定生命旅程的位置和所要扮演的角色，整个团体设计无固定具体目标，主要是促进成员立足现在，思考未来。主要环节如图 9-1 所示。

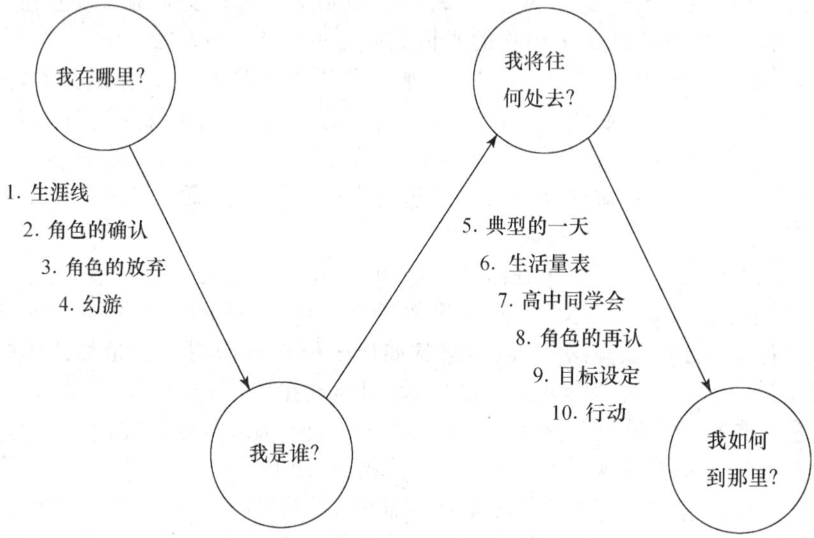

图 9-1 “人生规划”工作坊示例

（1）生涯线。主要是让成员了解生涯的发展本质。在回顾以往所做的重要生涯决定或事件中认识自我，可以让成员觉察到为未来计划的需要。具体步骤参见本章第一节自我探索之“生命线上的故事”。

（2）角色确认。根据舒波生涯发展理论，个体的生涯发展同时伴随着除了工作以外的其他角色，如家长、公民、子女、休闲者，良好的生涯适应必须在这些角色间做最好的确认与规划。以大学毕业生 5 年后角色构成为例：除了工作者的角色，还可能有为人妻、人母、人师、人女、人媳等角色。只有在预知可能要充当的角色后才能确定现在取舍和行动方向。

（3）角色放弃。让成员学习如何放弃放弃次要角色，以有限的精力或体力，在适当的时机发挥或凸显主要的角色。练习抛弃不同生涯阶段不重要的角色，选择重要角色。

（4）幻游。在明确了主要的生涯角色后，借助幻游活动，让学生在放松的情景中进行生涯幻游（参见本章第二节生涯幻游技术）。

（5）典型的一天。在活动前布置学生实际体验或跟踪职业人物一天，也可在幻游活动中，通过引导语幻游让成员经历未来生涯中“典型的一天”，并让成员写下这一天的细节，拿出来讨论，重点放在这些实际体验与生涯目标一致和我不一致的部分。

（6）生命调查表（见附录）。表中设计了很多促进学院对生命思考的开放性问题（如我做错而希望改变过来的事情，我最有把握做的事情是……）。

(7) 发布新闻。参加的团体成员试着为自己草拟一份新闻稿，来描述未来的自己，内容包括角色(做什么事?)、有何成就、有何喜悦。看看这一则新闻是否符合他所要走的方向。

(8) 角色再认。成员可以回头再看一看前一阶段抛弃的角色是否真的要割舍，还是已经回心转意，准备替换。活动的焦点集中于对现在或未来的生涯决定。

(9) 目标设定。成员要为自己的将来设定具体的行动步骤。这个活动最重要的是"当真"的心态，为自己的前程拟定行动的详细时间表。

(10) 行动。成员彼此交换心得，告别团体，行动开始。

案例欣赏

案例一：对一个室内设计师的职业访谈

一、前言

寒假，我家的新房刚刚装修完毕，看着舒适、高雅、温馨的居室，我不由的对设计师李先生肃然起敬，因本人也一直对美术有着特殊的感情，于是，我走近李先生，希望更深层次的了解一名工程设计师的方方面面。巧得很，刚搬进新家的一个晚上，他来到了我家，办完事，我们在书房聊了起来，伴随着悠扬的轻音乐，他点燃一根香烟，我端来一杯香茶，不知不觉中，我开始了对他的访谈。

40 岁的年龄在设计师行业来说应该是资深行家了，他敏锐的思想、清晰的思维、伶俐的口齿以及成熟男人的那种幽默与睿智给我留下了深刻的印象。

二、正文

设计师基本资料：李……，男，1992 年毕业于某美术学院。先后在装饰设计公司、广告公司、环境艺术设计公司任总设计师，目前，已经设计出大大小小近几百个工程平面图及各类效果图，受到甲方、乙方一致好评。

刘：李工你好，感谢你对我们家的尽心。不知道你们设计师这行有哪些相关的职业呢?

李：呵呵，没关系。我们这行相关的职业很多，比如说结构师、美术师、造价师等等。

刘：你们的工作内容主要有哪些呢?

李：我们主要就是根据客户要求以及专业标准来设计一些平面图、效果图和施工图等。经常也到工地上去现场指导，只有多实践才更能促进我们的设计工作，设计出来的图纸才有含金量。

刘：像你们的工作一般和哪些人打交道多些呢?

李：主要是商人、官员、学者、艺术家、教师等，当然喽，普通老百姓也很多。

刘：你们的工作地点除了设计室主要在哪儿?

李：主要是在工地上喽。

刘：你们工作场所的性质怎么样?

李：设计室高度安静，便于动脑筋，工地很吵闹，得指导工人施工。

刘：你们都使用哪些工具啊?

李：以前都是用专用的笔和图纸，手绘多些，现在多是用电脑，因为有专门的设计软件，快捷多了，效果也很好，但是偶尔也需要使用画笔进行手绘的。有时还得用上香烟，呵呵。

刘：呵呵，可以理解。那你们这行对知识、价值观和性格有哪些要求呢？

李：性格方面的话应该是坚韧不拔，应该有一股韧性，不怕吃苦；在知识技能方面应该是需要懂得很多，多多益善嘛，比如：懂交际，懂艺术，具有空间组织能力以及审美能力等。我们的价值观很简单，也就是用舍和得来衡量，另外就是真诚。

刘：你们都需要接受哪些培训或教育？对大学专业有没有特别的要求？

李：对大学专业有特别的要求，必须有审美的专业培训和视觉艺术、工程力学的培训。还需要接受专业美术、建筑工程学和电脑的应用软件培训。

刘：难怪你们这么专业，眼光这么独到。那你们一定有一些特殊的执照或训练喽？

李：从事我们这行需要具备建筑师和美术师的PASS。

刘：你们在学校所学的哪些课程对这个职业比较有帮助？

李：嗯，相关的应用美术专业和相关的建筑结构专业。

刘：可以告诉我这个行业的薪水，最高最低都能达到多少吗？

李：哈哈，上难封顶，下难保底。不过，真的是这样的喽。知名设计师的设计很难确定多少价格合适的，就看双方的协商啦。而有的设计因为种种原因甚至是负债的。当然，一般的上班族的薪水都是根据工作量来核准，高的可以达到好几十万(月薪)，低的可以就只是武汉市最低工资标准啦。

刘：这个职业的人才供求关系怎样？

李：人多，但是平庸者多，有能力有特色者少。

刘：我想问一下，科技发展或任何社会变动对这个职业的影响如何？

李：影响很大喽。设计师必须与时俱进，否则科技发展会对传统作业带来灾难性打击。

刘：这个职业是否有季节性或地理位置的限制？

李：没有。

刘：这个职业存在的困难及前景如何？

李：困难是干扰因素太多，僧多粥少，经济发展和人才的培养不能成正比，人才培养慢于经济发展水平，低水平从业者太多。前景很光明，现在市场很大，经济发展不断促进行业的发展，有广阔的市场空间。

刘：该职业在国内外有哪些有名的公司或企业？又有哪些典型人物？其成长道路是怎么样的？

李：我认为中南建筑设计院、武汉大地艺术设计装饰、北京业之峰装饰公司等，比较有名的有贝律铭，世界级建筑大师，美籍华人，善于把古代传统的建筑艺术和现代最新技术熔于一炉，贝聿铭在香港度过了童年，在圣保罗小学读书，1927年以后，他回到上海读中学，后来又就读于上海圣约翰大学。1935年他远渡重洋，到美国留学。父亲原来希望他留学英国学习金融，但他没有遵从父命，而是依自己的爱好进入美国宾夕法尼亚州立大学攻读建筑系。先是在一家公司工作，后来成立了自己的建筑公司，设计了近百项有名的大建筑，走出了一条设计大师之路，作品都具有国际影响，在国际上是声名赫赫呢！作为该行业一般的人员来说的化，基本上也都经历跨学科的系统学习与整合，久经考验与实践，才能走出一条自己特色的专业路线。

刘：那么对于你们来说，对自己的工作还有什么满意与不满意之处呢？

李：满意的地方是：经济的发展为我们这行提供了无限大的展现自我才能的空间。不满意的地方在于人们对审美的需求了解不够，专业知识普及不够，大众对设计师这一职业认可度还不够。

刘：与您聊天很开心，感谢您这么耐心真诚的直白。

三、访谈小结

李先生是一个善于规划自己的职业成功人士，一席谈话，让我感受颇深。我虽然读大四了，但是没有对自己未来的职业生涯做一个整体的规划。甚至没有正确的审视自己，审视自己的专业。拨开眼前的团团迷雾，瞭望自己的未来，确立自己的职业发展目标。

案例二：某医科大学生职业生涯访谈总结报告

此次寒假的实践活动是学生对未来拟定职业生涯规划的一次探索性活动，更是学生对自我设计、自我规划、自我成就的探索性活动。我也非常幸运地参加此次假期的活动，现在我也说说自己的感受吧。

年年有大四，但是大四对于每个人来说却永远只有一年，我们医学类上五年，却也是只有一个大五，这一年想想应该是刻骨铭心的。即将跨出校园走向社会的我们大多可能有些手足无措，很多人都是在做简历找工作时才发现自己无话可写，无证可上岗，很多早该准备的东西却没有，这些都提示我们应该早下手，在“埋头读书”时也要有时“抬起头来看路”！

（一）要重视自己的专业知识和通用工具知识（如英语、计算机等）。一位大夫告诉我：去年他们医院有位研究生来应聘，那位学生是学校的学生会主席，无论是社会实践工作还是人际交往方面，其才华都是令诸位老师很是欣赏，但美中不足的是他的专业课成绩都是勉强过关，还有一门课没及格，这又令大家很是失望、很无奈，也很惋惜，所以医院领导决定开会研究研究，可是研究来研究去，研究的结果还是决定不予录用，最重要的原因就是他的专业功课不理想。

（二）要重视提高自己的工作技能。像上岗技能证书之类等。特别是医疗行业，你说你能力强，单位说单凭面试我怎么能确定呢？但你有相关证书就不同了，那证书是国家承认、同行认可的，他还会怀疑吗？

（三）重视自己的人际关系网络。一般来说关系网大体分三类。一类是核心关系，包括父母，最要好的朋友，他们是会全力以赴帮助你的人；另一类是较近的关系，如你的亲属，同学等，他们也可以提供给你较为广泛真实的职业信息，能够提供比较中肯的职业建议，也能够给予一定的直接或间接的帮助；还有一类是一般关系的，他们也可能提供一些职业信息和建议。因此，你不但需要与各种关系保持经常联系，而且最好尽可能地进行“良性对话”。

（四）要重视实习、实践机会。相信实践出真知，实践可以将意识的、模糊的、朦胧的东西通过自己的亲身体验变成可操作的、可触摸的、有经验可循的，因此不要马马虎虎对待自己的实习工作。多数医院单位都认为胜任工作岗位的能力是影响员工在单位发展的最重要的因素。但大多数医院也都同时反映，新进来的毕业生的最大不足之处是实践能力差，你说我才是个毕业生、有多少实践经验？但医院说：我要的是来工作的，不是来让我手把手什么都教的。医院不买你的“抱怨”。因此，在实习期间一定要认真地做好自己的本职工作，而且通常实习单位也是你的“第一站”工作单位，这种“开绿灯”的事也是屡屡发生的。与此同时，作为一个新人也不要拒绝领导、同事给你的“份外活”。说不定在你帮忙的过程中就会有新的启示、收获新的知识、了解新的内情，而且可能得到更多的认可。用领导的话来说是：让你忙、做很多事情的时候，是在给你很多的机会，是让你在为将来做更多、更好、更重要的事情去做准备，让你忙是在给你机会呀！

感觉找工作难是因为我们仅仅是一个人，而不是人才。当你把自己从一个人变成一个人才时就得推销自己。古人云：“学得文武艺，卖于帝王家。”怎样把自己卖个好价钱呢？那还得看你怎么卖，会不会卖？

首先想好自己想干什么，会干什么，能干什么。在此之间寻找个适配度，心动之后是该行动了。你得学会主动推销自己，就业市场不是大众舞场，你可以含羞地坐在角落里等待别人来邀请。招聘单位是“明星”，他们在舞台中心旋转，只和主动前来的人欢舞，那些中途插进来的人往往在他们认为大都是“最可爱的人”，除非你是“莫愁前路无知己，天下何人不识君”的董大，除非你是有经纬之才的诸葛亮。

那接下来该是“登”哪扇门呢？大的呢？还是小点的呢？高不成低不就是大多数人刚开始的态度。小型单位门户小，好进，是创造工作职位的好机器，职位晋升较快，而且也没有太多的人来排挤你。但这前提是你必须让他们相信你就是那个他们需要的人才！大型单位呢？人家人力、财力、物力无疑都占有优势，如大医院的专业技术、学术氛围、个人的发展机遇无疑是小医院所无法相比的。但大医院的门槛高，难进！压力大，工作竞争也激烈。但一位师姐也说的挺有道理的。她说：“迈进第一步很重要，但也仅仅是个第一步，它不是所有的未来。有时重要的或许不是目前所处的位置，而是下一步迈向的方向。因此眼光要放宽些，在收集职位信息时尽量广泛些，在拟定求职目标单位时宁宽勿严”。

还有就是面试时要表现出来，你是积极、主动的。单位需要的是实际参与推动发展、有开创性的那一类人，他们不招聘观众。因此在制作一份能充分发挥作用的个人简历之外，要用你的表现证明你比其他对这份工作有兴趣的人更渴望得到它，以最佳状态描述你对单位有多大价值。用你的才干和能力尽可能赢得招聘单位的偏爱，要让他们明白你能够给他们创造很多利润。大家都明白：“给予比索取更好”，不要让他们一味地认为你是来索取的人。换种角色会让招聘单位对你印象更深刻，愿意选择你，认定你就是那个“众里寻他千百度，蓦然回首，那人却是眼前人！”

课外练习

完成附录生命调查表的问题，写一份个人成长报告。

附录：生命调查表

对生命的思考需要经常对自己提问，以下问题根据你的经历和思考来回答，最真实的答案就是最好的答案，相信在回答完以下这些问题后，你对自我的认识会更清晰，对未来的把握会更有信心。

1. 你曾经最快乐的时光是什么时候？

2. 你对做什么事最拿手？你向往的职业是什么？

3. 说出一个你最敬佩的人，为什么敬佩他(她)？

4. 你有没有在某一件事中表现出极大的勇气？什么事？

5. 你有没有一段时间非常悲观？是否不止一个时期？

6. 说出你做得不好但仍然必须做下去的事，想了什么办法做得更好？

7. 哪些是你很想停止不做的事？哪些是你很想好好再做下去的事？哪些是想从此时此刻开始要好好做的事？

8. 说说你曾经有过的最满意时期的体验以及对你后来生活的影响？

9. 你的朋友(或同学)对你的评价是怎样的/对你的批评是什么样的？

10. 你的好朋友一般具有什么特点？

11. 说出一个你曾经丧失的很重要的机会，原因是什么？

12. 你准备成为一个从事什么职业的人，从事这一职业您最好的品质是什么？

13. 为这一职业做准备你今后的人生发展中需要增强哪些能力和素质？

14. 你人生中大部分时间是在什么状态下度过的？是否觉得要改变？希望怎样改变？

15. 你的基本人生观是怎样的？一般情况下你是怎样对待别人的？

16. 你认为你是什么性格类型的人？你心目中的英雄是谁？

17. 你认为一个人成熟的标准是什么？

18. 今后您将如何应对自己的心理压力或崩溃状态？说出几个你认为比较有用的心理减压的方法？

19. 你如何对待别人对你的赞许和责难？

20. 说出三个你信赖的人和三个信赖你的人，简述理由。

21. 对于恋爱、家庭你有什么期待或困惑？

22. 根据专业方向，做 1 个或 2 个生涯人物访谈，写出访谈感想。

下 篇

大学生就业指导

英国作家萨克斯说：
“生活是一面镜子，你对它笑，它就对你笑。
你对它哭，它就对你哭。”

中国的毛泽东说：
“自信人生二百年，会当击水三千里。”
“世上无难事，只要肯攀登。”
“沧海横流，方显英雄本色。”
“一万年太久，只争朝夕！”

第十章　大学生与就业竞争力

高尚的竞争是一切卓越才能的源泉。

——休　谟

人最宝贵的是生命。生命对每个人只有一次。人的一生应当这样度过：回首往事，他不会因为虚度年华而悔恨，也不会因为卑鄙庸俗而羞愧；临终之际，他能够说："我的整个生命和全部精力，都献给了世界上最壮丽的事业——为解放全人类而斗争"。

——保尔·柯察金

第一节　高校毕业生就业形势透析

一、我国高校总体就业形势

从教育部提供的数据显示来看，高校毕业生就业形势依然比较严峻，一是毕业生的总量增大，2008年达559万人，2009年达611万人，2010年达630万人；二是全国就业和再就业形势十分严峻，由于下岗职工、农民工的转移，新增劳动力的数量持续增长，劳动力数量供大于求的矛盾在我国现阶段将会长期存在，全国就业的总体形势应当比高校毕业生就业形势更加严峻；三是学生及其家长的就业观念和用人单位用人观念的转变需要一个过程，国家确立一些新的就业政策机制，它的能量的释放也需要有个过程，真正发挥作用、落到实处还需要一定的时间；四是高校的专业结构与学生的知识结构和掌握的技能，现在还不能很好地适应国家经济结构、产业结构以及人才市场的发展变化。这些都表明今后几年我国的就业工作还将面临很大的困难；大学生就业前景不容乐观，就业形势非常严峻，当代大学生要做好充分的思想准备，迎接挑战。

从不同专业的就业形势来看，今后几年外语类、机电类、农学（畜牧）类、营销类、酒店管理类等专业的学生将继续抢手。历年来外语专业学生就有比较好的去向，中国加入世贸组织后，增加了国际化交流，外语类人才紧俏。英语专业如此，小语种尤其是日语专业可望有较好的就业前景。加入世贸组织后，社会最需要营销、管理、金融、财会、现代农业等方面的人才，几年来，这些专业的学生都有较好的去向。另外，懂得世贸组织规则的经济类、管理类和财会类人才会十分抢手。随着IT业的逐渐复苏，计算机类、电子类专业将会有所改观，社会对这类专业会有更高的需求，学生的就业可能比较乐观。随着外资、中外合资企业的不断投产，机械类、模具类、电子类等专业毕业生需求很旺。由于中文专业学生的适应面广、有一定功底，社会提供的许多岗位如编辑、记者、秘书、行政管理，都适合他们去做。历史、哲学、社会学和政治学等专业，尽管随着每年公务员岗位的增加，报考公务员可以解决一部分这类学生出路，但由于公务员岗位竞争十分激烈，因此将持续走下坡路。师范类毕业生需求多的是偏远地区的各级学校和民办学校，城区中小学进人的"门槛"越来越高。

总之，各专业毕业生就业水平虽然会不平衡，冷热不均，而社会对不同专业的需求量也会有所变动。如果能够放低期望值，愿意到西部、到基层、从单位的第一线开始去工作，应该说无论是热门专业的学生，还是冷门专业的学生，都可以找到工作。大学生找工作的矛盾主要表现在各岗位的配置上，想要你的工作岗位你不愿意去做，而你想去做的岗位用人单位往往又不录用你，或是竞争对手很多，你要有较强的就业竞争力才行。

再从用人单位的角度来看，大部分用人单位一改印象中非名牌、高学历毕业生不用的状况，现在更重视学生的综合素质和专业素质及其能力。有资料表明，一些高级技工的薪水甚至可以超过研究生。可见，用人单位更多的是从实际需要出发来选择不同学历层次的毕业生，其招聘行为的理性化程度大大提高。而这样一种环境，无疑将给专科生和高职毕业生的就业带来更大的发展空间，他们当中可能会有更多的人将来会加入“未来的高级技师”这一行列。

如今，民营、私营和三资企业成为吸纳毕业生的重要渠道，这些企业人才需求量增长较快，将提供相当数量的工作岗位，成为接纳毕业生就业的一支新生力量，而且随着个体、民营经济的继续发展，其需求岗位必将进一步增加。这要求广大毕业生积极转变就业观念，不要将目光仅仅局限在国有大公司、大企业上，要适应形势要求，投身到充满生机活力的民营企业中去。

当前，我国经济的快速发展提供了广阔的就业前景，国内生产总值到 2010 年要比 2000 年翻一番，要求今后 5～10 年国民经济生产总值每年至少要保持 7%的增长速度。专家预测每增加一个百分点，就会提供 80 万至 100 万个就业岗位。加入 WTO、西部大开发战略的实施等都会增加更多的就业机会。国企改革等的逐渐完成，也将使企业在最近几年大规模储备人才。另外，由于人才流动机制的完善和大学生就业观念的改变等，大学生毕业走向和就业趋势将更加呈现出多样化和自主化。

二、大学生就业究竟难在何处

1. 大学生就业难的社会因素

目前，我国仍处在计划经济向市场经济转型的过渡时期，经济和产业结构的调整，不仅使大学生就业难，全社会都存在就业难的问题。

国内就业结构总体不平衡。一是地理不平衡性。中国地域广阔、人口聚集不均、地区各种因素差异明显，决定着我国的就业形势在不同地区的差异性，人才需求也因而显出一定的地区差异。二是结构性矛盾突出，买方市场形成，长短线专业的矛盾一时难以得到根本解决。不同学科、不同专业取向就业乐观度差异明显。大学教育发展比较缓慢，从专业的设置、教材的更新、师资的培训，到对学生培养的模式，远远没有跟上经济体制改革与发展的步伐。

2. 大学生就业难的心理因素

职业能力不足，主要反映在知识结构不健全、专业知识不系统、不扎实、综合技能水平不高(尤其是科研能力、创新能力和解决实际问题的能力低)、缺乏一专多能的水平等方面。

择业能力水平不高。具体表现在：(1) 缺乏对自我客观、系统、科学的认识，常出现高估自己能力的现象，表现为择业期望值很高，把待遇是否优厚、交通是否便利、住房是否宽敞等作为选择标准，不愿承担艰苦的工作，不愿到经济欠发达地区和基层去工作；(2) 在选择就业单位的过程中，明显表现出被动和随意性，缺乏科学性和主动性，主要表现为对自身的素质和就业竞争能力评价过低、不敢主动向用人单位推销自己、不敢主动参与就业竞争、陷入不战自败的困境之中；(3) 获得职业信息的能力和对职业目标的筛选能力还不强，虚荣心和侥幸心理往往使他们改变原有的目标而采取不切实际的从众行为；(4) 职业规划能力还比较欠缺，很少有人对自己做出详细的探查，明确自己的素质、实力、个人特点、能力、兴趣和学习、工作方式以及对工作环境的喜好，并依此做出决定和计划。

另外，不健全的人格特征，如就业挫折承受力差、竞争与进取精神不够、合作性和冒险性较差、独立性不高、盲从和依赖心理普遍存在，等等。

三、新合并院校毕业生就业形势展望

20 世纪 90 年代初以来，依据“共建、调整、合作、合并”之方针，全国将近有 400 多所高校合并成 200 多所，除新浙江大学、新武汉大学等一些名牌重点高校“强强”合并外，还有不少地方的由几所专科学校含中专学校合并组建成新的院校，这些新院校因基础较薄弱、知名度较低，其毕业生就业形势更为严峻，面临更多的问题。

新合并院校毕业生就业面临的形势，可以概括为：第一，内外交困，形势严峻；第二，机遇与挑战并存，压力与希望同在。

随着全国高校学生的扩招，新合并院校扩招速度很快，在校生人数一般都在 8000 人左右，有的超过 10000 人。新合并院校毕业生人数尤其是本科毕业生越来越多，如江西的一所地方学校 2000 年由四所高等专科学校合并组建，当时在校生只有 5000 多人，2005 年在校生达 15000 多人，发展很快；该校 2002 年本科毕业生 99 人，2003 年 198 人，2004 年 509 人，而到 2005 年本科生就猛增到近 1300 人，2007 年以后增加到 2000 多人；该校 2005 年本专科毕业生共有 3400 多名，2007 年毕业生达 4300 多人，2008 年毕业生达 5300 多人。由此可见，新合并院校就业压力一年比一年增大，就业形势一年比一年严峻。

从外部就业形势来看，新合并院校的就业环境并没有优势，这些学校大多分布在省城以外的地方城市，既没有发达地区大城市高校毕业生的“近水楼台先得月”，也没有国家重点、省级重点、名牌大学、“211 工程”大学毕业生那样的“先声夺人”、“令人青睐”，加之，城镇国有企事业单位改革，下岗工人增多，大量农村剩余劳动力涌入城镇，使本来就严峻的就业形势更加逼人，可以说新合并院校的毕业生在“夹缝”中求生存、求发展。在新合并院校毕业生中，就业率最低的恐怕莫过于临床医学、体育教育、美术类等专业毕业生，每年尽管招生不成问题，但就业率年年偏低，而相对好就业的机械电子、动物医学、动物科学、农学、园林、机械设计制造、机电一体化、市场营销、酒店管理等专业尽管就业形势好，人才市场需求大，供不应求，但每年招生却往往招不满。这反映出学生和家长的职业观问题以及学校专业结构矛盾。

传统的师范专业毕业生就业形势也不容乐观。前几年，由于高校学生扩招以及中学升学高峰等原因，各地中学扩招，尤其是高中扩招，扩大了教师的需求，因此师范专业，特别是本科类师范专业就业率高，但从 2004 年开始，各地县城中学老师需求相对饱和，教师需求减少，即使需要教师，也优先考虑接收重点名牌大学毕业生，有的发达地区传统师范专业在编老师人数过剩，今后新合并院校的师范毕业生就业形势越来越严峻，只有广大的乡镇中学，偏远农村中小学师资需求大。另外，内地新合并院校毕业生就业还面临着一个跨地区流动、就业成本增大的问题，由于我国东西部地区经济发展不平衡，人才需求市场分割区域不平衡，从 20 世纪 80 年代就开始的“孔雀东南飞”、“一江春水向东流”现象现在仍然是这样。人才都流向两大发达地区：长江三角洲、珠江三角洲。内地的毕业生要到这两个发达地区找工作，搜寻成本增加，来回跑一趟，就要上千元，还不包括投寄应聘材料的费用。学校就业工作的成本一样增大，无论是学校老师组织带领毕业生去应聘，还是请用人单位到学校招聘，光接待费、差旅费、业务费等一年就要投入十几万元的开支。

新合并院校毕业生就业形势尽管严峻，面临巨大的压力和挑战，但也要看到希望，把握新的机会。从大环境来看，我国加入 WTO 后，那些具有竞争优势、比较优势的行业将大量增加就业岗位，如劳动密集型的成熟工业，外向型企业、外资企业、服务行业、中小企业、非公有制企业等将是大学毕业生就业与创业的主战场，而加入 WTO 使原先劣势企业调整结构后重新配置人力资源也为大学毕业生就业开辟了新的渠道，如农村工业化、农业产业化、城乡一体化，以及各级行政事业机关改革、城镇建设、乡镇企业发展等大量需要专业服务人员、管理人员、技术人员，而新兴的信息技术产业、高科技产业也为大学毕业生就业提供了宽广的舞台，西部大开发、中部地区崛起，更是为毕业生就业创业提供了广阔天地。从小环境来看，新合并院校所在城市及周边地区也在发生巨大的变化，提升城市品位、加大城镇化建设和改造、加快改革开放、招商引资、转变产业结构、拉动内需等，形成了一个个新的经济增长点，这些经济增长点就是人才需求的亮点，更是当地高校毕业生就业和施展才干的新天地。

今后 5 年，我国高校毕业生就业机遇和挑战并存，将存在四个有利和三个不利条件。这四个有利条件包括：一是预计今后 5 年，我国经济将继续以 7%左右的速度增长，据测算，通常经济每增长 1 个百分点，就会为社会提供 100 万个左右就业岗位，这样每年新增的就业岗位将达到 700 万左右，这其中，大学生将有很大竞争力，给大学毕业生就业提供了很大就业空间，就业总体形势较好；二是中国与世界的一体化进程将加快，国外的资本、技术介入将加大对高层次人才的需求，将有利于吸引大学生就业；三是经过多年努力发展，我国已建立起较完善的以高校为主的毕业生就业市场和就业体系，各高校有一支经验丰富的就业指导队伍，目前我国已就业的高校毕业生 60%以上是通过这支队伍落实的，高校就业指导队伍正向专业化方向发展；四是全国高校目前正在进行专业结构和人才培养模式的调整，毕业生创业能力、就业竞争力和承受能力也正在提高。对于不利条件主要有三个方面：一是国际经济面临衰退的严峻形势，使全社会的整体就业压力加大，高校毕业生就业同样不容乐观；二是毕业生数量迅猛增长，而社会有效需求在短期内增幅有限；三是由于计划经济的长期影响，毕业生就业观念还存在偏差，其就业期望值较高。这就要求各高校采取有利措施调整学科专业结构，主动适应人才市场需求变化，并加强大学生职业技能培训，广大学生也要转变观念，发挥自己的主观能动性，主动适应社会人才市场的需求。

第二节　就业竞争力的构成

所谓就业竞争力，是指人们在就业过程中表现出来的以能力为核心的经过教育培训整合而获得持续竞争优势的个人素质、能力和特长的综合体现。在高校，大学生就业竞争力主要由基本素质、关键能力和专业特长三个方面有机组合而成。

1. 基本素质

关于“素质”这一概念，众说纷纭。《辞海》中解释为：指人或事物在某些方面的本来特点和原有基础；在心理学上，素质指人的先天的解剖生理特点，主要是感觉器官和神经系统方面的特性。素质只是人的心理发展的生理条件，不能决定人的心理的内容和发展水平。人的心理来源于社会实践，素质也是在社会实践中逐渐发育和成熟起来的，某些素质上的缺陷可以通过实践学习获得不同程度的补偿。我国著名院士李德仁教授指出：“所谓素质，是指人在先天遗传条件基础上通过后天环境、教育影响，所获得的身心发展属性的稳定的、内在的、整体的体现，它是人发展的基础和基本条件”。由此可以看出，素质是人的特有的属性，是体现人的生命的基础性的本质特征，离开了素质，人就不能成为真正意义上的“人”，人的其他发展也就无从谈起。

作为21世纪的大学生，应具备哪些基本素质呢？首先，要有丰富的情感素质，如强烈的民族自尊心和爱国精神，当我们高唱“五星红旗，我为你骄傲……”的时候，当我们看到中国运动健儿为国争光的时候，心里就会升起一股暖流，感到激动和感到自豪和骄傲；同样，当我们看到祖国落后的一面，不强大的一面的时候，心里就会感到痛心和忧虑，一种紧迫感和责任感油然而生。再比如，尊老爱幼、见义勇为、助人为乐、乐观向上、热爱科学、热爱工作、热爱美好生活、关心人民群众疾苦，参与公益活动、保护自然环境、热爱生命、关爱生命、诚实守信、遵守社会公德等。这些都是一个人丰富情感素质的生动体现。其次，要有健康的心理素质，如自信、勇敢、坚强、有毅力、自控力强、能承受心理压力、艰苦奋斗、克服挫折、好学上进、幽默乐观、科学探险、质疑、创新、锻炼身体、兴趣爱好广泛等，这些都是健康心理素质的积极表现。最后，要有广博的科学文化素质。例如，对宇宙世界的一般认知和了解，对主体内心世界的关注和探讨，对人的主体性地位的认识和把握，对专业基础性知识的了解，对人文科学的探究，对科普读物、科幻小说的关心，对社会生活的了解和实践，关于人的生命终极关怀的思想观念等，虽不是深奥的专业知识，但却是必须了解和掌握的常识。

总之，大学生的基本素质主要表现在知、情、意三个方面的最基础性的特征，重在掌握做人、做事、做学问的积极的思想观念心态及其行为方式。

2. 关键能力

能力是指人们成功完成某种活动所必需的个性心理特征，分一般能力和特殊能力，前者指进行各种活动都必须具备的基本能力，如观察力、记忆力、想象力、理解力等；后者指从事某些专业性活动所必需的能力，如数学教学能力、音乐绘画能力或飞行能力等。人的各种能力是在素质的基础上，在后天的学习、生活和社会实践中形成和发展起来的。

一个人的能力有多种多样，俗话说：“三百六十行，行行出状元”，就是指在社会生活中，每一个行业都有能力出色的人，都可以取得成功。那么，在所有行业中，在社会生活工作中，哪些能力是重要的呢？或者说取得成就的关键能力有哪些呢？2004年4月19日的《文汇报》曾登载一篇讨论青少年关键能力的文章，题目是“聚焦‘关键能力’”，文中谈到五条青少年应具备的关键能力：用新技术获取和处理信息的能力；主动探索能力；分析和解决问题能力；与人合作与责任感；终身学习能力。这些确实是新世纪青少年应具备的关键能力。那么，处在知识经济时代的当代大学生就业，应具备的关键能力有哪些呢？笔者认为，以下几条是至关重要的：第一，信息整合能力；第二，管理协调能力；第三，人际沟通能力；第四，创新能力；第五，终身学习能力；第六，团队合作能力。

3. 专业特长

专业特长可以说是专业特殊能力的集中表现。如律师专业特长、教师专业特长、医学专业特长、管理专业特长、旅游专业特长、机械设计与制造专业特长等。大学生在所学专业中，既掌握了该专业的知识，又掌握了该专业的技能，成为专家型、经验型的“高级技工”，无疑成为就业成功的一个台阶，可以说是大学生敲开职业大门的“敲门砖”。

大学生就业竞争力是基本素质、关键能力、专业特长三个方面的有机结合，缺一不可。如果光有基本素质，而没有关键能力和专业特长，要想就业成功是比较困难的；反之，认为自己有特长、有能力，而不注重基本素质的涵养，在就业过程中就不可能顺利发展，即使找到工作，时间一长，素质低就显现出来，也难以胜任工作。有个大学的大三专科毕业生，在学校组织的用人单位面试过程中，经过层层选拔，最终被一家用人单位选中，在正式签订用工协议前，人事主管到外面偶然发现这个学生站在外面抽烟、吞云吐雾，印象很不好，结果没有录用这位学生。因为用人单位是一家五星级宾馆，对员工素质要求高，尤其是对青年学生抽烟很反感。现在很多用人单位选拔大学毕业生，越来越看重基本素质。

在今天的人才市场上，一个人才若没有出众的竞争力，就不可能拥有高薪和高职位，就不可能领导潮流、开创辉煌的事业。如果说在农业时代，人们崇尚的是经验和权威，在工业时代，人们崇尚的是能力和技术，那么，在信息时代、知识经济时代，人们崇尚的就是自由创造的竞争力！

当代大学生要想就业成功，靠的是竞争力；要想创业成功，靠的还是竞争力。有的大学生凭借自己的过硬才智，良好的素质和出众的专业特长，很快就把自己“推销”出去，顺利谋求到一份理想的工作；有的大学生立志创业，毕业后凭借自己的胆略和创新能力，没有几年就站稳脚跟，占有一定的市场份额，事业如日中天，蒸蒸日上；有的大学生工作几年，不满足于现状，勇于创新不断超越，在市场中滚打摸爬，闯出一条成功之路。例如，广州新粤新集团公司总经理姚学智，十多年前毕业于江西省某高校物理系，毕业后分配在一家企业工作，后来由于企业经济效益不佳，面临倒闭，毅然辞去工作，怀揣3000元南下广州闯事业，经过十年艰苦创业，终于成就一番事业，事业做得很大。他在2003年回到母校演讲时，谈到自己的成功经验：“人需要外力推动和鼓劲，经常给自己施压，思考设计未来，我为我的未来准备了什么？要想成功，就要比一般的人付出的更多”。他现在不仅擅长书法，还经常抽空到中央美院去学习，在艺术与经商之间寻求新的链接，感悟人生的真谛，他的诗情画意及儒商的情怀在他写的一首诗里表现得淋漓尽致：

我就是一个电子，到处在碰撞，
寻找机会，直到熄灭！
通过书法解读另一个世界！
失败也是一种快乐！
有梦想，
生命才有阳光！
有创造，
生活才有源泉！
日日新，
又日新。
我们天天一起，
在清新和活力的海洋里，
开启心灵的智慧，
展开理想的翅膀……

第三节　瞄准市场需求，努力打造就业竞争力

一、人才市场对高校毕业生的基本要求

社会的需要是一个人事业成功的基本动力，也是大学生成才的前提，大学生只有明确人才市场的需要，才能据此去充实调整自己。在当今人才市场上，用人单位对大学生的要求越来越高，归纳起来主要有以下几个方面。

1. 思想素质

（1）较高的政治思想素质和高尚的品德。从多年来大学生就业的情况看，用人单位普遍注重学生的政治思想品德素质，优秀学生干部、三好学生、学生党员备受用人单位的青睐。因此，大学毕业生必须具有良好的政治思想素质，即具有坚定正确的政治方向，对社会、对祖国、对人民的高度责任感，以及高尚的思想道德素质和精神境界，正确的世界观、人生观和价值观等。

（2）强烈的事业心和责任感。事业心是指干一番事业的决心。有事业心的人，才会热爱事业，才会开拓进取，精益求精，把自己的理想、志趣与需要融入到平凡的工作中去，从中感受无穷的快乐。责任感就是要求把个人利益同国家和社会的发展紧密联系起来，树立强烈的历史使命感和责任感。

（3）高尚的人格魅力。这不仅是一种表率作用，而且是非权力影响下的潜在的精神熏陶。它包括坚韧的意志、坚定的信念、明确的目标、决断的魅力、豁达的性格、广博的爱心、宽容的胸怀；稳定的情绪、乐观的心态，能经受各种挑战、舆论的压力和紧张的工作节奏；能用理智判断、调节自己的行为。

2. 身体心理素质

身体心理素质是一个人基本的素质，它包括健全的体魄和健康的心理素质。身体健康，发育良好，身体各器官功能正常是人们赖以生存和发展的物质前提。健全的体魄指的不仅是人们从事各种工作的体能，更重要的是人内在的旺盛精力，长期从事艰苦工作的耐力和对疾病侵袭的抵抗能力。身体素质是大学生在学习、工作和生活等社会活动中表现出来的体质、体能等方面的能力，是大学生生活、学习和工作的物质基础和基本保证。同时，大学生坚持体育锻炼，既可提高身体素质，又能培养大学生的灵活和机敏性、协调性，增强大学生的毅力、耐力、适应能力以及战胜困难的信心，形成良好的意志品质。健康的心理是一个人事业能否取得成功的关键，它指的是自我意识的健全，情绪控制的适度以及对各种挫折的承受能力。一位身心素质好的大学生，能够以充沛旺盛的精力、积极乐观的心态处理自我与自然，自我与他人，自我与社会之间的关系，积极发挥体能和智能，主动适应、支配和改造环境，从中体会到一种安全感和成就感。反之，一位心理素质差的大学生，经常处于心理失衡状态，受痛苦忧愁困扰，又怎能一心一意地投入到事业工作中去呢？20 世纪 50 年代，清华大学的学子提出了“为祖国健康工作五十年”，今天，它仍应该是我们所倡导的。

走上社会的大学毕业生，是一个社会公平竞争的平等参与者，这就要求毕业生具备良好的身心素质，否则很难在社会上立足生存。小崔是某大学财会专业的毕业生，签约在某集团公司，当他兴冲冲去报到时，公司让他先到焊条车间的流水线工作。一线工作的艰苦，加上操作不熟练，他开始消沉，后来公司安排他到分公司担任出纳。由于分公司属新创企业，创业的艰难使其更感前途渺茫，上班时心不在焉，下班后又无所适从，最终导致神经衰弱，不能正常工作。这其中关键的一条就是他承受困难的心理素质太差，缺乏必要的心理素质的训练。

3. 知识结构

（1）扎实的基础知识。基础知识是知识结构的根基。大学毕业生无论选择何种职业，也不管要向哪个专业方向上发展，都少不了扎实的基础知识。近几年来，尽管科技发展迅猛，知识更新加快，但更新的决不是基础知识。基础知识是知识更新的原动力，特别是随着市场经济的进一步完善，大学生就业已不可能像以往那样从一而终，职业岗位随时变动的状况不可避免。要适应这些变化，大学生就必须拥有扎实宽厚的基础知识。著名数学家苏步青教授讲过一段极为深刻的话：现在的学生一进大学即分系、分专业，由于急于求成，急于专业化，学生仅学到限于本专业的一些基础知识，只能单打一，将来毕业后适应性很差，只会守住自己的一个小摊子，换一个方向就晕头转向，不知所措，这怎么能适应社会建设的需要呢？大学教育的根本一点，是要扩大学生的知识面，文理渗透，学科交叉，把基础知识面拓得尽可能的宽一点，这样，学生的发展就有了后劲。

(2) 精深的专业知识。大学毕业生毕竟是高校培养出来的从事专业性较强工作的高级专门人才。因此，专业知识应是其知识结构的核心部分，也是科技人才知识结构的特色之所在。所谓精深，就是说大学生对自己所要从事专业的知识学习要有一定的深度，不仅要有量的要求，更要有质的要求，对概念体系、理论体系、研究动态等都要有深入的了解，同时要兼顾其他相关知识领域，“专博相济，以博促精”已成为当前对科技人才的重要要求。

(3) 其他知识技能。现代各类职业都要求从业者的知识程度高、内容新、实用性强。程度高是指知识量大而且面宽；内容新是指从业者的知识结构应以反映当今科学技术发展状况的新知识、新信息为主；实用性强是指从业者的知识在生产工作中有很强的实用价值。市场经济的发展进一步强化了企业及其员工的社会化功能，任何一个企业或员工都不可能再像以前那样只单一地面对少数几个部门和经常打交道的几个人，他们必须面对整个社会，不断与市场打交道，根据市场这张晴雨表来不断调整自己的行为。正因为如此，尽可能多地掌握一些技能的员工就更为用人单位所看重，这也就是除专业知识以外掌握一技之长如书法、绘画、驾驶、公关、外语、计算机能力等的大学生求职更易成功的关键所在。

4. 基本能力

(1) 适应社会的能力。大学毕业生走出校门之前大都有在五彩缤纷的社会中创造一番业绩的伟大抱负，但真正在生活激流中奋勇前行时，会发现理想中的社会与眼前真正接触的社会有一定的距离，事业的成败并不简单取决于是否肯干，还要受到许多其他因素的牵制和干扰。不曾设想过或虽曾设想但没有想到社会有如此复杂，不利因素有这么多，因而产生不安或不满情绪，这种情绪有时可能会使部分人轻易改写理想坐标。但深究一下就会发现，导致这一现象的真正原因是毕业生缺乏适应社会的能力，对真实的社会生活做了简单的或片面的估计，出现反差，便产生不适。其实人类文明始终是在继承和创新的矛盾运动中不断发展的。要改造世界，首先要接纳世界，只有接纳了这个世界，才能站稳脚跟找到真正改造世界、创造业绩的切入点。当然接纳世界并不是让你消极等待和向困难屈服，更不是让你没有任何原则地去苟同消极落后的东西，甚至同流合污，而是要你用积极主动的态度去接纳现实，并有勇气和决心去为消除生活中的消极现象、弘扬主旋律尽一份当代大学生应尽的责任。

一个人适应社会的能力是其素质、能力的综合反映。适应社会能力的强弱是与他的思想品德、知识技能、活动能力、创造能力、处理人际关系能力以及健康状况等密切相连的。一般来说，一个素质比较高、各方面能力比较强、身心健康的大学生走上社会后，能够很快适应环境，适应工作。即使在比较困难的条件下和比较差的环境中，也能变不利的因素为有利因素，通过自己的努力取得好的成绩。

(2) 人际沟通能力。人际沟通能力实际上就是与他人相处的能力。有人作过这样的估计，人们除了 8 小时睡觉时间外，在其余 16 小时中，约有 70%的时间都在进行交往和沟通信息。这一估计的准确程度如何我们暂不考证，但在市场经济发展过程中，人们的社会交往在工作、生活中所占比重之大却是任何人都不能否定的，有时甚至一些重要发现或科研成果也是在人际交往中产生的。著名物理学家李政道在一次讲话中说，他和杨振宁合作研究共同打破宇宙守恒定律的成果，许多就是在吃饭时交流解决的。在国外，以交流信息为目的而出现的工作午餐、沙龙酒会就是重视人际交往对工作影响力的新的例证。要求大学生重视人际交往能力培养不仅是因为未来的工作环境之需要，而且还因为社会上的人际关系远比学校的同学、师生关系复杂得多。社会生活要求步出校门的大学生必须与各种各样的人发生这样那样的关系，能否正确有效地处理好这些关系，不仅影响到他们对环境的适应状况，而且影响着他们的工作效能、身心健康、生活愉快和事业的成败。

(3) 管理协调能力。大学生毕业后不可能人人都走上领导岗位从事管理工作，但每个人在将来的工作中都会不同程度地运用管理协调才能，这是现代社会对人才提出的新的要求。随着计划经济的告别和市场经济逐步形成与完善，人的社会属性得到进一步的强化，作为受过高等教育的大学毕业生，不管他供职于怎样一个部门，从事怎样一项工作，他都需要与别人进行合作协调，这实际上就是管理协调能力的具体应用。近几年来，在毕业生就业过程中，我们也注意到这样的现象，用人单位选用毕业生的首选对象是学生党员和学生干部，事实上是他们很看中毕业生的管理协调能力。

(4) 语言表达能力。语言表达能力是指运用语言文字阐明自己的观点、意见或抒发思想、感情的能力，包括口头表达能力、文字表达能力、数字表达能力、图示表达能力等几种形式。数字表达能力、图示表达能力属专业范围内学习的基本技能。这里，我们主要强调口头表达能力和文字表达能力，表达能力不仅在工作以后明显显示出其重要性，如工作汇报、年终总结、文件起草、研究报告等都需要，而且在毕业生求职择业过程中也发挥着不可低估的作用，比如自荐信的撰写、个人材料的准备、回答招聘人员的问题、接受用人单位的面试等。可以这样说，在求职这一环节上，表达能力的强弱直接影响到择业的成败。

(5) 动手操作能力。动手操作能力是知识转化为物质力量的重要保证，是要求高级专门人才必备的一种实践技能。对高校毕业生而言，无论你今后是从事教学、科研还是在生产第一线，动手操作能力的强弱都将直接影响到你的能量的发挥程度。

(6) 开拓创新能力。开拓创新能力实质上是一种综合能力，它是各种智力因素和能力品质在新的层面上融为一体、相互制约、有机配合而形成的一种合力。青年学生如果只能熟悉背诵前人的定理、定义，安于现状而不思开拓、创新、进取，那么，他学得的知识就会变得毫无意义。著名物理学家、诺贝尔奖金获得者温伯格说过：不要安于书本上给你的答案，要去尝试发现与书本上不同的东西，这种素质可比智力更重要，往往是最好的学生和次好的学生的分水岭。因此，大学生在学习过程中，应着意不断培养和强化自己的开拓创新能力。

(7) 竞争能力。每个人都有争强好胜之心，从这个意义上来说，竞争是生物进化法则注入人们血脉的一种本能，到了现代社会，由于人们知识和技能的激增与强化，这种本能的潜质在人们身上变成顺利完成某种活动的明显的心理特征。竞争的目的不是为了吃掉对方，而是为了促进生产力的发展和社会的进步。随着社会主义市场经济的进一步发展与完善，市场竞争更趋激烈，而充满竞争的市场需要具有竞争力的人才。作为一个立志成为现代化人才的大学生，如果不懂竞争，不具备竞争能力，在竞争的激流中就有随时被淘汰的危险。

(8) 决策能力。决策能力是指在面临多项选择时能及时、果断做出最佳选择的一种能力。它可以使你少走弯路，少犯错误，以较少的付出收获较大的成功。人的一生往往会遇到许多重大的选择，优柔寡断、误失良机和草率决断，都会给整个人生带来莫大的影响。因此，大学生在校学习期间，就要有意识地去培养自己的决策能力，从日常小事做起，不要事事都请别人拿主意，这样日积月累，就会形成一种能力。如果具备这一能力，毕业求职时你就会从各种信息和建议中，对适合自己的职业岗位工作做出积极准确的反应，当然这一能力带给你的实惠并不只是这一点。

(9) 团队合作能力。一滴水难以成沧海,任何人都是集体中的一员,只有大家相互理解和支持,才能组成一个强大的集体。现代社会不但需要人们依靠集体的智慧和力量,还需要人们发挥团队协作精神。

(10) 终身学习能力。现代社会是一个信息“爆炸”的时代,是一个知识经济时代,为了更好地生存发展,人们必须不断地学习,想方设法地学习,善于吸收学习,并自觉地快乐地学到老用到老。

二、人才市场需要什么样的大学毕业生

当前人才市场对人才的普遍要求可以概括为“诚信敬业,一专多能,创新意识,全面发展”。具体来说,对师范毕业生,要求“热爱教育,热爱学生,有亲和力,有创新精神,诚实守信,专业过硬,有较强的教学能力、组织管理和协调沟通能力,要懂多媒体运用与课件制作,懂计算机和一门外语(至少达到英语四级)”、“三字一话”能力达到教师标准要求。对非师范毕业生要求做到“爱岗敬业,诚实守信,吃苦耐劳,从基层做起,有创新意识和服务意识,有团队精神,专业基础扎实,动手能力强,具备相关的职业技能,懂计算机操作,懂一门外语(至少过英语四级),有汽车驾照等其他职业技能证书更好”。

我国目前最缺急需的四类专业人才如下。

1. 从类型上看

(1) 学术技术带头人;(2) 高新技术复合型创新人才;(3) 高级管理人员和市场开拓人才;(4) 高级技术技艺人才。

2. 从行业来看

(1) 与新技术革命浪潮有关的人才,比如:信息科学技术、生命科学技术、新能源和再生能源科学技术、空间科学技术、环保、新材料、软科学等领域的人才。

(2) 与入世有关的参与国际市场竞争的人才,比如:精通外语、有专长的复合型专业人才;有涉外知识、擅长营销、商务谈判的人才;金融、保险、财务管理人才,律师、注册会计师、国际化经贸人才等。

(3) 以产业结构调整、发展相关的人才,比如:具有竞争优势、比较优势产业的人才。

(4) 与现代社会发展有关的人才,比如:信息人才、教育工作者、心理医生、家庭健康指导人才、现代农业科技人才、园艺人才、幼儿托管人才、旅游人才等。

(5) 各行各业市场开拓、市场营销、售后服务人员以及一线基层技术服务人员等。

案例欣赏

案例一:不积跬步　难行千里

1997 年,还在读大学一年级的某重点高校精细化工专业的大学生小唐在广州某报上无意中看到这样一则报道:某大学一应届毕业生面临两难的选择,是去读研究生呢,还是去南方的某公司(试用期待遇每月 2000 元)就业,这使他知道南方居然有这么一家公司可以跟读研究生的机遇相媲美。并且,试用期的工资每月有 2000 元,这对于一个当时没有任何收入的大学生来说,确实具有吸引力。小唐开始对该公司投去关注的目光。小唐登录该公司的网站,仔细地查阅了有关该公司的企业文化、核心价值观以及该公司的方方面面,打印好厚

厚的一叠。仔细研究后越发觉得该公司的确是一个充满魅力的外企，一个规范、重视人才的跨国公司。公司客观、科学、严格的考核机制令他折服；公司不限专业，任人唯贤的用人理念深深地吸引了他。并且他还了解到该公司每年都要到自己所在的大学来招收应届毕业生，虽然招收名额有限，但每次都门庭若市，竞争异常激烈。小唐暗暗地下决心：大学毕业后我要到这家公司去上班。

小唐在关注该公司的同时，为自己设计了一个学习计划；虽然公司选人不限专业，但自己的专业还是要达到优良，该公司属于外资企业，英语能力是敲门砖，面试会用英文，而且在面试前有一个叫 TOEIC 的英语能力测试，2 个小时要作 200 道题，前 100 题是听力，如果没有一定的英文基础是肯定混不过去的。因此小唐要求自己必须以优异的成绩通过 CET-4、CET-6，并争取 TOFEL620 分以上。公司的核心价值观主要是五点：领导能力(leadership)、正直(integrity)、诚实可信(trust)、积极求胜(passion for winning)、主人翁精神(ownership)。小唐认为自己最需要提高的是领导能力和社会活动能力，小唐参加了校学生会的竞选，在担任学生干部期间策划组织了不少大型活动，做过 SRTP 项目。除此之外，小唐对计算机方面有浓厚的兴趣，大学阶段发表有关计算机方面的文章超过 25 万字，单在《中国计算机报》上就有 10 万字，有编辑部的证明。拥有微软认证系统工程师 MCSE，具有 www.textclick.com 兼职经验等。

2000 年 11 月的一个下午，小唐准时进入了该公司招聘信息发布会会场，熙熙攘攘的人流，忙碌的身影，一切很熟悉，又很陌生。手里拿到了今年的 Application Form，小唐花了 2 个小时认真地填写完毕。在该公司需要了解的七个问题里面，小唐的工作经验刚好可以让每个问题的回答都是针对不同的事情。填完 Application Form，带着满意的眼光审视着自己的墨迹，小唐的心里充满着自信。接下来的笔试、面试，小唐都非常顺利，最后终于如愿以偿。

案例二：挑战自我　梦想成真

上海某进出口公司在高校广招贤才，应试者如云，其中不乏研究生、本科生。南方某外贸外语大学的专科毕业生小王与学哥、学姐们同堂竞争，经大浪淘沙，最后胜券在握。小王签约的单位令许多同学羡慕，有不少同学到小王那儿取经。小王由衷地说"我想好运气是一方面，但如果要刨根问底，我想这更是我在大学三年中所付出汗水的回报。我相信：有实力才会有魅力，有魅力才会有机遇。珍珠在出蚌的那一刻，曾耀花了多少双明眸，但谁又会想到此前的痛苦孕育和磨砺。"

以下是小王的自述：我从中学开始学习英语时就发现自己对语言的学习非常感兴趣，我曾立志要当一名出色的翻译。高考失利，当我接到专科英语专业的录取通知书时，我曾有理想破灭的感觉；但是我很快地调整好自己，希望通过自己的努力挽回高考的失败，时时提醒自己不能轻易放松，要在比本科生少一年的学习时间里学到和他们一样多的知识。在我的努力下，我的专业成绩一直名列班级前两名。从大一开始，我坚持用英语写日记，苦练口语，利用一切机会提高自己的英文思维能力和对英文的敏感度。专业学习之余，我积极参加学校的各项活动，有意识地锻炼自己与人相处和沟通的能力，这对于一个学习语言的人来说也是非常重要的。在大二的暑期，我义务为广州的一家外贸公司打工，学习和了解外贸专业，在实践中体会一些实际操作技能，之后我又到广交会做兼职，做一些英语的口译或笔译工作，在实际运用中检验和提高自己的英语能力。无论是学习和兼职，都让我认识到真才实学的重要性。对英语专业的学生而言，只要你的笔译功夫到家，口译又自由流畅，别人会注意你的。我比本科生缺少的是一张文凭而不是能力。我希望通过自己的努力，让别人不通过文凭也能够注意到我。

谈起择业的过程，小王还是感慨颇多：从大三上学期开始，我就早早地准备好自己的求职推荐书。但因为第三年我们还有几门重要的必修课要修，我只能一边学习，一边利用机会，见缝插针地参加招聘会，当我信心十足地踏进了招聘会场的大门时，里面早已是人山人海，我暗自鼓励自己说"努力！"然后一家一家地进行着地毯式的搜寻，希望可以找到适合自己的单位。但是，事实是残酷的。一圈下来，脚不知被踩过多少回。然而，这能算什么！尤其是和用人单位还没有机会发言就被直露或委婉的拒绝相比。我动摇了，真想起身离开这个"伤心之地"。但刚准备走，突然想起哪位哲人说过的一句话："一个人失去什么都不怕，最可怕的是失去信心，失去信心的人，就失去了一切！"对啊！怎么可以没有信心呢?！一次找不到，怕什么，再找啊，两次找不到，找第三次啊，直到找到工作为止啊。在这种思想的指引下，我又重新踏入了招聘会的会场……我现在签约的这家单位的招人信息是从学校就业指导信息网上看到的，从报名、考试、面试到签约，也算是过五关斩六将，在整个过程中，我特别突出自己不轻易认输的性格特点和吃苦的精神，还有我在学校的学习、工作经历，以及我参加实习和兼职的经验，我相信这些都是至关重要的。

课外练习

1. 针对人才市场的变化，你自身如何求变求新?
2. 针对人才市场的需求，你如何扬长避短，提升自己的就业竞争力?
3. 你的大学生活如何度过？请列出详细的行动计划，并进行有效监督。

第十一章　大学生与职业能力

人，只要有一种信念，有所追求，什么艰苦都能忍受，什么环境也都能适应。

——丁　玲

在职业生涯发展过程中，具备良好的职业能力，是人们走向成功就业的关键。当代大学生在大学期间要积极锻炼各种与自己未来职业紧密相关的能力，重点要培养自己具有以下四种职业能力。

第一节　大学生与学习能力

一、学习能力的含义

学习能力是指人们按照一定的社会和个人价值需求主动地去吸收和掌握生命发展所需要的一切事物的个性倾向。比如对经验、信息、科学知识和科学技术以及各种技能等的学习。生命的需要有很多，有生存的需要，发展的需要，而要满足这些需要，最重要的是会学习。善于学习，学会学习，这就是一种学习能力。

学习能力有几个重要特征：第一，自主性，是指个体生命自觉、自愿地去学习，而不是被迫去学习；第二，能动性，是生命主体极富创造性地去学习，不是对知识、信息简单的吸收，还要会消化，要善于转化成生命所需要的物质和精神能量；第三，创造性，学习的最终目的是推陈出新，吐故纳新，融会贯通，是为了创新和创造。

二、学习能力的重要意义和作用

在当代社会，学习能力的好坏强弱，对一个组织或生命个体都有着极其重要的意义和作用。我们可以从以下几方面来重新认识学习能力。

1. 组织与个人的成功奥秘：学习能力强

被《财富》杂志列为世界500强的大公司，是全球竞争力最强的企业。然而，在20世纪70年代的500强，到80年代已有1/3消亡，到20世纪末则所剩无几。在中国也有类似情况，20世纪80、90年代兴起来的企业和风云人物，到了今天，也都一个个倒闭或衰弱，当年叱咤风云的企业领袖人物也一个个“翻船落马”。这一嬗变，一方面反映了高科技革命风起云涌，新经济迅速淘汰传统产业已成不可逆转的趋势；但另一方面，也反映了企业的学习能力或个人的学习能力比较弱，不善于与时俱进，跟不上信息时代的急促变化，而是满足已有的成绩、沾沾自喜、骄傲自满，甚至把自己视成“皇帝”，这实际上就是在组织内部和自己生命体中埋下了失败的种子，直到有一天宣布灭亡。

实践证明，企业或个人如果具备很强的不断学习的能力，就能够取得成功，创造辉煌。其成功奥秘在于：一是能以最快的速度在最短的时间内学到新知识，获得新信息；二是企业组织领导层或个人能不断地提高学习能力，成为学习型组织或个人；三是加强集体的学习能力，集思广益，调动和发挥大家的积极性；四是以最快的速度在最短的时间内把学习到的新知识、新信息、新技术应用于企业和个人的变革与创新，满足市场和客户的需要，取得成功。

2. 掌握学习能力——终身受益

网易首任CEO丁磊结合他自己的经历，指出：寒窗苦读表面上看学的是些“无用之学”，实则是获取知识信息和学习能力的过程。“在大学里能够学到的知识显然是有限的，但是，养成一种好的学习习惯，获取学习的能力，却可以让人一生受益。我早在1993年就开始接触有关互联网的一些概念，那时候，我到哪里去找老师呢？我在开发免费邮件系统软件的时候，又有谁能告诉我Hotmail的分布式系统是如何架构的？现在，知识更新这么快，同学们将要遇到的挑战，只会比我经历过的更严重。怎么办？互联网本身就是一个浩瀚的知识海洋，就是一个‘老师’，自学将是互联网时代的学习的主要途径”。这说明了一个道理：在大学时代，大学生重要的是养成良好的学习习惯，热爱学习，学会学习，学会生存，学会生活，学会工作，学会思考，学会创新，一句话，训练和提升你的学习能力，比什么都重要，你的一生受益无穷。有的大学生也许会说：“我在中学学习能力已经很强啦，高考成绩不错哇，还要提高学习能力呀？”。当然要学！在中学的学习能力只侧重于课本知识的学习，侧重于理解记忆，大多围绕着老师、黑板、书本为中心来学习，围绕着高考来学习。这样的学习能力离知识经济时代、市场经济时代所需要的学习能力差得远矣！

3. 学习能力是第一竞争资本

谁的学习能力强，谁就能在同等条件下赶在竞争对手面前，成为第一赢家。这里的学习能力不是简单的课本知识和技术技能的学习，而是多方面的知识技能的学习，如专业知识技能、非专业知识技能、生活知识技能等。而且要能够学以致用，学了能够创新，学了能够执行，执行能够产生良好的效益。

现代社会竞争越来越激烈，尤其是人才的竞争，已达到白热化态势，因为大家越来越形成一个共识：科学技术是第一生产力，而人才是组织发展的第一资本。一个企业即使有设备、有资金、有技术、有普通劳动力，但如果没有人才，没有关键岗位上的关键人才，这个企业的发展不可能取得成功。

现代人才的一个重要特征就是具有很强的学习能力，这是人才竞争的一个重要资本。你要成为一个人才，你要在一个组织中成为一个核心人才，靠什么取得大家的信任？最重要的是学习能力。这是为什么呢？因为创新能力、组织协调能力、领导能力等多种能力的掌握和训练，都离不开学习，都要在学习的基础上掌握和发展，没有哪个人才天生就有那么多的能力，都是靠后天学习而获得。可以说，人一生下来就在不断地学习，学习走路，学习讲话，学习唱歌、跳舞……所以说，学习成了我们生命中的必需品，到了今天，人们更是离不开学习。而那些会学习，善于学习，快速吸收而消化，能活学活用的人就成为人才。在今天，一个不善于学习的人，是缺乏竞争力的人，因为，在知识经济时代，人与人之间的差异主要是学习能力的差异，人与人之间的“较量”关键在于学习能力的“较量”，不善学习的人将会被社会淘汰。

三、组织学习的智障

美国麻省理工大学史隆管理学院教授彼得·圣吉在他的名著《第五项修炼》中着重探讨了组织学习能力的问题，指出学习型组织的建立是组织立于不败之地的基础。一个组织要成为学习型组织，必须进行5项扎实的修炼，即自我超越、改善心智模式、建立共同愿望、团体学习、系统思考，并指出一个组织学习能力不强，主要有以下几个方面的障碍。

1. 局限思考

现代化工业把一个生产工艺流程细化，规定了一个个岗位，把组织科层化，设立了一个个相对独立的部门，而每个部门又设立了不同的工作岗位，人们在思考问题、解决问题时，往往习惯于从自己的本职工作，从自己的岗位的角度去思考，也就是片面地、局限地去思考，缺乏一个系统的整体观。“现代组织功能导向的设计，将组织依功能切割分工，更加深了这种学习智障。”而具有讽刺意味的是，每个人自以为是，以为自己的思考就是绝对正确的。比如，美国汽车公司，设计一辆汽车上引擎盖上的螺栓，有三组工程师分别设计出三个不同的螺栓，结果导致组装较慢和成本较高，而日本的汽车公司则由一位设计师负责整个引擎或范围更广的装配，这样就降低了成本，又能做到精密性、可靠性。美国工程师还认为自己的工作是出色的。

2. 归罪于外

当组织出了问题时，人们往往怪罪这，怪罪于那，统统归罪于外界，唯独很少责怪自己。在一个企业，搞销售的责怪搞生产的，搞生产的责怪搞设计的，搞设计的又归罪于搞生产、销售的。在一个高校，教学质量上不去，教务处责怪生源差，就业工作搞不好，就业部门归罪于教学部门，说是学生没有培养好。这种思考问题的方式，实际上也是局限思考的弊端，大家都缺乏系统的、整体的思考。

3. 缺乏整体思考的积极主动性

一个组织内部的管理，有时会显得急于求成，有时会把急于求成视成主动积极，其结果有时会适得其反，你越急着处理，越难处理好，因为一急躁就会违背系统思考的原则。真正具有前瞻性的积极行动，除了有正面的想法之外，还必须以整体思考的方法与工具深思熟虑，细密量化，模拟立意极佳的构想，思考可能会造成哪些极其不易觉察的后果。

4. 专注于个别事件

我们已经养成以片面、专注于个别事件的习惯来处理周围的问题，难以跳出事件的框架来思考。

5. 煮青蛙的故事

在系统研究中，我们发觉导致许多公司失败的原因，常常是对于缓缓而来的致命威胁习以为常，不易察觉。就像煮青蛙的故事一样：如果你把一只青蛙放进沸水中，它会立刻弹跳出。但是如果你把青蛙放进温水中，不去惊吓它，它将呆着不动。如果你慢慢加温，从华氏70度上升到80度，青蛙仍显得若无其事，甚至自得其乐。可悲的是，当温度慢慢上升时，青蛙将变得愈来愈虚弱，最后无法动弹。虽然没有什么限制它脱离困境，但青蛙已无能为力直到被煮熟。

能否看出、察觉出周围环境的变化，并采取积极的行动来应对，这是是否具有学习能力的一个表现特征。

6. 从经验学习的错觉

最强有力的学习出自直接的经验，这是我们与生俱来的一个习惯。然而，从经验中学习有时空的限制，当我们的行动越出这个时空，该怎么办？以前的经验是否有效？在现实中，不少组织领导凭借经验办事，妨碍了学习，影响了组织的生存发展。

7. 管理团体的迷思

一般认为，能向以上困境挑战的，应该是管理团体。所谓的“管理团体”，通常是指不同部门的一群智慧、经验和专业能力的人组成的团体。如果这个管理团体团结一心，相互协调配合，善于学习与进取，那么，这个团体就会具有很强的学习能力；如果这个团体人员有内耗，勾心斗角，相互拆台，那么，团体精神就会丧失，学习能力也会丧失。在现实中，许多团体缺乏学习能力，一个很重要的障碍来自于领导层。因为大部分的管理者害怕，在团体中互相追根究底的质疑求真所带来的威胁。学校训练使我们害怕承认自己不知道答案；大多数的公司只奖励擅于提出主张的人，而不奖励深入质疑复杂问题的人。纵使我们觉得没有把握，为了保护自己，也不会露出无知的样子。结果，任何对潜在威胁的探究都被堵死了，团体中充满了许多擅于避免真正学习的人。

彼得·圣吉教授指出的以上团体学习智障，不仅仅是针对美国的团体而言，世界上的组织都或多或少都存在这样的问题，在我国的许多组织中同样存在。

四、个人学习的智障

影响我们每个人学习的因素来自于多方面，有来自于社会、家庭、学校的环境，也有来自于自己本身。

个人学习的智障，主要是从个体本身来探寻的，主要有以下的表现。

(1) 不愿学习，不愿动脑筋，逃避学习，安于现状，偏重物质娱乐享受；对学习缺乏积极的心态。

(2) 不喜欢学习，被动学习，被环境逼着去学习，没有周围环境的"逼"和压力，就会放松思考与学习。

(3) 局部片面地去学习，机械地学习，缺乏系统的、整体的思考学习能力，还认为自己是对的，自以为是。

(4) "死记硬背式"、"填鸭式"、"满堂灌"、"电灌式"的学习，导致人们厌烦学习，不愿学习，缺乏自学能力。

(5) 怕苦怕累，怕痛苦，怕竞争，怕动手实践，怕竞争失败，怕闲言碎语，怕他人议论、指责，怕损失金钱、失去职位。

(6) 片面地理解学习，认为学习就是书本学习、教室学习，装模作样学习，老师教着学习，为了文凭学习，为了考试学习；缺乏探究式学习，缺乏终身学习及快乐学习的思想观念和心态，缺乏发自内心的主动求知欲望和科学探索精神。

(7) 盲目地学习，不假思索和正确选择，盲目崇拜，盲目随从，人云亦云，结果误入岐途，学的是伪科学，比如传销、邪教等，更为可悲的是，学了伪科学还认为自己学的是绝对真理。

(8) 会吸收，但不善于消化，不懂得学以致用，不懂得创造性地去学习。

五、知识经济时代需要终身学习

终身学习是指人的一生通过持续学习活动以求意识与行为的变化，不断提高自我或他人的科学文化发展、社会经验与职业能力。从广义上解释，那就是活到老学到老。终身学习理念来源于终身教育理论，兴起于 20 世纪 80 年代的主要发达国家。

关于终身学习的思想，在古代先哲圣人的经典中都有过一些论述，比如，我国古代师旷强调"少而好学，如日出之阳；壮而好学，如日中之光；老而好学，如炳烛之明"。日本《言志四录》方志晚录中有佐藤一斋的名言"少而学，则壮年有为。壮年学，则老而不衰。老而学，则死而不朽"。然而，古典终身学习论往往偏重于个人立身处世或自觉求道的自我钻研和自我修养，而作为现代一种公共教育思想的终身学习论则是伴随着现代社会的需要而兴起的。

在现代社会，知识信息日新月异，陈旧老化很快，加之竞争激烈，一个人或一个团队如果不保持终身学习的精神，不善于吸收学习新知识、新信息、新技术，就会逐渐退步落伍，甚至被时代淘汰。另一方面，现代社会生活也离不开终身学习，随着人们受教育的机会增多，人们的知识素养提高，越来越多的现代人安于学习，乐于学习，把学习活动本身当成生命的一种享受，一种休闲娱乐方式。无论是青少年，还是老年人，都乐于读书看报，进阅览室，上图书馆，到新华书店看书，选书买书，不亦乐乎！

终身学习，是现代社会发展的需要，是现代人生命的内在需求，是人之所以为人的本质特征。学习是人的生存和发展的一种需要，一种享受，任何人都不得剥夺一个人学习的权利，任何人也没有权利不让自己学习。不断学习，继续学习，终身学习，越来越成为现代社会的发展趋势。

在现代社会，优秀的大学再不是单纯的知识教育的机器，重要的是它要使教育者获得自我教育的能力，这种能力将作用于一个人的一生。这种在大学中获得能力，并用这种能力自我教育一生的教育模式，就是“终身教育”。

在现代社会，优秀的大学生也不是单纯的知识信息被动接收器，重要的是要培养自己的各种能力，尤其是学习能力和创新能力，并将这种能力伴随自己的一生，不断学习，不断创新。终身学习能力的培养，是离不开一定的科学知识基础的，科学知识与学习能力是相辅相成、互为促进的。现代教育心理学研究表明，能力的长进离不开一定的知识基础，而能力的发展反过来又能促进知识的学习。尤其是在某个专业领域，你要想成为这个领域的专家，必须做到这几点：一是拥有该专业领域渊博的学识，大脑中形成一个一个的知识区块，并能对这个区块自由组合连贯起来；二是发现问题快，善于发现问题；三是解决问题快，思维敏捷，反应快，出手快；四是反复练习，不断学习，长时间钻研学习，一般要在某个专业领域花十年以上学习工夫才能成为专家，正所谓“十年磨一剑”。

世界在变，环境在变，市场在变，知识信息在变，人也要不断地变，以变应变，以快制快。而要做到这一点，唯有勤奋思考，刻苦钻研，终身学习。孔子云“学而不思则罔，思而不学则贻”，《礼记·中庸》提出“博学之，审问之，慎思之，明辨之，笃行之”。

当代大学生要培养自己的终身学习能力，关键是培养自己对学习的兴趣爱好，做到自主学习，善于学习，乐于学习，把外在的学习变为内在生命的需求，把外在的科学文化知识内化为自我生命成长的养料，使自己永远保持一种奋发进取的精神，一种快乐学习的心态，一种宽广的胸怀。不断推陈出新，不断吐故纳新，气韵生动，生生不息，犹如涓涓细流汇入江河，宛如黄河之水天上来，奔流到海不复回！

第二节　大学生与人际沟通能力

一、快乐人生与人际沟通

成功学认为人的最终需求是快乐，这是有道理的。因为人们许多的选择，其原理和动机都是遵循“追求快乐”、“逃避痛苦”的原则。真正成功的人士，他应该感到人生是快乐的，如果他感到痛苦，没有快乐，那他并没有实现真正的成功，即使他有车有房，腰缠万贯，但他还是感到心灵空虚、感到孤独寂寞、感到困惑迷茫。在现实生活中的人们常常产生消极的心理，这与成功和快乐的人生是背道而驰的，这里的关键是我们的心灵与这个世界缺少良好的沟通。我们在追求物质现代化的同时，常常感到精神现代化的丧失，物质文明与精神文明没有协调发展，人与人之间缺乏沟通，以致现实中人们常常感到心灵空虚。在现代化的都市，住在同一个高楼里的人，每天上下电梯，匆匆忙忙，谁也不理谁，眼睛只盯着自己的映像或是看着电梯楼层显示器；上班时拼命工作，下班后各奔东西，同事间缺乏沟通。同一个家庭成员，因为早出晚归，大人与孩子之间、夫妻之间也没时间沟通。在学校，师生沟通时间越来越少，有时候，学生几个月都见不着导师；同学之间的沟通也不多，除了本班同学和熟悉的室友外，社交圈范围很小。即使想去扩大社交圈，也感到沟通能力缺乏，心里感到紧张焦虑，只好把自己封闭起来，碰到矛盾不知如何协调处理，但内心又常常渴望人与人之间沟通，渴望情感的沟通，渴望矛盾的解决，这正是生命的独特品质。封闭的人是不快乐的，孤独的人是不快乐的，没有谈得来的知己是不快乐的，没有追求、没有理想、没有事业的人是不快乐的。而这一切问题的解决都需要有效的沟通。

传统的教育模式注重"以教师、课本、黑板为中心"，学生每天围着教师、课本、黑板转，教师只注重"传道授业"，却很少去"解惑"。说到底，在传统教育模式下，整个教育结构系统是在一种封闭的与社会外界几乎是隔绝的状态下运作的，从小学、中学到大学都是这样。在这种教育环境下培养出来的学生，其心灵处于封闭状态的比较多，有的是沉默寡言、焦虑不安、神经衰弱，有的甚至产生自闭症、焦虑症、偏执症、精神分裂症等许多心理疾病。

二、21 世纪与人际沟通

21 世纪，发达国家已进入信息化的知识经济时代，我国作为一个人口大国，农业时代、工业时代、知识经济时代交织在一起，显得更为复杂而多变。在新的世纪，国际间竞争越来越激烈，为了维护世界和平，越来越需要国际间的沟通与合作，无论是政府机关、企业还是学校，都需要进行广泛的合作与沟通。谁要是封闭，注定要遭到失败，并被新的时代所抛弃。满足现状，封闭自我，只盯着原有的"奶酪"，不研究环境的变化，不适应环境的变化，是不可能发现新的"奶酪"的。我国加入 WTO 就是要让我们的国家进一步开放，参加国际大舞台，进行国际间的竞争、合作与沟通，在这个过程中，那些不善于沟通、不善于竞争、不善于合作、不具备竞争优势的企业肯定面临痛苦选择，是拚搏，还是守成？是寻求合作沟通，还是我行我素？是创新，还是守旧？是获得新生，还是等待死亡？我们都面临着艰难的选择，而成败往往就在这样的抉择中。在新的世纪，毫无疑问，越来越需要全方位的沟通与合作，越来越需要人们具备强有力的人际沟通能力。

三、大学生就业与人际沟通

我国大力发展和完善社会主义市场经济制度，是民族强盛的必然选择。因为通过市场经济体制，能有效地引入竞争，有效地按照市场需求优化配置各种资源。在市场运行中，各种资源包括人力资源都进入流通领域，不断地在市场进行配置与交换，运动到自己合适的位置发挥更重要的作用。大学生是国家的重要人力资源，其配置与流通绝大部分是在人才市场进行的。也就是说，除少数特殊大学外，今天的大学生都必须面临人才市场的考验，你要想找到合适的工作，就要不断地在人才市场中搜寻，不断地与用人单位洽谈，双向沟通与选择。如果你没有良好的人际沟通能力，那你就会遇到更多的困难。参加工作后，你若想证明自我价值，得到单位的认可，受到上司的赞赏重用，你同样离不开良好的人际沟通能力。如果你今后要想自己创业，更需要天时地利人和。你必须去进行市场调研，选准发展方向，还要想方设法融资、招聘、选择合作伙伴；要与工商局、税务局等单位打交道……所有这些，都需要拥有良好的人际沟通能力。市场是有情的，它会青睐敢想敢干的人，同时又是无情的，它会淘汰胆小无能的人。在多变而充满竞争与合作的时代，比以往任何一个时期更需要合作与沟通，这是时代的潮流。"书呆子"型已成过去，新时代呼唤"一专多能型"、"复合型"大学生，我们要学习研究市场，深入体验市场，学会合作与沟通，要大力培养自己的沟通能力。

四、好人缘如何去培养

良好的人际沟通能力需要一个好人缘，那么，好人缘应如何去培养呢？只要你愿意去做，认真地对待，就一定会有好人缘。具体训练方法如下。

（1）学会真诚对待和关心他人。

在人与人交往中，你若想获得别人对你的尊重和关心，想得到别人的喜爱，那么，你首先要有意识地让自己真诚对待和关心他人，那就是眼里要有对方，不能光想着自己，一个自私自利的人，别人是不会喜欢的，以真诚换真诚，以真心换真心，以爱心换爱心，这是做人的一条准则。你希望别人为你服务，那么，你首先要为别人提供帮助，有首歌唱道“请让我来帮助你，就像帮助我自己……”，“让世界充满爱”，这里讲的都是一个道理。

所谓真诚，就是真心真意，而不是虚情假意，当同学有困难时，尽最大努力帮助；当同学有思想情绪，闷闷不乐时，主动关心之，爱护之；当同学遇到挫折遭受失败时，鼓励之，激励之；当同学有消极心理时，用积极的心态去感染之，消融之；当同学生病时，常去看望之，呵护之。

真诚地对待和关心他人，就是要以人为本，是对人的生命的一种关怀和尊重，无论是什么职位，无论是干什么工作，无论是科学家、领导、富翁，还是清洁工、服务员、乞丐都是一样地尊重。有位富翁有一次在街上碰到一个穷困的年青人在卖笔，他很同情他，就买了一支，付了钱没有拿笔掉头就走了，过一会又折回来，对年青人说：“噢，对不起，我忘了拿我的笔”。这虽然是一件很平常的事情，但这位年青人却感到了受人尊重的滋味，他很感激这位富翁，并发誓努力奋斗。几年后，这位年青人也变成了一个富有者。

（2）学会开心地微笑。

开心的微笑犹如生活中的润滑剂，它给你自信，让你充满善意和真诚。孔子说：“己所不欲，勿施于人”，你不喜欢别人严肃而又毫无表情的面孔，同样，别人也不喜欢看到你老是苦着脸。所以，在与人交往的过程中，不要忘记你的微笑，不要吝啬你的微笑。有的同学说，我就是笑不起来，怎么办？这好办，调整你的心态，眼光朝前看，朝好的方向看，积极的心态让你更自信，对着镜子仔细看着自己，大声地说：“你真的很可爱！”无论在寝室，还是在校园，无论在郊游，还是回到家，见到认识的人时，微笑地打招呼；碰到不认识的人而又需要与他认识、需要请他帮助、需要向他咨询问路时，最好的办法就是大胆地走上前，微笑而有礼貌地说话。

（3）学会倾听他人讲话。

有的人在与他人打交道时，光顾自己讲话，甚至老想与别人争论，而忽视别人的存在，这让对方很不自在。若要想与他人愉快交谈，就要注意分寸和节奏，有时自己要表达自己的感受，有时也要让对方讲个痛快，这个时候，你要注意倾听对方的讲话，适当点头微笑，适当提问，适当引导话题。谈话投机，会给对方一种良好的心理享受。当你讲话时，有人睁着眼睛，竖起耳朵听你讲，你会什么心理呢？如果你感到快乐和兴奋，那么，你也要学会给别人一个快乐兴奋的讲话机会。碰到意见不一致时，先不要急于争论，过几天想清楚再说，并谈些轻松话题。

（4）学会欣赏和赞美，让他人感到自己重要。

人际交往的一个极为重要的法则是：学会欣赏和赞美，让他人感到自己很重要。如果我们遵从这一法则，可获得许多友谊和快乐，获得更多人的喜爱。这是因为人人都有渴求被尊重的需要。你让对方满足了这种“被尊重”的需要，哪怕你只是一个“小人物”，对方也会反过来尊重你，这就赢得了信赖。这正是你将来创业就业中最重要的资产。

时时让别人感受到重要，就要学会欣赏别人，每个人都有自己的优点和弱点，对别人的优点，哪怕做对一件小事、取得一点小进步，你都要适当地赞美，让对方感到重要，让对方感到快乐。能让别人快乐，我们自己也会快乐，让对方感到重要，其实也是在肯定自己的重要，欣赏与被欣赏是辩证统一的关系。欣赏美的事物越多，你的内心世界美的成分也就越多；欣赏真善美的对象愈丰富，你的内心世界也会变得愈丰富。反之，如果你经常去看一些不好的文化垃圾，那么你的内心深处也会蒙上阴影。

五、如何塑造你的亲和力

亲和力是一个人的优秀品质，是具有良好沟通能力的基础，是大学生创业就业成功的"催化剂"。在人才市场，许多招聘职位，特别是那些需要与客户打交道的工作岗位，都要求你具有亲和力。当你在一个不熟悉的场面上正无所适从的时候，突然有一个人走过来，从容不迫地先和你打招呼，并泰然自若地和你侃侃而谈，你会觉得对方既开朗又热情，态度亲切而且很有感染力，你会暗中佩服他的能力。这种人非常容易察觉人际往来的奥妙关系，善于活跃气氛。他们出现在哪里，哪里就会有欢笑，他们能让人感到愉快，让人就像沐浴在春风中，人人都乐于和他们接近。这就是一种亲和力的表现。

亲和力是什么？你可能会想到：聪明、活泼、仁慈、可爱、有活力、美好的外貌等，不错，这些都是一个人是否受欢迎的条件。但是，亲和力不是一项单纯的性格特征，而是一个人多方面素质和能力的综合体现。亲和力来源于良好的沟通技巧和能力，而这种技巧和能力在平常的生活中就可以练习，就像练习唱歌和打球一样，必须不断地练习，练习，再练习，才能有巨大的进步。

训练你的亲和力可以从以下几个方面进行。

(1) 要有强烈的信念，你要想改变自己，就必须对亲和力具有强烈的认同和渴望。

(2) 放松，自由抒发感情，拥有一颗真诚善良的心，随时与人沟通、分享自己心里的快乐感受。

(3) 多学习和欣赏具有亲和力的人的言行，注意观察聆听，分析研究，模仿，还要适时表现，力争创新与超越。另外，多欣赏如相声、喜剧、小品等艺术，对锻炼你的亲和力很有好处。

(4) 有意识地同陌生人交谈，消除紧张心理，最好的办法就是到实际中去练，把对象看成是"磨刀石"，磨的次数越多，你就变得越"锋利"。比如问路、购物、等车、买票、咨询、提问等都是你"磨刀"的好机会。记住，大胆地开口说！

(5) 练习演讲，多参加各种演讲比赛，精心准备，反复演练，多朗诵课文，聆听广播员讲话，多积累演讲素材，勤练即兴演讲，比如5分钟自我介绍，3分钟表决心，小组讨论，积极发言等。

(6) 体验生活，扮演不同角色。积极参加学生干部竞选活动，参加社团活动，利用双休日和课余时间勤工助学，做家教，做临时工，到报社做业余记者，到宾馆当服务员，到商店超市当营业员……这都可以积累你的生活经验，开阔眼界，增长见识。

(7) 培养广泛的兴趣爱好，投身各种社交活动。一个人如果兴趣爱好广泛，就说明他很敏捷，富有人情味，这是塑造亲和力的一个基础。在人际交往中，在不同的社交场合，需要展示你的爱好和才华。在文艺晚会上你高歌一曲，或是轻快地跳着交谊舞；在运动场上，也常常活跃着你的骄健身姿。很多的兴趣是后天培养的，没有谁天生就会，关键是你有强烈的愿望，有决心和意志力，坚持练，不断地练，坚持数年，必有收获。

第三节 大学生与团队合作能力

一、整体不等于各孤立部分之和

系统论原理告诉我们，在一个系统中，整体属性不会等于各孤立部分属性的简单相加。比如，在中学数学中讲的平行四边形的性质，并不是四条边简单相加的结果。在一个开放的生命系统中，生命的本质特征决不是从解剖学中了解到的生命各孤立部分属性的累加，正像一只切断的手和一只与生命整体连在一起的手是不同的一样。

一个生命的整体尚且如此，倘若几个生命合在一起，整体的属性更不会是各个生命的简单相加，整体的力量要么大于各个生命的力量之和，要么小于各个生命的力量之和。这里的关键在于这个生命团队如何优化组合，生命个体与个体之间如何进行合作。合作得好，就能产生"1＋1＞2"的现象。在历史上，以少胜多，一个团队击败数倍于这个团队数量的敌人的成功战绩不胜枚举；在商场上，一个小公司后来居上，超越大公司的成功事例更是多不胜数；在运动场上，以弱胜强，以少胜多的生动例子时常发生。这就是生命团队合作的力量。当然，当团队内部之间产生矛盾磨擦、产生内耗的时候，此时整体的力量就会削弱，就会产生"1＋1＜2"的现象。

二、团队合作精神

我国传统文化中特别强调人的内在精神面貌，强调一个人的志气和骨气，强调个体的道德修养，"每日三省吾身"。要做什么事，首先要从自己做起，以身作则，"己所不欲，勿施于人"，养"浩然之气"，"修身齐家治国平天下"，"三军可夺帅也，匹夫不可以夺志"。古人强调的"志"、"气"实质上讲的就是为人处世的一种哲理，一种精神，做什么事都要有精神，一种积极进取奋发有为的精神，这就是人的灵魂。而这种精神正是我们今天团队合作所需要的，团队合作讲的就是一种精神，没有精神的团队毫无疑问是合作不成功的、松散的团队，没有精神的团队是一个缺乏斗志、军心涣散、没有灵魂的团队，没有精神的团队最终会成为一个失败的团队。"二军相遇，勇者胜"，讲的就是一个团队精神的作用。一个优秀的团队犹如一群在天空飞奔的大雁团队一样，排着"人"字队形，在领头雁的带领下，齐心协力，精诚合作，不断飞向理想的彼岸！

团队精神主要包含以下几方面的内容。

(1) 强烈的团队归属感与一体感。

团队成员强烈地感受到自己是团队的一员，愿意为团队的目标和利益尽心尽力，共命运，共发展，有强烈的团队荣誉感，对团队无限忠诚，当团队与个人利益发生冲突的时候，义无反顾地服从团队利益，维持公利与大利，即使牺牲自己的生命，也在所不惜。

(2) 团队成员之间相互依存，同舟共济，肝胆相照，荣辱与共。

团队成员把对方都当做"一家人"，为了追求团队的整体绩效与和谐，相互激励，和谐相处，互相帮助，共同提高，形成强有力的凝聚力。

(3) 对团队事务尽心尽力，以积极的心态，全方位地投入。

总之，一个优秀的团队要有共同愿望、共同目标与有效的策略，要有健全合理的考核制度与升迁制度；要有民主的、和谐的与善于沟通的文化环境，要重视人才，要有有效的激励机制，要提倡学习和创新等。

一个优秀的企业，就是一个优秀的团队；一个优秀的学校，也是一个优秀的团队。在各行各业中，那些取得良好业绩的组织，都是十分重视培养团队精神的，组织成功的内在力量来自于良好的团队精神。例如，日本丰田汽车公司一直强调以老带新、以强带弱的“互助运动”和鼓励职工参与“亲睦团体”的企业团体精神，使丰田汽车公司形成了优良的企业文化，实现了“车到山前必有路，有路必有丰田车”的丰田战略目标。再如，我国海尔集团公司就十分注重“海尔人”的文化精神建设，兼并一家企业，首先派去的不是财务人员，而是文化中心的人员，先用海尔文化精神“洗脑”，“攻心为上”，以人为本，重视人力资源的开发与培养，塑造人的精神灵魂。要求每一位“海尔人”有高度的责任心和事业心，追求客户满意度，全心全意为客户服务，强调质量是生命，采用“零缺陷”管理，“链条式”管理，“人性化”管理等方式，创造出一个又一个的海尔奇迹，“海尔精神”实质上就是海尔的团队精神，正是这种团队精神的力量，让海尔集团越做越强，成为中国企业的“领头羊”，成为中国人的骄傲！香港著名的企业家郑逸夫指出：“人们在组织中个人价值的实现、参与感的满足通过一个相对独立的团队群体而得以实现。在这里，人们的奇思妙想和智慧的火花正是伴随团队中无拘无束、轻松自如、协调一致的气氛而不断闪现的”。正如美国管理学家詹姆斯·马克所说：“要想取得今后的成功，就应充分运用人力资源，尤其要尽力形成强大的团队合力”。

三、如何组建和领导一个团队

一个优秀的团队，不仅要有优秀的队员，更要有优秀的团队领导。可以说，团队领导的科学决策、正确指挥，直接关系到团队的兴衰和生死存亡。

1. 团队组建的运作规则

如果你要组建一支团队，要做到以下几点。

(1) 提出共同目标和愿景。

作为一个团队的创建者，首先要在自己的头脑中思考这些问题，为什么要组建这个团队，这个团队的目标和任务是什么，这个团队的基础和条件是什么，这个团队的发展步骤，一年后是什么样，两年后是什么样，五年后，十年后又会怎么样？自己要构画一个团队发展目标和愿景，并且详细地描述出来，越清晰越好。比如，你要组建一个公司，组建一个学校，组建一个研究中心等，就必须这么去思考，最好是想清楚了再去组建。当然，在高校，一些社团组织，一些小的团队，目标比较小，加上大学生时间有限，就不需要想得那么远，但至少也要提出若干个学期的发展目标。

(2) 完善团队制度和机制。

作为一名团队创建者，不仅要提出目标和愿景，还要制定团队制度和机制，事先都考虑详细，用文字表达出来，如团队的章程、团队的工作制度、纪律制度、奖惩制度等。如果涉及经济利益，还要制定出财务管理制度；如果是公司组建，还要制定出员工工资制度，股东分配制度、财务制度，建立奖惩激励机制，人才引进激励机制等，这些制度和机制制定后要在实践中定期修订和完善。

完善团队制度和机制，就是让大家明确责、权、利的关系。俗话说得好：“不以规矩，不成方圆”。“丑话讲在前面”，这里讲的就是这个道理。不少团队后来产生矛盾分歧和纠纷，以致团队解散，根本原因是大家没有齐心协力，事先许多涉及利害关系的事项没有用严格制度规定下来。建立公司也要像设计一座高楼大厦一样，先要仔细规划设计才行，如果设计错误，若干年后，高楼大厦就会产生危机，有的产生裂缝，严重的还会倒塌。

(3) 招募人才，聚集人才。

在知识经济时代，人才的作用越来越突出，人才作为重要的人力资本参与市场竞争，其作用要比资金、物资等市场要素更为重要。正因为这样，全球人才竞争、人才争夺愈来愈激烈，谁拥有人才，谁就拥有天下！在组建团队过程中，一个优秀的团队关键是要吸引一批人才，人才的聚集，人才的科学管理和使用，将直接决定团队的发展。

(4) 分工与合作，协调与沟通。

团队组建后，队员之间如何分工，要建立岗位责任制，目标责任制，要根据队员的特长合理地进行分工与合作，同时，要经常进行有效协调与沟通，因为在实际动作中，有不少预先想不到的问题发生，这些问题如何解决，需要调动哪些人、财、物的支持？今后还可能发生一些什么？如何进行预防？这些都需要团队成员特别是团队领导去协调与沟通，发现问题及时沟通、及时解决，决不拖延。同时，还要激励大家动脑筋想办法，提出合理化建议，不断改进和完善团队的工作。只有这样，一个团队才会由小到大，由弱到强，不断走向成功。

2. 团队领导的艺术

在一个团队活动中，上演一场激动人心的戏剧，有唱主角的，也有唱配角的；有当“红花”的，也有甘当“绿叶”的，作为一个团队的指挥，当然是处于唱主角的位置，就像一个乐团的指挥一样，团队领导要具备基本的素质。如正直忠诚，爱憎分明，富有主见，胆大心细，热情待人，有感召力，工作认真严厉，善于学习创新，精于指挥协调等。

团队指挥的艺术，主要有以下几条。

(1) 帮助团队建立共同目标和愿景，并将目标具体化为若干个阶段目标。

(2) 帮助团队建立和完善团队规章制度并严格监督执行。

(3) 善于提出问题，分析问题和解决问题。

在一个团队的发展过程中，有许多不同的发展阶段，而在每一个阶段，团队遇到的问题是不同的，如何解决？如何具体问题具体分析？这些都需要在综合大家的意见的基础上，团队领导提出自己的正确的解决问题的方案，带领大家不断克服困难，战胜难关，取得各个阶段的胜利。

(4) 善于借势借力，组织调动各方面的力量，实现团队的目标。

作为团队领导，要站得高，看得远，善于借势借力，壮大和发展团队力量。尤其是团队发展的初期，往往力量较小，困难较多，这就要学会借势借力。比如，你要领导一个公司，需要人力、物力、财力的优化组合，特别是财力问题，往往是公司发展初期遇到的大难题，这时候，为了公司的生存发展，必须学会融资，而由于没有什么抵押，银行不会贷款，这就需要争取获得风险投资基金。再比如，假如你是学校大学生营销协会的会长，你要组织一次市场营销实践活动，你就要借助学院领导老师的力量，要借助企业的支持与赞助，还有同学们本身的积极参与，人力、物力、财力、时间 、地点、空间组合等都要精心组织策划，争取多方面的支持才能取得活动的成功。

(5) 善于培养和激励团队士气与斗志。

团队领导要有坚定的决心，远大的理想抱负。强烈的事业信念，遇到困难挫折，不仅要求自己的心理承受力强，还要善于从积极的方面去培养和激励团队队员的士气与斗志。失败与成功，痛苦与快乐，往往相隔并不远，关键是看你能否沉住气，坚持住。领导者要有宽广的胸怀，永远要具备成功的心态。

(6) 以身作则，率先垂范，己所不欲，勿施于人。

作为一个团队领导，他首先是团队精神的创导者和率先垂范者，自己要以身作则，带头遵守团队规章制度，让团队精神在自己身上不断闪现，自己就是一面旗帜。如果自己做不到，不愿做的事情，不要强加于别人去做，要求别人做的事情，自己首先要能够做到。比如，遵纪守法，遵守规章制度，不断学习和创新，精神抖擞，积极心态，强烈信念，坚韧不拔，勇往直前，以人为善，以人为本等方面。一个领导者不一定样样事情都会做，关键是善于聚集人才、发挥人才作用，善于组织指挥，指明方向，善于凝聚人心，创导精神，并自觉地率先垂范。

(7) 遵守管理原则，做你应该做的事情。

对于一个大的团队组织，有不同级别的领导岗位，每个领导岗位都有不同的责、权、利，工作性质、任务和要求都有不同。对于团队的最高领导，其主要精力是要思考团队的发展战略问题；而相对于团队的基层领导，其主要精力是要思考如何组织实施，保质保量完成当前的目标任务，大家各司其职，各行其是。在管理过程中要贯彻一个原则，那就是只有一个直接上级领导，领导发布命令、执行计划、管理事务也只能一级一级管理下去，不能越级管理。

(8) 培养人才，发现人才，善用人才。

一个团队领导，尤其是高层领导，要善于培养人才、发现人才、善用人才，领导应该是人力资源开发和利用高手。一个国家，一个民族，一个企业，一个团队，重要的是培养人才，聚集人才，发现人才，关心爱护人才，善用人才，领导的职责就是要制定和执行科学的人才选拔使用制度，要发挥自己选才用才的独特眼光，而要做好这一点，关键是不能有私心，不要任人唯亲，而要任人为贤，要有团队精神，要有高度的事业心和责任心，自始至终维护团队的荣誉和利益。

(9) 注重情报信息，注重合作与沟通。

一个优秀的团队领导，要及时了解和掌握团队内外的不断变化着的各种信息，发现问题并及时解决和应对。世界在飞速地变化，团队的内外部环境都在不断变化，市场也在不断变化，那种以不变应万变的团队注定是要失败的。许多曾经风光一时的企业公司，后来都破产倒闭，一个很重要的原因就是企业没有及时应对变化的环境。领导要做出正确的决策，其基础是情报信息准确，没有准确的情报信息，一支部队就会打败仗，一个企业就会遭受损失，一个公司就会被淘汰。团队是有生命的存在，而生命力体现是要在环境中不断新陈代谢，吐故纳新，进行各种能量信息交换才能发展的；一个封闭的团队，能量信息的交换就越来越少，生命力越来越弱，直到枯萎消亡。团队的发展与自然界生命运动的规律是相通的。

团队领导不仅要收集情报信息，还要注重信息情报的整合与处理，及时进行沟通，把握团队航行的方向。另外，团队领导还要注意了解掌握团队队员之间的情况，因为在生产力中，人是最重要的因素，团队发展中每位团队队员是重要的因素，如何调动和发挥全体队员的聪明才干，才能让大家劲往一处使，心往一处齐呢？一方面要提出目标与愿景，另一方面要关心爱护队员，提高团队绩效，让队员在精神上、物质待遇上都不断有新的提高，对有意见发牢骚的队员，甚至与领导不和谐相处的所谓有“问题”队员，领导要放下架子，想方设法主动沟通，让队员大胆地提意见，重新与团队保持一致。最好的方式是常站在对方的立场去想，少批评多肯定，少指责多赞赏。换位思考，以团队为重，以心交心，以情动人，登高望远，豁然开朗，美不胜收。

四、团队合作能力培养的途径方法

大学生在大学期间如何去培养自己的团队合作能力呢？可以遵从以下几个方面和方法。

1. 班级组织活动

一个班级就是一个团队，班委就是这个团队的领导层。可以通过竞选班委每年轮换一次，让更多的同学体验做班干部，积极策划组织实施一些有趣的班级团队活动，比如：体育比赛、文艺晚会、演讲比赛、各种学习竞赛、郊游活动、企业参观等，还可以策划组织班与班之间的联谊活动，只要大家有意识地去培养锻炼，积极主动，都可以得到多方面的收获。

2. 院系学生组织活动

一般大学各院系都有相应的学生组织，比如院学生会、院团委等，而且学生会团委干部每年都可以竞选，你可以积极参加竞选活动，精心设计准备，全力以赴竞争上岗。如果有机会当上院学生会、院团委的干部，就会得到许多提升团队合作能力的机会，而且站的高度和视角也会不同，不仅会拓宽合作沟通的范围，而且还会考验和提升你的能力。在这些岗位上，你要有所作为，精心策划组织全院学生的团队活动，如全院学生的文化节、体育节、服装节、各种文体比赛、学习竞赛、网页网站设计竞赛以及邀请校内外名流参加的学术讲座，组织校企联合活动等。不是做不到，就怕你想不到。

3. 学校学生组织

每个大学还有不少组织，如校学生会，校团委，校学生会、校团委又设不少“部”，如文艺部、宣传部、外联部、组织部等，这些组织一般每年也竞选一次，有很多机会你可以把握，能到这个层次的组织中“上岗”，那么，你学习和锻炼团队合作能力及其他能力的机会更多，涉及的面更广，接触的优秀人员更多，校内外关系更多，活动内容也更专业、更深刻。因为在这个层面上，你可以放飞你的梦想，策划大型团队活动，学习和锻炼如何协调与沟通，如何去领导一个团队。这对你的素质要求会更高，你的责任和任务也会更重。你不仅要学习好，还要工作好；时间、精力如何分配？如何讲究效率？所以，这是进行自我控制和管理的最好的磨炼。

4. 学校各部门开展的组织活动

在一个高校，各部门也会组织许多活动，不少活动是面向学生的，学生可以参加。如毕业生就业工作部门每年要组织举办各种类型的招聘活动、毕业生供需洽谈会，还有针对毕业生的就业技能方面的活动，如毕业生辩论赛、模拟招聘会、创业计划大赛等，还有教务处组织的各种学术论坛活动、后勤集团组织的美食节活动、学工处组织的星级寝室评比活动，等等，以上这些活动，只要不影响上课，你都可以有选择性地积极参加，甚至可以争取参与这些部门的组织管理活动，在老师的指导下完成各项工作任务，可以学到许多实用知识和技能，领悟其中组织管理的奥妙之处。

5. 双休日、节假日校外实践活动

利用双休日、节假日积极参加校外勤工助学、社会公益等实践活动，也是锻炼我们团队合作能力的一个重要途径。在一些企业、公司等组织中见习、实习，甚至打工，既可以增加一些经济收入，又可以增长见识，了解社会，更能亲身体验团队的管理和运作，真是“一举多得”。有的同学在校外单位见习、实习过程中，不懂得用脑子去思考，用眼睛去观察，用手脚去行动，用心灵去感悟，结果学到的东西只是团队的表面现象，一些“皮毛”的东西，收获不多。这说明，做什么事，都要尽心尽责，全身心去感悟，你才会“悟”出许多道理。

6．自己尝试创建团队

除了学校统一组织的各种团队活动外，你也可以尝试创建一个团队，比如：创建一个对某个领域的学习研究小组，创建一个学生社团组织、创建一个校内网上购物中心、营销中心，创建某个文化沙龙，俱乐部等，还可以创办一个公司、一个创业实体，这些都是政策允许的，关键就看你的创造力！

第四节　大学生与创新能力

一、创新能力的内涵

所谓创新能力，就是人们产生新思想，发现和解决新问题的一种能力；创新能力是指人们运用一切已知信息和科学知识，开展能动思维活动，产生某种新颖、独特、有社会价值或个体生命价值的成果的智力品质。这里的成果主要是指以某种形式存在的思维成果，它既可以是一种新概念、新设想、新理论、新点子，也可以是一项新技术、新工艺、新产品、新作品。

如何判别一个人是否具有创新能力，主要从其产生的成果来判断。第一，看成果是否新颖，主要是指该成果是否有新意，前人或同时代的人还没有产生该成果。这是相对创新活动发生的时间先后而言的。第二，看成果是否独特，主要是指不同凡响，见解深刻，对解决问题有独到之处。这是相对于他人取得的成果而言。第三，成果是否具有社会价值，主要是指成果能给人类社会带来积极的影响，能满足社会的需求。第四，看成果是否具有个体生命价值，是指成果能对个体生命的发展产生积极的、有益的作用，能满足个体生命的发展需要。

二、创新能力的意义和作用

1．创新是一个民族进步的灵魂和动力

一个民族生生不息，一个民族的强大生命力，一个民族的繁荣昌盛，一个民族给世界做出巨大贡献，靠的是什么呢？靠的是民族旺盛的创新精神！可以说，创新强，民族强，创新弱，民族弱。中华民族是一个具有伟大创新精神的民族，“天行健，君子自强不息”，在古代农业时代，中华民族曾创造出辉煌成就，为世界的经济文化发展做出了巨大贡献。从公元前5世纪开始的战国时代，中国就开始进入发达的农业社会，到汉唐时期，中国国力强盛，文化灿烂，科技进步，数学、天文、历法、化学等学科和丝绸、陶瓷、铸铁、造纸等技术水平均雄居世界之首。从宋元到明代初，中国人创造的重大科技成就占世界的58%，遥遥领先于当时的欧洲，可以说是名副其实的世界科学技术中心。从13世纪到16世纪，世界科学技术中心才逐渐由东方转移到欧洲。由于近代科学技术的创新，导致近代欧洲经济文化的繁荣昌盛，尤其是以英国为中心的欧洲，表现出强盛的民族生命力。人类进入20世纪30年代以后，科学技术中心由欧洲转移到美国，特别是在第二次世界大战中，美国利用未受战争破坏的强大经济实力，开展创新科研。从“曼哈顿计划”到“阿波罗登月计划”，从“人类基因组计划”到“信息高速公路计划”，美国一直领导着世界科学技术革命，也一直主宰着世界政治、经济、文化、军事等领域，科学技术的不断创新，反过来又不断促进美国的经济繁荣，让美国表现出强大的经济实力。

从世界科学技术中心的转变过程中，我们得到一个深刻的启示：各个领域的创新，尤其是科技创新，是一个民族走向强盛的灵魂，是一个民族经久不衰的永恒动力。正如江泽民同志指出的那样：“创新是一个民族进步的灵魂，是一个国家兴旺发达的不竭动力”，

2. 创新是人生追求的最高境界

创新就是突破，创新就是超越，创新就是否定，创新就是人生追求的最高境界。一支优秀的球队，不断战胜对手，超越自我，不断创新，追求球艺的完美；一个优秀的企业，锐意改革，勇于创新，不断追求卓越，追求客户的满意度；一个成功人士，不满足现状，不满足已有的业绩，向自我提出挑战，追求人生的最高境界，那就是创新。倘若没有创新的愿望，一个人就会变得平庸刻板，会对工作感到无趣和疲惫，对学习感到单调乏味。这说明创新、创造是人的生命的特性，而且是人的生命独特的属性。犹如一个优秀登山运动员一样，他(好)要爬上一座座高山，对自我生命提出挑战，成功登上一座高山，休整一下，又瞄着下一座高山。不断刷新登山纪录，恐怕是所有运动员追求的最高境界吧。

3. 创新的快乐是生命中最高情感体验

在人的生活中，有丰富的情感体验活动，但让人感受最深刻的是创新的快乐、创造的快乐。据说，阿基米德研究浮力问题久思而不得其解，有一次在浴缸里洗澡时顿悟出浮力的原理，兴奋激动得跳了起来，连衣服都忘了穿，狂奔到大街上大喊。我国大文学家诗人郭沫若在创作《地球，我的母亲》这首诗时，据说也是激动不已，一会儿趴在地上，一会儿站起，一会儿又趴在地上，拥抱大地，不断地亲吻大地……无论是科学家，还是艺术家，无论是非凡的人，还是平凡的人，虽然创新的方式和结果不同，但有一点是相同的，那就是体验创新的至高快乐。创新与美相连，追求创新也就是追求美。科学家们追求的是真(和规律)，追求和发现科学的美，科学家们发现创造科学美时的欢乐，“感到一种巨大的快乐，以至沉醉于某种梦幻之中”，“当你终于确实明白了某件事物时，你所感到的快乐是人类所能感到的一种最大的快乐”。哈佛大学教授、数学大师丘成桐认为：“数学很美，数学的美与文学艺术的美是相通的。山水画，简单的几笔就能描摩出特殊的意境，令人回味；而数学，用简单的公式、定理就能解释自然界中复杂的现象。而且，数学家追求的研究结果必须是“真”的，真与美总是联系在一起的。这种对美的探究和追求，便是让数学家们不停钻研的动力”。

4. 创新能力是核心竞争力中最重要的能力

无论是一个国家、一个民族，还是一个企业 、一个个体生命，都要具备与众不同的核心竞争力，才能立于不败之地。而在核心竞争力中，最重要的是要具备创新的能力，这里的关键是有创新能力的人才。世界科学技术发展历史表明，科学技术竞争的关键是创新人才。“科学技术是第一生产力”，而生产力中最重要最活跃的因素就是有创新能力的人才。为了解释第二次世界大战以来发达国家经济“神奇的增长”，美国经济学家保罗·罗默于 1986 年提出了“四要素”的经济增长理论，即资本、非技术劳动力、人力资本(按接受教育时间的长短度量)、科技创新思想(按专利权数量度量)。由此可见，人们的创新能力对经济增长的巨大贡献。

随着现代科学如相对论、量子论、基因论、信息论的不断发展，随着信息、生命、新材料、新能源、海洋和空间、环保和管理等高科技的迅猛发展，人类社会发生了深刻的变化，科学技术的日新月异催生了知识经济时代的来临，知识经济最本质的特征，是知识创新和技术创新已经成为推动社会经济发展的“第一生产力”，经济发展直接地、强烈地依赖于知识信息的生产、加工、创新、积累、传播和应用(消费)。如果说 19 世纪是科学技术繁荣的世纪，20 世纪是科学技术革命迅猛发展的世纪，那么 21 世纪将是科学技术全面创新的世纪。知识经济时代比以往时代更加需要创新人才，更加呼唤具有创新能力的人才。可以预料，在 21 世纪，一个创新人才层出不穷的时代即将到来。

当代大学生是国家民族科技创新的生力军，是实现中华民族伟大复兴最活跃的力量，我们要志存高远,脚踏实地,做一名新世纪的创新人才。在新世纪,我国各个行业、各个领域都迫切需要具有创新能力的人才,使各个行业、各个领域的工作达到尽善尽美,按照美的规律来生产工作、学习和娱乐,让人与自然、人与社会、主观与客观、主体与客体、内容与形式、物质与精神、公平与效率、发展与和平达到和谐美的境界,这是新世纪人类面临的艰巨任务,也是现实社会向人类提出的巨大挑战,而要达到这个目标,唯有全面创新,唯有各个领域、各个行业的创新,如知识创新、科学创新、艺术创新、技术创新、技术发明、教育创新、领导创新、管理创新、市场创新、产品创新、制度创新、思维创新、人才创新、生活创新、工作创新、学习创新、娱乐创新……才能实现人类社会和谐美的境界。

三、大学生创新障碍的排除

1. 调整消极心态,人人都能创新

具有消极心态的人,老是对自己缺乏信心,用怀疑的眼光看待周围的事物,习惯从消极的被动方面去思考问题;关于创新,总认为是"高不可攀",不是自己能干得了的事情,事情还没有干,就已经在自己的大脑中"否定"了几遍,创新的事情自然就放弃了;"那样的事肯定是做不好的","这样想肯定是不行的","我做不好这件事,还是请别人吧","我不行","我不能","我干不了","我害怕"……这些语句语气是具有消极心态的人常挂在嘴边的话。实验证明,消极心态抑制人的创新能力,一个老给自己找借口的人,干什么事肯定是不能专心致志的,更谈不上创新活动。其实,在现实生活中,创新并不难,你只要保持一种积极心态,细心观察,积极思考,勇于行动,就会有收获。或许你已经有过创新意识,只不过你自己没注意罢了。青少年的思维虽然单纯简单,但却富有创新思维,因为创新思维往往需要的就是单纯可爱活泼简单。现代中学生也有许多创造发明的故事,杜冰蟾原是上海一中的学生,从13岁开始,经过三年时间的刻苦钻研,她发明了一种无需死记硬背的"汉字全息码",这被专家认为是迄今为止世界上最先进的一种汉字编码。张胜松原是启东中学的学生,在小学六年级发明的"厨房多用器",被评为全国第三届发明展览会铜牌奖。初中阶段他又发明了"固定式开瓶器"、"装起辉器的机械手"、"机动车轮胎防钉装置",在高中阶段又发明了"带吸盘的包扎绳割断器","傻瓜插头","热水器自动显示装置",均获全国奖。中小学生都能创新,大学生更是创新的生力军,那一篇篇优秀论文,一个个创业金点子,一个个技术发明创造,一个个新成立的团队,一次次精彩的活动……都是创新能力的具体展现,都凝集着当代大学生的智慧和汗水。

2. 排除心理障碍,激发创新潜能

每个人的大脑有着巨大的潜能,一个人一生实际上只发挥了一小部分,犹如一座巨大的冰山,露出海平面的只有一小部分,而沉睡在海底深处的大部分冰山,则好像是我们还未意识到的、未能充分发挥的潜能。

人类的大脑是世界上最复杂,也是效率最高的信息处理系统,别看它的重量只有1400克左右,其中却包含有100多亿个神经元,在这些神经元的周围还有1000多亿个胶质细胞。现代科学研究表明,像爱因斯坦那些伟大的科学家只用了自己大脑的十分之一的功能,绝大部分脑细胞仍处在"待业"状态。而且人脑不同于机器,机器使用久了会有磨损,而人脑则是越用越好用,用得越久越灵光。

如何发挥我们大脑这种巨大的潜能呢?如何发挥创新方面的潜能呢?最重要的是要克服心理的消极因素,克服心理障碍。人们的消极因素和心理障碍主要表现在以下这些方面:

(1) 害怕失败,怕出差错,怕丢脸,死要面子,对自己缺乏自信,低估自己,不敢接受挑战，不敢攀高峰，不敢尝试冒险，总担心自己不行。

(2) 不愿思考，懒得去想，怕苦怕累，对未知领域缺乏兴趣，不愿去探究学习和思考。习惯于司空见惯的事情。经常接收垃圾信息，精神不振，心态不好。

(3) 缺乏敏感度，事事漠不关心，不善观察和思考，总认为于己无关，睁只眼闭只眼，做一天和尚撞一天钟。

(4) 不思开拓进取，安于现状，自我满足，抱着“多一事不如少一事”心态。事情还未开始，就寻求各种借口，寻求台阶退路。不敢也不愿去体验不熟悉的事情。

(5) 自己不思进取，不愿动脑筋，对他人的进步和取得的成绩，心态不好，妒忌他人，指责别人，动辄批评他人，容易犯“红眼病”，甚至伤害他人。

(6) 墨守各种陈规教条，碰到挫折和困难，不愿从积极的方面去思考，不会动脑筋想办法去克服，而是埋怨他人，怪这怪那，往往心灰意懒，一蹶不振，失败一次，十年怕井绳。

(7) 无自知之明，对自己认识不足，眼高手低，大事做不成，小事不愿做，孤立自己封闭自己，听不进别人的意见和批评。

(8) 崇拜权威，崇拜书本，对书本、古人、外国人、名人权威的说法深信不疑，没有质疑批判的精神。

(9) 目空一切，狂妄自大，自以为是，不自量力，不愿听取专家意见，打倒一切，批判一切，唯我独尊，不愿学习和吸收先进的科学文化知识，只知道批判，不知道建设，只会指手划脚，就是提不出有建设性的意见。

(10) 机械僵化片面地看待事物，不懂得用普遍联系的系统的观点，不懂得用发展的变化的观点来分析和解决问题，知识面窄，专业局限，眼光短浅，既不愿去充电学习，又不好意思向专家行家咨询，盲目决策拍板，刚愎自用，滥用权力，其害无穷。

以上这些心理行为，都是阻碍我们创新的绊脚石，是阻碍我们发挥大脑潜能的障碍。许多事情并不是我们做不到，而是我们在心理意识中往往拒绝，设立障碍，从而影响到我们的决心和行动，所以，人类的最大敌人不是大自然，不是对象，而是自己。

四、大学生创新思维方法

大学生创新能力一般包含创新思维活动和创新实践活动，前者侧重于意识、思维领域，后者侧重于实践应用领域；前者侧重于理念思想，后者侧重于动手操作。这二者的关系是辩证统一的关系，没有前者，就没有后者；反之，没有后者，前者往往流于空想和形式，后者对前者还有反作用，促使前者更细致、更深入、更丰富。对当代大学生来说，首先要掌握创新思维方法，着力培养自己的创新思维。创新思维方法有很多种，概括起来，有以下方法。

(1) 归纳——演绎法（从具体到抽象，再由抽象到具体过程中去想）。

(2) 分析——综合法（从整体到分解，再由分解到整体过程中去想）。

类比相似法（对几个事物的比较中寻求相似点，从事物比较、模仿、仿生中去想）。

(3) 想象——联想法（巧妙构思，举一反三，触类旁通，从普遍联系中去想）。

想象分为：再现想象，创造想象，幻想。

联想分为：简单联想，接近联想，类似联想，对比联想，复杂联想，关系联想，意义联想。

(4) 发散——收敛法（朝四面八方想，朝一个中心想）。

发散思维模式：

从一个中心朝四面八方去想

收敛思维模式：

从四面八方朝一个中心去想

(5) 横向思维法(跨领域去想，跨行业去想)。

(6) 直觉思维法(凭直觉想、凭第六感觉想，感悟、顿悟)。

(7) 系统科学法(整体不等于各孤立部分之和，从系统关系中去想)。

(8) 逆向思维法(反过来想，颠倒过来想，突破常规传统和权威去想)。

(9) 人机互补法(从人脑—电脑—信息—思维优化组合中去想)。

(10) 动态思维法(用不断变化的、发展的眼光去想，用科学发展观去想)。

五、大学生创新技法

创新技法是以创新思维的基本规律为基础，从创新思维方法分解引申出来的、具有可操作性的创新经验、技巧的总和，它具有应用性、技巧性、高效性、多样性等特点。限于篇幅，本章对应用较广、技术较成熟、效果较显著的一些创新技法列举如下。

1. 智力激励法(B5法)

智力激励法，又称头脑风暴法、智力激荡法或脑轰法。通俗地说，就是发挥集体智慧，集思广益，开诸葛亮会。实施方法如下：针对要解决的问题，召集5～10人的小型讨论会，与会者按一定的要求在轻松融洽的气氛中敞开思想，各抒己见，自由联想，互相激励和启发。大家可以畅所欲言，甚至异想天开，天方夜谭，与会者不能指责批评，不能有成见，各种思想火花相互碰撞融合，渐渐概括出明晰的思想。大家平等对待，围绕一个中心问题，四面八方去想，顺着他人的创意去想，不断补充和完善。例如，百事可乐公司为了与可口可乐公司竞争，要设计一句广告词，为此专门开了一个智力激励法的座谈会，在经理宣布了会议要求后，大家七嘴八舌地讨论了起来，有的说百事可乐的广告宣传应该注重女性，有的补充说，应该是年轻的女性，有的说应该是年轻人……于是“百事可乐，为了年轻一代”，这句寓意深刻又响亮的广告词就形成了，并在以后的广告宣传中广泛流行起来，发挥着重要作用。

2. 稽核问题法

稽核问题法，又称检核表法或系列问题法，是将一个时期的各个不同领域中发明创造者的新思路、新见解、新方法等以固定的方式固定下来，并用“问题清单”形式提供给创新思考者，期望在回答和思考这一系列“问题表”的过程中有所发现、有所发明、有所创新。

3. 希望点列举法

所谓希望点列举法，就是通过引导创新者充分展开想象，跳出对现有事物的常规认识和要求，任意提出立足现实又超越现实的各种希望，从看似不切实际的幻想中产生对事物改进和创新的思路。

例如，千百年来，人们一直梦想飞向天空，飞向宇宙，于是就创造发明了飞机，创造发明宇宙飞船。日本人从挖藕时放响屁冲藕的玩笑中创造发明了挖藕新技术：用水加压力由唧筒喷入池底将藕冲起来。

4. 缺点列举法

缺点列举法就是用批评质疑的眼光看待事物，通过列举事物各方面的缺点、毛病、问题、瑕疵、缺陷和不足之处，进而有针对性地提出各种改进设想的方法。例如，人们对汽车、电话、手机、冰箱、电视等的改进和完善，都得助于这种方法。

5. 组合法(材料组合法、功能组合法、技术组合法等)

组合法就是指将不同事物所具有的材料、功能、技术等优化组合应用在一起，开发创造出新的材料、新的功能、新的技术等。例如，激光技术发明后，将激光应用到工业领域和医学领域，出现了激光切割、激光治疗等技术。

6. 移植法(理论移植、原理移植、方法移植、实物移植)

移植法是指将某一学科领域的概念、原理、方法或技术等应用于研究和解决同一学科内的分支科学以及其他学科领域的一种创新技法。例如，将美学原理应用到体育科学、教育科学中，就产生了体育美学、教育美学等。

7. 仿生法(外形仿生，结构仿生，原理仿生)

仿生法是指建立在仿生学基础上的一种从生物界捕捉思维灵感的创新技法。师法自然、模仿生物，是自古以来最常用的创新技法。

8. 检查提问法

检查提问法又称简单提问法，即对现有事物的各个要素如作用、用途、功能等进行重新检查提问，然后，再按新的要求和目的加以重新综合。对事物反思或偏转一下视角去思考，例如，可以对现有产品检查发问：用途能否扩大？能否还可以改进？改变形状、颜色、味道、工艺流程会如何？体积能否缩小？重量能否减轻？使用能否再方便些？颠倒过来使用如何？作废的东西能否再利用等。如把火箭颠倒利用，发明了快速掘井的探地火箭。

9. 需要调查法(工作需要、生活需要、学习需要等)

需要调查法是指根据人们工作、生活、学习等过程中的实际需要调查去创新构思，解决问题，满足需要。需要是第一位的，需要是创造发明之母。满足社会和人的需要，创造社会和人的新的需要，都是产生创新动力的一个重要基础。日本人创造发明“卡拉 OK”，风靡全世界，满足了人们特别是年青人的娱乐需要；水下探测技术声纳的发明，就是为了满足大海航行中的航船避免灾难，等等。所以，我们不是不会创新，而是缺少发现。发现生活中的需要，激发生活中的需要，更新生活中的需要，研究和解决满足生活中的需要，你就会有所创新，就会获得成功。一位大学毕业生参加工作后，在一家专卖卫生用品的公司工作，并负责售后服务，在工作中发现，抽水马桶有问题，现实生活中需要质量好的马桶，也需要有专门负责维修抽水马桶的专业服务中心，后来，他潜心研究，改进了马桶原有的缺点，发明了节约用水方便型抽水马桶，并获得了专利，专门成立了马桶销售维修服务中心，创立了自己的事业。

六、大学生如何提高创新能力

1. 强烈的创新愿望

生活中处处有创新，人人都能创新。但为什么有不少人没有一点创新活动呢？这是因为：一是没有创新愿望，二是没有做好创新准备。创新的机遇有很多，我们如何才能把握机遇呢？关键是要有强烈的创新愿望和做好充分的创新准备。什么叫创新准备呢？这就好像运动员正式比赛之前的准备训练一样，让你的大脑(超级电脑)飞速旋转起来，让你的四肢运动起来，让你的眼睛闪亮起来，让你的耳朵竖起来，让你的心激动起来……

2. 创新思维就在现实生活中

有一个故事，讲的是一个犹太人和一个印第安人各有 50 万美元的债券，想让银行替他们保管。犹太人灵机一动，将这笔债券作抵押向银行申请 1 美元的贷款。他每年只需付出少量的利息，这样可省下大笔保管费，又达到让银行替他保管的目的。印第安人则老老实实地向银行申请保管那批债券，结果是，他必须支付一大笔数目不菲的保管费。这正是一个生活中普通的创新思维的例子。只要你肯动脑筋，善于创新思维，你就可以用不同的方法，达到同样的目的，且效果更好。大多数人习惯于传统思维，一成不变，囿于现状，人云亦云，人家干什么自己就干什么。而有的人眼观六路，耳听八方，随机应变，善于逆向思维，以敏锐的眼光、超凡的胆识适时调整策略，这在现实生活中恐怕不仅仅局限于经商之道吧。

3. 萌发好奇心，培养兴趣爱好

爱因斯坦说过，他没有特别的天赋，只有强烈的好奇心。的确，好奇心使人类的创新思维特别敏感活跃，好奇心促使人们特别注意去探究那些令人感兴趣的未知的领域。数学家陈景润在中学时期上数学课听老师讲到“哥德巴赫猜想”这一世界性难题，引起了他的好奇心，后来他立志攻克这道难题，并对此有着强烈的愿望。他在艰难困苦的生活条件中，发奋钻研，历经数年，终于取得了突破性的进展，引起世界数学界震动。世界著名的物理学家丁肇中教授2004年6月27日在上海交大为国内物理老师做了一次演讲，他强调“从事实验物理最重要的是好奇心，对自己正在做的事情一定要有兴趣”，“不要盲从专家的结论”，“物理的进展在于推翻书上的东西。”20个世纪70年代，物理学界普遍认为所有粒子由三种夸克组成，但丁教授对此提出质疑：为什么只有三种夸克呢？为此他设计了实验寻找新的物质，这个实验遭到世界上所有物理学家的反对，因为大家相信只有三种夸克。但丁教授经过努力，最终用实验发现了新的粒子，从而推翻了以前专家的结论。

4. 激发勇气和胆量

创新是需要勇气和胆量的，因为创新往往意味着突破旧的框架，挑战权威，承担风险和责任，甚至要放弃已有的优越条件，“离经叛道”。尤其是在追求科学真理的道路上，更需要勇气和胆量。马克思讲，科学的入口处就像入地狱一样。我不入地狱，谁入地狱？勇气和胆量是成功者必不可少的素质，能促使人们形成强烈的事业心和责任心，并为自己事业的执著追求不惜牺牲一切。科学的进步在很大程度上取决于科学工作者的冒险精神，从哥白尼的日心说，到富兰克林的“雷电和上帝分家”实验；从美国的航天飞船到中国的“神舟五号”……人们对科学真理的追求都是要冒很大的风险，甚至生命危险。

创新需要勇气和胆量，需要冒险精神。冒险是创新的孪生兄弟，没有它就难以成功。当然，冒险决非蛮干，要讲究科学方法。

5. 坚定信心和信念

信心是创新的保证，信念是创新的动力。一个有强烈创新信念、有自信心的人一定会取得成功。日本发明学会会长丰泽氏曾经说过：“搞出发明创造的首要秘诀，就是认为创造发明并不难”。一个人如果在精神上、心理上输了，就不可能在行动上取胜。相反，行动上有时失败了，跌倒了，但只要精神上不垮，就会重新站起来，勇往前进。黑格尔讲过，“矛盾冲突愈激烈，愈能显现出人的性格的刚强和伟大”。有着坚定创新信念和信心的人，才能经受住各种挫折困难，才能承受失败的打击，能从失败的阴影中勇敢地走出来，调整心态，最终取得成功。伟人毛泽东之所以成为伟人，关键是他从小立下远大志向，有着坚定的信念和信心，不管遇到多大的艰难险阻，都能给人以鼓舞和振奋，领导中国人民推翻三座大山。他有两句诗给人以启迪，“自信人生三百年，仰天大笑出门去”。

6. 积极参加创新实践活动

高校大学生平均一天至少有5～6个小时是在课堂上度过的，让课堂充满创新气氛，让生命更有活力，这是高校教师肩负的重要责任。知识经济时代呼唤创新人才，更加呼唤教育创新人才，因为只有创新教育才能培养出创新人才。今天的高校也有不少教师与时俱进，推陈出新，不断更新自己，超越自己，不断创新教学，上课生动有趣，引人入胜，课堂活跃，师生互动，富有启迪，深受大学生好评。另外，大学生如何听讲也是一个新的挑战。以往的大学生有的上课认真听讲，做笔记，但往往被动接受，自己没有积极思考并参与进去，就像一个收录机一样，很少有人提出质疑，提出问题，发言不积极；有的上课不听讲，心不在焉，做小动作，玩手机，看报打瞌睡，生命大好时光白白浪费。既然教学是师生互动关系，那么除了教师积极引导外，学生自己也应积极参与，及时反馈信息，促使教师转变教学方式，大胆质疑，勇于提问，这才能显出学生的创新潜质。

高校课外活动时间比较充裕，校园文化的活动内容很丰富，这是高校的一个特点。那么，如何让课外生活丰富多彩，更有活力，更有意义？这里的关键是创新。唯有不断地创新，校园文化才会具有永久魅力。试想一下，当你毕业若干年后再回想大学生活，最令人难忘的是什么呢？许多同学都有相同的感受：最忘不了的是富有创新精神的老师和同学，最令人想念的是自己参与过的富有创新的活动和生活情景。

课外活动是培养和锻炼大学生创新能力的“第二课堂”，是生命快乐的“第二课堂”，是展现创新才华的“人生舞台”。在这个舞台上有很多精彩的活动，我们要想方设法积极参与，让自己得到实际磨炼。例如，如何丰富校园文化生活？需要你的新思路、新点子、新策划。如何搞好校园文化活动，需要你创新组织协调方式方法；需要团队主角和配角的相互配合演练。不是怕做不到，而是怕你想不到，怕你没有这个勇气和胆量去实施！只要敢想敢干，心中的梦想一定会实现！

有全球第一 CEO 之称的美国通用电气公司前董事长兼 CEO 杰克·韦尔奇 2004 年 6 月中旬飞临北京、上海两地，和两地企业界高层人士进行了 4 场演讲对话，在谈到商业创新问题说：“我想，商业其实是一场游戏，商业并不是严肃的、致命的、枯燥无味的、毫无乐趣的事，商业就是生活，而且是每天我们都想打赢的一场游戏。生活中没有人喜欢失败，这就是为什么每天都要创新的原因。因为总有人想把你的饭碗抢走，因为总有人想胜过你，因为总有人想在游戏中打败你。所以你要带着你的团队，就像在玩一场羽毛球比赛，你每天都要打，你可以从中体会到不少乐趣，你会非常愉快。不要在你的员工面前那么刻板！我想，在当前的企业经营活动中，大多数人都太过于严肃了，把脸拉得太长！相信我，商业是很有趣的事情，只有这样，你才可能在经营企业中不断创新”。商业创新管理要这样，其他行业的竞争与创新又何尝不是这样呢！

案例欣赏

案例一：平时不修炼　择业图伤悲

小许是某大学机械制造与修理专业的毕业生，在大学毕业后，参加了多家公司的应聘，都没有成功。起初，他想去政府机关工作，并参加了招聘公务员的考试，笔试险胜过关；但一面试，因其口头表达能力欠佳，又加之平时不太关心时事，对国家政策与大政方针了解甚少，所以未能如愿。第二次，某部队招聘毕业生，他也参加了应聘，成绩尚可；但在体检时，身体不合格。据了解，小许在读书期间就不爱体育活动，早晨经常赖床不起，所以体检过不了关，又只得望“业”兴叹了。最后，他经过多方努力，好不容易找到了可望落实就业的某单位。试用期间，由于小许养成了“天马行空，独来独往”、“我行我素”的性格，以致走向社会后表现出对集体不关心、对公益活动不热心，组织纪律涣散，在该单位员工中留下了“团队意识淡薄、组织观念不强”的印象。同时，小许又不爱岗敬业，利用上班时间私自学开车。一次在学开车时，由于技术未过关，还出了车祸，该单位经过对小许的几个月试用考察后，最终因“试用期内不合格”将其退回了学校。

案例二：团队合作比优秀成绩更宝贵

一家咨询公司招聘高层管理人员，9名优秀应聘者经过初试，从上百人中脱颖而出，闯进了由公司老总亲自把关的复试。老总看过这9个人详细的资料和初试成绩后，相当满意。然而，此次招聘只能录取3个人，所以老总给大家出了最后一道试题。

老总把这9个人随机分为甲、乙、丙三组。指定甲组的3人去调查本市婴儿用品市场，乙组的3个人调查妇女用品市场，丙组的3个人调查老年人用品市场。老总补充道：“为避免大家盲目开展调查，我已经叫秘书准备了一份相关行业的资料，走的时候自己到秘书那里去取。”

两天后，9个人都把自己的市场分析报告送到了老总那里。老总看完后，站起身来，走向丙组的3个人，分别与之一一握手，并祝贺道：“恭喜3位，你们已经被本公司录取了！”

面对大家疑惑不解的表情，老总不紧不慢地说：“请大家打开那天我叫秘书给你们的资料，互相看看。”原来，每个人得到的资料都不一样，甲组的3人得到的分别是本市婴儿用品市场过去、现在和将来的分析，其他两组的也类似。老总说：“丙组的3个人很聪明，互相借用了对方的资料，补充了自己的分析报告。而甲、乙两组的6个人却各自行事，互不联系，自己做自己的，使得报告内容很片面。”

他最后说：“我之所以出这样一个题目，其实最主要的目的，是想看看大家的团队合作意识。甲、乙两组失败的原因在于他们没有合作，忽视了队友的存在！要知道，团队合作精神在现代企业里比什么都重要！”

案例三：看似简单　实有内涵

某大学毕业生小李在获得某公司招聘人才的信息后，第二天便高高兴兴前往该公司去应聘，在通过了公司的层层考试与考验后，小李被请到了公司总经理的办公室。总经理什么话也没说，便交给他一项任务：要小李到当地邮局发一个特快专递。小李觉得不解：“我堂堂一名大学毕业生，只让我去发邮件，未免有点大材小用吧？”于是他向总经理要求再多给一点任务。总经理没有作声，而是埋头做起了自己的事。小李觉得没趣，便悻悻地到邮局发特快专递去了。

回来后，小李又接到了总经理的通知，说是要他马上到公司的足球场，看见公司总经理身穿运动服正在踢足球。总经理看见他后，说：“小李，你会踢足球吗？”原来，小李在大学时曾是校足球队的主力，便自信地回答：“还行。”“好”。那你与我踢踢。”说罢，总经理向小李传了一个球。说时迟，那时快，小李飞起一脚，球应声入了球门。总经理眯着眼睛看着他，又向他传了一个球。小李想飞脚射门，可是当他的脚还没来得及提，总经理的第二个球又传了过来。小李顿时慌了手脚，不知道接哪个球好。正当他愣在那里不知所措的时候，总经理的第三个球、第四个球……就这样接二连三、迅雷不及掩耳传了过来……

小李的脸顿时憋得通红，老半天才说：“有这么踢足球的吗？”总经理微笑着望着小李，说：“干工作与踢足球是同样的道理，接一个球，你可以应付自如，但是同时接多个球，你可能就应付不过来了；干一件事你可以干得很好，同时干几件事你可能就干不了啦。”小李知道了总经理的意思，脸涨得更加通红了。总经理和颜悦色地说：“年轻人嘛，那时我也像你一样，我们的老板也是这样教我的，好好干吧，前途无量呢！”

若干年后，小李也创办了一家公司。到公司来应聘的人，一旦聘中就得上一堂足球课，总是让他们知道：做大事的人，都是从做好每一件小事开始的。

案例四：有意栽花　一举两得

应届毕业生小孙找实习单位的时候，就确定了一个今后发展的大致方向，争取把实习与找工作联系在一起，假如有条件的话，能够留在实习单位，是再好不过的事情了。所以，当班上的很多同学选择了去北京、上海的大媒体实习的时候，她较为现实地选择了当地这家报社。对她来说，在这里实习，留下来的可能性要比其他单位大一些。事实证明，她的预见是正确的。说来，这一想法还是逼出来的。因为在最终确定去这家报社之前，她与北京的多家媒体联系实习，但都被无情地拒之门外，也算是机缘巧合吧，这时小孙才最终确定自己今后的路该怎么走。困难有时候确实是一笔财富。

当时，这家报社负责实习的一位老师让小孙在群工部、政教部、文化部等部里选择一个，她主动要求去文化部，那里每年的实习生都比较少，一旦你进去了，自由发挥的空间要比在别的部门里大得多，况且跑的都是诸如文学、美术、音乐之类的新闻，对学中文的她来说是轻车熟路，所以便去了文化部。刚开始实习的时候，她深深地体会到学校里所学的东西与现实的巨大差距，一时找不到感觉，写出的稿子老是被枪毙，经过将近一个月的适应期后，小孙开始独立跑新闻了，几个颇有新意的选题出来后，得到了老师们的一致好评。实习当中，部里几乎所有的累活和重活小孙都抢着去干，记得有一天晚上从北京采访回来，已是凌晨3点多钟，宿舍门没开，她就在外面蹲到天亮。由于小孙在报社的出色表现，大四下半学期刚刚开始的时候，文化部的领导便开始商议把她推荐到报社工作的事情。此时，短短的3个月实习期早就过去了，很多同学都已返校，小孙还是坚持了下来，并最终等到了结果。在经过简单的面试后，和报社签订了就业协议书。

课外练习

1. 如何培养终身学习能力？
2. 如何培养对学习的兴趣爱好？
3. 你的沟通能力如何，你打算如何提升自己的沟通能力？
4. 试试看，你能否在一个星期内认识两位老师和五位不同专业的同学？
5. 你如何培养自己的团队精神？
6. 试试看，策划和组织一件有意义的创新活动。

第十二章　大学生与求职信息管理

一个能思想的人，才真是一个力量无边的人。

——巴尔扎克

第一节　求职信息及其搜索途径

求职信息则是指通过各种媒介传递的有关求职方面的消息和情况，如求职政策、求职机构、供需双方的情况及用人信息等。求职不仅取决于一个人的知识、能力、体力、社会和经济的因素，而且也取决于求职信息。

一、求职信息的重要作用

1. 求职信息是职业选择的基本前提

随着毕业生求职工作的进一步市场化，用人单位择人与毕业生择业的自主权已得到进一步的强化，通过政府职能部门配置人才智力资源已经成为人们在教科书上加以批点评估的历史。当然对用人单位和毕业生来说，在其各自自主权得以加强的同时，他们也要萌生等量的危机感。对毕业生而言，如果不占有准确可靠的需求信息，他们就无法稳妥把握自主择业的主动权，实现职业理想就会变成一句空话。

2. 求职信息是择业决策的重要依据

要想使自己的择业决策具有更多的科学性，毕业生必须要有求职信息掌握量上的保证。譬如国家大的求职方针、各地方及行业的求职政策、自己所属院校的求职细则、有关的求职机构、具体职责等，当然，更为主要的还有用人单位的需求信息。在这些信息的掌握量上如果存在缺限，毕业生取舍决策的科学性、准确性就要大打折扣。

3. 求职信息是顺利求职的可靠保证

如果你对所掌握的求职信息进行筛选比较、科学决策之后，使自己最后瞄准了一个或几个相对确定的目标，那么最终所要面临的就是求职面试了，现在几乎是所有的单位对即将接纳的大学毕业生都有面试的要求。对毕业生而言，要想顺利通过面试关，就必须对用人单位的情况有一定深度的了解，这就是求职对求职信息深度的要求，如果在单位面试过程中，只能抽象地表明一个求职的意愿，而对企业的经营方式、产品结构、市场行情及以往的历史和今后发展一无所知，那么关于面试的结果就根本用不着主考官正面告诉你了。当然如果情况不是这样，那你就有理由多抱几分成功的信心和希望。当然，由于涉及求职成败的因素是多方面的，把握求职信息的深度，并不必然地决定你能被录取，如果是因这方面的原因被淘汰，那你就必须及时地做出其他选择，当然，新的选择依然需要求职信息。

二、求职信息的搜索途径

收集求职信息应力求做到“早”、“广”、“实”、“准”。所谓“早”，就是收集信息要及时，要早做准备，不能事到临头再去抱佛脚。所谓“广”，就是信息面不能太窄，要广泛收集各个方面、不同层次的求职信息。有的同学只注意根据自己预先设定的目标收集有关地区、行业和单位的求职信息，放弃或忽视了有关“后备”信息，在求职遇挫时感到无所适从，造成被动，这种情况是应予避免的。“实”，就是收集的信息要具体，用人单位的地点、环境、人员构成、生活待遇、发展前景、对新进人员的基本要求、联系电话等各方面信息掌握得越具体越好。“准”，就是要做到准确无误。一方面，用人单位需要的是什么层次、什么专业的人才？在生源、性别、相貌、外语水平等方面有什么特殊要求；另一方面，用人信息也和商品信息一样，具有很强的时效性，你所了解的信息是不是过期的信息，人家是否已经物色到合适人选？这些情况都要了解清楚，绝不能似是而非。

求职信息的搜索，一般有以下几个途径。

1. 学校就业工作主管部门（本校就业指导服务中心）

无论从哪个角度来看，学校都应是收集求职信息的主渠道。因为就目前的求职机制看，学校是连接大学生求职工作所涉及的有关对象的核心环节，他们既与毕业生求职工作所涉及的各级主管部门之间保持着密切联系，同时也是用人单位选录毕业生所依赖的一个主要窗口。这一特定的位置，使他们对求职信息的占有量大于任何一个部门，同时其所掌握信息的准确性、权威性也没有任何一个部门可以相提并论。就政策而言，全国的、行业的、地方的，在他们这儿都有完整的收集；就需求信息而言，他们接触到的所有信息都是用人单位针对学校的专业设置而来的，可信度最高；同时他们所接触的各部门、各单位也就是毕业生求职工作所涉及的求职机构。因此，学校就业工作主管部门是毕业生求职所依靠的主要对象。目前，各高校毕业生求职工作的职能部门大都转变观念，以市场为导向，以服务为宗旨，想方设法为毕业生提供求职咨询指导服务，在制定文件、公布信息、提供咨询、求职指导以及为用人单位举办各种求职市场方面都做了大量的工作，也取得显著的成效。因些，大学生要多与本校就业指导服务中心联系。

2. 各种类型的毕业生求职市场

为做好每年的毕业生求职工作，各地方、各行业及各高校都要在每年的11—12月份和次年的3—6月份，举办规模大小不等的“人才市场”，如举办“毕业生供需洽谈会”、“毕业生招聘会”、“双休日招聘会”、“人才交流会”等。这些“人才市场”所容纳的毕业生需求信息量比较大，毕业生应珍惜并抓住这些机遇。这些“人才市场”除过信息量大外，还可使毕业生和用人单位直接洽谈，相互了解情况，有不少毕业生就是通过这一途径确定工作单位的。

3. 利用各种“门路”

“门路”不能简单归之于走后门而一味加以排除。这里“门路”实际是指途径、渠道、人脉关系。如果说市场的竞争机制和企业的监督机制能够使“唯才录用”成为大家的共识，那么“门路”就应是大学生求职择业所应予提倡的有效途径之一。事实上每年也有不少毕业生是通过“门路”落实求职单位的，他们实现求职夙愿后，充分发挥自己的实力，确实也取得很大的成功。日本有不少企业就采用“三分之一的‘门路’录用”，即所谓的“人才混合战略”。有的干脆称为“三分之一主义”，即三分之一录用名额留给所确定的几所名牌大学毕业生；三分之一录用名额留给“门路”介绍来的；还有三分之一名额留给那些与学历无关、与在校成绩无关、而具有鲜明个性和创造性的学生。这种对“门路”求职法的接纳与认同不一定为我们所照搬，但应该给我们以积极启迪。只要学生的素质是过硬的，只要不以吃请送礼的方式寻求“门路”，就应该鼓励学生广开“门路”。

“门路”以“三缘”为基础。作为社会人，在走入社会之前，与社会的联系不外这样三种“缘份”：“血缘”、“地缘”、“学缘”。完全没有“门路”的人是不存在的，发此怨言者，他们不是没有“门路”，而是没有动脑子去找“门路”。以“血缘”而论，每个人都有父母等亲人，而且父母及亲人也都有自己的朋友和熟人，以此延展下去，就会变成一个“门路”网络。以“地缘”而论，故乡的友人、朋友、同学以及他们的朋友、同学等都属此类。以“学缘”而论，一个人从幼儿园、小学、中学、高中直至大学，都有许多同伴、同学和师长，而他们也各自都有许多亲友、同学等。通过这些“门路”，你所获取的信息量就会激增。在这里需要提示的是，在“门路”中，你要特别注意利用师长和校友这一“门路”。尤其是本专业的老师，他们比一般人更了解本专业毕业生适合求职的方向和范围，在与外单位的科研协作或兼职教学中，对一些对口单位的人才需求信息了解得比较详细。而校友则大多在对口单位工作，他们提供的信息往往也比较具体、准确，成功率也比较高。

4. 实习单位

实习单位一般都是对口单位。通过实习，你对单位的了解或单位对你的了解都更具有质的含量。如果说实习单位有意进人，很可能你就是其要考虑的第一个对象。通过实习落实求职单位的毕业生每年都有不少。

5. 打电话、写求职信或登门拜访

这要求毕业生有一种“毛遂自荐”的意识，并且对自己单方面拟定的意向单位要有大概的了解和预测，这种形式主动性强，但盲目性较大，在缺乏求职信息的情况下，也不失为一种获取求职信息的方法。

6. 有关求职指导和人才招聘的报纸、杂志、图书

教育部高校学生司和全国高校毕业生求职指导中心主办的“毕业生求职指导”报，是专门为毕业生求职服务的专业性报纸，定期为毕业生提供求职信息。其他一些报纸如人民日报社市场报主办的“大江南人才”也经常介绍一些求职信息，一些求职指导的图书中也经常附上有关用人单位的情况介绍和需求毕业生的专业人数等，这些都是获取信息的渠道。

7. 计算机网络

现在许多地方和单位都建立了人才网站，有政府及各部门网站，有学校求职网站，有单位网站，有人才专业网站等。通过网络搜索求职信息或直接通过网上求职，将是今后毕业生与用人单位沟通信息的主要渠道之一。

8. 各地人才市场和人才中介机构

各地政府都重视求职工作，有两个主要求职市场：一个是人事局主管的人才交流中心求职市场，另一个是劳动局主管的劳动力求职市场。这两个求职市场比较正规和专业，其中还有不少经过劳动就业部门审批的人才中介机构，都可以去了解、去尝试。

三、科学运用求职信息

毕业生对于收集到的需求信息，应结合自己的实际情况，加以筛选处理，去粗取精，去伪存真，有目的、有针对性地进行排列、整理和分析，只有这样才能使需求信息具有准确性、科学性和有效性，使之更好地为自己的求职服务。筛选需求信息应注意以下几点。

1. 善于对比

通过多种途径获得的需求信息可能会显得杂乱无序，这就需要你给予科学地排序。首先需要注意的是识辩真伪，去伪存真，将过时的信息，虚假的信息剔除出去；其次是将与自己的专业及兴趣有关的信息提取出来，将与专业、兴趣无关或关系不大的排到一边。

2. 掌握重点

筛选信息的同时，要对与己有关的信息按重要程度排序，标明并注意留存，一般的信息则仅作参考。主次不分，可能使你在求职过程中走过多的弯路，耗费过多的精力，有时因为

自己将时间花在一般信息上，结果可能使自己错过机遇。因为信息并不为个人所独有，信息具有明显的时效性，谁赢得时间，谁就可能抢占主动，首先成功。

3. 了解透彻

对于重要的信息，应该注意寻根究底，争取对首选对象的历史、现状和未来有一个清醒的认识，有些情况还要通过合适的方式进行了解，如待遇、发展可能等。详细掌握这些材料，求职者就能在随后进行的面试中处于主动，让主考官在面试时拿你当"自己人"，在情感上首先予以接纳，这对求职者很重要。

4. 适合自己

这一点应筛选信息的核心之所在。信息对自己是否重要，其依据就是是否适合自己。好高骛远、人云亦云、迷失自我，都是筛选信息之大忌。因为用人单位绝不会轻易认同毕业生求职过程中表现出的这种畸形的"忘我"精神。不顾自己的专长，以待遇、地点作为首选原则的毕业生，即使侥幸在求职中取得"成功"，在未来的发展中他也会逐渐表露出自己的弱势，发展后劲也是不足的。因此我们赞成这样一种观念："适合自己的就是最好的。"

5. 运用信息的途径

(1) 需求信息一旦选定，就要不失时机地主动与用人单位主管人员联系，询问应试的方式、时间、地点和要求，并准备好一套自己完整的求职材料，"顺便"送上。使需求信息尽早变成供需双方深度沟通的重要桥梁。

(2) 根据筛选出来的需求信息的要求来对照检查自己的不足，及时调整自己的智能结构，弥补原来的不足。这一做法尽管在毕业前的有限时间内稍嫌仓促，但无动于衷依然故我的做法却是绝对错误的。因为现在缺少的就是今后必须补上的。

(3) 及时输出对他人有用的信息。有些信息对自己不一定有用，可是对他人十分有用。遇到这种情况，千万不要抓住这些信息不放。能主动输出对他人有用的信息，不仅对他人是个帮助，同时也增加了与他人交流信息的机会，说不定你也会从别人手中获得对自己十分有益的信息呢！

第二节　求职信息的收集研究与管理方式

你已经决定谋个职位，要寻找新的工作，但是通过什么方式得到自己所需要的职业信息呢？去翻阅报纸吗？去跑职业介绍所、人才市场吗？许许多多的人都在这么做，千军万马走独木桥的现象到处可见。因此我们的头脑不能一成不变，思路也要开阔一点。我们并不反对翻阅报纸、联系介绍所、跑人才市场，这些都是谋职好途径，都很值得加以研究，但是现在的问题在于不少人并没有将这些信息源加以充分利用。除了这些以外，还有大量的信息源被闲置而无人问津，如果充分加以开发利用，无疑会改变许多人的职业生涯。求职信息的研究与管理方式主要有如下几种方式。

一、直接研究求职信息

所谓直接研究是指谋职者广泛收集自己专业范围内用人单位的信息资料并加以研究利用的过程。也就是说，一定要收集每一个自己感兴趣的单位信息，不用在意是不是有空缺的位置。要多试几家不同的单位，别仅限于一两家。

1. 直接研究能给你什么

(1) 直接研究是最重要的信息源。不进行直接研究，工作搜索就不可能是真正全面的。

(2) 直接研究还是面试中最为有力的致胜武器。不管通过直接联系，还是通过报纸的招聘广告，或者其他途径找工作，直接研究可以帮助求职者在面试中脱颖而出。在一次招聘活动中，美国IBM公司主试者询问一位求职者："IBM的信条是什么?"这位应试者答不上来，主试者当场就做出不拟录用的决定。由此可见，直接研究是面试应试的基础和出发点。

(3) 直接研究是一种不通过任何媒介的直接的求职方法。美国的一项研究表明，漫无目的地随便把个人简历邮寄给用人单位，这种方法成功率最低。但是，直接上门，叩响每个令你感兴趣的单位办公室的门，无论他们是否有空缺职位，询问他们是否想要聘用一名像你这样的职员，问他们是否有你完全能胜任的职位，这种方法的成功率将成倍地提高。因此直接研究不仅是信息源，而且也是一种有效的求职方法。

(4) 直接研究有利于录用后搞好工作。直接研究的成果不仅帮助你找到工作，而且在你被录用后有助于开展工作、搞好工作，所以你将来的晋级和提升也与此有关。所以直接研究对专业人员的整个职业生涯都是至关重要、必不可少的。

2. 怎样进行直接研究

直接研究的方法不拘一格，无一定程式，其要求也以我们各自赞同的方式或感觉为准。每个人应根据自己个人的需要想方设法地多收集信息。

(1) 查阅电话号码簿的黄页，找出令你感兴趣的工作领域条目，然后抄录企业全称、地址、邮编、电话、负责人姓名等。

(2) 通过图书馆阅览或计算机网上查找企业资料。尽量详细地收集诸如总经理和董事长姓名，公司全部服务项目和产品说明，公司规模，各分支机构的位置和业务范围，公司的历史沿革和管理分布等。查阅检索时不要拘泥于一种途径，要采用多种途径、多种方法查找。

(3) 如果你对某单位感兴趣，就找到这个单位工作或上班的亲友，向他们直接了解该企业的详细情况，这种方法信息来源是最直接的，也较为可靠。

(4) 向公司销售人员、文秘人员索取公司简介、产品目录或样本，可获得最新的资料。

(5) 从报刊上的商品服务广告上可收集到产品种类，大致销售范围等方面的信息。注意该公司的特殊之处，或公司认为值得对外宣传的特点。

(6) 对专业技术人员来说，要了解从原材料到产品工艺流程和工艺设备的信息。对管理人员来说要了解销售、产值、利税和主要竞争对手情况等信息。

通过以上方法收集到的信息应分门别类地整理成文、装订成册放在身边。

二、翻阅和研究公开出版物

理查德·波尔斯指出，根据报纸上刊出的招聘广告求职，这种途径的成功率只有7%。在我国这种途径成功率的百分比也许更低一些。但是从理论上说，只要有真才实学，只要认真撰写个人简历和申请信，你获得面试的机会近于百分之百，然后通过面试，就可以获得这份工作了，事情就这么简单。可惜大多数人并没有把这些环节都紧紧抓住，所以，他们的成功率低也就不足为怪了。专家们忠告：直接研究的参考资料给了我们许多关于一个公司的背景信息，但是它们很少告诉我们一个具体的工作机会。报纸却相反，告诉你现在需要人去填补的工作岗位，对那家公司的信息却给得很少。这两类信息应该互为补充。你常常会在报纸上发现那些你已经研究过的公司的招聘广告。这两类信息结合才是最强有力的，它们可以把你推向成功之路。

不言而喻，这也应包括广播、电视等大众传媒的广告。查阅过期的报纸是个好办法。这些报纸也有可能提供大量的工作机会信息源。更有可能的是：这些工作岗位尽管以前做了广告现在却仍然空缺着。我们可以系统地查阅一下招聘广告，可以回溯到12—18个月以前，对这些广告可以像新刊登出来一样做出反应。

但是，当你通过信件、电话或电子邮件联系的时候，你的开场白不能这么说："先生，你好，我想答复你们去年7月份在××报上的招聘广告。"而应该这么说："我从内部消息听说贵公司正在寻找……"或者干脆说："我对贵公司发生兴趣，听说你们正在寻找……"国外有人正是使用这个技巧从一则7个月前的旧广告中找到一份年薪9万美金的工作。

旧报纸之所以有利用价值，是因为企业的经营发展是有周期性的，企业的招聘也是如此。或者用人单位通过广告并没有招到合适的人选；或者虽然招到了，但受聘的人离开了、跳槽了；或者没有解决问题；又或者企业业务扩大了，需要更多的员工。不管哪一种情况，你追踪的旧广告虽然不会百发百中，并不是每一次都会让你获得一个机会，但是只要一次中鹄了，你就成功了。

三、从中介机构了解和研究信息

求职中介服务机构大致分为下列几种。

1. 中高级专业人才的中介机构

这种机构常常取这样的名称：人才服务公司、人力资源开发公司、厂长经理咨询公司、猎头公司等。

中高级专业人才的中介机构在国外大多是私营的盈利性机构，在注册时分成两类：EPF（用人单位付费）和APF（申请人付费）。国内则有公办的，也有私营的。国际知名猎头公司的入驻和国内猎头公司的成立细化了岗位的设置，优化了高级人才的选拔。不管性质如何，你事先要问清楚付费情况。他们的服务对象包括中、高级管理，技术人员，也包括有一定技能和工作经验的一般专业人员，以及应届大中专毕业生。你要根据自己的具体情况和机构的性质审慎做出选择，一旦做出选择就要坚持听从他们的忠告，同时要将自己的学历、经验、业绩和要求如实地说清楚以便取得他们有针对性的帮助。也可以主动与他们联系，进入其档案或电脑网络。你若在事业上有一定的地位和知名度，可能会收到猎头公司的来信，以打探你的意向。你虽不一定马上安排跳槽，但仍可保持与之联系，这一般是不收费的。

2. 再求职服务中心或机构

再求职服务中心包括各区县的职业介绍所，以及社会各界、工、青、妇组织，慈善基金会等团体，纺织、仪器等行业成立的职介机构，这类机构大多象征性地收费甚至不收费提供中介服务。为了提高求职者的素质以适应市场需要，有的还开办免费培训班，为求职者"充电"。他们信息来源广，服务态度好，积极为求职者排忧解难。即使你是企业下岗职工、待业人员、初级技术人员或工人，他们也会一视同仁地热情接待。要注意与他们初次接触时对自己的定位应恰如其分，对工作和工资要求不能过高，要根据自己的专长、年龄条件挑选岗位。一旦在他们帮助下找到工作，先做起来再说，在取得工作经验和技能后，再另谋高就，谋求进展。

3. 涉外劳务输出公司、对外劳动服务公司

这些机构专门为境外企业介绍国内的专业技术人员或技术工人，为境内的三资企业或办事机构物色管理人员、保安、翻译、家政等人员。这些机构收费比较昂贵，因此你要仔细审查其资信背景，如果他们确能帮助你成功，你的收益将大大高于支出。另外，他们对外语也有一定的要求，你至少要能够正确填写各类登记表格。

四、人才交流会信息研究

人才市场的格局和模式早已为大家所熟悉。人才市场的信息量很大,只要你把握好机会,将会大有收获。

1. 准备工作

进入人才市场,不能轻言放弃。在那儿的用人单位一般有几种情况:一种是求贤若渴,对每位来访者均热情接待,此种单位招收的人才人数较多,范围较广;另一种是单位以扩大影响、提高企业知名度为主要目的,虽然也招人,但人数有限,条件较严;当然个别单位显得比较冷淡,甚至态度傲慢,这只不过是个别工作人员所为,而且此类人往往没有用人的决定权,可不必计较。因此碰到后两种单位不能视作自己的失败。

在人才市场极少有人当场被录用。大多数公司只是为了收集材料,而实质性的会见要在以后发生。因此你没有被什么单位当场录用是很正常的。但是还是要加以注意,也许有人会当场想与你坐下来认真地谈谈。这种事往往在你最意想不到的时候发生,所以衣着要正规。你可能会见到你的新老板,你给他的第一印象不应该是非职业化的。

另外,你除了带一些零钱以支付车费、入场费、购资料费外,还要带好以下东西:个人简历(5～10 份),笔和笔记本。

2. 参加人才市场的操作要点

第一,收集名片,还要注意收集公司小册子和说明材料。可随意同其他求职者交谈并交换名片,也可以同设摊招聘人员交换名片。

第二,要走访每一个与你的专业相关的公司摊位,不应仅仅走访有名的大公司。因为小公司来访者少,使你有机会面谈。对来访者众多的大公司要等喧闹稍稍平静下来才走过去,这样你会得到更多的时间,谈话稍一深入就可呈上名片和个人简历;如果有时间谈得十分深入时,你就应该突出自己的技能和业绩、资历等。要是其他来访者没有这样做,你就处于更为有利的地位。

第三,你可以上前去提问题,询问他们公司的性质和业务范围等,然后才慢慢谈到你自己,虽然他们既定的招聘目标不需要你,但是你可以询问他们的分支机构或关系户中是不是有什么机会。那些招聘人数较少,要求较高的公司,正因为他们要扩大影响,提高知名度,所以他们处于卖方地位。

第四,要与公司招聘接待人员约定下次见面。“张先生,我知道今天您非常忙,我还想继续与您谈谈。看来你们公司非常吸引人。是否能安排一个时间再见一次面,或者过几天我打电话给您。”

第五,离开人才市场回到家里时,每件事在你头脑里尚未淡忘。回顾一下每家公司以及它对你具有何种利用可能性,即看一看你可以从行业需求、市场转换和中长期员工需求动向中摘取什么有用的东西。

第六,要整理好笔记本和名片。对约定的会见要准时赴约;对未约定的单位要给他们写一封跟踪信或打一个跟踪电话。对其他人,包括你在人才市场所结识的其他求职者则可纳入社会关系联络网中。

五、求职者关系网络研究

1. 社会关系网络的价值

下面是我们可以利用的常见社会关系网络。

(1) 家庭和亲戚,包括配偶的家庭和亲戚。

(2) 朋友,包括邻居和熟人。

(3) 同事,包括过去和现在的专业同伴,过去和现在的上下级、经理或老板。国外有些用人单位在决定录用之前要求候选人提交过去的同事或老板的推荐信。

(4) 其他求职者。

(5) 专业领域的其他人。

应该充分回忆,把这些社会关系网络人员的姓名和通信方式以书面方面一一罗列出来,以便需要时可与之取得及时联系。

人们常常以为托亲友、找关系意味着把自己的亲友们纠缠得死去活来,直到他们拒听你的电话为止,因而羞于启齿。利用他人来帮助你找工作,而找工作是光明正大的事,只要处理得当,你会惊喜地发现,亲友们、同事们,甚至陌生人是多么愿意帮助你。利用关系网并不意味着要你纠缠亲友,要他们立刻回电给你提供一个工作。关键在于关系网需要正确处理。而且关系网不仅仅是一个,我们每个人都有几个关系网。我们认识的人不仅仅限于某地,而是全国,甚至包括国外,任何一个都可能提供一条重要的线索。

2. *如何开展网络活动*

有的人你一直以为是正直的伙伴,却不会为你花上半天时间;有的人你从来没有当做朋友,却为你的电话委托全力以赴地奔走。因此,你得到的任何帮助都是来之不易的。你要知恩图报,表示你也希望有机会能为对方出力。不管你联系的人是否帮助过你,你得到工作以后一定要让他们知道,并保持至少一年接触一次。

注意开展网络活动也应作好详细的书面记录。

不管写信也好,打电话联系也好或是用电子邮件,要掌握好以下几个细节。

(1) 首先"套近"关系。提一提你们最近在一起时的美好回忆,或者提到某个你们都认识、最近都谈过话的人。

(2) 说明写信或打电话的理由:"我们单位有 100 多人下岗了,50 多人提前退休了,我也不得不挪动工作了。我花了两天时间在找老朋友。"

(3) 针对你的求职方向、你考虑的公司,征求对方意见,询问对方能否看看你的个人简历是否写得合适。因为你确实需要一份客观的意见,而且一直很尊重对方的观点。不要特意去问:"我到你们那儿做事好吗?"如果真有什么路子的话,他(或她)会告诉你的。

(4) 你以后可再同对方联系,但不要超过一星期一次。可在固定的时间(他们最有空的时间)联系。从他(或她)等候还是回避,可知道他们能够在何种程度上帮你的忙。

(5) 要把自己的行动计划告诉对方。他们一般都很想帮忙,但你总得给出个基本框架,使他们努力有方向。譬如同他(或她)讨论什么专业、行业和地区有谋职机会,什么人值得接触之类,以启发双方的思路。

(6) 如果对方带着信息找你,你就说:"啊,真是太好了,真是难得的机会。"即使你已经知道这个信息,甚至刚同那个单位谈过话,也要这么说。因为他带来的信息必有某些新鲜内容。人们看到自己的意见受到重视和赞赏,就会带来更多的信息。

(7) 每当你得到对方推荐,一定要问清楚你去该被推荐单位联系时是否可以提到推荐人的名字作为引见,回答大多是肯定的。但是问一问显示你有行家气质,并会激励对方带来更多的信息。

(8) 如果你确实得到帮助,要道谢。如果得到口头帮助,要书面道谢,感谢信中也可附一份个人简历(如果以前没有给过的话)。所谓患难见真情,在这里就能得到很好的体现。

3. 谋职者网络

你可以参加一个谋职者网络。由于彼此处境相同，可以不必谨言慎行、小心翼翼。相互之间可以随时联系，开诚布公，而且没有书面记录的必要。

这种谋职者网络有两个好处：一是信息共享，如果你是工程师，通过活动得到需要一位会计师的信息，你就可把这个信息告诉网络内的会计师朋友；二是在精神上和物质上相互鼓励和帮助，分担生活和人生的忧虑。

如果你周围没有这样一个网络，可以自己行动创建一个。你要做的只是找一些同你处境相同的人，只要有几个人就行。你们的目标非常简单：定期碰头、交换信息、交换想法和意见，相互检查个人简历、信件和自我推荐的准备情况，检查进度。随着时间的推移，这个网络必然越滚越大，但也有人会退出。你找到工作后可以仍然与之保持联系，不必急于退出，只是联络的次数可以大为减少。

4. 请人写推荐信

国外大多数企业和国内某些三资企业往往要求求职者提交推荐信。为了使推荐信有参考价值及权威性，有利于你被录用，最好邀请自己原供职单位中地位较高的上级或有声望的同事撰写。这时，你的社会关系网中的这部分人不但要为你提供信息，还要被你用作推荐人，你不妨从要求他提供信息着手。实例如下：

"张建国，我是刘新辉。好久不见了，最近你情况怎么样？"在这儿最好聊上几句闲话或共同感兴趣的话题，然后转入正题。"建国，我想向你请教。我们单位有一些人员裁减，也许你听说了。因此我想换一份职业以便充分利用我的工作经验。"

在此停顿一下，然后是，"在这方面你有什么信息吗？要是有的话，我就太感激你了。不过我知道你很忙，请不要为这个事太费心，只要随时为我留意一下就行了。我自己一定会去努力争取的。"

再停顿一下，然后说，"建国，你知道推荐人十分重要，我想请你做推荐人，不知道你有没有意见？"

对方的反应通常是肯定的。这时还不能放下电话，还要就如何写推荐信吹吹风。"谢谢，建国，你真的帮了我的大忙。请让我谈谈自己最近的情况并把我的进展告诉你。"然后花不到两分钟的时间简略谈谈你们分手以后的简单经历和你的打算。对同事和过去的经理不要忘记谈你离开现在工作的原因，因为这位推荐人很可能会被问及这个问题。

如果条件和时间允许的话，你此时可提示推荐人一些其他问题。包括他认识你的时间，你们相互间的关系，你的职务职称，你的重要职责和业绩，你承担的重要项目，你最大的优缺点，你对工作、对同事、对管理层的态度，是否愿意干超过职责范围的事(周末加班都可以提醒他)，你的收入等。

你通过社会关系网络活动得到推荐人的推荐后，就要利用他的名字作为引见："陈南通先生，我的名字叫刘新辉，我们共同的朋友张建国建议我打电话(写信，拜访)你，所以我首先要转达建国对您的问候……"

六、专业学会和协会信息研究

所谓专业学会是指全国和各省、市设立的按行业和学科划分的学会或协会，是专业科技人员开展学术交流活动的园地和讲坛。它也包括各种市级或地区级科技馆、科学会堂、文艺或教育会堂等开展专业活动的场所和组织。其参加者大多为该专业领域内的工程技术人员或相关业务人员。

如果你从来没有参加过，可根据自己所学专业和从事过的具体工作选择一两个学会或协会并申请会员资格。

你提出申请时不要特地说明你是为收集求职信息而来的，而应该说你主要是对科学研究和学术交流感兴趣。

经批准取得会员资格后，有两个方法可以开展活动。第一，向学会索取会员通信录。这直接给你提供会员网络信息源，可直接进行口头或通信联系。但你先不要忙于联系，现阶段只是收集掌握第一手资料而已。第二，定期的会议安排。你要争取参加会议，这虽然不是一个正式的社交场合，但却是会员结识专业伙伴的难得机会。一旦彼此结识后，你再利用通信录与之联系，加深相互了解，然后才探讨求职问题。

参加会议时要认真听取报告、阅读文件。会后应该积极地与报告人接触，并就报告内容中的一两个细节问题向报告人请教，也可以表示你很同意报告中所说的，并对某个专题补充一点信息或者你说的话达到这种效果："有人能指出这一点是很适时的。"决不要自作聪明地说："你的报告是很了不起的，但是你疏忽了……"报告人一般都是业务圈内的行家和权威，他们欢迎你平等对话，但不喜欢妄自尊大、居高临下的人。因此你要很好地利用他们爱才、惜才的心理，在适当的时候向他或她私下请教何种求职方向才能发挥你的潜能，就有可能得到他们的热心帮助和指导。

全国性的或地区性的专业会议也不容忽视。作为专业人员，你若能向会议提交高质量的论文，则很可能被邀请作为正式代表出席会议。如果会议在你居住的城市举行，你即使不出席会议，也可以在会后赴代表们下榻的宾馆拜会你的专业同行。这样做有几个好处：一是结识专业同行，联络感情；二是了解专业范围内的技术进展和动向；三是对有关企业作深入研究，收集谋职信息。

七、人才网站的功能和信息研究

随着人才市场的工作方式从传统的组织摊位向组织岗位信息和个人资质信息发展，并通过电脑网络提供服务，人才交流正从有形市场向无形市场延伸，从现实社会向虚拟社会扩展。

网上求职的特点是信息流量大，更新快，用人单位和求职的交流便捷迅速。网上人才交流毕竟代表着人才市场的未来和方向。

利用网络渠道如何去收集就业信息呢？

（1）从本校就业部门建立的就业网上查寻。

（2）从各地人才交流中心网上查寻。各级政府人事局都有人才交流中心，中心有网站，如果你想到一个地方求职，那就要经常打开那个地方的人才中心网搜寻就业信息。

（3）从各地人力资源与社会保障厅（局）网上查寻。就业的部门都有网站，公务员招聘、事业单位招聘以及企业招聘很多信息都在上面发布，并且信息比较真实及时，如果你要到一个地方求职，一定要事先查寻当地人力资源与社会保障部门等官方网站。

（4）从当地政府网、工商部门网、教育部门网、卫生行业网、企业网等搜寻就业信息。

（5）从兄弟院校或当地的学校就业网搜寻就业信息。

（6）从各省高等院校毕业生就业指导服务中心网上查寻，可以了解各省的毕业生就业政策和一些就业信息。

（7）从中国大学生就业网、中国人才网等其他专业网上搜寻求职信息。

案例欣赏

案例一：孤芳自赏　四面楚歌

小许是一个学习成绩十分优秀的大学生，连续三年都被评为学校一等奖奖学金获得者、优秀学生干部。结果毕业时不仅没有找到工作，而且还落得师生都不喜欢的地步。这是什么原因呢？

原来，都怪小许找工作时错误的想法和做法。早在大三下半学期的时候，他就在思考自己的求职问题。他认为，要想找一个好的工作，就要参加尽量多的招聘会，凡是有单位招聘，都要参加，不能放过任何一个机会。

因此，他早早地做好了自己的简历。从12月初有单位来学校招聘开始，他参加了所有可以参加的招聘会，还参加了9次面试。应该说，他的战果是辉煌的：共有6个单位表示愿意录用他。其中，两家著名的外企公司在全校只录用了10个本科生，他就被同时看中；省内一家知名企业更是认为他是最优秀的毕业生，非他不要。这下小许犯难了。两难选择，何去何从？他当时都没有明确表态。一个月后，当他决定选择其一时，录用工作早已结束了。

但他并不后悔。因为，他认为凭自己的实力肯定能找到更好的工作。只要他参加面试，单位就会要他，只是自己要不要单位的问题。后来，他又频频出现在学校的各种招聘会上。他的做法渐渐引起了许多同学和用人单位的不满。因为他的出现，使得其他同学相行见绌，失去了被录用的可能；而当用人单位选定他而拒绝别人后，他却不去了，因而单位很难再招到合适的毕业生。同学们和用人单位纷纷向学校反映。老师对小许进行了批评教育，并且表示不再推荐他参加任何面试。

小许只得到学校外联系用人单位，参加单位招聘。许多次面试的时间是冲突的，他没法兼顾。有一天，上午8时有一个公司笔试。早在7点多他就跑出去，不等考试结束，9点半，连忙又赶过去参加与另一个单位的老总见面会。就这样，他马不停蹄地跑了一个上午。谁知第二天又要参加一个单位三个小时的考试，既考专业知识，又考英语，最后，还要英语口语面试。他连夜做准备。如此连续作战，几乎每天他都要跑几个单位，准备面试或笔试。一共参加了12次面试。到了4月初，他终于病倒了，住了一个多月的医院。

十二次面试，竟然没有一个单位能最终录用他。就是有几个单位有意向录用他的，也因为他病倒而无法参加最后的面试而告吹。

案例二：缺少吃苦精神，毕业生择业难

在去年12月举办的一场大型校园招聘会上，专程从县城赶到学校招贤纳才的四星级酒店，带来了几十个适合应届大学毕业生的技术、管理岗位参会。一天下来，这家企业却落了个两手空空，无功而返。招聘负责人说，都说大学生就业难，参加完这场招聘会后才知道，大学生不是就业难而是择业难，城里的毕业生不来，可农村来的毕业生也看不起这份工作。招聘会上，到他们展位前来咨询、投递简历的大学生几乎很少，他们的目光都锁定在外地的大公司、大企业上。

每次招聘会，都不难发现有不少大学生是三五成群、结伙搭伴儿去面试，一问才知，有的是无所谓，有的是怯场。就业时不少学生依赖心理较强，对自己未来的职业生涯没有规划，难以做出切合实际的选择，而且往往人云亦云，亦步亦趋，看到别人往大城市、大企业挤，自己也跟着凑热闹。还有的大学毕业生把就业的事全寄托在家人身上，希望通过托关系、花钱

找个好工作。

学校就业中心有时发布了不少就业需求信息，但应聘者有时很少。原因是：有的大学生平时不及时上就业中心网查信息，错过机会；有的大学生强调专业要对口，不对口的不去；有的大学生认为专业对口就是要搞技术，对市场需求大的开拓市场、市场营销、面对客户服务性工作不愿意做或没有自信。

案例三：山穷水尽　柳暗花明

毕业生小何因为火车误点，待他赶到某地人才交流会会场时，已是下午3点多钟，他真是懊丧极了。要知道，他这次专程到某地是冲着A单位来的，A单位在他心目中向往已久，他曾经投过一份材料给单位人事部负责人，该负责人曾表示对他的材料很感兴趣，并请他务必参加某月某日在某地举办的人才交流会，到时现场见面后可决定是否签约，可这次却偏偏迟到了，实在不凑巧。此时，会场内不少单位已录满人员，撤摊而去，剩下的单位也在整理材料准备收场，他很快便看见A单位的摊位空空而也，心里顿时凉了半截，开始漫无目的地在场内瞎逛。突然，B单位的摊位令他眼睛一亮，该单位他也曾向往过，因为他的一位老乡（本校研究生毕业）就在B单位工作，且干得不错，家乡父老对他是赞不绝口，只因为自己学历层次不够，未敢冒昧联系，今天既然来了，不妨试试看吧。他郑重其事地递上自己的一份材料，主动做了自我介绍，并说明了今天晚来的原因，凭着自己事先对该单位有一定的了解，他与负责招聘的同志谈得非常投机，最后该负责同志指着手头一堆材料说："初步人选已定，不过我们会考虑择优录用的。"一周之后，他意外地得到了B单位的正式面试通知，一个月不到便签订了正式协议。真是"山穷水尽疑无路，柳暗花明又一村"。

课外练习

1. 利用双休日到当地人力资源市场去参观学习，并尝试求职，体验求职过程。
2. 通过网络搜索人才网站，并学习如何网上求职。
3. 想想看，招聘信息确定后应如何去跟踪利用？

第十三章　大学生与自荐材料制作

你学会推销自己，你就可以推销任何东西。

——卡耐基

发光并非太阳的专利，你也可以发光。世上没有绝望的处境，只有对处境绝望的人。

天才就是百分之九十九的汗水加百分之一的灵感。

——爱迪生

第一节　自荐材料的准备

自荐材料是广大毕业生用来和单位取得联系、“投石问路”最常用的办法之一。在求职择业过程中，自荐材料有着举足轻重的作用，是“敲门砖”，推荐、面试、录用都离不开它，自荐材料的好坏直接影响着就业。

一、编写自荐材料的要领

（1）目标明确。组织和编写自荐材料的大目标和大方向就是为了就业，凡有利于就业的各种材料、各种组织编写方法都可以加以运用。

（2）针对性强。即编写自荐材料时，应根据大致的就业意向，根据应聘的行业、职业或单位特点进行材料的合理组织、安排和撰写。要做到有针对性，就须做到知己知彼，根据不同情况写出最适宜的自荐材料，“投其所好”。

（3）客观实用。即实事求是，摆正位置。在编写自荐材料的过程中要采取客观真实的思想态度，可以说，自荐材料的真实性是一个择业者的生命线，一旦用人单位发现自荐材料有假，便失去理想的就业机会。另外，在文体上，自荐材料属于实用文书写作中的说明文一类，其目的就是为了就业，切不可过分追求文笔超脱，言辞华丽，而舍本逐末。

二、自荐材料的内容

自荐材料内容主要包括：求职信、学校推荐表、个人简历、附件（证书复印件等）等内容。

学校推荐表在自荐材料中有着举足轻重的地位，是必要的一环。可以说这是一个官方的认证，具有权威性，用人单位对此有着较高的信任度。把它放在自荐材料中加大了自荐材料的可信度及自荐力度。学校推荐表一般包括本人及家庭基本情况，在校期间学习成绩和奖惩情况，自我鉴定，组织意见等部分。正因为学校推荐表统一规范，易产生千篇一律的感觉，内容上也难于全面，缺乏个性。所以，这就要求毕业生在组织编写其他自荐材料中既不要重复，但又要进行必要的补充添加。必要时也可在学校推荐表中选取最有价值和利于就业的重点部分进行复印（如学习成绩、组织意见等）加入自荐材料中。

附件即指能证实自荐材料中所列的各方面情况的原始证明材料，它也是证明自荐材料的真实性和自荐人各种能力的有力佐证。为防止在投递过程中丢失，可用复印件，一般用人单位决定录用后是要看原件的，所以原件一定要妥善保存。

三、自荐材料的整理与包装

1. 自荐材料的整理

自荐材料的整理包括以下 5 个阶段。

第一，搜集材料。俗话说"巧妇难为无米之炊"，搜集个人自荐原始材料是一项基础性工作。搜集材料的原则就是为就业服务，以择业目标为中心，按需搜集，即围绕就业目标所需的专业特长、知识结构和能力等进行，注意专业特点、个人能力与行业特点的统一。

第二，分类整理。搜集的原始材料很多，在分类整理过程中一般按以下五个大方面进行专题细分：个人简历性材料，专业学习材料，特长爱好材料，社会实践材料，奖励评论性材料。

第三，编辑审查。分类整理之后就要进行一个编辑审查，即对分类的材料进行汇总编辑，检查一下材料是否有明显遗漏，不能出现材料残缺。同时材料含糊甚至与实际情况有出入的，一定要撤除或修补。还要对材料上是否有错别字等细节进行校对。

第四，汇总分析。经过分类整理和编辑审查后，首先要把同类型的材料集中起来；然后对材料的使用价值进行自我分析评估；最后把材料依其价值评分分清主次，一一罗列出来，以便于编写使用。

第五，合理编撰。在编撰自荐材料的过程中，要针对所应聘目标的具体情况，合理取舍，有机组合，充分体现择业者的优势与特长。

2. 自荐材料的包装

当把自荐材料的主体部分在原始材料基础上，根据不同的应聘目标编写完后，就要进行包装这一工序了，即完成封面（主题）设计和自荐材料的装订工作。封面的设计是丰富的，但其基本原则是美观、大方、醒目、整洁；封面设计要有一个主题（标题），一个好的主题，往往能够一下子把用人单位抓住，促使招聘者想进一步了解自荐材料的具体内容；而且封面的设计风格与自荐材料内部主体内容风格要一致，具有统一性、整体性；同时，封面设计中最好体现出择业者的姓名、专业、年级、学校等最基本的内容。自荐材料最好采用标准纸，用计算机打印，不要用繁体字（有特殊要求除外），装帧不要太华丽，保持整洁明快是最重要的。

第二节　怎样写求职信

求职信是一种介绍性、自我推荐的信件，它通过表述求职意向和对自身能力的概述，引起对方的重视和兴趣。一封好的求职信可以向阅读者说明你的才干。一般来说，打开自荐材料，首先看到的便是求职信。正是有了求职信，阅读者才会对你的简历上所写的经历与业绩感兴趣。所以，求职信无论在文体上还是内容上，都必须给阅读者留下好印象。

一、求职信的格式

求职信是寄给求职单位的，事关重大，因而它既和书信有相同之处，又有不同之处。一般来说，求职信是属于书信范畴，所以其基本格式应当符合书信的一般要求，主要包括称呼、正文、结尾、署名、日期、附件等六个方面内容。

(1) 称呼。求职信的称呼往往比一般书信的称呼正规一些，在实际书写时要区别对待：如果写给国家机关、事业单位的人事处领导，用“尊敬的××处长(科长等)称呼；如果是写给三资企业，则用“尊敬的××董事长(总经理)先生”；如果是写给其他类企业厂长的，则可以称之为“尊敬的××厂长(或经理)”；如果写给大学校长或人事处的求职信，则称之为“尊敬的××教授(或校长、老师等)”。不要使用“××老前辈”，“××师傅”等不正规的称呼。当然，有些求职信，也可以不写名姓，如“尊敬的负责同志”、“尊敬的董事长先生”等。

(2) 正文。这是求职信的中心部分，其形式多种多样，一般要求说明求职信息的来源，应聘岗位，本人基本情况，工作成绩等内容。

(3) 结尾。一般应写明希望对方给予答复，并盼望能有机会参加面试及简短的表示敬意、祝愿之类的祝词。如“祝贵公司兴旺发达”、“顺候安康”、“深表谢意”等，也可以用“此致敬礼”之类的通用词。

(4) 署名。应注意与信首的“称呼”相一致，一般都在署名前加上一些“您诚恳的××”、“您信赖的××!”、“您忠实的××!”之类的词语，也可以写成“您的学生××!”，还可以什么都不写，直接签上自己的姓名。

(5) 日期。一般写在署名右下方，最好用阿拉伯数字写，并写上年、月、日。

(6) 附件。求职信一般都要求同时寄一些有效证书，如外语等级证书、计算机等级证书、获奖证书的复印件以及简历、近期照片等。最好有附件目录，这样既方便招聘单位的审核，同时也给对方留下一个“有条不紊、很负责任、办事周到”的好印象。

二、求职信的内容

求职信的内容主要包括以下四个方面：

(1) 说明本人基本情况和求职信息的来源；

(2) 说明应聘岗位和能胜任本岗位工作的各种能力；

(3) 介绍自己的潜力；

(4) 表示希望得到答复面试的机会。

求职信开始之前，首先要用“您好”之类的问候语，如果知道信件最终将送到谁的手里，信的开头可直接尊称，视对方的身份而定，如尊敬的×××先生(或女士)。在第一段里，你可以简单地叙述一下你写求职信的理由，可以扼要说明一下你是怎样知道招聘信息的，何时注意到该公司，如果公司中有人为你推荐过其职位，可巧妙将此事写入求职信中，但千万不要给人以自我炫耀的印象。

例如，

××××公司人力资源部李明先生：

您好！

从学校公布的招聘信息中获悉，贵公司需招聘一位营销人员，为此，我特向你们申请这一职位。

第二自然段，应阐明你对单位或职位感兴趣的原因，以及你有价值的背景情况和满足招聘要求的能力。这一段落是核心部分，通常用一段或两段来写。这些内容要有说服力，说明你怎样适合这个职位，更重要的是表明“你能给公司什么，如果公司录用你，你能为公司做出什么贡献”。这部分的写作与个人简历是相辅相成的，要说明你的个人能力，但又不能把简历内容全写进去，只将最能代表自己长处、技能和业绩的项目写进去，同时注意不要单纯写自己的长处和技能，而是要着重说明这些长处和技能能给该公司带来什么益处。

例如，

“我勤奋努力，有较强的组织能力，并且善于与各种各样的人打交道，协调处理好人际关系，我非常愿意把我在工作中已有的实践经验和我的责任心与热情贡献于像您这样的公司”。

最后一段，要写出你对招聘单位的希望，委婉地提出面试的要求，因此在这一段里最好向招聘者说明“何时”、“何地”、“怎样”与你联系，当然联系办法越简单越好。例如：

“关于我的个人简历一并附上，如您能在百忙中抽时间回复我，给我机会，我将不胜荣幸，若需联系请打电话：(010)××××××××，感谢您阅读我的自荐材料。”

结束时，通常是标准式的，不能一味地阿谀奉承，但可以写得灵活一点，如“致以友好的问候”，也可采用“此致敬礼！”。最后的署名要亲自签名，不要忘了写上日期。“附件”也不应遗落，在求职信的左下角写上“附件”注明申请人提供的材料名称(目标)。

求职信的格式内容如下：

称呼(尊敬的)

问候语(您好！)

正文

第一段：在此应写明写此信的理由、应聘职位以及从何处得知招聘信息等。

第二段至三段：叙述你的应聘动机和自己认为适合该职位的理由，如果有与应聘职位相关技能经历，应加以说明。这里不要详述一些经历，只需提及详见简历即可。

结尾段落：感谢招聘者阅读了此信，表示希望接受面试，并表明希望由对方安排面试的日期、地点等。

结尾(此致敬礼！)

署名(签名)

日期(时间)

附件(目录)

三、求职信的写作技巧

1. 态度真诚，摆正位置

写求职信时，要写什么内容，首先应该想公司要我来干什么？或者换句话，不应该写自己需要什么，获得该职对自己有什么好处，而应该写自己能为公司做些什么。有了这样的态度，才能摆正位置。另外，在写求职信时，要诚恳礼貌，切忌自吹自擂、炫耀浮夸。虚弱怯懦、缺乏自信也是不可取的。

2. 整体美观，言简意赅

求职信文字的整洁美观容易引起用人单位对求职者的好感，相反如果字迹潦草，龙飞凤舞，则会给用人单位留下不好的印象。现在有很大一部分毕业生的求职信都用计算机打印出来，但如果你的毛笔或钢笔字写得很好，建议你用手工工整整地书写，这样能给人以亲切之感，同时也向用人单位展示了你的特长。不管手写还是打印，都应注意言简意赅。一般而言，求职信以A4的纸张一页为宜。如果确实有内容，则不宜超过两页，或者作为附件或面谈时再说。求职信当然不能太短，太短则显得没诚意，说不清问题，自然难以引起注意；太长不但会浪费阅读者时间，也会引起反感。所以，在写求职信时应打草稿，反复推敲：意思是否清楚，用词是否得当，内容是否简练完美等。

3. 富于个性，有的放矢

求职信的重要目的是力求吸引对方，引起对方兴趣。求职者在开头应尽量避免许多客套话、空话，要以一句简朴"您好"，直接切入主题，如"从光明日报得到贵单位招聘人才信息，"这也能使单位主管感到单位名声在外，广告费没白花，无形中增加了好感。要不就用一两句富于新意的话吸引阅读者。比如一位在外地求学的毕业生给家乡所在单位写求职信时用"请接受一名家乡籍在外求学的学子对您的问候!"一下子就拉近了与用人单位的距离。求职信的核心部分是自己胜任工作的条件，这并非多多益善，而是要有针对性，有的放矢。所以，在动笔之前要着眼于现实，对应聘单位情况要有所了解，以事实与成绩恰如其分、有针对性地介绍和突出自己的特长。求职信与应聘单位要能够一一对应。目前有许多毕业生一稿多投，本来想"普遍撒网，重点打捞"，结果却石沉大海，杳无音信。因此，如果用计算机打印求职信，建议可多准备几份，根据不同单位选择内容，如三资企业，最好中英文都有，既可自荐，又显示了你的外语水平。在内容上，如应聘的是科研人员，你却大言自己生性活泼，爱动爱跳，介绍这些与专业职位不相干的特长不但不能起好的作用，反而适得其反；如果要从事营销或管理工作，你最好要突出在校实践活动，突出组织、协调能力和自信心，这样才能投其所好，察其所需，供其所求，显现个性，赢得胜机。

4. 以情动人，以诚感人

语言有情，会更有助于交流思想，传递信息，感动对方，写求职信更要注意这一点。那么，怎样做到以"情"动人呢？关键在于摸透对方的心理，然后根据你与对方的关系采取相应的对策。如果求职单位在你的家乡，你可以充分表达为建设家乡而贡献自己聪明才智的志向；如果求职单位在贫困地区，你就要充分表达为改变贫困地区面貌而奋斗的决心；如果求职单位是教学单位，你就要充分表达献身教育事业的理想……总之，你要设法引起对方的共鸣，或者得到对方的赞许。这样，你就有可能收到意想不到的效果。在注重以情动人的同时，还要以"诚"感人，以"诚"取信，即要态度诚恳、诚实，言出肺腑；内容实事求是，言而可信，优点要突出，缺点不隐瞒；恭敬而不拍马，自信而不自大。只有"诚"才能取信于人、得到用人单位的重视。最后，提醒求职者在写求职信时，还要切忌以下六点：

错字连篇，主次不分；

长篇累牍，无的放矢；

条理不清，逻辑混乱；

好高骛远，炫耀浮夸；

过分谦虚，缺乏自信；

用词不当，礼节欠缺。

四、写求职信应注意的问题

(1) 求职目标、目的明确。要写明请求担任什么职务，为什么请求担任这个职务，切莫含糊其词、模棱两可，给人以学无所长、平庸无能的感觉；要不卑不亢、落落大方，不能低三下四地乞求。

(2) 实事求是。针对用人单位需要某方面人才的信息，实事求是地介绍自己的求职条件、优势，尽量把自己的优势量化，避免大而空或作过多的定性描述。行文中所表现出的语气，应做到八个字：诚恳、谦虚、自信、礼貌，这样会令招聘者对求职者的人品和素质留下良好的印象。

(3) 语言简洁，篇幅适度。求职信一般以500字左右为好。篇幅过长，洋洋洒洒几十页，对方没时间多看，看了也难抓住重点；篇幅太短，说不清问题，又显得没有诚意，都产生不了好的效果。

(4) 重点突出，针对性强。求职信多种多样，但大体有两种情况：一种是具有高度针对性的信，主要针对某一具体单位或岗位而写；另一种可称为“广普信”，适用于不同的对象，优点是可以大量复制，到处投递，节省精力和时间，但内容缺乏针对性，求职效果差。因此一定要围绕所求职的条件要求组织材料，写明自己凭什么求职，要突出那些能引起对方兴趣、有助于获得工作机会的内容，主要包括专业知识、工作经验、自身特长和个性特点等。

(5) 称谓得当。切不可用“叔叔”、“阿姨”之类的称谓，显得过于亲热，容易让人反感。

五、大学生求职信示例

例一：

尊敬的×××处长：

您好！

我是一名本科大学生，将于2010年7月毕业参加工作(详细资料和简介附后)。我一直关注贵单位的信息，终于从学校招聘专栏中得知贵单位今年的招聘计划。我很愿意到贵单位工作，为其兴盛繁荣尽微薄之力。现附寄一份本人简历请审阅，恳切希望您能给予答复！

一份耕耘，一份收获，数年寒窗不敢说硕果累累，但我自信掌握一定的专业知识和组织管理知识，并且主动与实践相结合，积累实际经验。我知道贵单位有着团结一致的精神，有着朝气蓬勃的生机，我愿意化作一块闪亮的煤炭，投入到这个蒸蒸日上的集体大熔炉中，贡献自己的力量！

若贵单位愿意接收，我将不求安逸的环境，继续发扬自己吃苦耐劳和勤奋踏实的优良作风，努力工作，也愿意服从您的安排和调动，以良好的团队精神在贵单位的大家庭中实现我的个人价值和社会价值完美的统一！我将深切地感谢和珍惜您和您的同志们给我的这个机会！

我期待着在寒假能有一次面谈的机会，盼望能接到贵单位的答复信，顺祝您工作顺利！

诚祝贵单位一切如意，万事亨通！

愿成为您部下的×××

××××年××月××日

例二：

尊敬的经理先生：

您好！本人欲申请贵公司网站上招聘的网络维护工程师职位，我自信能胜任贵公司这个岗位的要求。

今年7月，我将从××大学毕业。我的专业是计算机开发及应用，论文内容是研究Linux系统在网络服务器上的应用。几年的专业学习不仅使我系统地掌握了网络设计及维护方面的技术，同时又使我对当今网络的发展有了深刻的认识。

在大学期间，我多次获得各项奖学金，而且发表过多篇论文。我还担任过班长、团支书，参加了丰富的校内外社会实践，具有很强的组织协调和沟通能力，强烈的事业心和责任感使我能够面对任何困难和挑战。

互联网促进了整个世界的发展，我愿为中国互联网和贵公司的发展做出自己的贡献。

随信附有我的个人简历。如有机会与您面谈，我将十分感谢。

此致

敬礼

李　研

2002年4月3日

例三：

Your Name

Your Address

Date

Name of Company

Address of Company

Dear Sir or Madam,

I am very happy to apply for the position of secretary which you advertised in The Japan Times of December 20,2000.

I have been working as a secretary at Sophia University . I am in charge of overseeing the day-to-day fountions of the department, it is necessary to work quickly and efficiently and to be flexible in my dailywork. The Professors value my work and my ability to meet-deadlines.

Although I am happy now, I feel that my promotion prospect is limited here, and I would like to move to a more challenging job. Therefore, I enrolled in the ALC "Career-Up" Program to improve my secretarial abilities, and to expand my knowledge of international office procedures. Now ,I am ready to work as a bilingual secretary in international company like yours, and I believe I can be a great help to your firm.

The enclosed resume gives further details of my qualifications, and I will appreciate it if you can give me an opportunity to have an interview. I look forward to receiving your call at ×××-×××××× (home) or please use the e-mail. Thank you very much for your consideration.

Sincerely yours,
××××××

例四：

Mar. 6, 2002

Dear Sir or Madam,

I would like to apply for the position as a chemistry assistant advertised in People's Daily.

I am 24 years of age. I graduated from Tianjin University with a B. S. in Chemistry. I have got two years' of working experience as a teacher and I trust I am qualified to fill your position.

I am enclosing a resume of my life history as you requested. Please send any application forms that you want me to fill out and let me know if you want an interview.

I am looking forward to hearing from you and appreciate your consideration of my application.

Yours faithfully
Song Ying

第三节　个人简历的设计

个人简历是自己生活、学习、工作、经历、成绩的概括集锦。个人简历的真正目的是为了让用人单位全面了解自己，从而为自己创造面试的机会，最终达到就业的目的，体现生命的价值。个人简历一般作为自荐信的附件呈送给用人单位。

一、个人简历的形式

个人简历一般有三种形式：表格式、时间顺序式、学习工作经历式。表格式是用表格的形式列出自己的基本情况和学习、工作的经历，使人一目了然；时间顺序式是按年月顺序，列出自己的学习、工作经历，条理清楚；学习工作经历式是根据需要有选择地列出自己的学习、工作经历，充分表现自己的技能、品德。对于即将毕业的大学生来说，采用表格式和时间顺序式最好。

个人简历一般应包括以下几个方面的内容。

(1) 个人资料：姓名、性别、出生年月、籍贯、政治面貌、婚姻状况、身体状况、兴趣、爱好、性格以及自己的联系方式等。

(2) 学业有关内容：毕业学校、所学专业、学位、主要课程成绩、外语、计算机掌握的程度。

(3) 本人经历：大学以来的简单经历，主要是学习和担任社会工作的经历等，有的还可以从毕业的高中写起。

(4) 自我评价：总结大学阶段的表现，并由班主任或学院主管领导填写意见。

(5) 所获荣誉：包括三好学生、优秀团员、优秀学生干部及奖学金等方面所获荣誉。

(6) 本人愿望：根据自己的爱好、兴趣和特长，列出适合从事的工作。

二、个人简历(履历)的基本构架

在你手写履历前，是不是有了初步的规划，如果你对履历丝毫没有概念，可以参考以下的建议。

1. 基本资料栏

把个人基本资料放在最前头，有利于人事主管一眼就看到你的简历。

2. 学历栏

在个人基本资料之后，一般都接着写学历，但是如果学历不是你的优势，建议你可以摆在工作经验后再写，学历的写法只需要较高的几项即可，而通常是由后向前推，注明修得学位的时间，学历不需要从幼儿园写起，你可以从研究所、大学、高中写起。

3. 工作经验栏

这部分是履历中最重要的部分，也是人事主管审核履历中最注重的一栏，因此值得你多花一点时间和心血计划。一般人容易患太多时间在交待过去的工作内容，但是这份工作的成果，却丝毫没有着墨，例如，杂志社编辑，编写杂志内容，负责每期杂志如期出书。这样只是陈述经历，没有把你的成果展现出来，你或许可以修正为：担任编辑任内，出版过多起畅销的杂志，其中也曾参与企划制作撰写。相信这样会比原先的内容更吸引人。

如果新人完全没有工作经验，就把社团经历写上。写出的社团必须是自己曾参与过的，如果不是就不列出，以免主管询问时自曝其短。

4. 履历照片

履历上最好要贴上你的照片，一般多以 2 寸黑白学生照为履历上的照片。如果是彩色照片就必须注意穿着，例如，男的要穿西装打领带，头发梳理整洁；如果是女生最好化淡妆，穿正式一点的服装。

三、填写《毕业生推荐表》与撰写个人简历应注意的问题

学校通常会给每位毕业生发一份《毕业生推荐表》，这是学校统一制作的推荐表，《就业推荐表》是经学校相关部门审核盖章的正式推荐材料，是毕业生求职择业过程中的重要材料之一。毕业生填写《就业推荐表》时应注意以下几点。

(1)《就业推荐表》是毕业生择业的主要推荐材料，毕业生必须如实填写自己的基本情况，若因与事实不符而导致的一切后果由毕业生本人承担。

(2) 毕业生填写《就业推荐表》“获奖情况及技能证书”一项，须经教学学院验证获奖证书或技能证书原件后，签署推荐意见盖章才有效。

(3) 毕业生填写主要课程及成绩时必须与学籍表内容一致，用人单位若发现不一致，可将毕业生退回。

除学校的推荐表外，毕业生还要针对实际制作自己的个性化简历。简历是获得面试机会的一张入场券，目的在于尽可能使招聘单位对自己产生兴趣，从而成功地把自己推销出去。要能够写出一份令人过目难忘的简历，需要把握好以下几个要点。

(1) 精心挑选合适的照片。简历往往是一个人与招聘单位的第一次沟通，但是面对上百份甚至更多的求职简历，招聘人员不可能对所有的简历都进行仔细地阅读，而一张经过精心挑选，看起来富于个性、干练的照片，很可能会吸引住招聘人员的目光，从而多多留意你的简历，增加你的面试机会。

(2) 内容全面，材料真实。简历内容要全面，使对方通过简历便可认识你的全貌，了解到你干过什么，你具有哪方面的能力，你所拥有的素质是否是他们所需要的。材料要真实可靠，不虚构日期、职务、工作经历和业绩等，不夸大其词，不遮遮掩掩，不故意遗漏某一段经历从而造成履历不连贯，这是简历最首要最基本的要求。要牢记"诚信值千金"，在简历中做手脚，无异于拿自己的人格与前程做赌注。当然，对简历中的一些弱项，可采用其他办法弥补并保持其真实性。例如，刚毕业的学生缺少工作经历和工作经验，那么可以强调那些与应聘工作有直接关系的课程或活动，也可以在简历中强调"勤奋苦干"的态度和"迅速掌握新技能"的能力。

(3) 层次分明，文字简洁，用词准确无误。写简历应避免使用大块的段落文字，可适当运用编辑技巧，如各种字体、粗体字、斜体字、下划线、段落缩进等，使重点突出，层次分明。

文字应简洁、易懂。尽量运用动作性短语，使语言鲜活有力，少用文学性修饰语；所列工作或学习的时间顺序清晰、易于理解；遣词造句力求准确，不要使用拗口的语句和生僻的字眼；避免提及不相关的信息和可能导致被淘汰的不利信息。

简历在送出之前，必须反复检查和推敲，保证不含任何印刷错误、语法错误及标点符号错误。在这些方面犯错误，往往会使求职者成为首先被淘汰的对象。因为，简历是求职者的第二张面孔，招聘者最初就是从简历上了解求职者的性格、做事的认真程度和个人文化素养的。

简历应短小精悍，令人一目了然。普通简历不要超过一页，最长也不要超过两页，而且只有那些对自己要应聘的职位有丰富且直接相关的工作经验的人才宜采用长简历。那种长篇大论、不知所云、满纸错字的简历是最不受欢迎的。而那种过于夸张和离谱的简历，不但浪费纸张，还浪费招聘者的时间，容易给人留下华而不实的印象。

(4) 充分展示自己的特长。首先，要将那些与应聘工作、职务相应的教育背景、工作经历、技术水平、外语水平、计算机水平等专业特长填写清楚；其次，将自己的一般特长，诸如善于组织宣传、曾任学生干部、长于书法、擅长某一运动项目、会唱歌跳舞、善于交际等，根据用人单位的需要和性质有选择地填写。

(5) 版面设计合理、新颖、美观，制作精良。现在，求职者写简历多是电脑打印，简历写好后，一定要调整格式，使之符合行文规范，条理清楚、标识明显；版面不要过于压缩，段落与段落、语句与语句之间要疏密得当，做到版面整洁、美观和便于阅读。定稿要用优质纸张，一般用白色、灰色或米色纸张。为使简历整体看起来专业化，对与工作有关的信函，可用同一颜色同一型号的纸张打印，因此可多买一些纸张，以备后用。

(6) 证件附后。要将证明自己资历、能力以及工作经历的证明材料，例如学历证明、学术论文、获奖证书、专家教授推荐信或学校推荐信等，复印一份，附于简历之后。

(7) 简历与自荐信不同，简历是叙述求职者的客观情况，而自荐信则是主要反映求职者主观情况和求职意向。从某种意义上说，自荐信是对个人简历的必要说明和补充。

(8) 简历是一份材料，重在证明个人的身份详情、学习经历、生活经历、学习成绩以及工作经验等，其目的是用来支持自荐信，让用人单位全面地了解自己，用以证明自己能适合担当所求职位的工作。

(9) 求职简历不同于工作简历。一般的工作简历只是个人的一份历史记录，仅仅反映自己曾经做过什么。而求职简历，不仅要反映自己能做什么，做过什么，还要反映做得如何，具备了哪些素质和能力，从而给用人单位一个醒目的印象。

(10) 个人简历真正的用处就是让用人单位充分地了解自己，从而提供可能的就业机会。因此，简历要写得简洁精练，切忌拖泥带水。简历的格式要便于阅读，有吸引力，从而使用人单位对自己有良好的印象。

例示：个人简历模板(仅供应届毕业生参考)

个 人 简 历

×××

贴照片

一、基本信息

二、求职意向

三、教育背景

四、校内外社会实践经历

五、主要专业课程

六、技能和能力

七、兴趣爱好

八、自我评价

第四节　简历和求职信的投递方式

一、投递方式

投寄自荐材料一般有两种方式：一种是直接递交，另一种是间接递交(包括转交或以信函、电子邮件等方式投寄等)。无论采取哪种形式，都要求准确、便利、快捷，要在用人单位规定的投寄时间内寄到。

投寄自荐材料首先要明确投递对象，做到有的放矢；其次，要逐一检查自荐材料，不要有遗漏与错误，特别是材料内容是否与投递对象一致，千万不要出现张冠李戴的现象，这样是对用人单位的不尊重，对择业者也是个遗憾与损失；最后，要注明双方联系办法。如果以信函方式，则要把投递地址写清楚；接收方若是具体人，则要把姓名写清楚、写正确。同时，职位称谓、单位的地址、名称等不要写简称。此外，在自荐材料的明显位置必须有联系办法，以方便用人单位与自荐人联系；信封要用标准信封，在信封上也可写上联系办法。注意上述几点后，再经过确认，就可以把一份精心编制的自荐材料投寄出去。

二、电子简历投递

几年前，一份简历还只是几页列举了工作经历、受教育程度、所取得成绩以及一些工作细节的书面材料。而现在，它意味着一个可为计算机识别的文本文件。他能够全天 24 小时循环不停地帮你在网络上寻找工作。

概括起来，电子简历一共有三种类型：一为可扫描的书面简历，它可以通过扫描仪器准确无误地生成一个计算机文件；二为电子邮件(E-mail)简历，它虽是一个普通的计算机文件，但其内容可以通过网络传播到世界各地而无须打印在纸上；三为主页简历，它采用多媒体格式，可在互联网(Internet)上，也可以储存在磁盘里供用人单位在方便的时候随时查看。

1. 扫描仪可以识别简历

假如你制作了一份精美的简历并将它邮递到可能接收你的单位，可是万万没有想到，这家公司竟使用一个计算机系统来扫描和处理那些人力资源部门所接收的简历。在那里一名员工将他们扫描并转化，储存在电子简历数据库中，而你的书面简历却归档或者干脆被弃置一旁了。这与以往专人观察申请并手工上传或者归档有很大的不同。

如果你将简历传真到用人单位很可能也会遭到同样的情况。他们不再需要传真的复印文件，而是将它放到计算机预处理的文件队列中去，再由一位员工对这些简历进行确认并提炼出关键的信息资料(Keywords，关键词)并存储进计算机数据库中。像《财富》杂志全球 500 家企业每周都要接受 1000 多份新简历。以前，因为无法用人力跟踪如此众多的应聘者，因而匆匆看过一遍后将有 80％都被淘汰了。而今天有相当数量的中等规模的公司和几乎所有的《财富》500 强国际大公司都在使用计算机扫描与跟踪系统，并且较小的公司也会使用简历服务公司来处理大量的简历。

为了设计一份可扫描的简历并大大地增加你的求职机会，你需要注意以下几点：

(1) 避免使用一些不易为扫描仪辨识的字体，如新艺体、古印体等。

(2) 注意字体大小，尽量保持字迹清晰可辨。

(3) 字与字之间不要黏连以免改变单个字体的形态影响辨识效果。

(4) 不要使用反色框（黑底白字），这是扫描仪无法读出的。

(5) 不要使用古怪的字符和图片，因为他们很多时候不为 OCR（光学字符识别）所辨识。

(6) 用“百分比”等字体代替“%”等符号。

(7) 利用空格、空行等来分开不同的部分，从而使识别顺畅，文件格式清晰。

(8) 在不影响字形的情况下，可以使用长的横线来分割不同的部分，有些 OCR 软件可以识别他们。

(9) 避免使用下划线以免影响字型。

(10) 避免使用连续的点（……）

(11) 不要使用短的线条和线框，因为 OCR 会将他们识别成字符。

尽量使用质量较好、底色较淡的纸张打印简历。因为深底色或有图案的底色都会造成识别的严重错误。

(1) 采用单面打印并选择使用 A4 型号或者稍小一点的纸张。

(2) 不要使用订书钉，且订书钉留下小孔也会影响扫描仪的进纸。

(3) 不要折叠简历，否则激光打印机和扫描仪就识别不了。

2. 电子邮件简历

当你利用文字编辑软件将你的简历录入计算机，你就可以制作一个“文件”或“文档”。当你储存了这个文件，它包含了特殊的排版编码信息，如字体、边距、制表符宽度设置等。即使你没有特别编辑你的文本，这些编辑器也会储存一些排版的信息，使用的也是编辑器本身的编码规则。这使一些文件只能使用相应的编辑器程序或文本的格式转换程序才能阅读。

你应该将文本储存为基本的 ASCII 码（或 DOS）的 TEXT 文件，一个 ASCII 码 TEXT 文件不含图片，特殊字符，图像页码或者粗体，斜体等信息。它只是一般的文字。如果打印出来，它看起来很单调，但是它与那些制作精美的简历一样可以将你工作经历描述的清清楚楚并得到一些公司的赏识。

如果你能取得某一公司征召新职员的负责人的电子邮件地址（通过广告或查询得到）的话，就把电子邮件直接发给他们。通过这种方式，你能尽快让有关人士看到你的简历，而不会因为一部扫描仪读错了你的字体或格式而白白丧失应聘的机遇。当使用电子邮件发送简历时，要将文件以附件的形式附在电子邮件之后，文件名要一目了然，如“某某学校某某某的简历”。这样对方容易查找你简历。

ASCII 或 DOS 格式的文件也可以发送到因特网上（可以发送到一公司的网页上，一个有着列表的工作搜索库或是新闻组里）在线服务公司（例如，CompuServe 或 AmericaOnline），或是电子公告板服务。无论如何文件最终将被储存到计算机的数据库中。人力资源部门的负责人可以利用关键字来筛选简历，这样你的简历就是可以查询检索的了。

3. 多媒体简历

如果你是一位程序设计人员，或网页制作者，或图形设计者，或艺术家，或者演员等，一些图片、图形、动作化或声音可能对你会有很大的帮助，这时你可以考虑制作一份多媒体简历。

然而，对于大多数人来说，制作一份多媒体简历（可通过磁盘投递到欲应聘的公司）或维护一个网络上的个人主页显得太昂贵、太奢侈了，而有时作用并不大。征召新员工的工作实在太繁杂了，以至于需要自动扫描和跟踪程序来减轻负担。你不可能期望人事部门的负责人很快抽出时间来看你的主页，然后再花上 15 分钟点击多媒体演示来确定你的能力。因此，最好不要搞要花大量的时间和金钱来维护一个人主页形式的简历。

然而，许多因特网服务的提供商和商业的在线服务公司提供有限的空间来给注册用户放置个人主页，并不收取额外的费用。事实上，CompuServe 就给每位用户提供 10 兆个人主页空间和一个主页制作的向导程序。AmericaOnline 也有相同的服务。如果你拥有免费的主页空间，你就完全可以自己来运用它。至少，在制作这个个人主页的过程中你会提高自己的计算机操作技能。

4. 关于传统的书面简历

即使在这个计算机与网络技术高度发达的新世界里，那些传统的找工作的方式将永远存在。如果不麻烦的话，你最好同时制作两种简历：一个是给人看的（设计精美的用于面试的书面简历），而另一个是给计算机"看"的（一份电子简历）。要知道，无论什么样的简历，最终是希望由人来看的。因此，文章的写作水平在某种程度上还是至关重要的因素。

三、E-mail 发简历方法

（1）如果想在网络上申请一份工作，可以用附件（Attachment）的形式发送简历，想让简历看起来效果更好，可以使用特殊字体和列表符进行排版。

当然，以附件形式发送的简历看起来的确有更好的效果，但是由于病毒的威胁，越来越多的公司都在要求求职者不要用附件的方式发送简历。有的网上招聘专家甚至建议某些公司把所有带有附件的电子邮件全部删除，在这种情况下，尽管你的简历排版极为精心，却可能根本没有人看，你怎么能达到求职的效果呢？

（2）如果放弃在附件中夹带简历而只能把简历嵌在电子邮件正文中发送，那就不能设定字体和使用列表符来排版了，怎样才能使简历更好看一些呢？

精心设计一下纯文本格式的简历，也会有不错的效果。以下有一些小技巧可供参考：

① 注意设定页边距，使文本的宽度在 16 厘米左右，这样你的简历在多数情况下看起来都不会错误换行；

② 尽量使用较大号的字体；

③ 如果你一定要使用自己的简历看起来与众不同，你可以用一些星号（*），特殊字母（O），加号（+）等分隔简历内容，这些符号不会像版式符号如列表等会被转换成不可认别的记号。

需要说的是，招聘工作更注重简历的内容而不是简历的形式，所以有时间的话，不妨把简历内容好好斟酌一下吧。

（3）如果想在简历中介绍一下自己设计维护的网站内容，这样做的效果完全取决你的网站的内容。曾听说过有的求职者将自己设计维护的网站地址（URL）作为个人信息的一部分写在简历中，但却没有想到在不经意中透露了不利于求职的一面。录音电话也有类似的情况，如果你在个人简历中留下了录音电话，那就把自动答录时顽皮调侃或者搞笑的录音换掉吧！不然你就会后悔的。同样地，如果你想以自己的网站来说明自己具有的从事互联网相关工作能力，你可以把它加到你的简历中，但是注意考虑一下它是否适合用于求职场合。

(4) 如果想在简历中附带作品，或者想在发送简历时将最好的论文作为附件一起发送，这种做法并不是很妥当，因为借由电子邮件附件传播病毒的可能性是一直存在的。当然，你可以像处理简历正文一样把用 WORD 编辑的文档转换成纯文本格式，附在你简历的正文之后，而且要注意你能确认收信人乐意去读这些东西。如果你要附带自己的作品，最好是选一些发表在本地报纸或者本行业期刊上的文章；如果你要附带自己的论文，从其中选择几个段落就够了，然后写一些简短的说明性文字，让对方更容易弄清楚你的价值。

(5) 如果想同时申请同一个公司的两个不同的职位，只发一封信是否可以，这要取决于发送简历的求职网站的数据库软件功能了。有一种软件能自动过滤掉第二封信件，以免造成冗余；在另一种情况下，一些软件可能会根据你的个人技能分类而把你的简历转给合适的人。所以，在这样的简历上针对不同的职位进行修改实际上不算一个好主意。我们的建议是：在这种情况下，不妨针对申请不同职位的不同做两份格式迥异的简历，分别申请不同的职位。各大公司的简历筛选机制都各不相同，这是一个很值得研究的问题。

你知道招聘经理们怎么评价那些通过 E-mail 发送有错字的简历的人吗？没戏。找工作的规矩一点也不因为发送简历方式更改而变得宽松了。正确地说，是比原来更严格了。

四、网上求职注意保密

职业选择从一而终的观念受到越来越多的冲击，网上求职正在成为一种时尚。人才网站庞大的数据库和无时间地域限制的特点让人心动不已，但网上求职就像赛跑一样要争分夺秒，速度是成功至关重要的因素。如果你不够迅速，你应聘的职位就可能被人捷足先登。

此外，网上求职张贴简历还应该注意保密，最好不要让老板或者熟人知道，建议在登记时使用英文名字。有些招聘网站还提供将简历公开、半公开和不公开功能。在公开简历状态下，任何用人单位都能浏览你的全貌；半公开的状态下，网站将你的个人信息隐藏起来，只公布你的学历和能力评价等；而不公开状态下，只有你去找用人单位，而他们看不到你。

案例欣赏

案例一：简历的失误

某高校毕业生小李认为自己综合素质好，没有带任何自荐材料就去参加一个人才招聘会，结果在招聘会上，许多用人单位代表首先要求应聘者提交自荐材料，否则连面谈的机会都没有。好不容易有一家单位同意先面谈，会谈结束后用人单位代表仍要求小李交一份简历，小李只好匆匆忙忙写了一张简历交给用人单位代表。最后的结果是小李没有被录取，因为用人单位认为小李连自荐材料都不带，说明对工作要么不重视，要么是马虎，这样的人不能录用。

自荐材料犹如一个人的名片，虽然不是决定性的因素，但在人际交往、个人求职过程中是必不可少的。自荐即自我推荐，它是毕业生就业的基本环节。大学生在求职择业过程中，要让用人单位认识自己、了解自己、选择自己，就必须通过多种途径和方法正确地宣传自己、展示自己、推荐自己，即成功地自荐。只有成功地自荐，才能获得进一步面试的机会。

案例二：根据应聘职位写简历

在北京大学生就业之家举办的金融招聘会现场，就业指导专家成了招聘会的香饽饽，三位就业指导专家被参会的应聘者围得里三层外三层。很多来找工作的学生，干脆把自己的简历递上去，让就业指导专家给分析自己的简历存在哪些误区，如何修正才能"更胜一筹"。究竟如何写好一份求职简历，听听专家给出的几点建议吧。

1. 用最简单而凝练的语言。简历的书写，也能体现一个人的语言表达水平和语言组织能力以及逻辑思维能力、概括能力。

递给用人单位的第一份简历一定要简明、扼要。一般有机会面试时，应该再制作一个更能突出自己特色的简历，递交给用人单位。

2. 简历的内容最好在一张纸的范围内表达完，否则显得太啰唆。在简历的一开始，交代自己的姓名、所学专业、毕业学校、应聘岗位、相关的工作经验就可以了。要对你的应聘职位进行详细地描述，结合你现有的经验，说明自己胜任的原因。切记，你的经验一定要和你所应聘的职位一致，不是把所有的工作经验一个不落地写上。

至于户籍、联系方式最好放在后面。因为，在筛选简历时，用人单位最关心的是应聘者的专业和经验，而这部分是完全跳过不看的。只有用人单位想要你的时候，才会在简历中主动找你的联系方式，所以这些信息写到最后就行了。

3. 在投递简历之前，最好先了解有意向单位的应聘岗位的具体要求，根据要应聘的岗位要求写简历，有目的地突出重点。而忌讳给所有用人单位投递完全相同的简历。

4. 所取得的一些能力证书应该有目的地提供。按照你应聘的职位，适当提供证书。曾经有过不少这样的事例：毕业生拿着会计证、导游证、计算机证等应聘，本以为用人单位会对其能力进行肯定，结果因为提供的证书太多，用人单位认为应聘者取得这么多证书，正常学业难免受影响。

案例三：大学生求职警示：不要以收入定职业

现在正是大学生求职就业的高峰期，据天津市劳动保障部门近期对天津市就业市场调查后的不完全统计，毕业生在第一次就业时，由于择业观念不正确、求职时缺乏经验、心理准备不充分等原因导致就业失败的约占50%以上。为此，在15日举办的"毕业生就业指导讲座"上，天津市中天人力资源中心对高校毕业生求职就业发出五项警示。

警示一：不要以收入定职业

据该中心高校毕业生服务部的刘凤景部长介绍，选择高收入的职业本无可厚非，但是作为高校毕业生第一次就业，如果单纯以薪金定岗位则犯了求职的大忌。选择职业要看到职业的发展前景、个人的发展空间，只有喜欢的而又适合的才是最好的。

警示二：不要一次选择定终身

本市高校毕业生今年将达到创纪录的7万人，毕业生就业形势依然十分严峻。毕业生们千万不要抱着一次选择定终身的想法。应先找一份自己可以接受的工作积累社会经验、工作经验，在时机成熟的时候再进行第二次择业。

警示三：不要眼高手低

有的企业反映，某个学机械设计的毕业生一上来要应聘总工，可是他连基本的数控机床的操作使用都不熟悉。因此，专家特别提醒毕业生，一定要在心态上准备好从白领向蓝领的转变、从“精英学子”到“普通员工”的转变，不要眼高手低，增强动手能力才是求职的制胜之道。

警示四：不要带着家长求职

现在在招聘会上常见到家长陪着孩子一起去求职的场景，家长以为这样会帮助孩子求职，其实恰恰相反。有不少企业的人事主管就提到，肯定不会录用这样的人到公司来。

警示五：不要忽视“灰领”职业

专家提醒大学生就业时不要忽视一些“灰领”职业。据市劳动保障部门有关负责人介绍，目前，掌握高新技术设备使用技能的生产第一线应用型人才；在高新技术领域的“高级蓝领”；软件、网络公司等新兴产业公司实施操作的员工；金融保险、各种咨询服务业、中介机构等以知识和高科技应用为特点的现代第三产业的从业人员都是企业比较急需的人才。而且，目前最有发展的职业是服务业，广告策划师、建筑设计师、软件工程师、营销策划师、律师、农业技师、注册会计师、涉外文秘等都属于目前的热门职业。

课外练习

1. 请写一份求职自荐书。
2. 请设计一份求职简历。

第十四章　大学生与成功面试技巧

我们应当努力奋斗，有所作为。这样，我们就可以说，我们没有虚度年华，并有可能在时间的沙滩上留下我们的足迹。

——拿破仑

无论做什么事情，只要肯努力奋斗，是没有不成功的。

——牛　顿

求职是冲破层层考验、过关斩将的过程。而面试是求职的一个重要环节，是展现自我素质能力的一次难得的良机，是了解用人单位的一个沟通平台，是求职者职业生涯发展中的一个重要台阶，面试的结果将决定求职者是否能进入下一轮选拔或当场录用。

一般来说，常见的面试按不同的角度可划分许多种类。如有模式化面试、问题式面试、非引导式面试、压力式面试、综合式面试；个人面试、小组面试、测验面试、组合面试、渐进式面试等。

然而，许多大学生求职者一提到面试，就想到可惧的主考官和可怕的面试，看到面试官就像野兽看到猎人一样。特别是对于没有多少工作经验的应届毕业生来说，更是心惊胆战。

有句话说得好："准备工作做失败了，你就准备着失败。"因此，面试前要做好充分准备，这样在面试的时候才不会慌乱，才能胜出。

第一节　面试前的准备

一、思想心理准备

面对择业，大学生的心理是复杂而多变的。一方面为自己即将走向社会，将自己所学的知识和本领奉献给人民，实现自己的人生价值而感到由衷的高兴；另一方面也常常表现出矛盾的心理。所以调整好择业心态，做好充分的思想心理准备，积极参与竞争，勇敢地迎接挑战，在择业过程中是非常重要的。

首先，要从思想上高度重视，认真对待面试。俗话说："心动才有行动"、"观念决定行动"、"敢想才能敢做"。这就是说做任何事情，首先要在思想观念上先行，在思想观念上引起高度重视，你才有可能做好这件事情。做任何事情，要么不做，要做就要认真去做，用心去做。这个道理用在就业面试过程中也是相通的，如果我们不重视这次面试，就不会有认真的行动准备，随便应付了事，其结果可想而知，不可能被录用。既浪费自己宝贵的时间，又浪费用人单位宝贵的时间。很多人面试失败，一个重要的原因，就是没有高度重视，因而在准备上不充分，回答问题不干脆，所带材料缺这缺那。从这里也可以反映出一个人做人做事的准则和态度，如果你面试马虎，随便应付，在用人单位主考官眼里，往往会认为你工作不认真不仔细，缺乏积极的人生态度，这样的人怎么能录用？

其次，要在心理上做到“四具备”。即具备充足的信心、具备积极主动的求职意愿、具备竞争意识、具备顽强意志。同时，做到以下几点。

(1) 避免自卑、胆怯的心理，树立自信心，树立敢于竞争的勇气。

(2) 避免理想主义，认清就业现实，选择适当的就业目标，及时调整就业期望值，不刻意追求最满意的结果。

(3) 避免从众心理，一切从自身特点、能力和社会需要出发，不与同学攀比。

(4) 避免急于求成的心理。不要想在一两天内就找到理想工作，要摆正人生志向与成才过程之间的关系，充分认识从基础工作做起的重要性。

(5) 积极主动，不怕挫折。采取积极的态度，遇到挫折，不消极退缩，勇于向挫折挑战。

二、应聘材料准备

我国本、专科毕业生就业，实行在国家就业政策指导下，通过供需见面、双向选择，在一定范围内自主择业，落实就业方案。毕业生参加各种毕业生供需见面双向选择会、洽谈会、招聘会、人才交流洽谈会、人才资源招聘会，访问用人单位，恳请老师推荐，拜托亲友帮忙，都需要一个书面介绍自己的材料，达到“广种博收”的效果。而大部分用人单位安排面试的依据是阅读有关毕业生情况的书面资料。因此，撰写有说服力并能吸引读者注意力的书面资料是赢得竞争的第一步。

应聘材料包括毕业生推荐表、求职信、个人简历、成绩单、各种奖励证书、技能证书、已发表的文章论文以及学校发的就业协议书或劳动合同书等。应聘材料要进行恰当的“包装”，在内容和形式方面都必须认真筛选，优化组合。材料要打印整齐，编辑美观，最好用透明塑料夹夹好，不能将应聘材料卷成一个团或折得绉巴巴的。如果你的钢笔字写得不好，自荐书及一些简历表格还是打印的好，不过，签名的地方一定要自己亲笔签。

此外，应聘材料最好多复印几份。面试后，如果用人单位要留用一份，你就可以给一份复印件，原件要自己留着，以便下次再用。就业协议书或劳动合同书一定要带好，因为有的用人单位面试后不久就会公布录用结果，要当场签订协议或劳动合同，并签字盖章。如果你忘了带，就有可能错过这次机会。这种情况也确实发生过，有的用人单位比如教育局领导和校长，从外地风尘仆仆赶到学校来招聘，招聘完后马上就要赶车返回工作单位，如果你的协议书一时拿不来，忘在家里，那就对不起，签其他的同学，特别是应聘者多、竞争激烈的场面。这实在让人感到遗憾，所以说，面试也就像战场一样，你一定要全力投入才行。

三、各种信息准备

1. 搜集用人单位及其招聘职位信息

这是你面试成功的一个重要因素。因为在用人单位的主考官看来，你到这里来应聘，连用人单位的一些职位工作性质和要求都一问三不知，那你来应聘干嘛？以前就发生过这种情况，一位临床医学毕业生听说一家保险公司要招聘临床医学专业的毕业生，就匆匆忙忙跑去应聘。当主考官问他：“你对保险公司了解多少?”“你认为公司招临床医学毕业生来做什么工作?”结果这位同学一时语塞，回答不出来，答非所问。而另一位医学毕业生却对答如流，回答得干脆利落，充满自信。录取的结果，当然是录用这位基本素质好又回答问题好的毕业生。而前一位同学尽管自身条件不错，但因为准备不充分而错失这次保险公司招聘理赔师的机会。那么，如何了解用人单位及其招聘岗位信息呢？其途径有不少，比如，上网查询这家用人单位网站，向学校就业指导服务中心了解这家用人单位情况，也可以查资料了解招聘岗位工作的性质和要求。总之，只要用心就会有办法搜集到相关信息。

2. 调查面试程序信息

某单位一旦约定与你见面，你就应该马上进行准备。调查当天对你进行面试的人员的有关情况，面试的确切地点、时间及面试的方式，并了解将来可以与之打交道的其他部门。同时，还要调查一些其他情况：面试那一天是怎样安排的？我将与谁见面？索取可能提供给你的任何说明材料（你以前未曾看过）。一般来说，你欲谋职的那个单位会有份面试安排时间表，并会把对你进行面试人员的名字附上。因此，你最好拿到这份时间表。

3. 了解交通路线信息

接到面试通知后，应仔细阅读通知上是否标有交通路线，要搞清楚究竟在何处上下车、转换车，要留出充裕的时间去搭乘或转换车辆，包括一些意外情况都应考虑在内。如果对交通不熟悉的话，最好把路线图带在身上，以便问询查找，以免面试迟到。

四、形象设计准备

俗话说得好："三分长相七分打扮"。每一次面试，或多或少，面试官们都要根据你的形象对你进行评价。

总的来说，大学男生面试形象有以下要求：

(1) 不要留太长头发，不要把头发过分染色，头发梳理整齐；

(2) 不要留胡须，注意脸部清洁；

(3) 穿着整洁整齐，或西装领带，或校服或便装；

(4) 服装色彩或庄重或活泼，和谐搭配，最好不要穿一身黑色衣服，以免显得老气沉重；

(5) 内外衣领要整洁，不要把杂物、打火机等放入口袋，以免衣服变形；

(6) 鞋子要干净，尽量不要穿运动鞋或露脚趾的凉鞋面试；

(7) 有口臭、狐臭的同学，面试前做些气味处理，或吃口香糖或涂点药。

大学女生面试形象有以下要求：

(1) 要整洁整齐，头发梳理整齐，或扎辫子或披肩或适当烫发，不要盘发，不要烫成马蜂窝似的发型；

(2) 不要美指甲，不要留长指甲；

(3) 化妆可根据所求职业的性质略有不同，但均应淡雅自然，切勿浓妆艳抹，不要擦过多的香水；

(4) 服装颜色以中性为主，色彩搭配和谐，避免夸张、刺目的颜色，最好穿着适合自己皮肤色调的服装，这样会让人看起来精力充沛和容光焕发；

(5) 衣着形式不宜过于暴露，裙装的长度应在膝盖左右，太短有失庄重；

(6) 配饰应简单高雅，不要佩带造型过于夸张、叮当作响的首饰；

(7) 最好穿中跟鞋，尽量避免穿平跟鞋。

除此之外，着装还看你要面试的行业和职位。

(1) 销售行业。通常,西服是销售行业面试的制服。但是你可以穿得更多彩多样一点,你代表的产品和服务将决定你应该穿得多保守还是多前卫、时尚。

(2) 金融行业。对于女士来说,金融领域的职业装可以是一套黑色或者深蓝色的裤套装或者裙套装,再配一件彩色或者白色的衬衫。而对于男士来说,只能选择深蓝色西服。

(3) 饭店行业。在饭店行业中形象尤其重要,西服对于有些职位比较合适,但也不总是必须的。不过,你总是需要给客人留下一个非常不错的第一印象。因为你代表的是整个公司,而且也许你是顾客第一个见到的人。

(4) 贸易行业。参加贸易行业面试时合适的服装应该是:商务休闲装。对于男士来说,可以穿一条不错的Dockers卡其裤和一件纽扣衬衫,加上一双擦得很亮的皮鞋;对女士来说也一样——漂亮的休闲裤和职业商务上装。穿西服或者运动夹克对于这种工作有些过了。

(5) 汽车行业。在汽车行业中你的老板可以理解你的指甲里有些污垢或者油腻,因此穿西服恐怕没有必要。当然你还是应该尽量看起来比较整洁。

(6) 政府职位。一套颜色比较保守的西服最适合政府部门的面试。不要穿得太花哨,这个时候你要显得你很有责任心,值得信赖并且很诚实。不过其实不管男士还是女士,来点颜色也没关系。

(7) 人力资源职位。西服对于人力资源部门的面试同样是最好的选择,但你必须看起来很专业并且权威,可以解决任何难题并且值得信赖。

(8) 技术职位。如果你申请的是一个技术方面的职位,那你不需要穿西装,穿有领衬衫和卡其布裤子或者休闲裤就行了。女士也一样——穿毛衣或者衬衫配休闲裤或者裙子就可以。

(9) 公关、时尚杂志职位。你可以适当地在服装上加些流行元素,显示出自己对时尚信息的捕捉能力。

五、回答问题准备

对于大学毕业生来说,用人单位来学校面试,或应聘者到用人单位去面试,给你面试的时间是不多的,快的就几分钟,慢的最多半小时。如果碰到应聘者很多,那给你的面试时间和机会往往就是五分钟以内。因此,如何在这几分钟内,引起主考官的注意和重视,乃至有好感,那是非常重要的。

1. 自我介绍

一般面试的过程是这样的,让你先介绍自己,然后问几个问题。而自我介绍一般是1分钟到2分钟。因此,你自己要做好用1～2分钟介绍自己的准备。

自我介绍作为面试的第一分钟,有着不少技巧可言,可以归结为"URBAN"法则。

(1) U-Unique。自我介绍是为了让你在众多应聘者当中在第一分钟就突显出来,所以当然要unique。想想你有没有什么很独特、很与众不同的经历或者特长,比如:如果你曾经去贫困农村生活了两个月,去帮助他们,以及尝试去了解他们的想法,学会站在他们的角度思考问题,在自我介绍当中务必要说出来。同时,还要针对招聘岗位要求特点来突出介绍自己,比如:招聘教师岗位,要求有敬业精神,团队合作精神,热爱教育事业,喜爱学生,关爱学生,有诚心、爱心、责任心,有吃苦耐劳、不断学习的优良品质,有一定的亲和力等。你在应聘教师岗位时，要针对这些要求来介绍自己突出自己，坚定地大胆地表达你对这一职业的态度和看法，显示你在这些方面与众不同的特长。

(2) R-Relevant。记住：面试官在面试的时候只是希望知道你的个人经历以及个人特点是否能够为你未来的工作铺路。因此，在追求 unique 的同时，不要把不 relevant 的信息放在自我介绍当中。比如：也许你出生的那天是什么历史事件，但是这和你未来的工作什么关系都没有。

(3) B-Bonding。面试官也是人，因此，绝对会倾向于雇用那些和他们类似或者他们喜欢的人。拒绝一个朋友总是比拒绝一个陌生人要困难的。试想一下：有谁愿意雇用一个他们不愿意在一起工作的人呢？于是可以根据面试前对公司的调查以及了解，看看自己有没有什么特点和这个公司的一些文化以及特点相符合的。但是要注意，千万不要纯粹为了 bonding 去虚构一些特点和事件去迎合面试官，如果他们后来发现你并不具有你自我介绍中说的特点，他们会对你的诚信表示怀疑的。

(4) A-Arousing。虽然自我介绍多半都是背诵，但是背诵水平的好坏也是很关键的。试想一下：一个面试官每天听着十几个甚至几十个自我介绍，每个都是单调的背诵，在极端乏味的时候突然听到一个很有感情、很 arousing 的自我介绍，很自然就会对这个应聘者留下很深的印象。所以，自我介绍的准备除了熟练，在语音语调上也要多加练习。

(5) N-Neat。自我介绍就 1～2 分钟，时间是十分的宝贵的。因此介绍的内容以及用词、叙述的方式等都要简洁干脆。内容不用涉及什么过多的细节；说话要干脆，不要拖拉。对一个自我介绍都支支吾吾不利索的应聘者，面试官是不会有过多的期望的。

由于大多数人都会准备自我介绍，而且都是背诵出来的，面试官往往是利用这一分多钟的时间来浏览你的简历，以及看看你认为什么是最值得自己骄傲的东西。但是即便如此，你还是应该看着面试官来进行自我介绍，而不是一个人低着头背书。牢记：面试官是知道你的自我介绍是事先准备好的。因此，自我介绍在书写完，背诵熟练之后，一定要自己录音听一下以及找几个朋友听一下效果并给些意见。切忌以背诵朗读的口吻介绍自己，尽量令声线听来流畅自然，充满自信。既然要准备，同时面试官也知道你会准备，那就要做到尽量的完美，给面试官一个最好的第一印象。

2. 面试内容及问题

各用人单位虽然思维方式、行为方式、组织文化、价值观念等方面存在差异，在面试选人上会有不同的要求，但在面试内容上却存在许多普遍一致的地方：个人概况、求学经历、求职动机及愿望、专业知识技能、能力结构、个性特征、未来计划和目标等。

面试中提出的问题的种类一般是与面试内容基本吻合的，面试内容包括哪些，提出的问题一般也应涉及。当然也有些面试内容，如仪表、仪态、风度是无须专门提出问题的，因为一个人的仪表、仪态、风度在整个面试过程中都会有体现，应试者的谈吐、风度、走路、坐、站立的姿态都可在观察中评定。

虽然面试提问的范围会很广，但归纳起来，只有两种类型：一类是了解性提问，即了解你的个人概况、求学经历、求职动机及愿望、专业知识技能等；另外一类是测试性提问，即测试你的各种能力和个性特征，如口头表达能力、判断力、组织能力、人际交往能力等。应试者在整个面试过程中应实事求是地回答主考官提出的所有问题，而不要故意隐瞒一些不利于自己的情况。

(1) 个人概况

一般情况下,有关个人背景的材料已填写在履历表内,面试时再提问只是为了验证一下,或者以这些不需应试者思考的问题开始,有利于应试者逐渐适应展开思路,进入"角色"。这方面常提的问题有:① 请介绍一下你的家庭状况。② 你的籍贯在哪里?③ 现在你住在哪里?④ 你父母分别从事什么职业?⑤ 你有几个兄弟姐妹?分别在干什么?⑥ 你是否结婚了?妻子(或丈夫)从事什么职业?

对这些问题,应试者不需怎么思考,但最重要的是一开始就要注意调整好自己的应试状态,充满自信,口齿清楚,回答全面、完整,但又要注意尽量简洁。一开始的应试状态会直接影响到整个面试过程中的表现。

(2) 求学经历

受教育的大体状况在履历表中已列出,提问这方面的情况是为了获悉更详细的情况。这方面常提的问题有:① 从你的申请表中我了解到你进入××(大学),毕业于××年,请你进一步告诉我们一些有关申请表中所述的情况,并对你的大学阶段作一个简短的详细说明,尤其是那些对你的职业生活有影响的事件。② 在学校,你都参加过什么活动?③ 你的学习成绩如何?在班上所处的位置如何?你有哪些学习习惯?④ 你担任过什么职位?受到哪些奖励?(或获得过什么荣誉?取得过什么成就?)⑤ 你为什么选择这个专业?⑥ 你参加什么校内团体?是作为一般的成员、领导还是其他?你为什么参加这些团体?有什么收获?⑦ 你在大学有没有工作经历?如果有,工作种类是什么?是在学校期间还是假期?每周工作多长时间?你对之有什么感受?

总体来说,令招聘单位感兴趣的内容可适当多谈一些,如:从事过什么社会工作?有什么感受?对这个问题,如果是肯定的回答,在谈感受时,应着重谈一谈有什么收获;如果没有参加过社会工作,应谈一谈校内课余时间或假期是如何度过的,从事了其他什么有意义的活动。再如:曾获得什么荣誉和奖励?不要仅简单地回答获得什么,还要简要叙述一下为什么被授予这个荣誉。

(3) 求职动机与愿望

在面试时,考官一般都会想了解你的求职动机与愿望。他们常问的问题有:① 你选择本单位的原因是什么?② 你希望单位如何安排你的工作、待遇?③ 你在工作中追求什么?个人有什么打算?你想怎样实现你的理想和抱负?④ 谈谈你对将要从事的工作的认识。⑤ 谈谈你对本单位的了解。

上述问题几乎每个招聘单位都会问到。回答时,一般来讲,应将招聘单位的情况与自身的情况结合起来,同时应尽量具体,让人可信。如:选择本单位的原因是什么?在回答时,不要以福利待遇、工作的物质条件、工资的高额为原因,也应当避免说别人劝我来之类的原因。可以这样回答:"贵单位上下级关系融洽,在这样的环境里工作,心情一定舒畅,可以充分发挥自己的才干"。又如:希望单位给你多少待遇?在这方面,不要提出过高要求,而是应表明自己愿意服从单位的适当的安排,不要单纯强调自己的要求。

(4) 专业知识技能

此类常问的问题及回答思路如下:① 你大学学的什么专业或接受过哪些特殊培训?

(对这个问题你一定要如实回答,如果你大学的专业和你应聘的职位没有任何关系,如果你没有参加过什么特殊培训,你可以明确表示你对所应聘的职务非常感兴趣,你可以在实际工作中弥补以前所受教育的不足。) ② 你在大学对哪些课程最感兴趣？哪些课程学得最好？(对这个问题,不仅仅只回答对哪些课程最感兴趣,还要简要说一下为什么最感兴趣,通过这些课程的学习,你有什么收获,比如,为你提供了一个观察、思考问题的新角度;拓宽了你的知识面;让你学到一些比较实用的知识,同时你还应简单概括一下这门课所讲的主要内容,让主考官看到你确实修过这门课,而且确实从中有所收获。绝对不要对主考官提出的问题仅仅简单给出"是"或"不是"的回答。) ③ 专业术语和有关专业领域的一些问题。(如果时间允许,你可以尽你所能更详细地解释这些专业术语,回答有关专业领域的一些问题。) ④ 关于专业领域的案例,要求应聘者进行分析判断。(这道题不仅可以测定应聘者的专业知识的广度和深度,还可以测定其分析判断能力,口头表达能力,逻辑思维能力,所以在回答时,除了要充分运用所掌握的专业知识进行正确地分析判断外,还要注意组织自己的语言,使回答条理清晰,用词准确,既要充分表达出自己的观点,同时又要尽量做到言简意赅。) ⑤ 你有什么特长和具备什么资格从事该工作？⑥ 请谈谈你从事该工作的优势是什么？(这两道题其实是一回事。回答时既要能完全表达出自己从事该工作的优势,同时又要谦虚,绝不可狂妄自大。一些性格内向的应试者往往不善于表现自己,羞于说出自己的优势,只等待主考官去发现,这种心理状态极为不利,每个应试者都应该恰如其分地表现自己。回答类似的问题可涉及以下几个方面:第一,自己曾学过一些与该工作相关的课程;第二,自己曾在业余时间从事过类似的社会实践活动,如果应试者是曾有过工作经历的,可谈谈以前的工作对你应聘的职务会有所帮助;第三,你掌握了一些什么该工作所需要的技能;第四,你的气质、性格可能更适合从事该项工作;第五,不要忘记你对本工作很感兴趣,你有什么特长可以使你能更顺利地从事该工作。)

(5) 能力结构

通常,面试官很看重应聘者的能力结构。一般来说:能力结构包括以下几种:① 学习能力。例如,你认为自己的学习能力如何？在何种情况下你学得快些或慢些？② 分析能力。例如,你认为你的分析能力如何？你认为成功和失败有什么区别？③ 判断力。例如,你最近所作的两个最困难和最富挑战性的决定是什么？④ 形成概念的能力。例如,你更喜欢接触实在的、明确的短语,还是抽象的、概括性的较长的句子结构？⑤ 创造力。例如,你的创造性怎样？你的创造能力的最好例证是什么？⑥ 口头表达能力。例如,你如何估计自己当众讲话的能力？⑦ 书面表达能力。例如,请描述一下你的写作方法——是先打腹稿并口授一个草稿、经过很多编辑步骤,还是其他什么方法？⑧ 知识。例如,你每天有多少时间用于读书？你最近在看什么书？有何感受？

(6) 个性特征

作为有相当经验的面试官来说,他会通过提问来掌握你的个性特征。① 性格。例如,你认为自己的性格应属于内倾型还是外倾型？闲暇时你是喜欢一个人呆着还是喜欢和大家一块儿玩？好多人在一起时,你的谈话多还是少？② 品质。例如,"受人之托忠人之事",对这句话,你怎么看待？举出两个人,他们的个人品质分别是你最喜欢的和最不喜欢的。③ 自知力。例如,你认为你个性上的优点是什么？你的缺点是什么？你准备如何改正自己的缺点？④ 独立性。例如，你想要和需要多少监督？你做出决定的时候容易受到其他人的影响或暗示吗？你善于服从别人吗？⑤ 情绪稳定性。例如，哪些事最易激怒你或挫败你？单位工作非常艰苦，你将如何对待？⑤ 适应性。例如，你发现哪些组织变换得最易于和最难于适应？如果你被录用，你将在第一周采取什么行动？⑥ 组织能力。例如，你怎样描述你在集会中的角色？是你组织别人呢？还是你仅是其中的一员？⑦ 工作态度、责任心、纪律性、工作风格。例如，对委任的任务完成不了时你会怎样来处理？你对学校的规章制度有何看法？你在处理各类问题时经常向领导汇报吗？⑧ 人际交往。例如，你在交友时最注重什么？你喜欢和哪些人交往？你参加社交集会是由于喜欢，还是由于万不得已？

(7) 未来计划和目标

一个清晰的未来计划和目标，对一个大学生和一个企业来说都非常重要。任何企业都是非常关注自己的员工的未来计划和目标的。因此，在面试中你经常会被问到：① 如果你被录用，你准备怎样开展工作？有什么设想？② 进入这个单位，你认为自己的优势和不利因素是什么？③ 你是否确定了以后的奋斗目标？你准备怎样去实现自己的目标？④ 你打算沿着这条职业道路走下去至少5年至10年吗？10年后你希望从事什么工作？⑤ 如果有其他的工作机会，你怎样看待？

作为即将毕业的大学生，对上述这些可能被问及的问题应该有针对性地准备，理清思路，以便临场能够对招聘者提出的问题给予清晰明白的回答。尤其要熟记简历和求职信中的个人资料，以免紧张出现失误，让对方产生不信任感。面试前参考一些面试经典试题和常见答案，仔细分析，找出存在于这些问题之后的逻辑。有时间的话，最好是请一位朋友或你的导师，来给你进行一次"模拟面试"。请他们对你的表现进行评价——你对问题的回答如何、你给他们留下了什么样的印象等。这些对于成功应聘也是非常重要的。

第二节　面试中的应对

面试终于到来，那么在做好上述充分准备之后，我们在面试中又该如何应对呢？

一、举止得体

现在越来越多的企业在录用员工时重视对其人品的考察。因此在面试中，考官们会随时注意求职者的言行举止。那到底哪些举止得体者往往能获得考官的青睐呢？

1. 信守时间，准时赴约

一般来说，面试者比约定的时间提前十分钟到达效果最佳。在面试时迟到或是匆匆忙忙赶到都是致命的，而提前半小时以上到达亦会被视为没有时间观念。一旦遇到堵车或其他紧急情况不能准时到达时，或自己已找到更好的工作时，都应事先通知对方。

2. 静心等候，彬彬有礼

到达面试地点后应在等候室耐心等候，并保持安静及正确的坐姿。如果没有等候室，那你就在面试办公室的门外等候。同时，尊重接待人员。对每一位招聘者，不论是领导还是一般员工，也不论是地位高的老员工，还是地位低的年轻员工，都应做到端庄而不冷漠，谦逊而不造作。

3. 进入面试，注重仪态

进入面试前应关掉手机和呼机，不要抽烟、喝酒；进门之前应先按门铃或轻轻敲门，然后站在门口等候，按铃或敲门的时间不宜过长，无人或未经允许不要擅自进入室内；进门之后要握手或问好。进入面试室后不能马上坐下，要等考官告诉你"请坐"时方可坐下，并坐在对方指定的座位上，否则就坐在其对面。坐下后不要背靠椅子，也不要弓着腰，并不一定要把腰挺得很直，这样反倒会给人留下死板的印象，应该很自然地将腰伸直。姿态举止要端庄、大方，面部表情平和，眼神不要游离，不要有太多的肢体动作和不必要的附加表达，比如搓手、咬唇等。回答问题时要态度诚恳，声音清晰宏亮，充满自信；不要不懂装懂或卖弄技巧，要展示真实的自我。面试中还要注意小节：不要随便挪用不属于自己的物品，不要向招聘者借用电话；与考官交谈时不要始终注视对方，当然更不能漫不经心地四处张望，在交谈时应当显得自然，并不时地点头致意；面试结束时要表示感谢并有礼貌地告辞，最好在走出面试室时先打开门，然后转过身来向考官鞠一躬并再次表示感谢，然后轻轻将门合上。

4. 耐心聆听，用语恰当

学会聆听会给你带来良好的印象。听别人讲话时要有耐心，要尽量让对方把话说完，不要轻易打断或抢接他人的话题；要面带微笑认真倾听，不问自己没必要了解的事情；在与招聘者谈话期间，若有其他人与之谈其他的事，不可多嘴多舌，尤其不要随意发问；同时，听话时还要以恰当的呼应来主动地"参与"交谈。因为每个人都应对语言和遣词用字有所选择，面试不同于闲聊，每句话、每一个词甚至每个字都应有所挑选。例如，不少不谙世面的求职者参加面试时张口闭口你们公司，听多了肯定会引起别人的反感。应该十分有礼貌客气地说"贵公司"。语言能力是主考官评估你的一个重要指标。因此，如果你说话时经常用"恐怕"、"那"、"这"等口头语，你给人的印象将是犹豫不决、紧张，甚至迟钝，对你工作能力的信心也降低。

二、心理调控

大家都知道，最初和最后的五分钟是面试中极其关键的，在这段时间里很可能决定了你留给人的第一印象和临别印象以及主考人是否欣赏你。因此，许多大学生求职者为了给面试官留下好的第一印象和最后印象，进入面试室前就给自己的心理带来了极大的压力。再加上，如果一进入面试室看到的又是表情冷淡或言语严肃的面试官，那更是雪上加霜，十分紧张。然而，面试中如果你过于紧张，考官们会认为你对这份工作信心不足，并且也会影响你的思路，从而回答问题结结巴巴，最后导致不能录取，那实在是相当遗憾。那大学生如何才能在面试中消除紧张，调控好自己的心理呢？

(1) 要以一颗平常心正确对待面试，要做好承受挫折的心理准备。即使面试一时失利，也不要以一次成败论英雄。

(2) 对招聘单位和自己要有一个正确的评价，相信自己完全能胜任此项工作。"有信心不一定赢，没信心一定输。"

(3) 面试前做几次深呼吸，心情肯定会平静得多，勇气也会倍增。

(4) 进入考场，见到主考官时，不妨有意大声地说几句有礼貌的话，做到先声夺人，紧张的心情就会自然消失。

(5) 与主考官见面时,要主动与对方进行亲切有神的目光交流,消除紧张情绪。在心里尽量建立起与招聘者平等的关系。如果心里害怕,有被对方的气势压倒的感觉时,就鼓起勇气与对方进行目光交流,待紧张情绪消除后,再表述自己的求职主张。

(6) 回答问题时一旦紧张,说话可能结结巴巴或越说越快,紧张也会加剧,此时,最好的办法就是有意放慢自己的说话速度,让字一个一个地从嘴里清晰地吐出来,速度放慢了,心情也不紧张了;也可加重语尾发音,说得缓慢响亮,用以缓解紧张。

(7) 当与对方的谈话出现间隔时,不要急不可耐,这样反而给自己留下思考的空间,尽快理清头绪,让对方感觉你是一位沉着冷静的人。

(8) 感到压力大时,不妨借助间隙去发现招聘者的诸如服饰、言语、体态方面的缺点,借以提高自己的心理优势,这样就会在自觉不自觉间提升自信,回答问题时也就自如多了。

三、常见问题应对

(一) 面试答题时应把握的几点技巧

1. 坦诚回答,切忌撒谎

面试官常常会提出一些让应试者难为情的事情,很多人对此或躲躲闪闪,或撒谎敷衍,而不是诚实回答、正面解释,给面试官留下不好的印象。其实,对于一窍不通的问题,不妨坦诚、直率、正面地表明自己的态度。因为撒谎而把不好的事情说成好的事情,虽然在面试中极具诱惑力,但是却得不到好报。马克·吐温曾说:"如果能讲实话就不用刻意去记那些事情。"仔细想想,有丰富经验的面试官们最终会发现破绽的。

2. 快速反应,打破沉默

面试开始时,应试者往往不能够快速反应,不善于打破沉默,而等待面试官打开话匣子;面试中,应试者又出于种种顾虑,不愿主动说话,结果出现冷场。孰知无论是面试前还是面试中,主动致意或交谈,都会给面试官留下良好印象。

特别是在小组面试中,快速反应最能反映你的综合素质。因为主考官着重考的就是你的自信和胆量,思维反应,表达能力,综合素质。在这里,主考官很少看你平时的学科成绩,重在考察你当场的表现。所以,如果你想要成功,就必须好好地当场表现。最好是第一个发言,其次是第二,第三,千万不要到中间或最后去发言,因为,前面几个都讲过了,你再重复一遍?你能讲出新意?再说,此时主考官们也听得有点累了,有点走神,注意力不那么集中,这对你的表现评价很不利。所以你必须敢于竞争,勇于竞争,抢先回答,快速反应,全力以赴,取得胜利。

3. 举出实例,具体完整

很多时候,应试者喜欢大谈个人成就、特长、技能,而面试官要求举几个例子时,却往往无言应对。而应试者要想以其所谓的沟通能力、解决问题的能力、团队合作能力等取信于人,惟有举出实例。同时,谨记你的主考人都想判断出你能为公司带来什么实质性的东西,不要只用"是的"、"不是"来回答问题。给出完整的答案让人知道你和公司的要求有什么联系,让他们知道你是什么人。因此,对于面试官提出的问题,你一定要告诉对方当时的实际情况、你所用的方法以及实施之后的结果,并用完整的句子和实质性的内容回答问题,给出有针对性、具体、完整的结果。

4. 棘手问题，迂回战术

在面试中，应试者经常会碰到考官的故意设陷或蓄意刁难，以便观察你在压力下的表现。例如，考官经常问到：(1)“如果我们录用你，你觉得大概多少薪水合适？”(2)“如果我录用你，你将怎样开展工作？”

第1题是一个有关薪水的问题，当然这个问题也可能被用其他直接或者暗喻式的方式提出。无论是初涉职场的大学生还是被戏称为“面霸”、“巨无霸”的职场新人都会对这个问题无所适从，而在大部分公司，薪水问题都是一个很敏感的问题。很多企业的员工薪水是互相保密的，公司不允许互相打探对方的薪水。在求职面试时，薪水问题是一个不好谈的问题，但这也是每个求职者必须面对的首要问题。第2题是一道陷阱题。如果应聘者对于应聘的职位缺乏足够的了解，最好不要直接说出自己开展工作的具体办法，以免引起不良的效果。因此，面试者需要尝试采用迂回战术来从容回答。例如第1题可答：“我自己最看重的是职业发展空间，薪酬希望能符合贵公司的标准以及和自己的付出相平衡。”第2题可答：“首先听取领导的指示和要求，然后就有关情况进行了解和熟悉，接下来制订一份近期的工作计划并报领导批准，最后根据计划开展工作。”

(二) 面试中常提的15个问题及其应对思路

(1) Q：请你自我介绍一下。

思路：① 这是面试的必考题目；② 介绍内容要与个人简历相一致；③ 表述方式上尽量口语化；④ 要切中要害，不谈无关、无用的内容；⑤ 条理要清晰，层次要分明；⑥ 事先最好以文字的形式写好背熟。

(2) Q：你为什么选择我们公司？

思路：① 面试官试图从中了解你求职的动机、愿望以及对此项工作的态度；② 建议从行业、企业和岗位这三个角度来回答；③ 参考答案——“我十分看好贵公司所在的行业，我认为贵公司十分重视人才，而且这项工作很适合我，相信自己一定能做好。”

(3) Q：对这项工作，你有哪些可预见的困难？

思路：① 不宜直接说出具体的困难，否则可能令对方怀疑应聘者不行；② 可以尝试迂回战术，说出应聘者对困难所持有的态度——“工作中出现一些困难是正常的，也是难免的，但是只要有坚忍不拔的毅力、良好的合作精神以及事前周密而充分的准备，任何困难都是可以克服的。”

(4) Q：我们为什么要录用你？

思路：① 应聘者最好站在招聘单位的角度来回答；② 招聘单位一般会录用这样的应聘者——基本符合条件、对这份工作感兴趣、有足够的信心；③ 参考答案如“我符合贵公司的招聘条件，凭我目前掌握的技能、高度的责任感和良好的适应能力及学习能力，完全能胜任这份工作。我十分希望能为贵公司服务，如果贵公司给我这个机会，我一定能成为贵公司的栋梁！”

(5) Q：你是应届毕业生，缺乏经验，如何能胜任这项工作？

思路：① 如果招聘单位对应届毕业生的应聘者提出这个问题，说明招聘单位并不真正在乎“经验”，关键看应聘者怎样回答；② 对这个问题的回答最好要体现出应聘者的诚恳、机智、果敢及敬业；③ 参考答案如“作为应届毕业生，在工作经验方面的确会有所欠缺，因此在读书期间我一直利用各种机会在这个行业里做兼职。我也发现，实际工作远比书本知识丰富、复杂。但我有较强的责任心、适应能力和学习能力，而且比较勤奋，所以在兼职中均能圆满完成各项工作，从中获取的经验也令我受益非浅。推荐：个人简历请贵公司放心，学校所学及兼职的工作经验使我一定能胜任这个职位。”

(6) Q：如果我们单位录用你，你将怎样开展工作？

思路：① 如果应聘者对于应聘的职位缺乏足够的了解，最好不要直接说出自己开展工作的具体办法；② 可以尝试采用迂回战术来回答，如“首先听取领导的指示和要求，然后就有关情况进行了解和熟悉，接下来制订一份近期的工作计划并报领导批准，最后根据计划开展工作。

(7) Q：你能为我们做什么？

思路：① 基本原则上“投其所好”；② 回答这个问题前应聘者最好能“先发制人”，了解招聘单位期待这个职位所能发挥的作用；③ 应聘者可以根据自己的了解，结合自己在专业领域的优势来回答这个问题。

(8) Q：你希望与什么样的上级共事？

思路：① 通过应聘者对上级的“希望”可以判断出应聘者对自我要求的意识，这既是一个陷阱，又是一次机会；② 最好回避对上级具体的希望，多谈对自己的要求；③ 参考答案如：作为刚步入社会的新人，我应该多要求自己尽快熟悉环境、适应环境，而不应该对环境提出什么要求，只要能发挥我的专长就可以了。

(9) Q：与上级意见不一时，你将怎么办？

思路：① 一般可以这样回答“我会给上级以必要的解释和提醒，在这种情况下，我会服从上级的意见”；② 如果面试你的是总经理，而你所应聘的职位另有一位直接上司，且这位上司当时不在场，可以这样回答：“对于非原则性问题，我会服从上级的意见，对于涉及公司利益的重大问题，我希望能向更高层领导反映。”

(10) Q：谈谈你的缺点。

思路：① 不宜说自己没缺点；② 不宜把那些明显的优点说成缺点；③ 不宜说出严重影响所应聘工作的缺点；④ 不宜说出令人不放心、不舒服的缺点；⑤ 可以说出一些对于所应聘工作“无关紧要”的缺点，甚至是一些表面上看是缺点，从工作的角度看却是优点的缺点。

(11) Q：谈一谈你的一次失败经历。

思路：① 不宜说自己没有失败的经历；② 不宜把那些明显的成功说成是失败；③ 不宜说出严重影响所应聘工作的失败经历；④ 所谈经历的结果应是失败的；⑤ 宜说明失败之前自己曾信心百倍、尽心尽力；⑥ 说明仅仅是由于外在客观原因导致失败；⑦ 失败后自己很快振作起来，以更加饱满的热情面对以后的工作。

(12) Q：你有什么业余爱好？

思路：① 业余爱好能在一定程度上反映应聘者的性格、观念、心态，这是招聘单位问该问题的主要原因；② 最好不要说自己没有业余爱好；③ 不要说自己有那些庸俗的、令人感觉不好的爱好；④ 最好不要说自己仅限于读书、听音乐、上网，否则可能令面试官怀疑应聘者性格孤僻；⑤ 最好能有一些户外的业余爱好来“点缀”你的形象。

(13) Q：你最崇拜谁？

思路：① 最崇拜的人能在一定程度上反映应聘者的性格、观念、心态，这是面试官问该问题的主要原因；② 不宜说自己谁都不崇拜；③ 不宜说崇拜自己；④ 不宜说崇拜一个虚幻的或是不知名的人；⑤ 不宜说崇拜一个明显具有负面形象的人；⑥ 所崇拜的人最好与自己所应聘的工作能“搭”上关系；⑦ 最好说出自己所崇拜的人的哪些品质、哪些思想感染着自己、鼓舞着自己。

(14) Q：你的座右铭是什么？

思路：① 座右铭能在一定程度上反映应聘者的性格、观念、心态，这是面试官问这个问题的主要原因；② 不宜说那些会引起不好联想的座右铭；③ 不宜说那些太抽象的座右铭；④ 不宜说太长的座右铭；⑤ 座右铭最好能反映出自己某种优秀品质；⑥ 参考答案——“只为成功找方法，不为失败找借口”。

(15) Q：谈谈你的家庭情况。

思路：① 家庭情况对于了解应聘者的性格、观念、心态等有一定的作用，这是招聘单位问该问题的主要原因；② 简单地罗列家庭人口；③ 宜强调温馨和睦的家庭氛围；④ 宜强调父母对自己教育的重视；⑤ 宜强调各位家庭成员的良好状况；⑥ 宜强调家庭成员对自己工作的支持；⑦ 宜强调自己对家庭的责任感。

总之，在面试过程中，如果你表现出坦诚、自信、果敢、坚毅、智慧、吃苦耐劳等精神面貌，回答问题干脆利落，具体完整，态度坚决，可以说，你已经取得了“通行证”。

第三节　其他面试方法

一、无领导小组讨论方式

无领导小组讨论是评价中心技术中经常使用的一种测评技术，采用情景模拟的方式对考生进行集体面试。它通过一定数目的考生组成一组(5～7 人)，进行一小时左右时间的与工作有关问题的讨论，讨论过程中不指定谁是领导，也不指定受测者应坐的位置，让受测者自行安排组织，评价者来观测考生的组织协调能力、口头表达能力，辩论的说服能力等各方面的能力和素质是否达到拟任岗位的要求，以及自信程度、进取心、情绪稳定性、反应灵活性等个性特点是否符合拟任岗位的团体气氛，由此来综合评价考生之间的差别。

1. *无领导小组讨论方法*

在评价中心技术中，用于评估和选拔管理人员的情境模拟测试有两种。(1) 小组作业(Group Exercise)：参与者处于这样一种情境，任务的圆满完成需要参与者们的密切协作。(2) 个人作业(Individual Exercise)：测试要求参与者独立完成任务，无领导小组讨论属于前者，是评价中心技术中常用的一种，也是一种对应试者进行集体测试的方法。通过给一定数目的应试者一个与工作相关的问题，让他们进行一定时间长度的讨论，来检测应试者的组织协调能力、洞察力等技巧，非言语沟通能力(如面部表情等)等各个方面的能力，以及自信程度等个性特点和行为风格，以评价应试者之间的优劣。

无领导小组讨论由一组应试者组成一个临时工作小组，讨论给定的问题，并做出决策。

由于这个小组是临时拼凑的，并不指定谁是负责人，目的就在于考察应试者的表现，尤其是看谁会从中脱颖而出，成为自发的领导者。在无领导小组讨论中，或者不给应试者指定特别的角色（不定角色的无领导小组讨论），或者只是给每个应试者指定一个彼此平等的角色（定角色的无领导小组讨论），但这两种类型都不指定谁是领导，也并不指定每个应试者应该坐在哪个位置，而是让所有受测者自行安排、自行组织，评价者只是通过安排应试者的讨论题目，观察每个应试者的表现，给应试者的各个要素评分，从而对应试者的能力、素质水平做出判断。

2. 无领导小组讨论的评价标准

在无领导小组讨论中，考官评价的依据标准主要是：

(1) 受测者参与有效发言次数的多少。

(2) 受测者是否有随时消除紧张气氛，说服别人，调节争议，创造一个使不大开口讲话的人也想发言的气氛的能力，并最终使众人达成一致意见。

(3) 受测者是否能提出自己的见解和方案，同时敢于发表不同意见，并支持或肯定别人的意见，在坚持自己的正确意见基础上根据别人的意见发表自己的观点。

(4) 受测者能否倾听他人意见，并互相尊重，在别人发言的时候不强行插嘴。

(5) 受测者语言表达、分析问题、概括或归纳总结不同方面意见的能力。

(6) 受测者反应的灵敏性、概括的准确性、发言的主动性等。

3. 无领导小组讨论试题的形式

无领导小组讨论的讨论题一般都是智能性的题目，从形式上来分，可以分为以下 5 种。

(1) 开放式问题。

所谓开放式问题，是指其答案的范围可以很广，很宽。其目的主要是考察应试者思考问题时是否全面，是否有针对性，思路是否清晰，是否有新的观点和见解。例如，你认为什么样的领导是好领导？关于这个问题，应试者可以从很多方面如领导的人格魅力、领导的才能、领导的亲和力、领导的管理取向等方面来回答，可以列出很多的优良品质。

(2) 两难问题。

所谓两难问题，是让应试者在两种互有利弊的答案中选择其中的一种。其目的主要是考察应试者分析能力、语言表达能力以及说服力等。例如，你认为以工作为取向的领导是好领导呢，还是以人为取向的领导是好领导？一方面，此类问题对于应试者而言，不但通俗易懂，而且能够引起充分的辩论；另一方面，对于评价者而言，不但在编制题目方面比较方便，而且在评价应试者方面也比较有效。但是，此种类型的题目需要注意的是两种备选答案一定要有同等程度的利弊，不能是其中一个答案比另一个答案有很明显的选择性优势。

(3) 多项选择问题。

多项选择问题是让应试者在多种备选答案中选择其中有效的几种或对备选答案的重要性进行排序。其目的主要是考察应试者分析问题实质、抓住问题本质方面的能力。此类问题对于评价者来说，比较难以出题目，但对于评价应试者各个方面的能力和人格特点则比较有利。

(4) 操作性问题。

操作性问题，是给应试者一些材料、工具或者道具，让他们利用所给的这些材料，设计出一个或一些由考官指定的物体来。其目的主要是考察应试者的主动性、合作能力以及在一实际操作任务中所充当的角色。如给应试者一些材料，要求他们相互配合，构建一座铁塔或者一座楼房的模型。此类问题，在考察应试者的操作行为方面要比其他方面多一些，同时情境模拟的程度要大一些，但考察言语方面的能力则较少，同时考官必须很好地准备所能用到的一切材料，对考官的要求和题目的要求都比较高。

(5) 资源争夺问题。

资源争夺问题适用于指定角色的无领导小组讨论，是让处于同等地位的应试者就有限的资源进行分配，从而考察应试者的语言表达能力、分析问题能力、概括或总结能力、发言的积极性和反应的灵敏性等。例如，让应试者担当各个分部门的经理，并就有限数量的资金进行分配，因为要想获得更多的资源，自己必须要有理有据，必须能说服他人，所以此类问题可以引起应试者的充分辩论，也有利于考官对应试者的评价，但是对讨论题的要求较高，即讨论题本身必须具有角色地位的平等性和准备材料的充分性。

4. 无领导小组讨论开展步骤

无领导小组讨论一般安排30～60分钟，主要有以下几步。

(1) 准备阶段。

指导语：要有统一的明确的指导语，以免在组与组的应试者之间造成不匹配，没有可比性。

安排场地：为使所有的受测者处于同等地位，无领导小组讨论应该用圆桌，而不要用方桌，使用方桌容易使得相对而坐的人有对立感。

选择题目：无领导小组讨论常用的题型有5类，在出题难度、评价难度方面略有不同，包括开放式问题、两难问题、多项选择的问题、操作性问题和资源争夺问题。一般来说，选择能够引发小组成员较激烈的争论的题目比较好。

(2) 具体实施阶段。

面试官给受测者提供必要的资料、交代问题的背景和讨论的要求后，一定不要参与提问、讨论或者回答应试者的问题，以免给应试者暗示。整个讨论过程可用摄像机监测、录像。

整个讨论可以分为三个阶段：

第一阶段：面试官宣读试题，受测者了解试题，独立思考，列出发言提纲，一般规定为5分钟左右；

第二阶段：受测者轮流发言阐述自己的观点；

第三阶段：受测者自由发言，不但阐述自己的观点，而且对别人的观点提出意见，最后达成某一协议。

在时间上要求单个受测者单次发言时间不要过长。

(3) 评价阶段。

① 至少要有2个评价者，以相互检查评价结果；

② 评价者应对照计分表所列条目仔细观察应试者的各项表现；

③ 评价者一定要克服对受测者的第一印象，不能带有民族、种族、性别、年龄、资历等方面的成见；

④ 评价者对受测者的评价一定要客观、公正，以事实为依据。

（4）总结阶段。

在进行无领导小组讨论后，所有考官都要撰写评定报告，内容包括此次讨论的整体情况、所问的问题内容以及此问题的优缺点，主要说明每个应试者的具体表现、自己的建议以及最终录用意见等。

无领导小组讨论适用于挑选具有领导潜质的人或某些特殊类型的人群（如营销人员），如今无领导小组讨论的适用对象越来越广，不仅局限于“中高层员工”，例如大企业的校园招聘、公务员考试，都在使用无领导小组讨论的技术。其使用的大致原则是适用于那些经常跟“人”打交道的岗位，如中高层管理人员、人力资源管理人员、行政管理人员、营销人员等，对于IT人员、生产类员工是不适用的。

无领导小组讨论具有评价和诊断功能，既可以作为领导人才选拔的测评工具，也可作为领导人才培训的诊断工具。作为选拔工具时，对于通过初步筛选并需要继续具体考核的应聘者使用这种测评手段，了解应聘者的领导技能和品质，从所有应聘者中择优录取。作为培训诊断工具时，一般在培训前对在职领导人才的领导技能和品质进行无领导小组讨论，了解在职领导者的实际领导技能水平和品质表现，结合他们的岗位特征和职务要求，从中发现需要接受针对性培训和改善的地方，然后针对这些弱项进行培训，提高工作技能和水平。

二、公文筐人力测评技术

文件筐测验，通常又叫公文处理测验，是评价中心最常用和最核心的技术之一。文件筐测验是情境模拟测试的一种，它是对实际工作中管理人员掌握和分析资料、处理各种信息以及做出决策的工作活动的一种抽象和集中。该测验在假定的情景下实施：该情景模拟一种假设环境，如单位、机关所发生的实际业务、管理环境；提供给受测者的信息如函电、报告、声明、请示及有关材料等文件，内容涉及人事、资金、财务、市场信息、政府的法令、工作程序等多种材料，这些材料放在公文筐里，测验要求受测者以管理者的身份，模拟真实生活中的情景和想法，在规定的条件下在限定时间（通常为1～3小时）内对各类公文进行现场处理。评委通过对受测者处理文件过程中的行为表现和书面答案，评价其计划、授权、组织、预测、决策和沟通的能力。该测验通常用于管理人员的选拔。测验一般只给日历、背景介绍、测验指示和纸笔，考生在没有旁人协助的情况下回复函电，拟写指示，做出决定以及安排会议，评分除了看书面结果外，还要求考生对其问题处理方式做出解释，根据其思维过程予以评分。文件筐测验具有考察内容范围广、表面效度高的特点，因而非常受欢迎，使用频率居于各种情境模拟测验之首。

第四节　面试后的工作

许多求职者认为，当面试结束后，应聘也随之就结束了。事实上，并非如此，求职者不应该翘首以待聘用通知的到来，还要做以下工作。

一、反思总结，以备后用

面试一结束，你应该对你在面试时遇到的难题进行回顾反思。重新考虑一下，如果他们再一次向你提问时，你该如何更好地回答这些问题。同时，尽量把你参加面试的所有细节记下来，特别是要记下面试时与你交谈的考官的名字和职位，便于回去后通过各种途径找到他们的基本情况和联系方式，以备日后打电话和写感谢信等之用。

二、打电话或写信，以表感谢

为了加深招聘人员对你的印象，增大求职成功的可能性，对想抓住每个工作机会的人来说，面试结束后的两三天内，应打电话或给某一具体负责人写一封感谢信，感谢他为自己所花费的时间和精力，为自己提供的各种信息，并进一步表达你对得到这份工作的愿望。这是整个面试过程的最后一步，它会给大多数用人单位留下很深的印象。

1. 打电话

打电话表示感谢可以在面试后的一两天之内，不妨给主考官打个电话表示感谢。电话感谢要简短，最好不要超过 3 分钟，电话里不要询问面试结果。因为这个电话仅仅是为了表现你的礼貌和让对方加深对你的印象而已。

2. 写面试感谢信

主考官对面试人的记忆是短暂的。感谢信是你最后的机会，它能使你显得与其他求职者有所不同。面试感谢信包括电子邮件和书面感谢信。

(1) 如果平时是通过电子邮件的途径和公司联系的话，那么在面试结束后，发一封电子感谢信，这是既方便又得体的方式。但大多的情况下还是写书面感谢信，特别是在面试的公司非常传统的情况下，更应如此。

(2) 在书写方式上有手写和打字两种。打印出来的感谢信较为标准化，表示你熟悉商业环境和运作模式，但有时难免给人留下千篇一律的印象。如果想与与众不同，或是想对某位给予你特别帮助的主考官表示感谢，手写则是最好的方式，这个前提是你的字写的要得较正规而好辨认。

(3) 写感谢信必须是写给某个具体负责人的，你应该知道他的姓名，不可以写什么“负责人”、“部门负责人”等之类的模糊收件人。感谢信的开头应提你的姓名、简单情况以及面试的时间，并对主考官表示感谢。中间部分要重申你对该公司、职位的兴趣，或增加一些对求职成功有用的新内容。结尾可以表示你对得到这份工作的迫切心情，以及为公司的发展壮大作贡献的决心。

三、电话询问，以便抉择

面试结束之后的两个星期左右，如果还没有得到任何回音，就可以给负责招聘的人打个电话，询问面试结果。

打电话询问面试结果，有两个礼仪细节必须注意：什么时候打？怎么问？

1. 什么时候打电话？

从礼仪角度来说，打电话最得体的时间应该是对方方便的时间。什么是方便的时间？以下时间之外的时间，都可以认为是方便的时间：工作繁忙时间、用餐时间、生理疲劳时间。因为询问面试结果是公事，所以当然必须是在正常工作日的时间段内打这个电话。

(1) 工作繁忙时间。一般是周一上午和周五下午，因为这两个时间段很多单位都有开例会的习惯。即使不开例会，因为周一的上午是新一周的开始，往往还处于适应期，而且还有工作上的事宜需要安排；周五下午又面临着周末，所以从心理上很自然地排斥给他添麻烦的事情。还有就是每天刚上班的一个小时和下班前的一个小时，这个时间段内不是要忙着安排一天的工作就是没法集中精力处理公事。

(2) 用餐时间。在用餐的时间，给人打电话是不礼貌的，而且往往在这个时间打电话会找不到人，当然会影响打电话的效果了。

(3) 生理疲劳时间。这个时间段一般都是每天下班前的一小时左右，中午下班前的半小时。

2. 怎么问？

在电话里，同样的一句话，问候方式的不同，虽不至于有不同的结果，最起码会给人不同的印象：或有礼貌，或显唐突。所以，在通话的过程中，自始自终都要尊重自己的通话对象，待人以礼，表现得有礼、有节。

(1) 接通电话后，首先都说一声："您好！"接下来要自报家门，以让对方知道自己是谁。自报家门的内容应该包括：自己的全名、自己何时去面试的、何职位。这样，以便对方能及时知道你是谁。

(2) 如果碰上要找的人不在，需要接听电话的人代找，态度同样要文明而有礼貌，并且还要用上"请"、"麻烦"、"劳驾"、"谢谢"之类的词。留言或转告，都不是询问面试的首选方式，可以打听要找的人什么时候在，然后到时候打。

(3) 打电话的时候，最好用手拿好话筒，尽量不要在通话时把话筒夹在脖子下，抱着电话机随意走动，或是趴着、仰着、坐在桌角上，或是高架双腿和人通话。如果边打电话边吃东西，对方会感觉得到你是不用心和他通话。那么，还能指望别人对你有好印象吗？

(4) 通话也要注意控制音量。不管打还是接电话，话筒和嘴都要保持 3 厘米左右的距离，声音宁小勿大。用电话谈话，必须完全依靠声音，电话声音就是唯一的使者，你必须通过它给对方一个良好的印象。所以，传到电话那端的声音必须是清晰、生动、中肯、让人感兴趣的：第一，音量要适中；第二，要注意发音和咬字准确。

(5) 打电话询问的时间长度要有所控制，基本的要求是宁短勿长。其实，就询问本身来说，两三分钟的时间足能解决。所以，除直接询问结果之外，"表白"的内容长度也要有所控制，不要没完没了地说。

(6) 注意倾听的方式。打电话时要认真倾听对方讲话，重要内容要边听边记。同时，还要礼貌地呼应对方，适度附和、重复对方话中的要点，不要只是说"是"或"好"，要让对方感到你在认真听他讲话，但也不要轻易打断对方的谈话。

(7) 作为打电话的一方，本着尊重对方的原则，在结束通话的时候，可以让对方先挂电话。当通话因故中断后，你就要立即主动给对方拨过去，不要不了了之，或等对方打来。

(8) 如果知道自己没被录用，就应请教一下原因，此时你的情绪要非常稳定。同时，冷静地，仍然热情地，请教一下未被录用的原因，可以说："对不起，我想请教一下我没有被录用的原因，我好再努力。"谦虚有可能赢得对方的同情，同时给你下一次的面试提供参考。

需要说明的是，打电话询问面试结果，最多打三次电话询问也就可以了。因为即使再研究，经过前后三次电话询问的周期，再复杂的研究程序也早该最后确定了，而且三次的电话询问,也会对你有足够的印象了。如果想聘用你就会直接告诉你或及时和你联系。再多的电话,反而会适得其反,甚至会给人以“骚扰”、“无聊”的感觉。感谢信也是如此。

总而言之,对于大多数大学生求职者来说,在激烈的竞争中披荆斩棘是意料之中的事,然而随着人才战的升级,还应学会经受面试过后漫长的等待期带来的煎熬。

案例欣赏

案例一:实习生　多注意

王小姐去年到上海一家啤酒有限公司实习,她觉得在这个公司比较有发展前途,就决心留下来。最后通过自己的努力,现在的她已经是这家公司的经理助理。

● 提前到岗好印象

王小姐认为,实习生首先要保证全勤,最好每天提前到公司。在实习阶段,有几次王小姐怕迟到就打车上班,因为她觉得迟到会给人组织纪律性不强的感觉,让公司里的其他员工认为这个实习生很懒散。同时,她尽量提前到公司,有时整理一下个人资料,有时做一下当天的计划和准备工作,这些都给人留下了良好的印象。

● 三思后行多汇报

王小姐特别强调,实习生一定要做到多请示、多汇报,如果出现拿不定主意的情况,就向客户说明需要再考虑一段时间,千万不要自作主张。而且,实习生刚走出校园,难免有一些孩子气,所以说话办事更要三思而后行,尽量从公司的角度考虑问题。例如,王小姐有一次去饭店谈生意,饭店负责人看她年龄小,估计没有经验,就要求他们在卖啤酒的同时赠送多台冰柜。事实上,啤酒公司赠送冰柜要根据饭店的地理环境等诸多因素。王小姐及时和公司了解情况,避免了公司受损失。

● 心胸开阔办实事

王小姐表示,实习生的福利待遇不及正式员工,心理不平衡是很正常的。实习生要从长远考虑,不要在一些小事上斤斤计较,积累经验、提高自身的能力是最重要的。现在社会比较复杂,竞争也非常激烈,有些人试图通过奉承上司、拉关系的方式,在公司谋得一席之地。事实上,在实习时期过于奉承是没有意义的,光说不练最终会被淘汰。

● 为人处事讲艺术

王小姐回忆说:刚去公司时,有人给她“扎针”,在上司面前说她上班工作效率不高。当时她也非常气愤,不过,她并没有打听是谁给她“扎针”,并接受了上司的婉言批评。在后来的工作中,她更加努力,对工作的细节上也非常注意,尽量做到尽善尽美。王小姐总结说,虽然每个人都不可能做到最好,但实习生是公司的“焦点”,会引来众多的议论,所以更需要朝着最好的方向努力。

案例二:细节决定成败

在实际案例中,我们常常发现,一些条件很好的人,却始终无法顺利通过最后一道关卡。深究其原因,他们总是忽略了一些重要的细节,使得求职路一直走得不顺畅,一次次被主考官“枪毙”,一次次“死”在招聘会的面试场上。

面试失败原因一：学生气

叙述人：杜鹃，女，23 岁

专业：会计学

面试岗位：外事

上周，我接到了自己心仪已久的那家知名高薪企业的面试通知时，心里既高兴又紧张，赶紧跟妈妈交换了一下意见：该公司开出的各方面条件都很不错。于是，我做了很多专业上的准备，然后去面试。

除了我，其他闯入面试的都是男生。考场是一个很小的会议室，中间是一张圆桌。

“根据你的性格特点，我们想把你安排在外事部门，不过户口方面可能还需要再争取。”我左思右想，轻轻咬着下唇说：“要不，我跟爸爸妈妈商量一下。”

主考官也突然愣了一下，“好吧。”他微笑着说：“不过要记得，以后你参加面试的时候，不要说‘和爸爸妈妈商量’，因为这样会显得你没有主见，明白吗？”

点评：凡事依靠父母的是学生，而非职场中人。

面试失败原因二：不自信

叙述人：王洁，女，24 岁

专业：法律

面试岗位：招商顾问

在招聘会上，我看上了一个日商投资的外贸公司。我特意重新打扮了一番来给自己增加自信。一排看似威严的人士簇拥着老板模样的人坐在会场上方，原来是日本老板亲自面试。一看这架势，我的心跳不由自主地加速起来。突然想起学长以前的经验，心里开始暗自念着：要谦逊、谦逊……

主考官的第一个问题就把我呛住了。“我们招的是专科学历，你是本科，怎么会来应聘这个岗位？”我支支吾吾地回答：“我觉得你们公司挺好的，也比较适合我的专业。”“我们公司好在哪里？这里工作压力很大，平时要经常加班，你可以适应吗？试用期只有基本工资 800 元，其他什么福利也没有，能接受吗？”在等待是否进入复试的空档，我长长地嘘了一口气。终于等到了“宣判”的时刻，主考官面带微笑地告诉我：“小姑娘，你的条件不错，不过以后再去面试要自信点……”

点评：缺乏自信的人会让人有学习能力差、推诿塞责的联想，肯定不受用人单位欢迎。

面试失败原因三：抢风头

叙述人：李魁，男，23 岁

专业：国际贸易

应聘岗位：营销企划

参加学校里的招聘会时，我杀入了一家国内知名企业的面试现场，据说投简历的就有数百人，最后杀进面试的只有 30 多人。当时我们被分成三人一组回答面试官的问题，我觉得要脱颖而出必须表现得更积极。所以，在回答问题的时候，我总是抢在别人前面，比别人多说两句。

面试官问：“如果你的同事中有不好沟通的人，你怎么办？”别人还没有说话，我就抢着回答：“最重要的是工作，每个人都有自己的个性，不需要去勉强。”整个面试下来，有 2/3 的问题都是我回答的，而且越说越顺根本忘了要收敛。一个星期后我收到通知，被客气地告知不需要参加复试了。因为公司觉得我不注重团体合作精神，太急于表现自己，不是他们需要的人才。

点评： 自信和骄傲有时就在一线之间，骄傲的人令人生厌，没有团队合作的概念，不合群，用人单位绝不会喜欢一个单打独斗的独行侠。

面试失败原因四：不切实际

叙述人：夏磊，男，23 岁

专业：工科

面试岗位：机械工程师

夏磊参加了很多的招聘会，大大小小加起来有十多场。在上海市举办的招聘会上，主考官对他非常满意，于是开始谈最后的薪资。夏磊觉得今年找工作的情况那么严峻，自己能找到一份就不错了，怎么还能讨价还价呢？于是他回答：“无所谓，都可以！”主考官马上阴沉着脸，请他回去等通知，就再也没有 了消息。

点评： 薪资是你对自己水平的一个衡量标准，也是对你工作满意程度的回报。一个连自己薪资都无所谓的人，还能期望他对以后的工作和公司有干劲吗？

要找到一份好的工作，必须天时、地利、人和。

课外练习

1. 试着面对镜子在 1 分钟内介绍自己，先可以拿着草稿练习，最终达到脱稿介绍。

2. 几位同学模拟一次面试招聘：一个人出来扮演应聘者，其他人扮演招聘主考官，准备好各种招聘问题后进行轮流模拟面试。

3. 虽然你还没有毕业，但为了锻炼自己，请到学校组织的校园招聘会上去面试，向企业招聘代表大胆推荐自己，为今后实习就业建立联系。

第十五章　大学生与就业协议合同

带来安定的是两种力量：法律和礼貌。

——歌　德

第一节　就业协议签约的程序

一、签约的内涵

签约即协约，指两方或多方因利害关系而互相协商达成的盟约。在现实生活中，与协议通用。协议即在组织之间或个人之间，经过洽谈、协商，明确各自权利、义务而达成一致意见的书面文书。当毕业生与用人单位经过双向选择达成一致意愿之后，就需要以协议的形式将这种关系确定下来。毕业生与用人单位签订协议，并经学校主管部门鉴证，即为签约。从毕业生一方而言，因该协议的签订意味着毕业生就业，因而也称为就业协议。

我国目前高校毕业生通用的就业协议是由国家教育部制定，省、自治区、直辖市就业主管部门印制的《高等学校毕业生就业协议书》。

随着毕业生就业制度改革的深化，毕业生就业协议的内容也在进一步规范化、法律化。目前，一些用人单位或学校在就业协议书上已经附加上了有关劳动合同的内容，以保证毕业生的权益，进一步明确用人单位与毕业生之间的权利和义务。这些内容包括：服务期、工作岗位和工作内容、劳动保护和工作条件、工资报酬和福利待遇、劳动纪律、协议终止的条件、违反协议的责任等。

签订就业协议是一种法律行为，协议书一经签订，便视为生效合同，具有法律效力。签订就业协议，是确认签约双方权利和义务的必要程序，又是处理就业纠纷的主要依据，毕业生应该正确认识和严肃对待就业协议书，慎重签订就业协议。

二、各方的权利和义务

在高校毕业生就业活动中，主要涉及毕业生、用人单位和学校三个方面，各方的权利和义务主要有以下三个方面。

(1) 毕业生的权利和义务。

毕业生作为签订就业协议的主体之一，清楚了解自己的权利和义务是签订协议非常重要的一个环节。

大学毕业生享有平等就业和自主选择职业的权利。我国《劳动法》规定："劳动者享有平等就业和选择职业的权利。"对大学毕业生而言，在求职择业过程中具有自主性，其选择某一职业或不选择某一职业，都是毕业生自己享有的权利，任何单位或个人无权干涉，即使毕业生的家长和亲属也不能对毕业生选择职业进行干涉和强迫。当然，毕业生在做出职业选择前，应与家长和亲属进行沟通，在听取他们意见的基础上，做出符合自己意愿和实际情况的选择。

毕业生有全面了解用人单位情况的权利。选择职业，确定用人单位，关系到毕业生未来的工作、生活状况和事业前途。毕业生在与用人单位签约前，完全有必要也有权利对用人单位的情况进行全面细致的了解，包括用人单位的使用意图、工作环境、生活待遇、服务时间等。用人单位有义务向毕业生和学校如实介绍本单位的情况，并尽可能提供能够证明这些情况的有关资料。

毕业生有如实向用人单位介绍自己情况的义务，包括培养方式、学习成绩、健康情况、在校表现、社会实践经历以及各方面能力，并如实提供可以证明自己情况的相关资料，这是用人单位准确了解毕业生的重要基础。

毕业生有接受用人单位组织的测试或考核的义务。用人单位为了招聘到符合要求的毕业生，一般都要通过一些测试或考核手段来掌握毕业生的情况，以进行比较，从而做出是否录用的决定。毕业生应予以积极配合，接受测试和考核，充分展现自己的能力，获得期望的工作。

(2) 用人单位的权利和义务。

用人单位是与毕业生签订就业协议的另一主体，其主要权利和义务包括：

用人单位享有全面了解毕业生情况的权利。用人单位根据本单位对所需人员综合素质、知识水平和专业能力等方面的要求，通过学校有关部门或毕业生所在院（系）以及毕业生个人，了解毕业生的各方面情况，并对毕业生进行测试、考核，最终决定是否录用。

用人单位在招聘活动中，有如实向毕业生和学校介绍本单位情况的义务，包括对毕业生的使用意图、工作环境、生活待遇、服务时间以及本单位的具体情况等。

(3) 学校的权利和义务。

学校作为毕业生培养单位，在毕业生就业中具有重要的作用。其权利和义务对毕业生和用人单位都有直接的意义。

学校有义务对毕业生进行就业指导，向用人单位推荐毕业生。

学校有义务向毕业生和用人单位介绍学校情况和提供有关介绍资料。

学校对毕业生、用人单位双方当事人的资格和学生相关材料的真实性、合法性进行鉴证，根据国家的有关政策和规定，对就业协议签署是否同意的意见。

根据毕业生和用人单位的需求，学校向他们提供有关政策和就业信息指导、咨询等方面的服务。

三、用就业协议书签约的基本程序

《全国普通高等学校毕业生就业协议书》由国家教育部高校学生司统一制定。有的省份比如江西省高校毕业生就业工作办公室根据本省实际情况，制定与其同等效应的《江西省普通高、中等学校毕业生就业协议书》（简称《协议书》）。

毕业生签订就业协议书的一般流程及相关说明如下。

1. 毕业生与用人单位经过双向选择达成就业意向后，即可签订《江西省普通高、中等学校毕业生就业协议书》。签订协议书时用人单位应注明“录用入编”或“聘用”。协议书上注明“录用入编”时，毕业生《报到证》将直接开往该用人单位。注明“聘用”时，就业协议书中

“档案接收单位”栏应填写委托保管档案的人事代理机构及地址等，且协议书上要加盖该人事代理机构的公章，毕业生《报到证》签发至人事代理机构(用人单位所在地的人事部门另有规定的，按当地规定办理)。

2. 毕业生在签完上述程序后，到学校毕业生就业指导中心进行鉴证登记，并交学校就业部门留存一份协议书给学校，剩下的两份协议书中毕业生留存一份自己保存，用人单位留存一份协议书寄交用人单位。

3. 双方协商的特殊条款的内容必须在备注栏中注明并由双方签字盖章。协议书中需要注明的条款一般有以下两类。

一是签订就业协议书时应详细注明用人单位名称、签约时间、聘用或录用意见和工作岗位等信息。

二是双方应在协议书备注项中约定关于工资福利待遇、违约处理办法等内容。

四、签约应注意的事项

从毕业生就业工作的实践来看，毕业生在与用人单位签约时，需要注意以下事项。

1. 明确就业单位的具体工作部门和工作岗位

用人单位与毕业生签订就业协议，确定了双方互相接纳的关系。但是值得注意的是，毕业生需要向用人单位提前了解清楚自己以后工作的具体部门和工作岗位，并在协议书上写明。否则可能发生毕业生对用人单位安排的具体部门和工作内容感到意外或不满而不能接受的结果，以致造成双方争执。

例如，某毕业生与某企业签订就业协议，但未进一步明确具体工作部门。毕业生报到之后，发现该单位将其安排在所属的企业内部刊物做编辑。该毕业生坚决不同意，与单位交涉，双方僵持不下。毕业生回到学校寻求解决办法，学校只能尽力进行调解，但用人单位认为其做法无错，坚持不改。最后，该毕业生只好继续在此单位工作。

2. 明确毕业生考取研究生或公务员的处理办法

如果毕业生报考了研究生或公务员，是否录取的结果又没有揭晓，毕业生则应如实向用人单位说明，并与用人单位就如果考取后的处理办法达成一致意见，在协议书上明确约定。从实践来看，如果毕业生能够充分尊重用人单位，提前将报考情况向用人单位进行说明，那么在通常情况下，大多数用人单位对毕业生考取研究生或公务员会给予谅解并同意的。不过，毕业生应及早将考取结果通知用人单位，以便他们能够重新招聘和补充毕业生。

必须注意，毕业生不要隐瞒报考的事实。否则，录取结果揭晓以后，就可能面临比较尴尬的局面。如用人单位对毕业生隐瞒报考事实的做法非常不满，即使最后同意与毕业生解除就业协议，但一般也要求毕业生为此付出较大的经济赔偿，而且肯定会对毕业生及学校产生不良看法和影响。还有一种可能，就是尽管学校可以从中协调，但是无论毕业生采取怎样的弥补办法，用人单位也始终不予同意。对此，学校也将无能为力，毕业生也就无法顺利达到自己的目的。

例如，某毕业生在与用人单位洽谈之前，已经报考了研究生，毕业生也如实向用人单位作了说明，但是并未在协议书上以文字方式明确。后来考研结果揭晓，该毕业生被录取为研究生，而用人单位不同意放行，理由是单位急需该毕业生，而且并未书面同意该毕业生读研究生。这样，该毕业生就很被动。

3. 明确工作后是否可以考研、调离的条件

毕业生工作若干年以后，有不少人可能准备报考研究生，继续深造；或者由于种种原因，要求调离。这些问题，如果未在协议书中明确，则双方很难协商解决，极易引起纠纷。为了减少因此而可能发生的问题，毕业生最好与用人单位洽谈时，就此明确，并以文字形式确定下来，为以后双方顺利解决这些问题创造有利条件。当然你提这些问题时要注意策略，弄不好用人单位会认为你不安心而不录用你。

4. 明确工作和生活条件

工作和生活条件是毕业生选择单位的重要因素，也是毕业生做出工作成就的必要基础。在双方签订协议时，不仅需要在口头上达成一致，而且需要在文字上予以明确。特别是用人单位应如实向毕业生说明真实情况，双方均应严格遵守协议。当然你提这些问题时要注意策略，弄不好用人单位会认为你不能吃苦耐劳而不录用你。

毕业生到单位报到后，应与用人单位签订劳动合同，进一步明确劳动内容、劳动报酬、保险福利、服务期限等事项，以免以后发生纠纷。

例如，某毕业生在前往单位工作以后，发现该单位提供的工作和生活条件，远不是单位当初承诺的那样。企业违反国家《劳动法》的有关规定，让工作人员经常在节假日和夜晚加班，而且不按国家规定的标准发放加班费。居住的房间由厂房改建，周围污水横流，老鼠在房屋内外乱窜。毕业生们联合一起，向劳动部门控告，单位总是承诺要进行改进，但始终变化不大。而在就业协议书中，双方没有对此进行明确规定，使毕业生无法找到进行交涉和有利于自己的依据。

5. 明确违反协议的责任

从毕业生就业的实践看，大部分就业协议都得到了认真履行，但由于种种原因，每年总有一些毕业生或用人单位要求违约。对违约行为，教育部在有关规定中，明确违约一方必须承担违约责任，并支付一定的经济赔偿金，但并没有规定明确的数额，因此，各学校与用人单位在执行中，就有不同数额的差别。对此，毕业生在与用人单位签约前，除了学校的规定外，还要与用人单位进行协商，对可能发生的违约责任予以确定，对赔偿金额予以明确，以便任何一方发生违约时，就可以有据可依，避免无谓的损失。

第二节　协议的生效与约束

毕业生一旦与用人单位签订了就业协议，则协议正式生效，对双方均具有约束力。毕业生与用人单位均有义务严格履行协议，保证对方享受应有的权利，并承担相应的义务。

一、毕业生的权利与义务

毕业生与用人单位签订就业协议后，双方由此产生了相应的权利和义务的关系，负有相应的责任。毕业生应当遵循诚实信用原则，按照约定，全面履行自己的义务。

1. 毕业生享有的权利

有要求用人单位履行协议接收毕业生的权利。协议书是国家专用于毕业生就业的正式

文本，具有法律效力。双方一旦签约，就有义务严格履行协议，不得无故进行更改。用人单位必须依照协议接收毕业生，并妥善安排毕业生的工作，提供相应的工作和生活条件，以保证毕业生的正常工作。

有要求用人单位按照《劳动法》规定提供各种劳动保障的权利。《劳动法》第三条规定：劳动者享有取得劳动报酬的权利、休息休假的权利、获得劳动安全卫生保护的权利、接受职业技能培训的权利、享受社会保险和福利的权利、提请劳动争议处理的权利。

有追究用人单位违约的权利。毕业生与用人单位签订就业协议，是双方遵循平等自愿、协商一致原则而达成的协议，双方均有遵守的义务。如果用人单位一方不能按照协议的内容履行，或者打折扣，毕业生有要求追究用人单位违约的权利。

2. 毕业生应承担的责任与义务

有履行就业协议的义务。就业协议对用人单位和毕业生均有约束力。毕业生与用人单位签订就业协议，意味着毕业生同意到该单位工作。因此，必须在规定的时间内，前往签约单位报到工作，不得无故擅自变更或自行解除。

有依照职责完成工作任务的义务。毕业生是接受了高等教育的人才，用人单位往往寄予厚望，赋予重要职责。因此，有义务遵守单位的工作纪律，积极努力，将自己的知识和才能充分发挥出来，切实履行工作职责，圆满完成所承担的工作任务，为单位的发展做出应有的贡献。

有不断提高职业技能的义务。现代社会，科学技术日新月异、飞速发展，新的知识、技术层出不穷。一方面，毕业生在校期间，本身在技能掌握上，不一定能完全适应工作实践的需要；另一方面，工作以后，日益更新的知识与技术，需要毕业生在实践中继续抓紧学习，积极参加单位安排的技术培训，努力钻研业务，掌握更多、更新的技能。这样才能不断适应工作的要求，也才能在工作中有所作为，有所成就。

二、协议的解除与改签

毕业生签订就业协议之后，可能会因种种原因，发生要求解除原有协议和改签协议的情形，对此，应按照有关的政策规定进行办理。

1. 解除协议与改签协议

毕业生要求解除就业协议和改签协议，应按照规定的程序和时间申请办理。

毕业生在与原用人单位协商的基础上，取得用人单位同意，由用人单位向学校出具同意解除协议的公函。

毕业生向学校主管部门递交解除协议的公函，并申请重新领取协议书。经批准后重新领取一份协议书。

毕业生到接收他的新单位签订就业协议。

学校主管部门接到以上材料后，在规定的时间内报请上级主管部门批准，并办理毕业生改派报到有关手续。

2. 解除协议需要承担的责任

签订协议是一项严肃的事情，无论哪一方都应严格履行，如果解除协议，则应承担相应的责任。如果毕业生提出与用人单位解除协议的要求，亦即违约，须在征得用人单位同意的基础上，由毕业生向用人单位进行经济赔偿，交纳一定数额的违约金；如果是用人单位由于种种原因须与毕业生解除就业协议，毕业生也有权利要求用人单位给予经济赔偿。

无论是学校，还是毕业生个人，都要强化守约意识，切实尊重用人单位，尽量避免不必要的违约发生，并要严格依照规定的条件和程序，办理有关解除协议的手续，以树立学校良好的形象，维护学校的声誉，为以后与用人单位的继续合作打下友好、互信的基础。

第三节　劳动合同和人事代理

一、劳动合同与就业协议的区别

就业协议与劳动合同均为用人单位与劳动者确立劳动关系的协议。但它们是两种不同类型的协议。其主要区别包括以下内容。

1. 两者的主体不同

就业协议专指高等学校应届毕业生与用人单位签订的就业工作协议；而劳动合同是指劳动者与用人单位确立劳动关系、明确双方权利与义务的协议，这些劳动者既可以是高校毕业生，也可以是其他人。

2. 两者的内容不同

就业协议是高校毕业生与用人单位签订的初次工作协议，其主要意义在于将毕业生与用人单位双方互相选择的关系确定下来，一般并没有详细规定双方具体的权利与义务；而劳动合同则指用人单位在与劳动者确定工作关系之后签订的关于双方权利与义务的协议。劳动合同具体内容包括：劳动合同期限，工作内容，劳动保护和劳动条件，劳动报酬，社会保险和福利，劳动纪律，劳动合同终止的条件，违反劳动合同的责任等。

因此，毕业生与用人单位签订了就业协议不能等同于签订了劳动合同，毕业生与用人单位在签订就业协议之后，还必须签订劳动合同，以保护自己的合法权益。目前的实际情况是，通常毕业生到单位工作后，双方才签订劳动合同。

3. 两者发生问题处理的部门不同

在毕业生就业协议发生问题并需要处理时，一般首先由毕业生和用人单位进行协商，如果取得一致意见，则报送毕业生所属的学校主管部门，由学校主管部门审查认可后，报上级主管部门批准，予以调整。而若劳动合同发生问题，则毕业生和用人单位需要向劳动争议调解委员会或劳动仲裁机构报送，请求处理，还可以根据《中华人民共和国劳动法》处理劳动纠纷。

二、签订劳动合同的必要性

根据《劳动法》的规定，建立劳动关系应当订立劳动合同。一般单位在大学毕业生报到后，都要及时与大学生签订劳动合同，但也有一些用人单位为了达到不缴或少缴社会保险费（养老、失业和医疗保险费）、压低劳动者报酬（所谓试用期工资）、低成本轮换使用劳动力的目的，常常通过拖延和逃避订立劳动合同、延长试用期等手法，侵害劳动者的合法权益。大学毕业生应该学会依法维护自身的合法权益，到单位报到后及时与单位签订劳动合同。《劳动法》对试用期等内容都有明确的规定。

三、人事代理制度的内容

所谓人事代理制度，是指各级行政部门所属的人才交流服务机构或者人事代理机构，受代理对象的委托，根据国家、省、市的人事政策法规，运用社会化服务方式和现代化科学手段，为那些无主管单位、不需要具备人事管理权限的单位、要求委托人事代理的其他企事业单位及自费出国、以辞职等方式流动后尚未落实单位的专业技术人员和管理人员，提供档案保管或有关人事方面的服务工作。

人事代理制度是一种人事管理和人员使用相分离的新型人事管理制度。如果毕业生前往需要办理人事代理制度的单位工作，则可以与当地的人才服务中心签订委托代理合同，获得以下代理服务内容：

(1) 人事档案保管；

(2) 鉴证聘用合同和负责代理单位接收的应届毕业生见习期转正手续；

(3) 按有关规定代办养老保险并计算工龄，接受人事关系、党团组织关系及户口关系的挂靠；

(4) 按国家政策规定代办档案工资定级、调资手续；

(5) 代办专业技术职务任职资格初定、申报手续；

(6) 办理人才流动手续；

(7) 办理挂靠人员考研、出国、出境的政审(签署意见)；

(8) 协助推荐尚未落实就业单位的代理人员就业；

(9) 商定其他人事代理事项。

人事代理制度的实行，改变了以往毕业生单一的就业模式，为毕业生提供了更为宽松的就业环境，解除了毕业生的后顾之忧，便利了人才流动。毕业生在人才服务中心办理人事代理手续后，便可办理户口关系落户手续。

四、《劳动合同法》中关于试用期的规定

1. 试用期的概念

试用期是指用人单位对新招收职工的思想品德、劳动态度、实际工作能力、身体情况等进行进一步考察的时间期限。在试用期内，如果发现职工有不符合录用条件的，如身体条件、受教育程度、实际工作能力等不符合录用条件，企业可以解除劳动合同，以保证职工队伍的素质。用人单位在试用期解除劳动合同的，应当向劳动者说明理由。同时，劳动者在试用期内也可以通知用人单位解除劳动合同。

2. 试用期的期限

《劳动合同法》第十九条规定，试用期的期限根据劳动合同期限设定：劳动合同期限3个月以上不满1年的，试用期不得超过1个月；劳动合同期限1年以上不满3年的，试用期不得超过2个月；3年以上固定期限和无固定期限的劳动合同，试用期不得超过6个月。

同一用人单位与同一劳动者只能约定一次试用期。

以完成一定工作任务为期限的劳动合同或者劳动合同期限不满3个月的，不得约定试

用期。

试用期包含在劳动合同期限内。劳动合同仅约定试用期的，试用期不成立，该期限为劳动合同期限。

3. 试用期工资的确定

劳动者在试用期的工资不得低于本单位相同岗位最低档工资或者劳动合同约定工资的80%，并不得低于用人单位所在地的最低工资标准。

案例欣赏

案例一：朝三暮四　咎由自取

小何凭着自己多年担任学生干部、善交际、有口才等优势，很早就跟浙江X单位签约。不久，广州Y单位到学校来招聘，听说Y单位比X单位好，他心动了，自然这次的面试机会不想错过。果然Y单位也看中了他，要求当场签约。可他的那份就业协议书已与X单位签了，只是尚未到学校登记。他抱着侥幸的心理，又擅自用某考取研究生同学的协议书跟Y单位签约，并到学校盖章登记。随后，小何应邀到Y单位实习，大约过了一个月，小何发现Y单位并不像他所想象的那么好，于是反悔又想去X单位，不得已，只好到Y单位人事部门谎称学校要他将协议书取回补办手续，并保证什么时间之前一定办好，单位对他非常信任，将一式三份协议书全部还给了他，而他本人拿到协议书返回学校后，到校毕业生就业指导中心却谎称Y单位欺骗了他，解决不了户口将其退回，而自己正巧碰上X单位招聘，因不想错过机会，故先借了某某同学的协议书跟X单位签了约，现要求学校在X单位协议书上盖章。校就业指导中心的老师感到事情蹊跷，首先，Y单位是经过学校组织招聘的，且协议书已盖章登记，即使要退回，也一定要跟学校打个招呼吧？其次，小何擅自借用他人的协议书，这本身就已违规，再就是哪有这么凑巧的事情，这边协议书刚退回，那边X单位就已签了约，且手续也已办妥，这里面一定有问题。带着疑问，老师拨通了Y单位人事部门的电话，经调查，果然发现小何有不诚实行为，为了维护学校的声誉，老师对小何做出了严肃批评，并责令其向Y单位赔礼道歉，请求谅解，并补办违约手续。否则，将其派回生源所在地，不再负责推荐就业。最后小何受到了应有的惩罚，这真是咎由自取。

案例二：毁约违章　两败俱伤

小王和小李都是某大学1998届毕业生，两人毕业时想尽办法留在上海，结果找到了上海市一家铸造厂，签约时两人觉得其他倒还可以，就是对要求毕业生服务起码5年以上心里觉得不是很满意，但留上海已经相当困难了，要找其他单位一时也难以办到，恐怕“过了这个村就没有这个店”，于是只好硬着头皮与铸造厂签订了为期5年的劳动合同。合同约定，若劳动者因个人原因提前解除合同，应赔偿单位违约金4万元。但在2001年5月，他俩却向厂方提出辞职，纠纷由此而起。

按照当初签订的劳动合同，小王和小李提前解除合同，应当赔偿违约金；但两人认为合同中的违约金条款是厂方强加给他们的，合同条约是逼迫签下的，因此拒付。厂方恼火了，这两名大学生当初是自愿来的，为了让这两名大学生来厂好好工作，厂方帮他们解决了户口问题、免费提供宿舍、月工资2000元，待遇大大高于一般职工，厂长甚至特批8000元作为他们的技术开发激励金。现在一旦达到留上海的目的，就想拍屁股走人。厂方坚持必须先付违约金，才能办理退工手续，否则就扣住档案不放，拖住他们。双方因此僵持不下，最后闹到法院。结果两败俱伤。王、李二人违约，当然应赔偿规定的违约金；而厂方扣住档案不办退工手续也不对，会影响他们寻找新工作，给他们造成经济上和精神上的损失，这也是一种违法行为。根据有关规定，不论哪一方提出解除劳动合同，单位均应在两周内办理退工手续并移送档案。如果单位扣档不退工，导致劳动者经济损失的，还要赔偿。因此，法院最后判决王、李二人各赔偿违约金2.5万元，厂方则分别赔偿两人经济损失1.1万元和0.9万元。

案例三：弄巧成拙　苦不堪言

毕业生小罗在实习期间就已与某单位签了约，该单位对他非常信任，委托其将已签好的一式三份协议书带回学校盖章登记。谁知小罗返校后，发现学校几乎每天都有大量的招聘信息和招聘活动，他真后悔自己不该这么早签约，说不定好机会都在后头呢。抱着这种心理，他迟迟未将协议书送交学校就业指导中心盖章。不久，该单位催他尽快返回一份协议书，他谎称说学校负责就业协议书盖章的老师出差了，公章未盖，无法交寄。半个月后，该单位再次催要协议，他又以“考研待取”为由搪塞而过。一个月后，该单位直接跟学校就业部门联系上了，经核查，发现小罗至今根本未到学校登记过签约，不仅如此，还在校就业指导中心写下了保证，称某年某日在前往某单位面试途中，不慎被可恶的小偷盗走了一只随身带的旅行包，内装就业协议书等重要材料均不翼而飞，本人保证未跟任何单位签约，否则后果自负，并补领了一份协议书。真相大白后，某单位非常气愤，明确表示像这样不诚实的学生不敢要了，原签协议自动作废，并强烈要求学校对该学生给予严肃的处分。小罗闻讯后主动前来承认错误，并将“骗取”的空白就业协议书退回校就业指导中心，同时主动递交了一份深刻的检讨书，原来他是想采用“缓兵之计”，先弄一套就业协议书到另一家单位面试，如果成了，就跟原单位交涉，争取“私了”，反正学校这边什么都不知道，如果不行就维持原签协议，谁知聪明反被聪明误，两个单位都没去成，还落了个“坏名声”，真是苦不堪言。

案例四：学校违约怎么办

小王是某高校一位数学教育本科毕业生，在一次毕业前的一次招聘会上与某中学签订了就业协议书，这家中学负责招聘的领导在协议书上签了字“同意接收”，并盖了学校公章。双方还同意在协议书背面写上这样的字“违约金2000元”。小王很高兴回到学校继续学习，等到毕业后到这个学校去工作。哪知道一个月后学校通知他不能接收，说是教育局不同意，没有指标计划，并说不是学校的原因，所以违约金学校不会给。碰到这种情况后，小王很生气，与这家中学交涉没有结果。后来找到学校就业指导服务中心的负责人，了解情况后中心负责人很重视这件事，找到中学校长要求他们履行双方的协议，实在接收有困难那也要赔偿违约金。最终学校向小王赔礼道歉，并付给小王2000元违约金。后来在学校就业指导中心的帮助下，这位同学重新找到了一家更好的学校去任教。

案例五：大学生求职防身技巧——教你识破五大陷阱

各高校应届毕业生走上社会求职，在求职过程中，涉世未深的大学生难免会遇到求职陷阱。笔者将有这种经验的人总结出的骗局整理出来，希望大学生在求职过程中多长个心眼，千万别上以下这样的当。

陷阱一

“高薪”诱你搞传销

“只要你加入我们的团队，3个月后就拿到月薪3000元左右，随着你业绩的增加，你的工资将逐月增加。”面对这样的诱惑，你会动心吗？两位上当的学生称：他们与这家公司洽谈时，公司不看毕业证书，只填一张表格，随后便通知他们说被录用了，并准备带他们去广西、云南等地。在去广西的途中，他们意识到是传销后，便在南下途中下车，逃了出来。

陷阱二

收保证金哄你买东西

有两名毕业生遭遇了这样的求职经历：他们经一家职介所介绍后，到成都一家化妆品代理公司应聘业务主管，经过初试、复试后，公司负责人称要试用3个月，叫他们先学会推销公司代理的化妆品，每人交了150元信誉保证金，但没有拿到收据。经过实践，他们发现这些产品根本无法推销。后来他们在一家大型商场了解到，这套化妆品的销售价格是70元至80元。原来，这家公司采用这种“招聘”办法，变相地向求职者卖化妆品。

陷阱三

“没经验也可”引你入“套”

据了解，由于很多用人单位都要求求职者具有工作经验，这样将一些应届大学生挡在了“门”外。刚毕业的大学生在人才市场，常有“矮一截”的感觉。因此，当应届大学生在广告上看到“无经验也可”等字眼时，就会眼前一亮，不加思索地争着填写履历，对招聘公司的背景则一概不问，最后可能吃亏。一名大学生填了表后，对方要求收取100元的保证金，屡次找工作受挫的他，毫不犹豫地交了这笔钱。半个月后，他被宣布走人，想要求退还保证金，他却拿不出凭据。

陷阱四

粉饰工种逼你辞职

有多名大学生有这样的经历：广告上说是招聘“经理”，月薪1800元。当他们交了50元的中介费，办完手续后，被安排在离中介所不远处的一家公司工作。结果上班第一天，公司负责人就叫他们“先从基层干起”，让他们先在1个月内，每人推销价值1万元的保健品。1个月下来，他们6人中，没有哪一个完成了任务，自然被辞退了，不但连基本工资没拿到，还出了中介费。后来他们通过明查暗访，发现这家所谓的公司就是职介所的人开的，专门用来骗人的。

陷阱五

骗了培训费就“炒”你

一名同学经职介所介绍，应聘到一家保健品公司，在与公司签订合同时，公司提出为了提高其工作业绩，公司将对所有新进人员进行为期半个月的培训，公司将邀请某某大学知名教授来讲课，因此这笔费用（280元）将由个人承担。当该同学犹豫不决时，对方工作人员劝说：“培训后，你终生受益，这笔钱出得值得。”听这一说，该同学想通了，便交了培训费，结果讲课的并非什么知名教授，当培训结束时，公司通知他：培训不合格，你被辞退了。

（资料来源：就业信息网 2004-11-12）

课外练习

1. 模拟签订一份就业协议书和劳动合同。
2. 如果你想违约,你如何处理违约事件?
3. 认真学习国家颁布的《劳动合同法》各条款。

第十六章　大学生与毕业手续办理

仅仅一个人独善其身，那实在是一种浪费。上天生上我们，是要把我们当作火炬，不是照亮自己，而是普照世界。

——莎士比亚

捧着一颗心来，不带半棵草去。

——陶行知

第一节　离校手续的办理

一、离校要注意的环节

毕业生办理好离校手续，主要有以下几个方面的环节。

(1) 在班委会的组织下，妥善处理好班集体的共有财产。在处理班集体共有财产的过程中，应本着集体协商、服从多数的原则。

(2) 在学校规定的时间内到有关部门领取《离校手续单》，到《离校手续单》所列出的部门、单位办理同意离校签字手续。

(3) 在办理离校手续过程中应重点注意做好的工作有：向学校总务后勤部门交清由自己保管使用的财产，如宿舍的床、桌、椅等，学习用的课桌、椅等，如有遗失或损坏，应按学校的规定自觉赔偿；清退在校期间借阅的书籍、借用的学习工具、体育用品等物品，如有遗失和损坏，按学校规定自觉赔偿。

(4) 统一到校财务处领取应退还的费用，如多交的书费(多退少补)、入学时收的滚动发展金等。同时要缴清毕业派遣费用，如江西省高等院校毕业生就业办公室就规定每位毕业生要交 80 元派遣费。对于欠费的同学还要补交相应的费用，如学费、杂费、水电费等。

所有离校手续办理完毕后，将《离校手续单》交回学校有关主管部门，再办理有关证件，领取《普通高等学校毕业证书》、《全国普通高等学校毕业生就业报到证》以及《户籍关系迁移证》等，到就业单位报到。

二、必要证件的办理

(1) 毕业证由学校主管部门负责统一办理、发放。获毕业证的学生必须是完成学业、操行、成绩合格者。未完成学业者或考核不合格者只能发给结业证。

(2)《报到证》(又称就业派遣证)，由学校主管部门(招生就业处)根据当年毕业生就业计划，统一到省主管毕业生调配部门审核盖章后，开出《全国普通高等学校毕业生就业报到证》，发到毕业生本人。对于办理了择业代理(又称缓派)的同学，《报到证》暂时未开出，等以后需要时再开。

(3)《户籍迁移证》,由学校保卫部门根据毕业生的《报到证》到学校户籍所在地的公安部门开出《户籍迁移证》后发到毕业生本人。其户籍迁入地址为《报到证》所注明就业单位所在地、市。

(4)《流动人口婚育证明》,需要办理该证的是想到外省非公有制企业就业,暂不转迁人事档案、户籍关系的毕业生(结业生)。办理程序由本人提出申请,到学校毕业分配主管部门审核后盖章,然后由学生本人到学校所在地的街道办事处计划生育办公室办证。办证需交纳一定数额的工本费。

(5) 毕业生中的中共党员和预备党员由学校党委组织部开出党组织关系介绍信,共青团员由学校团委开出团组织关系介绍信。

三、报到及其他手续的办理

1. 报到证的功能与作用

《报到证》分《全国毕业研究生就业报到证》和《全国普通高等学校本专科毕业生就业报到证》,由国家教育部授权省级地方高校毕业生就业主管部门审核签发,分上(简称《报到证》)、下(简称《通知书》)两联,其中上联《报到证》由毕业生交用人单位人事部门保存,下联通知书由学校或用人单位装入毕业生档案。江西省高等院校毕业生就业办公室负责办理全省普通学校毕业生《报到证》的签发。每年毕业生《报到证》签发启始时间为毕业当年的 7 月 1 日(春季毕业研究生《报到证》签发启始时间为毕业当年的 3 月 1 日)。

就业《报到证》的功能:(1) 到接收单位报到的凭证;(2) 证明持证的毕业生是纳入国家统一招生计划的学生;(3) 办理户口迁移、落户手续的凭证;(4) 毕业后个人档案转档的依据;(5) 毕业生转正和干部身份的证明;(6) 计算工龄。

报到证是纳入国家统一招生计划的毕业生到接收单位报到的凭证(以前称为"派遣证"),凭报到证可以到接收单位报到、可以办理户口等手续。毕业生办完毕业离校手续,办齐相关证件后,即在《报到证》规定的时间内到就业单位和部门报到就业。

(1) 凡派遣到中央各部委所属单位和学位所在省(自治区、直辖市)内各地方单位就业的毕业生,凭《普通高等学校毕业证》、《全国普通高等学校毕业生就业派遣报到证》到单位报到;双向选择、自主择业的毕业生须随带用人单位与毕业生签订的《就业协议书》或《录用接收函》,并凭上述证件到单位所在地公安部门办理其落户手续。

(2) 凡属跨省份到外省地方所属单位就业的毕业生,其《报到证》开到就业单位所在省份的主管毕业生调配部门,毕业生凭《普通高校毕业证》、《全国普通高等学校毕业生就业派遣报到证》及《就业协议书》或《录用接收函》先到就业单位所在省份毕业调配部门核查后,再由该省份毕业生调配部门转开出到就业单位报到的《报到证》。毕业生凭上述证件到就业单位报到,并凭上述证件到单位所在地公安部门办理落户手续。当然,在允许和符合要求的情况下,其《报到证》也可直接开到省外用人单位。如到上海市就业,不仅要有用人单位同意接收,还要有上海市高等院校毕业生就业办的接收函,其《报到证》才能开到上海的用人单位。

(3) 定向生凭《全国普通高等学校毕业生就业派遣报到证》(其证内注明有定向生字样,并注明定向单位)、《普通高等学校毕业证》、定向合同到其定向单位报到,并凭上述证件到单位所在地公安部门办理落户手续。

(4) 原籍在中、东部地区的毕业生到西部地区工作的，实行来去自由的政策，根据本人意愿，户口可迁到工作地区，也可迁回原籍，由政府主管部门所属的人才交流机构提供免费人事代理服务。

(5) 到非公有制单位就业的高校毕业生，其人事档案和户籍关系可以采用人事代理。其程序为：毕业生落实到非公有制单位就业，由非公有制单位在毕业生《就业协议书》上盖章同意招聘录用；然后毕业生本人将《就业协议书》送到非公有制单位所在省或地、市政府人事行政部门所属人才交流服务机构，经审核后盖章，由毕业生反馈给所在院校，列入就业计划，由院校所在省毕业生调配主管部门开出《报到证》；毕业生凭《报到证》到人才交流服务机构报到，学校将其户口关系、人事档案关系迁到该人才交流机构(包括党、团组织关系)，由该机构进行人事代理；毕业生再持《就业协议书》到非公有制单位报到。

(6) 对自谋职业、自主创业和从事个体经营毕业生，其人事档案和户口可以由学校迁回其入学前户籍所在地(家居农村的保留非农业户口)，也可以采用人事代理。

2. 人事代理

人事代理是在人才交流服务的基础上发展起来的新的人事管理制度，是伴随着市场经济发展和人事制度改革进程应运而生的，是人才交流服务从粗放型向集约型转变的有效途径。它主要是指政府人事部门所属人才交流服务机构。按国家有关人事政策法规要求，接受用人单位或个人委托，代理其相关人事业务，代理双方本着平等协商的精神，签订具有法律效力的人事代理合同(或协议)，明确规定双方的权利义务等内容，是现代人事管理制度的重要组成部分。

3. 报到证遗失补办

毕业生毕业当年将报到证遗失的，经由毕业生本人检查，并登报申明，毕业生所在院系毕业生就业部门证明属实后，到学院就业中心登记，到省教育厅就业办补办报到证(须在报到证备注栏内注明“原证遗失，系补办”字样)，按规定收取报到证工本费；毕业生在毕业后若干年遗失报到证的，须登报申明，不再补办报到证原件，可以补办《关于遗失高校报到证的证明》。

第二节　毕业生申请改派和择业代理(缓派)

一、改派及改派手续

毕业生领到就业报到证后如因特殊情况需调整接收单位的，需办理改派手续。改派手续为：

(1) 毕业生与新接收单位签订《就业协议书》或新单位出具接收函、调档函；

(2) 毕业生凭《报到证》、《就业协议书》或接收函、调档函到原接收单位申请改派，需要原接收单位同意改派并请原单位出具同意改派函或同意违约函或直接在《报到证》上同意改派签字盖章；

(3) 毕业生凭原接收单位同意改派材料、原《报到证》以及新接收单位就业合同到学院就业指导中心登记，由就业指导中心到省教育厅毕业生就业办公室办理改派，重新打印《报到证》。

毕业生就业计划是由学校和用人单位洽谈协商之后报经主管部门批准的，而毕业生派遣都是按国家计划进行的。计划一经下达，毕业生和用人单位均不得随意变动。但碰到以下几种情况可以申请改派。

（1）错派。发现没有这个用人单位，或用人单位已经撤销的情况；用人单位隶属关系搞错或隶属关系发生了变化等情况，这些均是分配部门工作本身造成的派遣的错误。

（2）使用不当。如果用人单位录用了毕业生（尤其是紧缺专业），却违反招聘时的承诺，安排从事与本专业无关的工作，或严重降格使用。

（3）调配不当。在调配过程中所做计划中的毕业生所学专业与用人单位要求不一致；或派遣人数与需要人数不一致；或学历层次与用人单位要求不一致等情况。

（4）家庭特殊需要。

毕业生报到时，碰到以上几种特殊情况需要学校帮助解决的，可先向学校提出书面申请报告，反映情况和要求，由学校调查核实处理。一般情况，经原单位的上级主管部门同意即可在本地区或本部门内解决。如需跨地区跨部门调整，学校要向其上级主管部门提出申请，由主管部门审查后调整计划，签发新的报到证。

改派办理程序为：向学校提出改派申请，出示原用人单位同意解除协议函，由学校核实处理。经批准重新申请一份协议书，到新的用人单位签订协议，将协议书一份返还学校就业主管部门，并交清改派费用，审核后到省就业主管部门签订新的《报到证》。

处理毕业生改派问题，需要较长时间。这是因为主管部门要等所有毕业生报到之后才能处理这些遗留问题。需要下达一次调整计划才能改派。因此，毕业生本人未经学校同意，不要擅自返校，可事先向学校毕业生就业指导服务中心咨询，以免浪费时间和金钱，平时要记住中心的咨询电话号码。有的同学不懂咨询，为了一点小事就连夜坐火车来学校，实在没有这个必要，因为一个电话就可以解决问题。

二、如何办理择业代理(缓派)

择业代理是我省毕业生就业制度改革的一项新举措。由于各种原因，在毕业后一定期间内未落实就业单位的毕业生，通过办理“择业代理”可以获得更为广阔的择业空间与充足的择业时间，毕业后几年内如要参加当地的人才招聘，可以享受应届毕业生的待遇参加招聘。择业代理毕业生的户口暂转其家庭所在地，其档案由学校毕业生就业管理部门协助省毕业生就业指导中心管理。择业代理期间，如报考研究生，由中心出具证明。

对毕业时还未落实工作单位又不愿派遣回生源地的同学或已找到一个临时工作单位又不愿将档案关系派遣到该单位的同学，可以到学校大学生就业创业指导服务中心办理省择业代理(缓派)手续。

办了择业代理手续的同学，档案人事关系将保留在省毕业生就业指导服务中心，待以后落实好正式工作单位，需要派遣时，可以申请停止缓派，按当年毕业生资格办理派遣手续。择业代理有效期最长二年，最短六个月。毕业生可以先办理6个月择业代理，6个月过后若还未落实好正式单位，依据本人要求，可以取消择业代理将《报到证》开出，也可以继续延长。

6个月到期后是否需要继续延长，最好与学校毕业生就业服务中心联系，到期没有联系的则视为自动延长择业代理期。待以后要办派遣时再补办有关手续，补交代理费用。有关毕业遗留问题，最好先打电话咨询，免得浪费时间和金钱。

三、毕业生档案管理

毕业生档案原则上随毕业生派遣证（报到证）走，也就是说，报到证开到哪个单位，档案就寄往哪个单位：

（1）与人才交流中心办理了人事代理的毕业生，其档案寄往人才交流中心。

（2）与国家企事业用人单位签订正式协议书的毕业生，其档案寄往该单位。

（3）考取公务员或研究生或专升本的毕业生，其档案寄往录取的单位。

（4）签了临时性的协议书或劳动合同但没有办理择业代理的毕业生，档案寄回生源地。

（5）未签任何协议书或劳动合同又未办理择业代理的毕业生，随报到证（派遣证）将其档案寄回生源所在地的市人力资源与社会保障局或教育局。

例如，对于江西省高校毕业生，其档案按以下几点要求办理：

（1）已落实用人单位且单位具有自主人事档案接收权或要求转回原籍的毕业生档案随《报到证》转递至用人单位档案管理部门。

（2）办理了人事代理的毕业生档案随《报到证》转递至代理机构档案管理部门。

（3）办理了择业代理的毕业生档案由学校统一转递至江西省高等院校毕业生就业指导服务中心档案室。

四、毕业生户口迁移

学校保卫部门根据毕业生的《报到证》到学校户籍所在地的公安部门开出《户籍迁移证》后发到毕业生本人。其户籍迁入地址为《报到证》所注明就业单位所在地、市。对于办理了省择业代理的毕业生，其户口可以迁回自己的生源地，也可以落户在省城的省高等院校毕业生就业指导中心，具体办理程序如下。

（1）毕业生完成派遣后由高校有关部门凭就业《报到证》统一去学校所在地派出所办理《户口迁移证》。

（2）毕业生离校后，凭《报到证》和《户口迁移证》到用人单位所在地或生源地的户籍管理部门办理落户手续。

（3）办理了人事代理的毕业生凭《报到证》与《户口迁移证》到代理机构所在地派出所办理落户手续。

（4）办理了择业代理的毕业生凭《报到证》与《户口迁移证》到省高等院校毕业生就业指导服务中心办理落户手续。

五、党员组织关系办理

（1）已落实工作单位或要求转回生源地的毕业生，其党员组织关系通过学校党委组织部转到本人工作单位党组织或户籍所在地的市、区（县）委组织部门。

（2）办理了择业代理的毕业生党员，其组织关系可转入“中共××省委教育工委组织部”所属“××省高等院校毕业生就业工作办公室流动毕业生党员支部”。

六、学历认证查询

根据《高等教育学历证书电子注册管理暂行规定》(教学[2001]4 号),自 2001 年起国家对高等教育学历证书实行电子注册制度,未经注册的学历证书国家不予承认。中国高等教育学生信息网是中国学历证书查询的唯一网站{教育部公告(教学[2004]25 号)}。具体查询请登陆中国高等教育学生信息网(http://www.chsi.com.cn)。

案例欣赏

案例一:电话自荐　礼仪贯通

在生活工作节奏加快、讲求效率的今天,电话已经成为人们日常生活中快捷交流和沟通的工具。电话自荐是指通过电话推荐自己的一种求职方式,所以被越来越多的求职者所采用。下面就是一名就业指导老师给毕业生们分析一次电话自荐的过程。

电话接通之后的第一件事应该是有礼貌地问候“老师您好”。“老师”被当作一个广泛的称谓,不一定特指学校里老师。此称呼适用于初次打电话,在不了解受话人的身份的情况下,“老师”的称谓表示对对方的尊重。但当得知对方的职务、身份、姓氏以后,则应改称对方的职务,如张处长等。

“请问,这是某某单位人事处吗?”

在得到对方肯定的答复之后,应该作自我介绍,并说明来电意图。“我是某某学校某某专业某某届学生。听说咱们单位(“咱们”拉近双方距离)需要一个某某专业的毕业生,刚好我今年毕业,专业对口,成绩也不错,我又特别爱好研究工作。”兴趣是最好的老师,对方的所需正是你兴趣所在,这是最佳选择,一定能够引起对方注意。

“希望您能进一步了解我的情况。”到这里,求职者仅用十几秒钟的时间就把自己的意图表达清楚,而且初步推荐了自己,可谓言简意赅。

介绍完自己的情况之后,对方可能会有几种不同的反映:接受、拒绝或模棱两可。如果受话人对你所介绍的情况感兴趣,愿意与你做进一步的接触,这说明你的介绍已经初步奏效。通常情况下,受话人还会通过电话简单询问一些你的有关情况,如你个人及家庭的基本状况、所学专业、个人特长、大学成绩、获奖情况以及科研成果;是否当过学生干部,组织或参加过哪些活动等,并要求你寄上个人简历及成绩单。一旦对方拒绝了你的要求,那就意味着他们的用人计划已经完成,求职者只好另做别的选择了。但在告别之前,要对受话人说声“打扰了。谢谢!”

案例二:患得患失　心理失衡

小汪是某大学国际经济与贸易专业的高才生、中共党员,在校期间曾多次获得各项奖学金,一直担任校学生会干部,是老师和同学心目中的佼佼者。大家都认为找个好工作对小汪来说是不成问题的。可是离学校上报就业方案的截止日期一天一天逼近,按理说小汪早该名花有主,可是他还在翘首以待,等着心目中“白马王子”的到来。小汪纳闷着,他的心像初夏的天气，开始燥热。小汪觉得自己的心态在患得患失中失去了重心，开始茶不思、饭不想，夜不能寐，觉得自己在学校无脸见老师、同学，回家无颜见江东父老，整天神情恍惚，最后只好求助于心理医生。在心理医生的耐心开导下，小汪后悔地道出了心声："其实说到底是我自己的心理素质有问题，对自我缺乏一个准确的定位，这山望着那山高，箩里挑花，越挑越花。我一直一帆风顺，几乎没怎么遇到挫折。择业过程中总在考虑哪一家单位才能让我的自身价值得到充分的承认和实现，老是在担心自己会吃亏。可是时过境迁，我开始怀疑起自己来了。"

自打上学开始，小汪一直挺优秀，他对自己也充满着自信心。对于求职择业他也从未想过失败，自择业开始，他就为自己未来的工作画了一个圈：北京、上海或深圳，国际、国内有一定影响力的跨国公司，年薪五万元以上，要有个人发展的机会和空间。在学校组织的人才招聘会上就有好几家单位向他抛来了"绣球"，希望能与他进一步接触和交谈，那几天的小汪可真有些应接不暇。小汪曾参加过几家单位的面试，第一家单位是北京的某企业，人事处的处长亲自面试，当场拍板，解决进京指标，希望签约并许诺要对小汪进行重点培养，但小汪认为这"馅饼"来得也太容易了，何况这是一家国有企业，不符合自己的要求，第二天就打电话婉言谢绝；第二家单位是深圳的某保险公司，公司待遇不错，但小汪认为该公司规模较小，在市场中缺乏竞争力；第三家单位是上海的某公司，基本符合小汪的条件，可是小汪却在第二轮面试时被淘汰。面对失败，小汪有些依然，他哼着"我爱的人已经飞走了，爱我的人却还没有来到"的曲子等着下一次机会的到来。小汪有些按捺不住，论人品、学历、专业、能力，自己都不比别人差，怎么就会找不到理想的工作呢？突然一下子没有了目标，小汪就变得慌乱不已了，于是免不了开始手忙脚乱地乱投简历。之后，他又联系了几家单位，或是嫌公司规模小，或是觉得单位地理位置不理想，或是觉得单位薪水太低，均未能与单位达成协议，随便找家单位签了，心不甘，情不愿；不签吧，学校要把自己的关系转回生源地。早知如此，何必当初。

课外练习

1. 什么叫择业代理，有哪些手续要办？
2. 毕业生离校前要办理哪些就业手续？

参考文献

[1] 李小鲁，叶梓效. 毕业生就业概论[M]. 广州：广东高等教育出版社，2001.

[2] 田光哲，张春林. 职业意识训练与指导[M]. 北京：中国劳动社会保障出版社，2004.

[3] 张继东. 放飞的故事——大学生就业案例分析[M]. 北京：高等教育出版社，2002.

[4] 王萍涛，肖红伟等. 地方高校大学生就业指导[M]. 北京：北京大学出版社. 2007.

[5] 龚水平，侯贵生. 大学生就业咨询[M]. 南昌：江西高校出版社，2002.

[6] 田光哲，张春林. 职业指导教学训练指导手册[M]. 北京：中国劳动社会保障出版社，2003.

[7] 陈黎明. 就业指南针[M]. 北京：中国国际广播出版社，2000.

[8] 方圆. 新求职应聘全书[M]. 北京：中国华侨出版社，2000.

[9] 汪熙等. 成功面试的技巧[M]. 上海：上海人民出版社，2001.

[10] 赵卫国. 学生就业指导与创新模式案例实务全书[M]. 北京：中科多媒体电子出版社.

[11] 吴薇. 打开职场第一扇门[M]. 上海：上海三联出版社，2003.

[12] 瞿振元. 大学生就业指导[M]. 北京：高等教育出版社，2001.

[13]〔美〕斯宾塞约翰逊. 快乐人生[M]. 延吉：延边人民出版社，2002.

[14] 任之. 成功求职的 99 条法则[M]. 呼和浩特：内蒙古人民出版社，2002.

[15] 保罗·D. 蒂戈尔. 就业宝典[M]. 北京：中信出版社，2002.

[16]〔美〕史蒂芬·柯维. 高效能人士的七个习惯[M]. 北京：中国青年出版社，2009.

[17] 余世维. 赢在执行[M]. 北京：中国社会科学出版社，2006.

[18]〔美〕阿尔伯特·哈伯德. 致加西亚的信[M]. 武汉：长江文艺出版社，2009.

[19] 李勇. 世界 500 强企业高管的就业忠告[M]. 北京：企业管理出版社，2009.

[20] 劳动和社会保障部培训就业司，中国就业培训技术指导中心. 创新职业指导——新理念[M]. 北京：中国劳动社会保障出版社，2005.

[21] 北京高校学生心理素质教育工作研究中心. 大学生职业生涯辅导[M]. 北京：经济管理出版社，2008.

[22] 王沛. 大学生职业决策与职业生涯规划[M]. 北京：科学出版社，2007.

[23] 广西自治区教育厅组. 大学生就业指导[M]. 南宁：广西人民出版社，2004.

[24] 金树人. 生涯咨询与辅导[M]. 北京：高等教育出版社，2007.

[25] 卢志鹏. 职业生涯规划与就业指导[M]. 北京：经济科学出版社，2008.

[26] 段鑫星等. 职业生涯规划——许我一个明天[M]. 北京：科学出版社，2008.

[27] 杜林致. 职业生涯管理[M]. 上海：上海交通大学出版社，2006.

[28] 魏莉梅，喻凤山：大学生职业生涯规划与就业指导教程[M]，北京：经济日报出版社，2008.

[29] 徐振轩，廖忠明职业规划与就业指导[M]，重庆：西南师范大学出版社，2007.

[30] 胡剑锋，刘碧堂：大学生职业指导——精彩人生从此开始[M]，北京：北京大学出版社，2006.

[31] 中华励志网，http://www.zhlzw.com.

[32] 江西省高等院校毕业生就业信息网，http://www.jxbys.net.cn.